Tatjana Botkin

Meine Erinnerungen an die Zarenfamilie

Ullstein

ein Ullstein Buch
Ullstein Buch Nr. 23225
im Verlag Ullstein GmbH,
Frankfurt/M – Berlin
Titel der französischen
Originalausgabe:
Au Temps des Tsars
Aus dem Französischen übertragen
von Christian Dietrich Schmidt

Ungekürzte Ausgabe
Mit 71 Abbildungen

Umschlagentwurf:
Peter Albers
Unter Verwendung eines
Porträtfotos der Autorin
von 1912
Alle Rechte vorbehalten
© der französischen Ausgabe
by Editions Bernard Grasset,
Paris
Taschenbuchausgabe mit freundlicher
Genehmigung der F.A. Herbig
Verlagsbuchhandlung GmbH, München
© der deutschen Ausgabe 1983 by
Albert Langen · Georg Müller Verlag
GmbH,
München, Wien
Printed in Germany 1994
Druck und Verarbeitung:
Ebner Ulm
ISBN 3 548 23225 6

Februar 1994
Gedruckt auf alterungsbeständigem Papier
mit chlorfrei gebleichtem Zellstoff

Die Deutsche Bibliothek –
CIP-Einheitsaufnahme

Botkin, Tatjana:
Meine Erinnerungen an die Zarenfamilie /
Tatjana Botkin. [Aus dem Franz. übertr.
von Christian Dietrich Schmidt]. –
Ungekürzte Ausg. – Frankfurt/M; Berlin:
Ullstein, 1994
(Ullstein-Buch; Nr. 23225)
Einheitssacht.: Au temps des Tsars < dt. >
ISBN 3-548-23225-6
NE: GT

Inhalt

Meinem Vater, Doktor Eugen Botkin,
Leibarzt der kaiserlich-russischen Familie, mit ihr am 17. Juli 1918 in Jekaterinburg (Sibirien) ermordet, zum Angedenken.

Vorwort

Juli 1918. Die neue Sowjetmacht ist in ihren Grundfesten erschüttert. An der Peripherie des russischen Reiches sind ganze Provinzen im Aufstand. In Sibirien sind die Truppen der Weißen Armee und die Tschechische Legion auf dem Vormarsch ins Zentrum Rußlands.

Von der Konterrevolution bedroht (»zumindest« – tröstet sich Lenin – »haben wir länger als die Pariser Kommune durchgehalten«), verfügen die Bolschewiken dennoch über entscheidende Trümpfe: Sie haben Trotzki die Bildung der Roten Armee anvertraut und sie wollen auf Leben und Tod für die vom messiasgleichen »Iljitsch« proklamierten, einleuchtenden und mitreißenden Ideen kämpfen.

Die »Weißen« dagegen sind gespalten; alle möglichen Tendenzen sind in ihren politischen Gremien vertreten, und ihre Generale, Admirale und Atamane haben dem Volk nur den Kampf für eine Konstituierende Versammlung, für »Vaterland, Ehre und Freiheit« anzubieten.

In diesem noch rauhen und wilden Land kann nur ein einziger Mann der neuen Macht Widerstand leisten: der legitime Zar. Zwar hat Nikolaus II. im Februar 1917 abgedankt; in politischen Kreisen schätzt man ihn nicht besonders, aber als Symbol von Autorität und Ordnung, als Erbe jahrtausendealter Traditionen könnte der Kaiser die Begeisterung im einfachen Volke wieder entfachen und – möglicherweise – die Revolte der Sowjets in einen jener folgenlosen Bauernaufstände zurückverwandeln, die vor ihm Iwan der Schreckliche, Peter der Große oder Katharina II. unterdrückt haben.

Der gestürzte Kaiser hat weder das Temperament noch die Fähigkeiten eines Autokraten. Er ist zwar nach Sibirien verbannt worden, aber die weißen Armeen sind nur zwei oder drei Tagesmärsche vom Ort seiner Inhaftierung entfernt.

Da entschließt sich Lenin, kein Risiko einzugehen: Der Zar muß sterben.

Nach seiner Abdankung von der Provisorischen Regierung in Tobolsk gefangengehalten, hatte der Zar das Scheitern eines ersten Versuchs erlebt, ihn nach Moskau zurückzubringen: Zu diesem Zeitpunkt herrschte die Anarchie in Rußland, und der Lokalsowjet von Jekaterinburg, im Ural, hatte seinen Zug aufgehalten. Am 30. April 1918 verlegte die Arbeitermiliz den entthronten Kaiser ins Haus des Kaufmanns Ipatjew in Jekaterinburg. Die Roten nennen es bereits »Das Haus zur besonderen Verwendung«.

Der Zar ist nicht allein. Bei ihm ist die Kaiserin Alexandra, eine Enkelin der Queen Victoria, zusammen mit ihren vier Töchtern: Olga, Tatjana, Maria und Anastasia, im Alter zwischen sechzehn und vierundzwanzig Jahren. »Die älteste, Olga«, erinnert sich ein Rotgardist, »war blaß und kränklich . . . ihre Augen schauten meistens traurig und niedergeschlagen drein . . . Die Jüngere, Tatjana, lächelte freundlich, wenn ihr die Wache anständig und korrekt begegnete . . . Hätte sie sich sattessen können, wäre Maria wiederum eine echte russische Schönheit geworden . . . sie lächelte, ihre Augen glänzten so schön, es war eine Augenweide, sie anzusehen . . . Die kleine Anastasia ihrerseits, lebhaft und immer mit ihrem Lieblingshund unterwegs, schnitt ständig Grimassen, wie im Zirkus.«[1]

Mehr noch als die Haftbedingungen steht die Gesundheit seines jungen Sohnes, Alexej, im Mittelpunkt der Sorgen des Kaiserpaares. Das Kind ist krank: Seit seiner frühesten Kindheit leidet der Zarewitsch an Hämophilie; der kleinste Stoß, ein harmloser Sturz kann Blutungen hervorrufen, die niemand zu stillen vermag. »In Jekaterinburg«, bezeugt ein Rotgardist, »war sein Ge-

---

[1] Valentin Speranski: »La maison à destination spéciale«, Paris 1929. Die Ermordung der kaiserlichen Familie hat eine häufig zweifelhafte Literatur hervorgerufen, darum halte ich mich hier ganz streng an die Aussagen unmittelbarer Zeugen, die entweder der offiziellen Untersuchung des Richters Sokolow (deutsch: N. Sokolow, Der Todesweg des Zaren, Berlin 1925) oder der persönlichen Untersuchung entnommen sind, die Professor Speranski 1924 in Jekaterinburg selbst durchgeführt hat. (Anm. d. Autorin)

sicht bleich und durchsichtig – er konnte kaum gehen, und sein Vater trug ihn immer in seinen Armen. Seine Mutter lebte eigentlich nur für ihn ... aber jedermann merkte schnell, daß der junge Alexej, auch wenn man ihn in die wärmsten und schönsten Gegenden der Welt verpflanzt hätte, auf dieser Erde nicht alt geworden wäre ... «[2]

Eine Handvoll Getreuer teilt die Gefangenschaft der kaiserlichen Familie im Hause Ipatjew: Die Kammerfrau Anna Demidowa, der Kammerdiener Alexej Trupp, der Koch Iwan Charitonow haben mit ihr zusammen das Schloß in Zarskoe Selo verlassen. Die bolschewistische Revolution schont auch die kleinen Leute nicht: Einmal schon hatte sich der Matrose Klementi Nagorny, der von jeher den jungen Alexej beaufsichtigte, Soldaten, die das Kind belästigten, entgegengestellt. Er war daraufhin ins Gefängnis geworfen worden »in der Erwartung eines Genickschusses, der, dem Wunsch eines Rotgardisten entsprechend, die Kanaille daran erinnern sollte, daß man der Arbeiter- und Bauernmacht nicht zuwiderhandelt«.[3]

Ein anderer Mann, groß, massig, das Gesicht von den Unbilden schmal geworden, teilt das Martyrium der kaiserlichen Familie und wacht über die Gesundheit des Zarewitsch: Es ist der Arzt Seiner Kaiserlichen Majestät, der Nachkomme einer bedeutenden russischen Medizinerfamilie, Doktor Eugen Botkin.

Dieser Mann ist mein Vater, und wenn ich heute in der Lage bin, diese Zeilen zu schreiben, so weil ein Wunder mich vor dem Gemetzel gerettet hat. Ich war neunzehn Jahre alt und meinem Vater ins sibirische Exil nach Tobolsk gefolgt. Als die kaiserliche Familie nach Jekaterinburg verlegt wurde, bat ich, mitgehen zu dürfen.

Im letzten Augenblick riet mir ein roter Kommissar davon ab: »Nach Jekaterinburg kann ich Sie mitnehmen, wenn Sie es wirklich wollen, doch die Häftlinge werden Sie nicht zu Gesicht bekommen.«

---

[2] Speranski, op. cit.
[3] Speranski, op. cit.

So blieb ich in Tobolsk. Alle Getreuen dagegen, die nach Jekaterinburg mitgingen, wurden massakriert.

Das Leben im »Haus zur besonderen Verwendung« ist die Hölle. »Als die Majestäten ankamen, unterzog man sie einer gründlichen und groben Durchsuchung – bezeugt der Kammerdiener Tschemodurow. Das Essen war schlecht ... Um zwei Uhr wurde den Fürstlichkeiten Mittagbrot von der Sowjetbehörde gesandt; es bestand aus einer Brühe und einem Fleischgericht ... Dabei hatten wir manchmal für sechs Personen nur fünf Löffel ... Der Spaziergang im Garten war nur einmal täglich 15 bis 20 Minuten lang gestattet ... Die Großfürstinnen schliefen auf dem Fußboden, da sie keine Betten bekommen hatten ... «[4]
»Die Haltung der Wachen war, besonders den Großfürstinnen gegenüber, widerlich – erklärte Nagorny noch vor seinem Tode. Ohne Erlaubnis und ohne von einem Rotgardisten begleitet zu sein, durften sie nicht einmal auf das Klosett gehen. Abends zwang man sie, Klavier zu spielen ... «[5]
Zeugenaussage des Rotgardisten Proskurjakow:
»Wenjamin Safonow benahm sich unerhört gemein. Für die ganze kaiserliche Familie war nur ein Klosett da. Um das Klosett herum schrieb Safonow Schweinereien ... Einmal kletterte er auf den Zaun gerade unter die Fenster und sang unanständige Lieder. Andrej Strekotin zeichnete auch in den Zimmern im Erdgeschoß gemeine Karikaturen ... «[6]
Ein anderer Rotgardist erklärte:
»Es fiel diesen jungen Bauernburschen, die nun Wache spielen sollten, schwer, sich, sei es nur in Gedanken, der Versuchung zu erwehren, ihre bestialischen Instinkte zu befriedigen. Sie machten sich über die wehrlosen jungen Mädchen lustig. Später wurden unsere Kameraden aus dem Betrieb etwas menschlicher, aber Slokasows Hengste, geil wie ehedem, beleidigten die jungen

---

[4] Sokolow, Der Todesweg des Zaren, a. a. O., S. 148-149.
[5] Sokolow, a. a. O., S. 150
[6] Sokolow, a. a. O., S. 151.

Mädchen weiter und bespitzelten ihre geringsten Bewegungen . . . Oft hatte ich Mitleid mit ihnen. Wenn sie zum Beispiel Tanzmusik auf dem Klavier spielten, lächelten sie, aber aus ihren Augen flossen Tränen bis auf die Tasten.«[7]
Die Gesundheit des kleinen Bluters beschäftigt die Wärter weitaus weniger als ihr pornographisches Geschreibsel:
»Wenn Doktor Botkin mit den Kommissaren redete« – erzählt ein Rotgardist – »spiegelte sein Gesicht Verachtung wider . . . Die Kommissare konnten ihn nicht leiden, sie gerieten bei jeder seiner Bitten zugunsten des kranken Thronfolgers in Wut . . . «[8]

Aber diese Behandlung ist den Bolschewiken nicht hart genug. Die Rotgardisten sind russische Arbeiter aus den benachbarten Betrieben. Sie empfinden mit der Zeit Mitleid.
»Ich paßte eine Gelegenheit ab, den Zaren zu sehen« – erzählt ein Wärter –, »ich wußte, daß er der gleichen Rasse war wie wir, doch sein Blick, seine Manieren, sein Gang, alles war ganz anders als bei den gemeinen Sterblichen. Gelegentlich saß er in der Sonne da, mit gesenktem Blick; aus ihm ging eine eingegebene Kraft aus, das spürte man . . . Nikolaj Alexandrowitsch war sehr selbstbeherrscht, jedem wußte er etwas Passendes in freundlichem Ton zu sagen. Seine Stimme klang mild, aber deutlich, seine Manieren waren überaus vornehm. Wenn einer von unseren Grobianen ihm, unter dem Einfluß des Alkohols, einen üblen Streich spielte oder eine Gemeinheit sagte, antwortete er höflich und geduldig. Seine Kleider waren geflickt und seine Stiefel völlig abgenutzt. Der Kammerdiener des Kaisers erzählte, daß sein Herr vor der Revolution stets dieselbe Kleidung und dasselbe Schuhwerk zu tragen pflegte . . .
Zweimal ist es mir gelungen, mit ihm zu sprechen. Beim ersten Mal hatte ich Wachdienst im Garten; es war an einem Frühlingstag, als man gerade die kaiserliche Familie zum Spaziergang

---

[7] Speranski, op. cit.
[8] Ibid.

hinausführte ... Der Kaiser kam näher zu mir, schaute mich ruhig an und sagte mir so, als kennten wir uns schon lange:

›Das Wetter ist hervorragend für die Feldarbeit, nicht wahr?‹

›Das stimmt‹, antwortete ich. ›Für den Bauern ist es jetzt die günstigste Zeit.‹

Eins kam zum anderen, und dann haben wir von der Ernte und vom Weizenpreis gesprochen ...

Beim zweiten Mal war Nikolaj Alexandrowitsch schwermütig und niedergeschlagen, wahrscheinlich weil alle Zeitungen damals voll von Berichten über die Desorganisierung des Heeres waren. Ich saß auf einer kleinen Couch neben der Eingangstür, hielt mein Gewehr in den Händen und döste. Der Kaiser hatte sich gerade ein wenig gewaschen und sich ein Handtuch über die Schulter geworfen. Ich sprang auf und begrüßte ihn. Er sagte mir:

›Guten Tag. Ich weiß noch, wie wir uns einmal zusammen unterhalten haben. Sagen Sie, was haben Sie so alles über den Krieg gehört?‹

Ohne die Stimme zu erheben, antwortete ich:

›Die Russen kämpfen jetzt gegeneinander, der Bruder steht gegen seinen Bruder auf.‹

Er hörte mich an und sagte einfach:

›Jaja, das ist wirklich schade für unser Vaterland.‹«[9]

Zeugenaussage des Rotgardisten Jakimow: »Ich betrachtete den Zaren als den ersten der Kapitalisten, der den Kapitalisten, nie aber den Arbeitern die Hand entgegenstrecken würde. Ich wollte keinen Zaren, und ich glaubte, zum Nutzen der Revolution müsse er bis zu dem Augenblick gut bewacht werden, wo das Volk ihn nach seinen Handlungen richten würde, ob er das Vaterland verraten hätte oder nicht. Hätte ich aber gewußt, daß man ihn töten würde, so wie es geschah, wäre ich niemals hingegangen, ihn zu bewachen ... Was geschehen ist, halte ich für ungerecht und grausam. Der Mord, den man an seiner Familie begangen hat, ist noch schlimmer.«[10]

---

[9] Speranski, op. cit.

[10] Sokolow, a. a. O., S. 160 161.

Solche Gefühlsäußerungen sind für die Bolschewiken ein Skandal. Die bolschewistische Macht darf auf gar keinen Fall so viel Mitgefühl, einen solchen Sinn für Gerechtigkeit zulassen. Im Gegenteil: Bruder muß gegen Bruder kämpfen, Blut muß ohne Gerichtsurteil fließen. Mag auch der Rote-Garde-Kommandeur Awdejew nach dem Zeugnis seines Untergebenen Jakimow »ein Trunkenbold, grob, ungebildet und bösartig sein« und jede Bitte seiner Gefangenen mit »Der Teufel soll Sie holen!«[11] bescheiden, ein so wenig wachsamer Revolutionär muß dringend abgelöst werden: Am 4. Juli 1918 übernimmt der Tschekist Jakow Jurowski das Kommando über das »Haus zur besonderen Verwendung«.

Jurowskis Befehle kommen direkt aus Moskau. Er bekommt seine Anweisungen vom Vorsitzenden des Zentralkomitees in Person, Jakow Swerdlow, über den Militärbefehlshaber des Ural-Gebietes, Schaja Goleschtschekin, sowie über Alexander Beloborodow, Vorsitzenden des Gebietssowjets und nachmaligen Innenkommissar unter Lenin. In seiner Person hat sich die Tscheka einen perfekten Vollstreckungsgehilfen ausgesucht. »Er liebte es – sagte sein Bruder aus – wenn er Menschen quälen konnte«[12], und einer seiner Waffenbrüder fügte hinzu: »So wie ich hat er beim Militärdienst jedes Schamgefühl verloren. Er war Sanitäter beim Permer Infanterieregiment, später beim Lazarett in Jekaterinburg, fungierte jedoch als Arztgehilfe und wurde überheblich bis zur Unerträglichkeit . . . Mit großem Geschick schlüpfte er in die Rolle des Kommissars und bekam mit fester Hand die grausamsten Tschekisten völlig in den Griff.«[13]

Bei seiner Befehlsübernahme ordnete Jurowski an, daß die Rotgardistenabteilungen russischer Nationalität künftig nur die äußere Bewachung des Hauses Ipatjew sicherstellen sollten. Im Inneren des »Hauses zur besonderen Verwendung« dagegen herrschten die zehn Tschekisten, die er mitgebracht hatte: fünf

---

[11] Sokolow, a. a. O., S. 151 und 152.
[12] Speranski, op. cit.
[13] Idem.

Angehörige fremder Völker des russischen Reiches, in der Hauptsache Letten, und fünf deutsche bzw. österreichisch-ungarische Kriegsgefangene.

Es geht jetzt nicht mehr darum, zu demütigen und zu beleidigen, sondern zu töten.

Am Sonntag, dem 14. Juli, wird der Pope Storoschew ins Haus Ipatjew beordert, um vor den Häftlingen eine Messe zu lesen. Er bezeugt:

»Als ich das Zimmer des Kommandanten betrat, fand ich dort dieselbe Unordnung, denselben Schmutz, dieselbe Nachlässigkeit, wie sie bei meinem ersten Besuch geherrscht hatten. Jurowski saß am Tisch, trank seinen Tee und aß Brot mit Butter . . .

›Sie heißen doch S . . .?‹ fragte er und zog den ersten Buchstaben meines Namens in die Länge.

›Storoschew‹, erwiderte ich ihm.

›Ja, das stimmt‹, antwortete er. ›Sie haben die Messe hier schon einmal gelesen?‹

›Ja.‹

›Nun, tun Sie es heute wieder.‹

. . . Ich ging zuerst hinein, dann kam der Diakon, zuletzt Jurowski. Gleichzeitig kam aus der Tür, die in die Schlafzimmer führte, der Kaiser mit zwei Töchtern . . . Vor dem Bogen sah ich die Kaiserin mit ihren beiden anderen Töchtern und dem Zarewitsch. Dieser saß in einem Rollstuhl und trug eine Bluse mit einem Matrosenkragen. Er war bleich, aber nicht so blaß wie bei meinem ersten Gottesdienst, sein Blick war lebhafter. Die Kaiserin sah auch munterer aus . . . Es ist üblich, nach der Liturgie der stillen Messe an einer bestimmten Stelle das Gebet zu lesen ›Daß die Seelen der Toten in Frieden bei Deinen Heiligen ruhen mögen!‹ Ich weiß nicht, weshalb der Diakon, anstatt zu lesen, diese Worte sang. Obgleich ich über diese Abweichung im Gottesdienst erstaunt war, stimmte ich in den Gesang mit ein. Kaum hatten wir begonnen, als ich hörte, wie hinter mir sich alle Mitglieder der kaiserlichen Familie auf die Knie warfen. Dieses Gebet wird nur bei Beerdigungen gesungen, bei den anderen Gottesdiensten liest man es. Schweigend verließen der Diakon und ich das Haus Ipatjew. Unterwegs sagte der Diakon zu mir: ›Es muß ihnen etwas geschehen sein!‹ Diese Worte stimmten mit meinem Empfinden überein. Ich blieb stehen und fragte ihn, weshalb er zu dieser Annahme käme. ›Ja, es ist sicher so. Sie sind ganz anders als das vorige Mal.‹«[14]

Zeugenaussage des Wiktor Bujwid, eines gegenüber dem Haus Ipatjew wohnhaften Bauern:
»Ich erinnere mich genau der Nacht vom 16. zum 17. Juli 1918. Ich schlief nicht. Gegen zwölf Uhr ging ich in den Hof, da mir übel war und ich mich übergeben wollte. Als ich eine Weile dort gestanden hatte, hörte ich fünfzehn dumpfe Schüsse hintereinander, dann drei oder vier vereinzelte, die von einem Revolver abgegeben zu sein schienen. Es muß zwei Uhr nachts gewesen sein.«[15]

Zeugenaussage des Filip Proskurjakow aus dem Syssert-Werk:
»Am Tage, Dienstag, stand ich bis zehn Uhr morgens Posten . . . Jegor Stolow, mit dem ich das Zimmer teilte, war unterdessen im Erdgeschoß auf Wache. Als wir abgelöst wurden, gingen wir beide fort, tranken denaturierten Spiritus und kamen nachmittags nach Hause, weil wir um fünf Uhr wieder Posten stehen mußten. Als Medwedjew sah, daß wir betrunken waren, sperrte er uns in das nach dem Hofe gelegene Badezimmer des Hauses Popow ein, und wir schliefen dort bis drei Uhr morgens. Da trat Medwedjew herein, weckte uns und rief: ›Los, steht auf!‹ – ›Was sollen wir?‹ ›Man ruft euch, kommt!‹ Es war drei Uhr, denn Stolow hatte eine Uhr, auf die er jetzt sah. Wir standen auf und folgten Medwedjew. Er führte uns ins Erdgeschoß des Hauses Ipatjew, wo alle Arbeiter des Bewachungsdetachements außer denen, die auf Posten standen, versammelt waren. Die Zimmer waren angefüllt mit Pulverrauch. In dem hinteren Zimmer, das ein Gitter vor dem Fenster hatte und neben der Rumpelkammer lag, waren Kugelspuren an den Wänden und auf dem Fußboden.

---

[14] Sokolow, a. a. O., S. 168–170.
[15] Sokolow, a. a. O., S. 173.

Besonders stark waren sie an der einen Wand. Um die durch die Kugeln entstandenen Löcher sah man an den Wänden Blutflecke und Spritzer. Auf dem Fußboden standen Blutlachen. Auch in den anderen Zimmern waren Blutlachen; denn man hatte die Leichen dort durchgetragen, um sie auf den Hof zu bringen. Es war deutlich zu sehen, daß hier kurz vorher viele Leute erschossen worden waren . . . «[16]

Aus der Befragung des Pawel Medwedjew, Schuster, beschäftigt im Syssert-Werk, im April 1917 in die Bolschewistische Partei eingetreten, Kommandeur der Rote-Garde-Abteilung im Hause Ipatjew:

»Am 16. Juli gegen sieben Uhr abends befahl mir Jurowski, allen Schildwachen die Revolver abzunehmen. Es waren im ganzen 12 Nagangewehre, die ich Jurowski brachte und auf den Tisch legte. Am Morgen hatte dieser den kleinen Diener entfernt und bei den Bewachungsmannschaften im Hause Popow untergebracht. Jurowski gab mir für alles das keine Erklärung. Erst als er die Gewehre von mir empfing, sagte er: ›Heute werden wir die ganze Familie erschießen.‹ Um zehn Uhr befahl er mir, die Schildwachen zu unterrichten, daß sie, wenn sie Schüsse hörten, nicht Lärm schlagen sollten . . .

Um Mitternacht weckte Jurowski die kaiserliche Familie. Alle standen auf, zogen sich an und kamen ungefähr nach einer Stunde aus ihren Zimmern . . . «[17]

Zeugenaussage des Anatol Jakimow, Dreher, beschäftigt im Jugow-Werk:

»Es war ungefähr ein Uhr morgens nach der alten Zeit oder drei Uhr nach der neuen, als Leute in das Erdgeschoß und in das Zimmer Nr. 1 gingen; Kleschtschew sah sie genau, wie sie über den Hof durch die Tür des Vestibüls schritten. Voran Jurowski und Nikulin, ihnen folgten der Zar, die Zarin, ihre Töchter, Botkin, die Demidowa, Trupp und der Koch Charitonow . . . Hinter ihnen gingen Medwedjew und die Letten, das heißt, jene

---

[16] Sokolow, a. a. O., S. 176–177.
[17] Sokolow, a. a. O., S. 181.

Männer, die im Erdgeschoß wohnten, und die Jurowski von der Tscheka geholt hatte. Zwei von ihnen trugen Gewehre . . . «[18]

Aus einer erneuten Befragung des Pawel Medwedjew:

»Sie waren ruhig, der Gedanke an eine Gefahr lag ihnen fern. Nikolaus trug selbst Alexej, alle gingen in das am äußersten Ende des Hauses gelegene Zimmer. Einige hatten ein Kissen, die Kammerfrau trug zwei . . . «[19]

Zeugenaussage eines Rotgardisten:

»Doktor Botkin trat auf den Kaiser zu. Mit Nachdruck sagte er ihm: ›Majestät, erlauben Sie mir, Sie abzulösen. Alexej Nikolajewitsch zu tragen, ermüdet Sie, das sehe ich deutlich . . . ‹ Dabei wurde der entthronte Kaiser zum letzten Mal mit seinem Titel angeredet . . . «[20]

Und wieder Pawel Medwedjew:

»Jurowski sagte, daß man Stühle bringen sollte, und es wurden drei gebracht . . . In der Mitte stand der Zar, rechts von ihm saß auf einem Stuhl der Zarewitsch, und rechts von diesem stand Botkin. Hinter ihnen waren die Kaiserin, ihre Töchter und alle anderen . . .

Einige Minuten darauf kam Jurowski in das Nebenzimmer, in dem ich mich befand, und sagte: ›Geh auf die Straße, sieh, ob niemand da ist, und paß auf, ob man die Schüsse hört oder nicht!‹ Ich ging hinaus und hörte sogleich Schüsse . . . «[21]

Zeugenaussage des Jakimow:

»Derjabin sah durch das Fenster, daß Jurowski etwas sagte und eine Bewegung mit der Hand machte. Kletschtschew versichert, gehört zu haben: ›Nikolaj Alexandrowitsch, die Ihren haben versucht, Sie zu retten, es ist ihnen aber nicht gelungen. Wir sind gezwungen, Sie zu erschießen . . . «[22]

Und wieder Proskurjakow:

---

[18] Sokolow, a. a. O., S. 179.
[19] Sokolow, a. a. O., S. 181.
[20] Speranski, op. cit.
[21] Sokolow, a. a. O., S. 179, 180, 181.
[22] Sokolow, a. a. O., S. 179–180.

»Der Zar verstand nicht und fragte: ›Was?‹ Jurowski erhob sein Gewehr, zeigte es ihm und sagte: ›Da!‹ . . . «[23]

Aus Jakimows Aussage:

»In diesem Augenblick fielen einige Schüsse . . . Nach den ersten Schüssen hörte man das Stöhnen und Wimmern von Frauenstimmen. Die Opfer fielen eins nach dem anderen, zuerst der Zar, dann der Zarewitsch . . . «[24]

Ein anonymer Rotgardist sagte aus:

»Nikolaus II., an der Halsschlagader tödlich getroffen, versuchte noch, seinen Hals mit der Hand zu schützen, doch plötzlich fiel er schwer mit dem Gesicht auf den Fußboden, ohne einen Laut von sich zu geben. Seine linke Hand lag unter seiner Brust, und die rechte war unnatürlich verdreht, mit der Handfläche nach oben. Eine letzte Zuckung ging durch seinen Körper. Die Finger der rechten Hand schlossen und öffneten sich immer wieder, schließlich blieben sie unbewegt. Der Sterbende zuckte noch mit der Schulter, so, als habe er sich einer schweren Last entledigen wollen . . . Viel Blut besudelte seinen Bart . . . «[25]

Ein anderer Rotgardist:

»Doktor Botkin rannte nach vorn, um Nikolaj und seinen Sohn zu schützen . . . Sofort nach dem Kaiser bekam er eine Kugel ins Herz und fiel der ganzen Länge nach neben den jungen Alexej. Sein Kneifer mit den spiegelnden Gläsern blieb auf seiner Nase sitzen, vor seinen weit aufgerissenen Augen . . . Die Kaiserin fiel lautlos auf den Rücken zwischen ihren Mann und ihren Sohn. Rote Flecken bedeckten ihr graues Haar . . . «[26]

Jakimow:

»Als die Opfer alle gefallen waren, wurden diejenigen, die noch ein Lebenszeichen von sich gaben, mit Schüssen oder dem Bajonett getötet . . . «[27]

---

[23] Sokolow, a. a. O., S. 178.
[24] Sokolow, a. a. O., S. 180.
[25] Speranski, op. cit.
[26] Idem.
[27] Sokolow, a. a. O., S. 180.

Zeugenaussage des Kapitolin Agafonow:

»Nach Jakimows Bericht mußten mehrere Schüsse auf sie abgegeben werden, dazu kamen Kolbenschläge und Bajonettstiche. ›Viel Arbeit‹ (sic!) gab es vor allem mit der Kammerfrau Demidowa. Sie rannte von einer Ecke in die andere und schützte sich mit einem Kopfkissen. Zum Schluß hatte sie zweiunddreißig Verwundungen am Körper.«[28]

Ein anderer Rotgardist fügte hinzu:

»Anna Demidowa rannte im Zimmer umher und schrie so laut, daß sie sogar die Gewehrschüsse übertönte: ›Oh! Oh! mich nicht! Um Gottes willen, habt Erbarmen mit mir!‹ Die Demidowa war schon von mehreren Kugeln getroffen, da fand sie noch die Kraft, sich wieder zu erheben, und sagte deutlich: ›Ihr Schufte! . . . Gott wird euch richten . . . ‹ Sie kam mehrmals wieder zu sich, streckte die Beine aus und zog sie wieder an . . . ›Das Weib hat Klasse‹, meinte Nikulin, ›ihre Stiefel sind genauso elegant wie die ihrer Herrin . . . ‹ Die leblose Leiche wurde noch zusätzlich von zahlreichen Bajonettstichen durchbohrt.«[29]

Und wieder Kapitolin Agafonow:

»Nach Jakimows Meinung hatte die Großfürstin Anastasia zwischendurch das Bewußtsein verloren. Als sie durchsucht wurde, begann sie, wie irre zu schreien.«[30]

Ein Rotgardist:

»Zwei Letten stachen Anastasia mehrfach mit dem Bajonett in die Seite. Dabei zitterte sie, und, ohne einen Laut von sich zu geben, blieb ihr Atem fast augenblicklich stehen. Ihr Gesicht bekam einen feierlichen Ausdruck und sah älter aus . . . Der alte Koch Charitonow, mehrfach am Bauch verwundet, kroch noch auf dem Boden herum . . . Mit unerhörter Grausamkeit wurden ihm noch mehrere Bajonettstiche beigebracht.«[31]

---

[28] Speranski, op. cit.
[29] Idem.
[30] Aus dem Bericht des Jekaterinburger Generalstaatsanwalts, in: »La Russie future« (in russisch), Nr. 2, Februar 1920.
[31] Speranski, op. cit.

Die kosmopolitischen Henkersknechte der Tscheka haben sich um die Revolution verdient gemacht: Swerdlows Befehle – und über ihn die Lenins – waren nun ausgeführt.

Medwedjew:

»Als ich wieder in das Zimmer hineinging, um Jurowski Bescheid zu sagen, lagen alle Gefangenen in verschiedenen Stellungen in großen Blutlachen auf der Erde. Alle waren tot, nur Alexej stöhnte noch. Jurowski schoß darauf zwei- oder dreimal auf ihn.«[32]

Ein Rotgardist erzählte:

»Das Kind bewegte sich noch im Todeskampf und preßte seine dünnen Händchen gegen seine durchlöcherte Brust . . . Er klagte jämmerlich und, den Mund voll Blut, versuchte er ›Mama‹ zu rufen. Seine langen Wimpern vor den brechenden Augen zitterten noch schwach.«[33]

Sogar einer der Letten räumte später ein:

»Während vier Monaten Krieg an allen Fronten habe ich so etwas nie erlebt . . . Im Krieg schießt ein bewaffneter Mann auf einen anderen Mann, der auch eine Waffe hat . . . Kinder und Frauen sind im Krieg tabu, aber hier war es ganz etwas anderes . . . Wirklich, bis zu meinem letzten Atemzuge werde ich dieses scheußliche Schauspiel nicht mehr vergessen.«[34]

Zeugenaussage des Kutenow:

»Lewatnych sagte: ›Als wir ankamen, waren sie noch warm. Ich selbst habe die Kaiserin befühlt, sie war auch noch warm. Nun kann ich wunschlos glücklich sterben, ich habe eine Kaiserin betatscht . . .‹ «[35]

Der Untersuchungsrichter Sokolow schloß seinen Bericht wie folgt ab:

»Am 17. Juli benutzte man die Dunkelheit der Nacht, um in

[32] Sokolow, a. a. O., S. 182.

[33] Speranski, op. cit.

[34] Idem.

[35] Aus dem Bericht des Kasaner Generalstaatsanwalts an den Justizminister, in: »La Russie future«, a. a. O.

einem Lastauto ihre Leichen nach dem Bergwerk zu fahren. Die Toten wurden ausgezogen, oder vielmehr die Kleidungsstücke wurden ihnen vom Leibe gerissen . . . Die Leichen wurden dann in Stücke geschnitten . . . Nachdem man die Leichenteile mit Schwefelsäure zerstört hatte, verbrannte man sie auf Scheiterhaufen, die durch Benzin unterhalten wurden. Von den Kugeln, die noch in einigen Leichen steckengeblieben waren, schmolz das Blei, und nur die äußere Hülle blieb unberührt. Man verbrannte auch alles, was man bei den Leichen gefunden hatte.

Die Mörder zerschlugen dann das Eis in der Tiefe des Schachts und warfen alle Gegenstände, die das Feuer nicht zerstört hatte, oder die sie in ihrer Eile zu verbrennen vergessen hatten, in den Schacht . . . «[36]

Die Erfinder des ARCHIPELS GULAG treiben es im großen Stil.

Am 12. Juli 1918 wird der Bruder Nikolaus' II., Großfürst Michail, zugunsten dessen der Kaiser seinerzeit abgedankt hatte, in Perm ermordet.

In der dem Massaker in Jekaterinburg folgenden Nacht exekutieren die Tschekisten in Alapajewsk alle Fürstlichkeiten, die dort verbannt waren: die Schwester des Kaisers, Großfürstin Elisabeth, Großfürst Sergej, die drei Söhne des Großfürsten Konstantin, Iwan, Konstantin und Igor, sowie den jungen Fürsten Paley. Die ersten großen politischen Morde des 20. Jahrhunderts waren jetzt verübt. Die Monarchie in Rußland war ausgelöscht.

Sechzig Jahre sind seitdem vergangen, und in der kleinen Vorstadtstube, wo ich meine alten Tage unter jener Ikone verlebe, die mir – vor einer Ewigkeit, wie mir scheint – die Kaiserin Alexandra in Tobolsk schenkte, habe ich manchmal den Eindruck, die letzte Überlebende eines geborstenen Planeten zu sein.

---

[36] Sokolow, a. a. O., S. 196–197.

Unter meinen Augen hat sich Europa mit seiner Gesittung allein in den letzten Jahren stärker verändert als während beider Weltkriege, die ich miterlebt habe. In meiner Heimat, die sich Rußland nannte, ist jede Spur der Romanows, jede Erinnerung an sie völlig getilgt worden, und kein Historiker darf sich dort mit der Regierungszeit Nikolaus' II. beschäftigen. Die Städte, die ich kannte und liebte, tragen nun die Namen der Henker, die die Menschen, die mir teuer waren, ermordet haben; in Jekaterinburg, das heute Swerdlowsk heißt, hat 1978 ein Bulldozer das »Haus zur besonderen Verwendung« nächtens dem Erdboden gleichgemacht, weil es, wie man mir aus der Sowjetunion berichtet, langsam zu einem Wallfahrtsort zu werden drohte. Frankreich seinerseits, das mich in so großzügiger Weise aufgenommen hat, stolz auf seine republikanische Vergangenheit, und mit der Sowjetunion durch den gemeinsamen Kampf gegen das Nazi-Ungeheuer verbunden, mag sich nicht mehr an sein Bündnis mit einer Monarchie erinnern, deren Oberhaupt, der Kaiser, damals 1914 nicht gezögert hat, seine Armee in die Hölle schlecht vorbereiteter Offensiven zu schicken, um den Sieg an der Marne zu ermöglichen.

Am Ende meines Lebens angelangt, nachdem ich, trotz schwerer Lebensbedingungen im Exil, nicht nur meine Kinder, sondern auch meine Enkel großgezogen habe, habe ich nun beschlossen, diese Erinnerungen niederzuschreiben. Mein einziges Ziel dabei ist, mit all der Klarheit, deren ich fähig bin, und auf das Risiko hin, kindisch und naiv zu erscheinen, die Zauberwelt einer fernen Jugend wiederaufersehen zu lassen. Wären nicht die Geschenke der Großfürstinnen aus Sibirien, wären nicht die Erinnerungsstücke an die kaiserliche Familie für mich da, die mich ein Leben lang begleitet haben, könnte man bezweifeln, daß es diese Welt jemals gegeben hat . . .

ERSTER TEIL

Die schönen Jahre
(1908–1914)

I
Das Zarendorf

Finnland ist wirklich ganz hübsch. Im Vergleich zum nebelver-
hangenen Sankt-Petersburg war die weite, mit Fichten bestande-
ne sonnige Landschaft für uns eine echte Abwechslung. Unser
Haus war klein, aber bequem und anheimelnd; es roch nach
frischer Farbe, und vom linoleumbelegten Fußboden stieg ein
angenehmer Wachsduft.

Mein Bett erschien mir besonders weich, und meine Decken
fühlten sich sehr wohlig an. Wenn ich frühmorgens wach wurde,
brauchte ich nur ein Auge aufzutun und ich wußte gleich, wo ich
war. Ich kannte jeden Schnörkel im Tapetenmuster. Mit dem
Finger hatte ich sogar ein kleines Loch darin gebohrt, das ich mit
einem Stück Watte sorgfältig wieder zugestopft hatte. Es war
mein Geheimnis, mein Merkzeichen. Wenn ich es sah, fühlte ich
mich sicher.

»Bzzz . . . bzzz . . . bzzz . . . «

Die dicke Fliege umkreiste die rot leuchtende ewige Lampe hoch
über der Ikone, gegenüber der Tür.

Gleb bewegte sich in seinem Bett:

»Hörst du die Fliege?«

»Ja«, antwortete ich.

Seine Stimme klang etwas ängstlich.

»Sie wird die ewige Lampe auslöschen!«

Er ging mir auf die Nerven.

»Das ist doch nicht schlimm! Erzähl mir lieber von Mischkas
Abenteuern . . . «

Gleb, mein kleiner Bruder, war zwei Jahre jünger als ich: ein
blonder, pausbäckiger Junge mit zwei wunderschönen grünen
Augen im rosigen Gesicht.

Für seine acht Jahre hatte er eine blühende Phantasie; er kam mit
dem Kopf näher an den meinen und, durch die Gitterstäbe seines
Bettchens, begann er:

»Der Zar Eisenpranke lag im Sterben, und er brauchte einen Erben. Die hohen Würdenträger des Reiches begannen mit Nachforschungen . . . «

Er brach abrupt ab.

»Hörst du die Fliege?«

»Das macht doch nichts, erzähl weiter«, antwortete ich, leicht verärgert.

Gleb fuhr fort.

»Sie fanden heraus, daß der einzige rechtmäßige Erbe des Zaren ein armer Bauer namens Mischka war. Er war Postkutscher und nannte alles in allem ganze vier Rubelchen in seiner großen Tasche sein eigen . . . «

Die dicke Fliege fiel in die ewige Lampe und verbrannte. In unserem Zimmer wurde es dunkel.

Gleb begann zu weinen:

»Ruf doch jemand . . . «

Hochnäsig antwortete ich:

»Nein, *du* rufst jemanden. *Du* hast Angst, nicht ich . . . «

Es gelang ihm, die Tür einen Spalt weit aufzubekommen.

Ein schwacher Lichtstrahl drang ins Zimmer. Draußen war die abendliche Teestunde gekommen. Auf der Terrasse hörte man, wie Stühle zurechtgerückt wurden. In einigen Minuten würden unsere älteren Brüder ins Nebenzimmer schlafen gehen. Gleb fühlte sich etwas sicherer. Wenn Dimitri und Juri da waren, konnte nichts mehr passieren.

»Mama, spiel uns den ›Schwanensee‹.«

Ich erkannte Dimitris Stimme. Meine Mutter setzte sich ans Klavier. Wie ich diese Melodie liebte! Ich meinte, die Schwäne am Himmel und den Reigen der Tänzerinnen in ihren Tutus zu sehen, doch plötzlich erschien der böse Geist, ganz in Schwarz gekleidet, und entführte die schöne Prinzessin Odile in seine Höhle . . .

Mutter spielte das Stück noch einmal. Durch die Wand vernahm ich ein unterdrücktes Schluchzen, dann Juris Stimme, der laut auflachte:

»Dimitri, du heulst ja . . . «

Keine Antwort. Aber was machte es schon aus? Weißer Schwan, schwarzer Schwan . . . Wir waren glücklich. Schwarzer Schwan, weißer Schwan . . . Ich war ganze zehn Jahre alt, und wir waren so glücklich!

Der Herbst kam mit Riesenschritten, und mit ihm endlose Regengüsse. Meine Mutter war nach Petersburg zu Vater gefahren. Auch wenn unser Hausstand in Finnland perfekt organisiert und die Dienerschaft akkurat und zuverlässig war, fühlten wir uns hilflos, wenn sie nicht da war.

Endlich, an einem Nachmittag, hörten wir die knirschenden Räder einer scheußlichen finnischen Halbkutsche, die im Sommer unser einziges Fortbewegungsmittel war.

»Ich wette, daß Matti Soussi fährt«, meinte Juri.

»Nein«, antwortete Gleb, den niemand um seine Meinung gebeten hatte, der aber andere furchtbar gern ärgerte. »Sicher ist es Johann Kauko!«

»Schaut lieber her, wer da kommt«, warf Dimitri fröhlich ein.

Mit dem Finger zeigte er auf die zerbrechliche Gestalt unserer Mutter, ganz eingewickelt in einen weiten Stoffmantel, mit einem riesigen Regenschirm in der Hand, denn die alte Halbkutsche hatte kein Verdeck.

Mutter entledigte sich rasch ihrer durchnäßten Kleider, reichte sie der Aufwärterin, die herbeigeeilt war und ihr Hausschuhe anzog, und zeigte dem Kutscher die Stelle, wo das Gepäck hinsollte. Sie küßte uns reihum und machte es sich in einem tiefen Sessel bequem.

»Meine lieben Kinder«, kündigte sie uns mit klarer und deutlicher Stimme an, »ich habe euch eine wichtige Nachricht mitzuteilen. Euer Vater ist zum Leibarzt des Zaren ernannt worden. Er hat jetzt den Rang eines Generals und ist Mitglied der kaiserlichen Suite. Es ist eine große Ehre, aber auch eine ungeheure Verantwortung.«

Die Nachricht hatte für uns nichts Umwerfendes. Vater, das wußten wir, hatte schon die Kaiserin behandelt, warum nicht jetzt den Zaren selbst?

Mutter versuchte, es uns deutlicher zu machen:

»Es gibt am Hof viele Ärzte, aber sie sind nicht Mitglied der Suite. Der kaiserliche Leibarzt dagegen hat die Aufsicht über alle Krankenhäuser im Lande und überwacht die Gesundheit der gesamten kaiserlichen Familie. Genauso wie es euer Großvater beim Zaren Alexander II. und Alexander III. auch tat.«

Mein Vater hatte als junger Arzt ohne jedes Renommee angefangen. Nie hatte er sich erlaubt, aus dem Ansehen seines Vaters, des berühmten Dr. Sergej Botkin, Professor an der Medizinischen Akademie zu Sankt-Petersburg und Leibarzt Alexanders II. und Alexanders III., Kapital zu schlagen. Zutiefst bescheiden, wollte er seinen Erfolg nur dem eigenen Können verdanken.

Unseren Großvater hatten wir nicht gekannt; er war achtundfünfzigjährig an Angina pectoris gestorben. Aber er war überall im vorrevolutionären Rußland berühmt und ist es bis heute in der Sowjetunion geblieben. Das Denkmal, das man ihm vor der Medizinischen Akademie gesetzt hat, steht heute noch; mehrere Straßen sind nach ihm benannt, und das von ihm gegründete Krankenhaus in Sankt-Petersburg ist nicht umgetauft worden. Am Türgiebel kann man nach wie vor lesen: Doktor-S.-Botkin-Krankenhaus.

Vater folgte dem Weg unseres Großvaters, und wir fanden das nur normal. Während des russisch-japanischen Krieges 1905 hatte er sich freiwillig gemeldet, um die Sanitätsabteilungen an der Front zu organisieren und zu leiten. Die Briefe, die er in dieser Zeit geschrieben hatte, waren mit großem Anklang veröffentlicht worden, und die Kaiserin, von der Hellsichtigkeit und der Urteilskraft unseres Vaters stark beeindruckt, hatte den Wunsch geäußert, ihn kennenzulernen.

»Wir werden also am Hof leben?« fragte Gleb.

»So ist es«, antwortete Mutter lebhaft. »In Zarskoe Selo.«

Diesen Namen hatten wir noch nie gehört.

»Wo ist denn dieses Zarskoe Selo, Mama?«

»Was«, rief sie aus, »ihr habt noch nichts von dem reizenden Städtchen gehört, wo es zur Zeit Alexanders I. ein Lyzeum für Knaben gab, wo Puschkin selber Internatsschüler gewesen ist?«

»Es ist nicht weit von Sankt-Petersburg«, fiel Juri ein, der zwar nicht sehr fleißig war, aber viel las und ein fabelhaftes Gedächtnis hatte.

»Stimmt«, erwiderte Mutter. »Ungefähr dreißig Werst. Man muß mit der Eisenbahn fahren, aber es geht schnell.«

Gleb und ich staunten offen heraus:

»Wir dachten, der Kaiser wohnt im Winterpalais!«

Mutter lächelte.

»Ihr seid etwas hinter den Dingen zurück. Der Zar und die kaiserliche Familie sind nach der Revolution von 1905 nach Zarskoe Selo umgezogen. Die Stadt ist klein, leicht zu überwachen, und es sind mehrere Garderegimenter dort stationiert. Es ist trotzdem so nahe an Petersburg, daß der Kaiser in enger Verbindung mit der Regierung bleiben kann. Ihr werdet sehen«, schloß meine Mutter, »auch wir werden uns wohl fühlen.«

Gleb hatte die neue Situation noch nicht ganz begriffen: »Papa ist also nicht mehr Chefarzt im Sankt-Georg-Krankenhaus?« fragte er. »Ist jetzt Schluß mit Petersburg und dem Krankenhaus?«

Mutter frohlockte:

»Jawohl, mit dem Krankenhaus ist Schluß. Wir werden in Zarskoe Selo ein kleines möbliertes Haus bekommen. Es ist noch nicht eingerichtet, aber ich habe schon die Tapeten und den Polsterstoff ausgesucht. Vaters Bezüge werden zwar nicht sehr hoch sein, aber er wird dafür in den beiden Hauptresidenzen des Kaisers je eine Wohnung haben, im Winterpalais in Petersburg und im Peterhofer Schloß. Die Möbel, das Geschirr, das Tafelsilber und auch die Wäsche, das bekommen wir alles vom Hof gestellt. Wir behalten unser Dienstpersonal und vom Hof werden zwei Kammerdiener abkommandiert; Hausknechte werden die Fenster putzen, das Parkett einwachsen und überall im Salon und im Speisezimmer Blumen aufstellen . . . «

Die Begeisterung unserer Mutter freute uns, aber gleichzeitig machte uns die Aussicht auf einen derart radikalen Lebenswechsel etwas Angst.

»Wie werden wir es mit der Schule machen?« fragte ich.

Mutter lächelte.

»Du, Tatjana, und du, Gleb, ihr werdet Privatlehrer bekommen, die ins Haus kommen werden. Ihr, die Großen, werdet ins Lyzeum von Zarskoe Selo kommen. Das Lyzeum trägt den Namen Kaiser Nikolaus' II.; die Initialen des Zaren werdet ihr an Mütze und Gürtelschnalle tragen.«

Meine beiden Brüder wechselten einen verständnisinnigen und zugleich entzückten Blick. Endlich eine gute Nachricht! Das Sankt-Georg-Krankenhaus, in dem wir eine Wohnung hatten, lag in einem dicht besiedelten Arbeiterviertel der Stadt, und das benachbarte Gymnasium blieb, noch stärker als die meisten anderen Schulen, vom revolutionären Geist des Jahres 1905 geprägt. Die »adligen« Kinder waren in der deutlichen Minderheit und Sündenböcke für ihre Klassenkameraden.

Mutter hatte uns endgültig überzeugt. Wir teilten ihre Freude, eine neue Existenz eröffnete sich vor uns, sie konnte nur voller Reize und Wunder sein.

»Vater wird uns in einigen Tagen hier besuchen«, teilte Mutter noch mit. »Dann wird er mit der kaiserlichen Familie auf der ›Standart‹, der kaiserlichen Jacht, auf Kreuzfahrt gehen. Solange unser Haus nicht voll eingerichtet ist, wird uns eine Wohnung in einem Flügel des Katharinenpalais zur Verfügung stehen.«

An diesem Abend schlief ich, den Kopf voller Träume, doch Glebs kleines Stimmchen störte meinen Schlaf:

»Hör mal«, meinte er besorgt, »wie soll das mit der Wäsche gehen? Und wenn sie zu klein ist? Oder zu groß? Außerdem sind wir vier! Drei Jungen und ein Mädchen. Und wenn sie uns Wäsche für vier Mädchen liefern?«

In seiner kindlichen Einfalt hatte mein kleiner Bruder angenommen, daß uns ein Haus nicht nur mit Bett- und Tischtüchern, sondern auch mit Leibwäsche für uns alle zur Verfügung stehen würde!

Ein anderes Gesicht hätte das Paradies nicht haben können. Zarskoe Selo war in der Tat das »Zarendorf« und hatte nichts gemein mit Sankt-Petersburg. Alles hier atmete Stille, Ruhe,

Ordnung und Sauberkeit. Hier störten keine altersschwachen Straßenbahnen die Harmonie der Paläste und Gärten, hier gab es keine mageren und ausgemergelten Klepper, die über endlose Gleiskilometer unter ohrenbetäubendem Knirschen verrosteter Wagenachsen schrottreife Omnisbusse hinter sich zogen. Die laute, bunte, schlampige Menschenmenge, die die Straßen der russischen Hauptstadt füllte, fehlte hier völlig. Die Luft schien leicht, rein, von unfaßbarer Klarheit und erinnerte an Finnland.

Unsere Droschke bog in eine Avenue ein, die uns noch breiter und gepflegter erschien als die anderen. Ohne Spaziergänger, ohne Pferdewagen, schien die Sadowaja-Straße ihren Namen, »die Gartenstraße«, völlig zu Recht zu tragen. Sie verlief ganz gerade, friedlich und majestätisch an einem fein gearbeiteten schmiedeeisernen Gitter entlang. Ein wunderschöner, riesiger Park prangte dahinter in den feenhaften Halbtönen des nordischen Herbstes; man ahnte zahllose, sorgfältig geharkte Alleen und, ganz im Hintergrund, auf lärchenumstandenen Wiesen den reinen Marmor antiker Statuen.

Auf der anderen Straßenseite erhob sich eine Reihe reizvoller Häuser, alle gleich und fast unwirklich, mit ihren zart-grünen Fassaden, ihren Fensterrahmen aus glänzend-weißem Holz, mit Ornamenten aus behauenem Stein geschmückt. Jedes Haus hatte Zugang zu einem kleinen Garten mit einem Zaun, an dem als farbenfrohe Begrenzung dicke Dahlienbüsche blühten, die mal ihre granatrote, fast violette Farbenpracht, mal ihre zart rosarote Anmut, mal auch ihr flammenrotes Gepränge entfalteten.

Am tiefblauen Himmel hoben sich, wie ein riesiger Strauß goldener Blumen, die fünf glänzenden Kuppeln der Kirche ab, die das Große Katharinenpalais überragte.

Mutter ließ die Droschke vor einem der Palastflügel anhalten.

»Hier werden wir wohnen«, sagte sie.

So richteten wir uns provisorisch in den Räumen ein, in denen, ein Jahrhundert zuvor, Puschkin zur Schule gegangen war.

Das Palais war herrlich, aber der Reichtum der Dekoration und seine großartigen Abmessungen machten aus ihm eher ein Museum, das den Anforderungen des modernen Lebens nicht mehr entsprach. Wahrscheinlich aus diesem Grunde bevorzugte die kaiserliche Familie das Alexanderpalais, das wesentlich kleiner und viel intimer war. Die Wohnung, die man uns zugedacht hatte, mißfiel uns zutiefst. Sie hatte nur zwei altmodisch möblierte Schlafzimmer, überall hingen schwere Samtportieren mit goldenen Troddeln, so daß Gleb und ich gezwungen waren, in einem großen Salon zu schlafen, dessen Wände mit riesigen Gemälden bedeckt waren. Eines von ihnen erschreckte mich besonders. Es hing genau über meinem Bett, und ich mußte beim Einschlafen immer daran denken, daß es während meines Schlafes herunterfallen und mich unter sich begraben konnte.

Eines Abends ließ sich der Architekt, der unser Haus einrichten sollte, anmelden. Sein Sekretär folgte ihm. Er trug ein riesiges Album unter dem Arm, das er vor meine Mutter hinlegte.

»Verzeihen Sie, gnädige Frau«, erklärte der Architekt, »aber wir müssen Sie bitten, sich noch einmal den Polsterstoff und das Tapetenmuster auszusuchen. Das Album, das wir Ihnen bei unserem ersten Besuch vorgelegt haben, war für Ihre Majestät die Kaiserin gedacht. Ihre Majestät hat leider die gleichen Muster wie Sie ausgesucht . . . «

Das bedeutete in Klartext, daß sich unser Einzug in die Sadowaja-Straße noch weiter verzögern würde: Es war undenkbar, daß unsere Wohnung und die kaiserlichen Gemächer die gleichen Polster und die gleichen Tapeten haben sollten!

Gegen Ende September 1908, wir wohnten damals noch im Katharinenpalais, bekamen wir ein Telegramm, in dem uns die Rückkehr unseres Vaters von seiner Kreuzfahrt an Bord der »Standart« angekündigt wurde.

Mutter, Gleb und ich, wir beschlossen, ihn vom Bahnhof abzuholen. Wir hatten gerade etwa zehn Meter zurückgelegt, als wir, direkt hinter uns, Pferdegetrappel hörten. Im selben Moment war Vaters tiefe Stimme zu hören, die dem Kutscher befahl: »Halte hier an!«

Er war auf der dem Bahnhof entgegengesetzten Seite angekommen. Wir kannten noch nicht alle Hofgebräuche und wußten nicht, daß die kaiserliche Familie und ihre Suite immer die »Palastbahn« benutzten, ein privates Eisenbahngleis, das von einer kleinen Station am anderen Ende der Stadt bedient wurde.

Wir stürzten uns auf Vater. Seine hohe, massive Gestalt beugte sich zu uns herunter, um uns zu küssen, und seine weiß behandschuhten Hände legten sich auf unsere Schultern. Die scharlachroten Umschläge seines Uniformmantels dufteten nach einem Parfum, das ich gut kannte. Es war immer dieselbe Marke, »Fuchsia du Japon«, die er sich speziell aus Paris kommen ließ. Sein kurzer Bart berührte meine Wange und einen Augenblick lang begegnete ich seinem lebhaften, intensiven Blick, in dem so viel Güte lag, daß mein Herz vor Zärtlichkeit überfloß.

Vater ließ von uns ab, zog seinen rechten Handschuh aus und nahm Mutters Hand, die er an die Lippen preßte. Mutter küßte ihn leicht auf die Schläfe.

Jetzt erst betrachteten wir die prachtvolle Kalesche mit den tiefen Polstern und die beiden herrlichen Apfelschimmel davor. Mit unbeweglichem Gesicht, ganz gerade auf seinem leicht erhöhten Sitz und vollkommen regungslos glich der Kutscher einer Wachsfigur. Er trug einen über das Ohr gezogenen schwarzen Zweispitz und einen grau-grünen, mit schwarzer Borte umsäumten umhangartigen Mantel, auf dem der kaiserliche Adler mit Goldfaden vielfach aufgestickt war.

Dieses Gefährt machte uns sehr schüchtern. Leider haben wir es nie allein benutzen dürfen, denn es war ausschließlich für meinen Vater vom Hof zur Verfügung gestellt worden; seine Familie durfte es in seiner Abwesenheit nicht benutzen.

Vater wandte sich zum Kutscher:

»Heute abend, sechs Uhr!«

Und die Statue antwortete mit durchaus menschlicher, wenn auch völlig monotoner Stimme:

»Zu Befehl, Euer Exzellenz!«

Mein Vater begann sein Tagewerk früh um neun mit einer Visite im Alexanderpalais, wo er von der Kaiserin in ihren Gemächern empfangen wurde.

Dank meinem Großvater, Professor Sergej Botkin, spielte sich die Konsultation in aller Einfachheit ab, seitdem er die mehr als hundert Jahre alte Etikette hatte abschaffen lassen. Meine Mutter hatte uns die Begebenheit schon oft erzählt: Als mein Großvater zum ersten Mal zur Kaiserin Maria, der Gemahlin Zar Alexanders II., kam, um sie zu untersuchen, fand er sie völlig angezogen und in Begleitung eines Ehrenfräuleins.

Er bat, sie untersuchen zu dürfen.

»Ich bitte darum, Professor«, hatte die Kaiserin geantwortet, ohne eine einzige Bewegung zu machen.

»Majestät, ich kann Sie nicht durch Ihr Kleid hindurch untersuchen. Ich darf Ihre Majestät bitten, Ihre Majestät möge sich mindestens die Bluse aufknöpfen.«

Die Kaiserin schrie auf vor Entrüstung. Niemals zuvor hatte sich die Gemahlin eines russischen Kaisers vor einem Arzt ausgezogen. In diesem Augenblick kam der Zar Alexander II. ins Zimmer und bat meinen Großvater um seine Diagnose.

»Majestät«, antwortete Sergej Botkin mit der Offenheit, die ihm eigen war, »ich muß die Behandlung der Kaiserin ablehnen, wenn Ihre Majestät sich weigert, meinen Anweisungen Folge zu leisten.«

Der Kaiser gab ihm recht: Die Kaiserin mußte sich ausziehen, und mein Großvater konnte sie ganz normal untersuchen.

Dank dieser heilsamen Protokollverletzung konnte auch mein Vater jeden Morgen die Zarin untersuchen: Alexandra Fjodorowna litt an einer erheblichen Herzinsuffizienz. Anschließend stellte Vater das Tagesprogramm mit seiner hohen Patientin zusammen und verbot ihr praktisch jede physische Anstrengung. Er besuchte sie ein zweites Mal, abends, kurz vor dem Abendessen, gegen sechs Uhr dreißig. Wenn die Untersuchung nicht zufriedenstellend war, wies er sie an, in ihren Gemächern zu bleiben, und verbot ihr manchmal sogar, am Abendessen teilzunehmen.

Nach seinem morgendlichen Besuch bei der Kaiserin begab sich Vater in die Gemächer der Kaiserkinder. Jeden Tag fragte er nach der Gesundheit der Großfürstinnen, Olga, Tatjana, Maria und Anastasia, auch wenn es ihnen am Vortage blendend gegangen war. Dann weilte er länger beim Zarewitsch, dessen Hämophilie konstanter Pflege bedurfte. Der kleine Alexej weigerte sich fast immer, frühmorgens zu frühstücken. Vater setzte sich mit ihm an den Tisch und erzählte ihm lustige Geschichten, die er aus seinen Erinnerungen, aus dem Alltagsleben und sogar aus unserem, seiner Kinder, Leben schöpfte. Der Zarewitsch lachte, trank seine Schokolade und aß, ohne es zu merken, eine Scheibe Toast mit Honig oder ein Butterbrot mit frischem Kaviar.

Sofort nach dem Mittagessen begab sich Vater zum Aufsichtsrat der Rotkreuzgesellschaft nach Sankt-Petersburg. Zu unserem größten Leidwesen war er ein sehr beschäftigter Mann geworden. Wir sahen ihn kaum noch, außer abends beim Essen, und sogar diese seltene Freude nahmen uns die häufigen Reisen weg, die er mit der kaiserlichen Familie unternehmen mußte.

Endlich kam der lang ersehnte Tag unseres Umzuges. Endlich sollten wir in eines der reizenden Häuser an der Sadowaja-Straße einziehen, die insgesamt für die hohen Würdenträger des Reiches vorbehalten war.

Unsere Nachbarn waren Oberst Gerhardi, Kommandeur der Palastpolizei, General Dedjulin, Palastkommandant, und Graf Fredericks, Hofminister. Im etwas größeren Haus genau gegenüber wohnte General Fürst Putjatin, Chef der Hofverwaltung.

Hell und sonnig war unser Haus, es sah innen genauso freundlich wie außen aus. Es hatte einen kleinen Vorgarten, und die hintere Freitreppe führte auf einen großen Hof, an dessen Ende sich die kaiserlichen Stallungen befanden. Meine Brüder und ich waren von dem Schauspiel fasziniert, das sich dort abspielte, und wir verbrachten Stunde um Stunde beim Beobachten der Kutscher, der Pferde, der Kaleschen und Schlitten. Nichts war dem Zufall überlassen. Der Betrieb in den Stallungen war sorgfältig geordnet und stand unter der strengen Aufsicht von Offizieren, die dort Tag und Nacht Dienst taten. Bestimmte Kutscher waren den Equipagen von Zar und Zarin vorbehalten, andere denen der Großfürstinnen. Die einen trugen gepolsterte Kleidung nach russischer Art, andere wiederum waren englisch angezogen: schwarze Gehröcke und dazu passende niedrige Zylinderhüte, an denen eine Kokarde mit den Farben der Romanows steckte: Gold und Schwarz.

Mit dreizehn bzw. fünfzehn Jahren kamen Dimitri und Juri ins Knaben-Lyzeum von Zarskoe Selo. Die Atmosphäre dort war ausgezeichnet. Im Gegensatz zum Gymnasium auf der Wyborger Seite in Sankt-Petersburg hatten meine Brüder überhaupt keine Schwierigkeiten, unter den Schülern aus Adel und Besitz Freunde zu finden.

Gleb und ich, wir bekamen Hausunterricht. Im Sommer vor unserer Ankunft am Hof hatte meine Mutter eine französische Gouvernante, Mademoiselle Schüler, engagiert. Sie war eine junge Frau um die Dreißig, mit angenehmem Äußeren und perfekter Erziehung, die sich sofort unsere Sympathie erwarb. Wir sprachen schon etwas französisch, aber mit ihr machten wir rasche Fortschritte. Sie sollte uns auch »Anstand« und Lebensart beibringen.

Im übrigen hatten wir es mit einer Deutschen aus dem Baltikum, Fräulein Erna, zu tun, einem jungen Mädchen, das Vater aus Mitleid eingestellt hatte, nachdem er sie im Sankt-Georg-Krankenhaus behandelt hatte und befürchten mußte, daß sie ohne Arbeit, ohne Geld und mit anfälliger Gesundheit in der Gosse landen würde.

Fräulein Erna stammte wohl aus überaus bescheidenen Verhältnissen, denn Erziehung und Bildung ließen bei ihr sehr zu wünschen übrig. Im Prinzip sollte sie uns Deutschunterricht geben, aber sie begnügte sich damit, uns kurze Stücke vorzulesen und kleine Texte zu diktieren, die sie nicht einmal ohne Lehrbuch zu korrigieren in der Lage war.

Wir begannen bald, sie herzlich zu hassen. Gleb vor allem konnte ihren süßlichen Ton nicht vertragen. Mit acht Jahren verfügte er bereits über einen recht entwickelten kritischen Sinn und eine scharfe Zunge. Sehr schnell zog er sich die Antipathie Fräulein Ernas zu; wenn sie mit ihm allein war, stellte sie ihm in bildhaftem Russisch jede Menge Schläge auf den Hintern in Aussicht, in

der Öffentlichkeit dagegen nannte sie ihn stets »mein Goldfisch-
chen«.

Zwischen beiden Gouvernanten herrschte Dauerkrieg. Fräulein
Erna verpaßte keine Gelegenheit, mit Mademoiselle Schüler
Streit zu suchen, und ihre Grobheiten belasteten uns sehr. Wir
wagten nicht, mit Mutter darüber zu sprechen; sie hatte es sehr
mit der Disziplin, und wir fürchteten, daß sie uns kein einziges
Wort über diese Streitigkeiten zwischen Bedienten glauben
würde.

Mademoiselle Schüler liebten wir sehr. Am 24. Juli, dem Tag der
heiligen Olga – Mutters Namenstag –, veranstaltete sie eine
kleine Aufführung, deren Vorbereitungen uns sehr viel Spaß
machten. Es ging um nichts Geringeres als um eine Aufführung
in Französisch von Molières berühmter Komödie »Arzt wider
Willen«.

Es wurde ein Erfolg, der allein auf Juris Konto ging. Seine
Selbstsicherheit, seine schon imponierende Körpergröße und
seine tiefe Stimme verliehen ihm auf der Bühne eine starke
Ausstrahlung; in der Rolle des Holzfällers mit seiner zerzausten
Perücke und seinem falschen Bart war er herrlich, ebenso als
Arzt mit seinem spitzen Hut und einem langen himbeerfarbenen
Morgenrock aus Seide, der Mutter gehörte.

Dimitris Erscheinung als alter Herr mit krummem Rücken, lah-
mem Bein und zitternder Stimme war ebenfalls sehr erfolgreich.
Gleb hatte eine stumme Rolle: ein junger Kammerdiener mit
Perücke. Ich war zugleich die Frau des Holzfällers und das junge
Fräulein; das war nicht schwierig.

Die Tage vergingen immer gleich. Außer dem Unterricht durch
Fräulein Erna und Mademoiselle Schüler kam auch ein Privat-
lehrer, der uns Englisch gab. Dimitri lernte Klavier spielen, Juri
Violoncello.

Auch für das Reiten begeisterten sich meine Brüder, vor allem
Dimitri, der, klein, schmal und biegsam wie er war, sich alsbald
als ausgezeichneter Reiter erwies.

Am Sonntag assistierten die Jungen bei der Messe in der Kapelle des Lyzeums. Lange vor Beginn des Gottesdienstes waren sie schon da; Juri sang im Chor mit, und der tiefgläubige Dimitri liebte es, in langer einsamer Meditation Einkehr zu halten.

Nach dem sonntäglichen Mittagessen gingen sie mit ihren Freunden Schlittschuhlaufen, während Gleb und ich mit Mutter zu Hause blieben, um zu lesen oder zu zeichnen. Mutter erzählte uns immer gern aus der Geschichte Rußlands. Besonders die Zeit, als die Tatarenhorden unser Land überrannten, beeindruckte mich ungemein.

Ich bewunderte und verehrte die Fürsten, die der fürchterlichen Unterdrückung durch die Chane Widerstand geleistet hatten, die sich unter Lebensgefahr geweigert hatten, dem christlichen Glauben abzuschwören und Götzenbilder anzubeten. Die Massaker, Folterungen und Plünderungen dieser Zeit erfüllten mich mit Furcht und Schrecken. Ich hatte Angst, daß solche Scheußlichkeiten auch uns widerfahren konnten.

»Aber nicht doch«, versicherte uns Mutter. »Heute ist Rußland stark. Wir haben einen Zaren, der sich um alle seine Untertanen kümmert. Wo sollten wohl die Eroberer herkommen? Außerdem macht man heute solche Kriege nicht mehr. Wir sind doch im 20. Jahrhundert! Alles wird immer humaner. Die Heere des Feindes schonen heute die Zivilbevölkerung . . . Vater hat euch schon oft vom russisch-japanischen Krieg erzählt. Da gab es keine Grausamkeiten. Jedenfalls ist kein Krieg in Sicht!«

» – Und die Revolutionen?« fragte ich mit schüchterner Stimme. »1905 wart ihr doch alle so besorgt! Die Menschen wurden auf offener Straße umgebracht, die Muschiks zündeten die Gutshöfe an! Ihr spracht doch am Tisch davon, und ich selbst habe sie ja gesehen! Ich versteckte mich mit meinen Brüdern hinter den Vorhängen, während die Muschiks auf der Straße marschierten! Es gab sogar Weiber darunter, mit ihren grobgewirkten Tüchern auf Kopf und Schultern. Sie waren fast alle betrunken. Sie sangen, schrien, schlugen sich. Es war schrecklich! Männer brachen zusammen, und unsere Gouvernanten zwangen uns, unseren Beobachtungsposten zu verlassen. Sie wollten nicht, daß wir sahen, wie die blutüberströmten Leichen auf der Erde lagen. Ich erinne-

re mich gut, es waren ›gorodowoj‹, Stadtpolizisten, die der entfesselten Meute Einhalt geboten. Ich sehe sie noch vor mir, groß und stark in ihrer schwarzen Uniform, die Brust voller Medaillen. Mein Gott, welche Angst hatten wir, wie schrecklich war das!«
Meine Mutter lächelte:
»Das ist doch längst zu Ende! Der Zar hat die Duma einberufen, das Volk ist zufrieden. Mach dir keine Sorgen, mein Liebling, die Polizei ist gut organisiert. In Zarskoe Selo bist du in Sicherheit . . . «

Abends, als ich ins Bett ging, öffnete ich die schweren Chintz-Vorhänge einen Spalt weit und lugte aus dem Fenster.
Auf der anderen Straßenseite schienen die Bäume des großen Parks im Frost genauso eingeschlafen zu sein wie »Dornröschen« im Märchen. Von starken Straßenlaternen beleuchtet, glänzte die lange, im sauberen, zusammengekehrten Schnee fast gänzlich versunkene Sadowaja-Straße wie im vollen Tageslicht.
Ganz steif in ihren grauen Stoffmänteln hielten die Männer der Palastpolizei in regelmäßigen Abständen Wache.
Am Tage stand ihnen ein Polizist in Zivil zur Seite. Man nannte ihn den »Geheimdetektiv«, denn jeder wußte, wer er war. Er sah eher unscheinbar aus mit seinem Regenschirm, seinem Bowlerhut und seinen schwarz-glänzenden Gummigaloschen. Unermüdlich ging er die Sadowaja auf und ab. Wahrscheinlich kannte er den gesamten Hof wie seine eigene Familie, aber nie hätte er sich erlaubt, jemanden anzusprechen, nicht einmal uns Kinder.
Und wenn sich ein Spaziergänger mit verdächtiger Miene oder ein angetrunkener Arbeiter in unsere Straße verirrte, wurde er sofort von unserem »Schutzengel« angerufen und auf dessen Befehl ins Zentrum der Stadt zurückgebracht.
Ja, in Zarskoe Selo war alles friedlich. Meine Befürchtungen verflüchtigten sich, und ich schlüpfte unter meine Decken. Mutter hatte recht. Wir waren im 20. Jahrhundert, das Jahrhundert der Zivilisation und der Kultur. Die Welt war doch anders geworden im Vergleich zu früher . . .

II
Das Leben am Hof

Das Leben am Hofe war nicht sehr lustig, und nichts brachte etwas Heiterkeit in diese Monotonie. Offizielle Banketts waren selten, Empfänge ebenso, wahrscheinlich wegen des prekären Gesundheitszustands der Kaiserin.

Wenn wir ihren Equipagen auf der Sadowaja begegneten, grüßten uns die Großfürstinnen, aber nie waren wir im Palais eingeladen, obwohl mein Vater dort oft von uns sprach. Die kaiserlichen Kinder hatten keinerlei Kontakte mit Familien aus der Suite. Die Großfürstinnen kannten gerade noch ihre eigenen Cousins und Cousinen! Vater erzählte uns, daß Olga, Tatjana, Maria und Anastasia miteinander sehr befreundet waren: Vielleicht genügten sie sich selbst als Spielgefährtinnen?

Mutter langweilte sich sehr. Unter den Hofdamen hatte sie nur eine Freundin: Olga Butzow, das Ehrenfräulein der Kaiserin. Sie war eine angeheiratete Verwandte von uns.

Trotz ihres hohen Amtes war Olga Butzow sehr einfach geblieben und hatte es nicht einmal übelgenommen, als, bei ihrem ersten Besuch bei uns, Juri, der ihr berückendes Parfum gerochen hatte, die Treppe heruntergeschossen kam und mit Stentorstimme brüllte: »Das riecht nach Ausländischem hier!« Aufrichtig, warmherzig und ohne Falsch war sie immer ausgezeichneter Laune. Ein chronischer Schnupfen ließ sie ständig Luft durch die Nase ziehen, und immerfort hielt sie ein Taschentuch in der Hand.

Sie hatte eine Wohnung fast vis-à-vis im Katharinenpalais, und wenn sie bei der Kaiserin keinen Dienst hatte, kam sie zu Mutter und machte sich einen Spaß daraus, unerwartet und unangemeldet hereinzuschneien.

Eines Tages kam mein Vater ausnahmsweise zum Mittagessen nach Hause. Mutter bemerkte sofort, daß er eine schwarze Armbinde trug.

»Du trägst Trauer«, wunderte sie sich. »Wer ist denn gestorben? Warum hast du mir nichts davon gesagt?«

»Es ist kein Trauerfall in unserer Familie«, antwortete Vater, »sondern in der des Zaren. Ein Onkel des Kaisers, der Großfürst Alexej, ist gestorben, und der gesamte Hof muß Trauer tragen . . .«

Die Teestunde kam. Tee wurde jeden Tag im Eßzimmer serviert, wenn die Jungen aus dem Lyzeum zurückkamen. Es war nicht nur »Tee und Kuchen« mit den Kindern, sondern eine wahre Zeremonie.

Der hohe Samowar thronte am Ende des Tisches neben den Tassen und der großen Zuckerdose. Mehrere silberne Körbchen waren mit Butterkeksen und »Alberts« garniert, runden und knusprigen Küchlein von Huntley and Palmers aus London. Frische Butter stand unter der Glasglocke auf dem Tisch, und in Kristallschalen spiegelte sich das Karmesinrot der Konfitüren wider. In Weidenkörben lagen diverse russische Brotsorten, Schwarzbrot, Roggenbrot, Brezeln. Weißbrot, wie man es in Frankreich ißt und was wir übrigens auch »französisches Brot« nannten, wurde nur zum Frühstück und zum Abendessen gereicht.

Mutter saß neben dem Samowar und präsidierte der Tischrunde. Sie brühte den Tee selbst in einer Porzellankanne; nach Vaters Ansicht wäre der Gebrauch einer Silberkanne ein Sakrileg gewesen. Das jedenfalls soll unser Ur-Großvater, Peter Botkin, behauptet haben, und er mußte es ja wissen, denn die Familie Botkin hatte lange Zeit in Moskau mit Tee gehandelt.

Wir reichten gerade unsere Tassen, damit Mutter sie füllte, als Olga Butzow, ganz in Schwarz gekleidet, in den Raum platzte.

Meine Mutter empfing sie scherzend:

»Liebe Freundin! Auch Sie nun in Trauer! Vermutlich wegen des Ablebens von Großfürst Alexej . . .«

Olga Butzow schien sehr verwundert:

»Wußten Sie denn nicht, daß außer den Kindern der ganze Hof Trauer anlegen muß?«

Und betrübt schaute sie auf Mutters Kleidung.

»Olga Wladimirowna, Sie sollten sich in jedem Fall umziehen. Ihr Kleid mag ganz einfach sein, es paßt trotzdem überhaupt nicht zu den Umständen. Dieses Hellgrau ist nur als Halbtrauer, nach sechs Monaten offizieller Trauerzeit, akzeptabel. In der Zwischenzeit müssen Sie unter allen Umständen Schwarz anlegen.«

»Aber ich bin zu Hause«, protestierte Mutter, »und gehöre eigentlich nicht dem Hof an!«

»Sie sind die Ehefrau des Arztes Seiner Majestät«, erwiderte Olga Butzow, »und Jewgeni Sergejewitsch steht im Rang eines Generals à la suite. Stellen Sie sich vor, sie bekämen unerwartet von einem Würdenträger des Hofes Besuch. Wenn er Sie so antreffen würde, bei solch einer Mißachtung des Anstands! Das könnte der Karriere Ihres Gemahls einen irreparablen Schaden zufügen!«

Sie wurde gebieterisch:

»Haben Sie ein schwarzes Kleid?«

»Ja«, antwortete Mutter immer kleinlauter.

»Dann gehen Sie und ziehen Sie es sofort an«, ordnete Olga Butzow trocken an.

Mutter kämpfte nur noch schwach:

»Aber ich will nicht, ich bin doch zu Hause . . . «

»Hier gilt überhaupt kein ›Zuhause‹«, protestierte das Ehrenfräulein der Kaiserin. »Ihr Gatte hat ein Hofamt inne, Sie müssen sich den Anforderungen der Etikette unterwerfen. Außerdem müssen Sie auch einen schwarzen Mantel tragen. Vergessen Sie ihn bloß nicht, wenn Sie weggehen! Und nun genug geredet, ziehen Sie sich augenblicklich um!«

Mutter machte gute Miene zum bösen Spiel, sie verließ uns und klingelte nach der Aufwärterin. Einige Minuten später erschien sie ganz in Schwarz gekleidet. Diese Farbe stand ihr wegen ihres hellen Teints und ihrer dunkelbraunen Haare nicht gut. Doch in den zwei Jahren ihres Lebens in Zarskoe Selo haben wir sie nie wieder anders gesehen, denn wegen der Größe der Dynastie und der Anzahl ihrer Verbindungen zu allen herrschenden Häusern Europas folgten die Trauerfälle bei Hofe pausenlos aufeinander.

Die einzige protokollarische Ausnahme, die sich Mutter leisten konnte, fand beim Besuch ihrer Cousine Jelena Kasizyn, meiner Patentante in Sankt-Petersburg, statt.

»Komm, wann immer du willst«, sagte ihr Tante Jelena am Telephon, als sie sich verabredeten, »aber bitte: kein schwarzes Kleid! Unter deinem Mantel kann kein Mensch sehen, was du anhast, und bei mir zu Hause wirst du wohl kaum jemals ein Mitglied des Hofes antreffen. Darum will ich dich nicht als Nonne verkleidet sehen!«

Olga Butzow strahlte:

»Ich habe eine wunderbare Nachricht für Sie«, sagte sie zu meiner Mutter. Ich komme gerade von der Kaiserin, und sie hat mir ihre Absicht anvertraut, Sie sehr bald im Palais zu empfangen. Wir haben November, Ihr Gatte hat seinen Posten bei Hof schon vor zwei Monaten angetreten, und Ihre Majestät wünscht, daß Sie ihr vorgestellt werden.«

»Das habe ich erwartet«, erwiderte Mutter voller Freude. »Aber wieso hat mir Jewgeni nichts davon gesagt?«

»Ich wollte es Ihnen noch vorher erzählen«, erklärte Olga Butzow, »damit Sie sich rechtzeitig ein paar Gedanken über Ihr Kleid machen können.«

Sie konnte ein kleines Lächeln nicht unterdrücken:

»Ein schwarzes Kleid, selbstverständlich, ganz schlicht. Sehen Sie sich auch nach einem ganz kleinen Hut um, ohne Nadel, ohne Feder und Bänder. Denn auf keinen Fall darf Ihr Hutbesatz die Wange Ihrer Majestät berühren, wenn Sie sich nach der Reverenz wieder aufrichten.«

Das Ehrenfräulein machte eine Pause.

»Übrigens, fällt mir ein, können Sie überhaupt eine Reverenz machen? Nach dem Mittagessen werden wir in den Salon gehen und üben. Ich lege Wert darauf, daß Sie sich absolut tadellos benehmen!«

Die Übungen dauerten den ganzen Nachmittag. Meine Brüder und ich schauten voller Bewunderung zu. Juri konnte es nicht lassen, mir spöttisch ins Ohr zu flüstern:

»Du wirst vielleicht bei Hof Figur machen mit deinem ›Krieger-denkmal‹ auf dem Kopf!«

Mein »Kriegerdenkmal« war mein ganzer Stolz. Ich liebte diesen großen marineblauen breitkrempigen Filzhut mit den vielen Schleifen über alles. Natürlich fanden meine Brüder die Form der Scheitelkappe, rund und hoch wie ein Napfkuchen, völlig lächerlich. Als ich ihn zum ersten Mal aufsetzte, brachen sie in Gelächter aus:

»Was hast du da bloß auf dem Kopf! Hast du dich schon im Spiegel gesehen?«

Juri hatte hinzugefügt:

»Wahrlich, ein skythisches Kriegergrabmal! Ein Steppen-kurgan!«

Ich hatte geflennt, und Dimitri hatte mich zum Schluß doch wieder in die Arme genommen und mich getröstet:

»Kissa, kissa malenkaja . . . Kätzchen, mein kleines Kätzchen, nun heule nicht.«

Ich mochte es sehr, wenn er mich so nannte. Diesen Kosenamen hatte er in einem uralten Märchenbuch gefunden, aber er ge-brauchte ihn selten, nur in Augenblicken großer Zärtlichkeit.

Mutter war gerade mit ihren Übungen fertiggeworden, da kam Vater herein. Wie üblich begab er sich sofort ins Badezimmer, um sich umzuziehen.

Im Winter trug er einen Gehrock im militärischen Schnitt aus marineblauem Stoff mit einem steifen Samtkragen und den Ini-tialen des Kaisers Nikolaus II. unter zwei goldgestickten Sternen auf den silbernen Schulterpatten. Im Sommer zog er einen dün-neren, khakifarbenen wollenen Waffenrock an und vergaß nie, auch seine Sporen anzulegen, denn ein altes, aber nie abgeschaff-tes Reglement sah vor, daß die Mitglieder der kaiserlichen Suite stets bereit sein sollten, den Kaiser zu Pferde zu begleiten!

Zu Hause blieb mein Vater nie in Uniform. Da er während der Visite bei den Großfürstinnen und beim kleinen Zarewitsch im-mer Uniform trug, hatte er Angst, die Kinder des Kaisers mit Bakterien zu infizieren, die meine Brüder oder ich aus der Stadt oder der Schule einschleppen könnten. Sobald er zu Hause war, brachte ihm sein Kammerdiener seine »tuschurka«. Das Wort stammte aus dem Französischen »tous les jours« (alle Tage) und bezeichnete eine bequeme Militärjacke aus mausgrauem Stoff. Sogar der Kaiser trug die »tuschurka«, wenn er allein mit der Familie speiste.

Die große Suppenschüssel aus Porzellan stand bereits auf dem Tisch, randvoll mit einem Weißkohlborschtsch gefüllt, der zusammen mit warmen, butterbestrichenen und käseüberbackenen »Piroschki« gegessen wurde, als Vater neben Mutter Platz nahm. Sogleich machte er ihr von der Einladung der Kaiserin Mitteilung. Eine Hofequipage würde sie im Laufe der Woche abholen. Meine Mutter sollte allein von der Zarin empfangen werden.

Der große Tag kam. Für Mutter war es eine Art Weihe, und sie hatte beträchtliche Angst. Wie alle hatte auch sie von dem manchmal unberechenbaren Charakter der Kaiserin gehört. Einige behaupteten sogar, die Zarin sei kühl und unnahbar. Olga Butzow hatte ihr erklärt, daß Alexandra Fjodorowna aber keineswegs verletzend sein wollte, sondern an einer fast krankhaften Schüchternheit litt.[1]

Alles ging gut. Die Kaiserin sprach lange mit Mutter über viele

---

[1] Im September 1908 schrieb Dr. Botkin an seinen Bruder Peter: »An Bord der kaiserlichen Jacht ›Standart‹ ist meine Patientin gar nicht so krank, wie immer behauptet wird. Sicher hat sie nicht die für ihr Amt nötigen Kräfte. Dennoch hat sie, dank ihrer Ausdauer, ihrer Geduld und ihres eisernen Willens jahrelang ihre ganze Kraft zusammengenommen, um ihre Pflicht zu erfüllen. Diese Übungen haben sie nicht stärker gemacht, im Gegenteil. Nach meiner Meinung geht sie müde und geschwächt daraus hervor. Darum möchte ich ihr nach Möglichkeit jede Anspannung ersparen. Wenn sie ausgeruht ist, fühlt sich meine Patientin wohl, und sie kann durchaus lustig und wacker sein; sie kann – in Maßen – zu Fuß spazierengehen und mit den Kindern spielen . . .
Die Zeit, in der sie nur am Rande des offiziellen Lebens wird stehen dürfen, mag lang werden. Erstens kann sich meine Patientin nie wirklich völlig ausruhen; zweitens ist ihr, wie du weißt, vieles nicht möglich, und drittens hat sie gerade eine derart schlimme Zeit nervlicher Anspannung hinter sich, daß sie noch eine Weile bis zur Wiederherstellung brauchen wird . . . Ich habe berechtigte Hoffnungen, daß die Zarin einmal wieder völlig gesund sein wird, aber bis es soweit ist, werde ich Hartes zu überstehen haben.«

Probleme, die die Kindererziehung betrafen, stellte ihr viele Fragen über uns, unsere Schule, unseren Geschmack. Mutter war von dem Charme, der Natürlichkeit und der Einfachheit der Herrscherin völlig eingenommen. Beeindruckt hatte sie auch ihr akzentfreies, tadelloses Russisch, obwohl sie deutscher Herkunft war und ihre Kindheit am Hof der Königin Victoria verbracht hatte.

Mutter lernte auch den Zarewitsch, der ihr für seine fünf Jahre sehr zart erschien, sowie die Großfürstinnen kennen. Es waren hübsche, freundliche junge Mädchen voller Gesundheit. Olga war gerade dreizehn geworden und verhielt sich würdevoll und graziös zugleich. Tatjana war selbstsicher und schien älter als elf Jahre zu sein. Maria und Anastasia waren, ihren zehn bzw. sieben Jahren entsprechend, noch sehr kindlich. Doch bekam Mutter keine Gelegenheit, mit ihnen zu reden, denn die kaiserlichen Kinder betraten den Salon des Alexanderpalais erst, als die Audienz zu Ende war.

Mutter war entzückt, vielleicht nicht ganz zu Recht, denn trotz all der Freundlichkeiten, die ihr die Kaiserin erwiesen hatte, wurde sie nie wieder ins Palais eingeladen.

Hier lag sicher eine der größten Schwierigkeiten, mit der meine Mutter konfrontiert war. Spröde und immer sehr reserviert, mochte sie sich nicht mitteilen und hatte kein Talent, sich Freunde zu gewinnen.

Gelegentlich besuchten meine Eltern Aufführungen des Privaten Hoftheaters; wenn sie sich eine Loge mit anderen Ehepaaren gleichen Rangs teilten, vermochte Mutter nie, mit den Damen des Hofes warm zu werden.

Zu Hause waren gesellschaftliche Anlässe selten. So wurden die wenigen Personen, die wir empfingen, bald intime Freunde, wie der Fürst und die Fürstin Orlow.

Fürst Orlow war der Chef der Hofkanzlei und Verwalter des kaiserlichen Kraftfahrzeugparks. Im Jahre 1908 waren Autos noch ein Luxus, und der Fürst war einer der ersten Automobilbesitzer in Rußland. Als außerordentlich guter Fahrer diente er häufig dem Zaren als Chauffeur, aber seine Leibesfülle war derart, daß man den Vordersitz verändern und die Polsterung der Rücklehne zum Teil wegnehmen mußte, denn ein so imposanter Mensch konnte zwischen einer normalen Rückenlehne und dem Lenkrad unmöglich Platz finden!

Wir empfingen auch Hauptmann Drenteln, den Lieblingsadjutanten des Zaren. Er war ein schöner, vornehmer, feiner und kultivierter Mann, der parallel zu seiner Offiziersausbildung an der Universität studiert hatte. Er war ein ausgezeichneter Klavierspieler, und seine Virtuosität gefiel Mutter sehr gut, da sie furchtbar gern vierhändig spielte und nur selten einen Partner dafür fand. Wenn er vom Palais zurückkam, brachte ihn Vater häufig mit nach Hause zum Abendessen, und wir freuten uns immer, wenn wir seine hohe, schmale und vornehme Gestalt ankommen sahen, denn wir wußten, daß der Abend nun mit Musik enden würde.

Gleb und ich, die wir früher als die anderen ins Bett mußten, hörten still zu. Beim Klang der Sonaten von Balakirew oder Cäsar Cui schliefen wir glücklich ein.

Von zutiefst liberaler Gesinnung hatte Vater nicht die Seele eines Höflings. Gesellschaftliche Anlässe langweilten ihn. Aus diesem Grunde hatte er den Hofmarschall, Graf Benckendorff, gebeten, ihn soweit wie möglich von den großen Empfängen, den Paraden und vor allem den Jagdpartien zu befreien.

Mochte der Kaiser noch so leidenschaftlich gern jagen und sich darum oft nach Polen in die Wälder von Białowież begeben, die für ihre Bestände an Auerochsen berühmt waren, Vater hielt es für seinen Teil damit, daß es zwischen der Medizin und der Jagd grundsätzlich keine Gemeinsamkeit gab. Allein die Aussicht, unnötig Blut zu vergießen, schreckte ihn ab. Ein einziges Mal hatte er einer Einladung, den Zaren in die finnischen Wälder zu begleiten, Folge geleistet. Trotz der fröhlichen, ungezwungenen Atmosphäre wurde er zutiefst von diesem Erlebnis abgestoßen und hatte sich geschworen, nie wieder mitzugehen. Er sprach sich mit dem Kaiser darüber aus, der seine Motive völlig akzeptierte. Es gab jedoch bestimmte große Anlässe, denen mein Vater sich nicht entziehen konnte. Dann zog er einen leicht taillierten Waffenrock aus marineblauem Stoff mit silberbesticktem Stehkragen und breiten, ebenfalls silberbefransten Epauletten an. Beim Abendzeremoniell mußte er alle Orden und Ehrenzeichen anlegen: Der Wladimir- und der Annenorden am Bande kamen zum Wladimirkreuz mit Schwertern, das er während des russisch-japanischen Krieges bekommen hatte und auch sonst im Alltag am Hals trug.

Gelegentlich mußte mein Vater auch an Banketten teilnehmen, und zwar, wenn der Kaiser Ausländer an seiner Tafel empfing. Vater war in der Tat eines der wenigen Mitglieder der Suite, die tadellos französisch, deutsch und englisch sprachen. Allein die Majestäten beherrschten diese drei Sprachen auch, die meisten Adjutanten und Generale dagegen konnten nur französisch.

Die Verpflichtungen seines Amtes brachten es mit sich, daß Vater die kaiserliche Familie überall hin begleitete, und Mutter litt sehr unter der häufigen Trennung von ihrem Mann.

Der Sommer 1909 insbesondere ließ sich ausgesprochen trübe für sie an. Der Zar hatte mehrere Reisen vor, wenn alles gut ging, würde Vater zwei oder drei Tage mit uns zusammen verbringen. Erst im Herbst würde er, nach einer Kreuzfahrt in Finnland auf der Jacht »Standart«, nach Zarskoe Selo zurückkehren. Einen Monat später sollte er für längere Zeit auf die Krim fahren.

Ja, das Leben als Ehefrau eines hohen Würdenträgers war nicht immer rosig, wenn man erst siebenunddreißig Jahre jung war.

III
Von Sankt-Petersburg bis zur Krim

Ein warmer Sonnenschein drang in das Studierzimmer, in dem
Gleb und ich unsere Französisch-Lektion mit Mademoiselle
Schüler wiederholten. Dimitri und Juri hatten die Angewohnheit,
ihre Schullektionen im Zimmer daneben noch einmal durchzu-
nehmen. Sie konnten nicht still für sich lernen und trällerten
immer irgend etwas vor sich hin, um ihren wankenden Lerneifer
zu beleben. Juri hatte eine Vorliebe für Glinkas Opernarien,
Dimitri dagegen blieb lieber bei etwas sentimentalen, manchmal
sogar melodischen Volksweisen.
An diesem Morgen war Juri allein. Er tröstete sich darüber
hinweg, indem er fröhlich mal einen Militärmarsch, mal eine
Polka vor sich hin pfiff. Gleb und ich fanden das ganz amüsant,
aber Mademoiselle Schüler konnte ihre Entrüstung nur mühsam
unterdrücken.
»In Frankreich pfeifen wohlerzogene Jungen nicht in den Zim-
mern«, meinte sie. »Das machen Pferdeknechte im Stall. Sagt
ihm, daß er aufhören soll!«
Diskret klopfte ich an.
»Mademoiselle bittet dich, nicht mehr zu pfeifen!«
Sofort herrschte Ruhe. Aber ein paar Minuten später fing die
lustige Pfeiferei wieder an; Mademoiselle Schüler zuckte mit den
Schultern vor lauter Ohnmacht.
Plötzlich drang ein lautes Stimmengewirr vom Erdgeschoß bis zu
uns hinauf. Fräulein Erna schien außer sich und schrie bis zur
Atemlosigkeit. Die Aufwärterin versuchte vergebens, sie zu un-
terbrechen, die neue Waschfrau machte schüchterne Anstalten,
sich einzumischen. Mademoiselle Schüler verließ uns, um nach
dem Rechten zu sehen.
Es war klar, daß der Unterricht für heute beendet war. Immer
auf der Suche nach einer Gelegenheit, mit dem Lernen aufzuhö-
ren, ging Juri aus seinem Zimmer und begann, fieberhaft die
Bilder unseres Übungsbuches zu kolorieren. Als die Schwein-

chen darin indigoblau wurden und die Bäume eine kräftige rote Farbe bekamen, wurde Gleb von einem ununterdrückbaren Lachkrampf befallen.

Wenig später gingen wir selbst hinunter und erfuhren, daß das Drama auf eine dunkle Geschichte mit verlegten Bettlaken zurückging.

»Ich sagte es Ihnen doch, gnädige Frau, man muß überall suchen«, behauptete vehement Fräulein Erna und wandte sich dabei an Mutter. »Ich habe selbst dieses Paar Bettlaken unter Mademoiselle Schülers Bett entdeckt.«

»Wenn Sie sich besser um die Wäsche kümmern würden, würde sie nicht verschwinden«, antwortete Mutter eisig. »Mademoiselle hat mit Ihrer Nachlässigkeit nichts zu tun.«

Die junge Deutsche verschwand in ihrem Zimmer und schlug die Tür geräuschvoll hinter sich zu.

»Sie ist böse und schlecht«, trällerte Gleb vor sich. »Mich würde es nicht wundern, wenn sie die Diebin wäre!«

Mutter kündigte zwar der neuen Waschfrau, doch verschwanden von Zeit zu Zeit Küchentücher und Küchengeräte zur größten Verzweiflung der Köchin weiter, die sich das nicht erklären konnte.

Bevor sie ins Ausland reisten, beschlossen der Zar und die kaiserliche Familie, sich einige Zeit in einer ihrer Lieblingsresidenzen auszuruhen, in Peterhof.

Auch Mutter fuhr zu Vater dorthin. Sie blieb im Palais über vierzehn Tage, kam jedoch sehr enttäuscht wieder. Die Wohnung, die meinem Vater zur Verfügung gestellt worden war, gefiel ihr überhaupt nicht. Die Zimmer waren klein, dunkel und ganz feucht.

Überhaupt war ihr in Peterhof alles feucht vorgekommen. Während ihres ganzen Aufenthaltes hatte es in Strömen geregnet, und sie behauptete, die ganze Stadt röche nach Moder. Die Parks, soviel räumte sie ein, hätten zwar tausendjährige Bäume, unzählige Wasserspiele und wundervolle Statuen. Aber Mutter behauptete, daß die Äste vor lauter Altersschwäche von den Bäumen fielen, und was die marmornen Nackedeis anginge, so hätte sie nicht übel Lust gehabt, ihnen eine Decke überzuwerfen, damit sie nicht so frören!

Als Mutter wieder bei uns in Finnland war, hatten wir schon Sommer. Dort dauert er nicht lange, aber so kurz er auch ist, er ist wunderbar: Die Meeresbrise temperiert die Hitze, die niemals unerträglich wird, und die Fichten duften unvergeßlich und berückend nach Harz.

Von Mademoiselle Schüler hatten wir uns getrennt. Aus Gründen der Sparsamkeit sollten wir im Sommer keine neue Gouvernante bekommen. Während der Ferien sollte jedoch ein Student der Mathematik au pair bei uns wohnen.

Michael Akulow gewann augenblicklich unsere Sympathie. Fröhlich, unkompliziert und stets korrekt gekleidet, erwies er sich sehr schnell als charmanter junger Mann. Er sah gar nicht nach jenen schmuddeligen Himmelsstürmern aus der sozialistischen Partei aus, die in den Fakultäten der Universität nur so wimmelten und überall anti-monarchistische Propaganda verbreiteten. Ich persönlich zog sogar die Muschiks diesen sogenannten Intellektuellen vor, die nur eines kannten: Kampf gegen Kirche und Zar. Die Muschiks, so dachte ich, neigen vielleicht etwas stark zum Wodka, aber sie sind wenigstens sauber. Jeden Samstag versammelten sie sich alle in dafür besonders vorgesehenen Isbas, in denen in großen Wannen auf mächtigen Öfen Wasser zum Kochen gebracht wurde. Von Zeit zu Zeit goß man das Wasser auf glühend heiße Steine; Dampf stieg auf, es war schön warm, und die Bauern konnten sich waschen, ehe sie sich wieder saubere Hemden anzogen.

Übrigens, auch wir besaßen in Finnland eine solche Isba, eine »Banja«, wie man russisch sagt. Im Hause gab es kein fließendes Wasser, Fräulein Erna mußte uns jeden Morgen mehrere Krüge warmen Wassers für unsere Toilette bringen. Da Baden nicht möglich war, heizten wir, nach Art der Muschiks, die »Banja« an. Mutter hatte recht getan, als sie Akulow engagiert hatte. Er war nicht nur ein kluger Hauslehrer, sondern auch ein fantastischer Spielkamerad für meine älteren Brüder. Manchmal fuhren sie in unserem kleinen Boot gemeinsam hinaus auf das Meer, und häufig begleitete er sie auf endlose Reitpartien im wundersamen finnischen Wald.

Er half ihnen auch, ein zweigeschossiges Puppenhaus zu bauen. Alles wurde von Hand gemacht, sogar die Möbel oder die Polster der Sitzgelegenheiten. Zu dieser Zeit spielten Jungen noch mit Puppen, und Dimitri besaß eine hinreißende Puppe mit dem ganz von blonden Locken umrahmten Gesicht eines artigen Mädchens. Er behauptete, es sei seine Tochter, und nannte sie Marinotschka.

Früh morgens stand er immer als erster auf und ging allein irgendwohin mit Marinotschka auf dem Arm spazieren. Wenn wir aus unseren Zimmern kamen, um auf der großen Terrasse zu frühstücken, erblickten wir von weitem seine schmale, jugendliche Figur im weißen Russenhemd, mit dem engen Ledergurt um die Taille. Erst wenn er wieder da war, merkten wir, daß Marinotschkas starre Händchen allerlei Blumen festhielten, meist waren es wohlriechende Platterbsen, manchmal auch Kapuzinen. Wovon mochte wohl dieser große Junge träumen, der seinen sechzehnten Geburtstag gerade hinter sich hatte? Wir haben es nie erfahren.

Als die Ferien zu Ende waren, weigerte er sich, Marinotschka mit den anderen Puppen in Finnland zurückzulassen. Er nahm sie nach Zarskoe Selo mit und baute ihr ein Bett in einer Schublade seines Schreibtisches. Sonntags führte er sie aus und setzte sie auf einen Gartenstuhl. Später, als er das Haus verließ und ins Pagenkorps eintrat, schloß er die Puppe ein. Doch jedesmal, wenn er Freunde zu Besuch hatte, öffnete er feierlich die Schublade und sagte:

»Ich möchte euch etwas zeigen.«

Und den baß erstaunten Offiziersschülern führte Dimitri seine Marinotschka, hübsch in eine Decke eingewickelt, vor.

Mutter war im Alter von vier Jahren Vollwaise geworden und wurde von ihren Großeltern, wohlhabenden Leuten, die fast das ganze Jahr hindurch in Sankt-Petersburg lebten, großgezogen.

Sie vertrauten sie den guten Diensten einer jungen Gouvernante von achtzehn Jahren, Katja, an, die meine Mutter tief in ihr Herz schloß. Katja empfand auch viel Zuneigung für dieses etwas einsame und sehr kluge Kind mit dem recht unbändigen Charakter.

Nach drei oder vier Jahren, leider, brachte Katja mit viel Feingefühl ihrem Zögling bei, daß sie sie nun verlassen müsse, um weiter zu studieren, damit sie einmal eine bessere Position bekäme. Mutter erfuhr erst viel später den wahren Grund dieser etwas überstürzten Abreise. Der junge Onkel meiner Mutter, frisch von der Ingenieurschule zurück, hatte sich in Katja verliebt. Er wollte sie heiraten, aber seine Eltern widersetzten sich einer Verbindung mit einer einfachen Gouvernante ohne Mitgift und ohne Zukunft kategorisch. Katja hat zeitlebens keinen anderen Mann mehr geliebt. Sie blieb unverheiratet und widmete sich der Erziehung von Taubstummen. Sehr oft verbrachte sie den Sonntag bei uns zu Hause, und im Sommer hielt sie sich immer einen Monat oder zwei mit uns in Finnland auf.

Wir kannten sie von jeher und nannten sie Tante Katische. Nur selten bin ich einem so aufrechten und integren Menschen wie ihr begegnet. Sie verbrachte den ganzen Tag mit Gleb und mir. Morgens begleitete sie uns zum Strand, und am Nachmittag nahm sie uns auf lange Spaziergänge querfeldein mit. Sie erzählte uns von Tieren, Pflanzen und den Dingen der Natur und schilderte uns ganz genau den Tagesablauf ihrer taubstummen Zöglinge.

»Katja«, seufzte Mutter eines Tages beim Mittagessen, »es ist so warm heute . . . Wie wäre es, wenn wir nachher mit den Kleinen zum ›Hundeklub‹ gingen? Kommst du mit?«

Der »Hundeklub« war eine luftige kleine Lichtung auf halber Strecke zwischen Strand und Fichtenwald. Mutter hatte dort Blumen pflanzen lassen sowie Gartenmöbel und eine Hängematte hingeschafft. Da ruhte sie sich nachmittags mit ihren Freundinnen gern aus. Die Damen unterhielten und beschäftigten sich mit irgendwelchen Stickereien, weshalb auch Mutter zu sagen pflegte:

»Wir arbeiten wie fleißige Hunde . . . «

Aus diesem Grunde wurde die kleine Lichtung endgültig »der Hundeklub« genannt.

Gleb hatte seine Zeichenhefte mitgenommen und ich, wie eine Große, hatte eine Stickarbeit angefangen. Bequem in ihren Liegestühlen eingerichtet, hatten Mutter und Tante Katische ein Gespräch begonnen, als Mutter plötzlich wieder aufstand.

»Hab ich doch meine Woll- und Seidengarne vergessen! Ich hole sie aus meinem Zimmer.«

Zehn Minuten später kam sie völlig fassungslos zurück.

»Katja, mein Kleinschmuck ist verschwunden! Du weißt doch, meine Broschen und das Kreuz mit dem Türkis und der Kette dazu . . . Alles lag auf dem Frisiertisch in der Kristallschale, ich bin sicher, sie dort noch vor dem Mittagessen gesehen zu haben.«

»Das ist aber komisch«, bemerkte Tante Katische. »Wir kennen alle Bedienten, sie sind über jeden Verdacht erhaben . . . «

Sie wurde von Fräulein Erna unterbrochen, die den Tee auftrug, sowie von Glebs Stimme, der aus Leibeskräften brüllte:

»Der Briefträger ist da!«

Fräulein Erna holte rasch die Briefe, die sie Mutter mit ihrer üblichen Miene, servil und verschlagen zugleich, überreichte.

»Endlich Nachrichten von Vater«, rief Mutter aus, »ich habe mir schon Sorgen gemacht.«

Fieberhaft riß sie den Umschlag auf, und ihr Gesicht erhellte sich: »Oh, wie schön! Er kommt mit der kaiserlichen Familie zu einem kurzen Aufenthalt nach Peterhof und nimmt zwei Tage Urlaub, um uns hier zu besuchen. In drei Tagen ist er da. Endlich! Endlich!«

Sie klatschte in die Hände wie ein kleines Mädchen und hatte, in ihrer Freude, das Verschwinden ihres Schmuckes fast schon wieder vergessen.

Abends beschloß ich, Mutter meinen Verdacht in bezug auf Fräulein Erna anzuvertrauen. Ich redete viel drum herum und heulte noch mehr, aber Mutter nahm mir meine ganze Verlegenheit, als sie mir erklärte, sie habe, ohne daß sie darum gebeten worden sei, beschlossen, Fräulein Erna schon vor unserer Rückkehr nach Zarskoe Selo zu entlassen. Sie würde eine oder zwei

Wochen Frist erhalten und käme dann in die Obhut einer wohltätigen Gesellschaft, die jungen Mädchen ohne Arbeit helfe.

In dem Augenblick, als die Gouvernante in Matti Soussis Karren Platz nahm, der sie zum Bahnhof fahren sollte, fiel ein zentnerschweres Gewicht von meiner Kinderseele herab.

Nach unserer Rückkehr nach Zarskoe Selo erfuhren wir von unserer Aufwärterin, daß alle verschwundenen Gegenstände beim Kammerdiener meines Vaters wiederaufgetaucht seien. Der brave Mann hatte aber von deren Herkunft keine Ahnung. Großzügig hatte Fräulein Erna sie ihm zum Geschenk gemacht.

Vater kehrte heim, und es war wie ein Fest. Wir hingen an seinen Lippen, so eilig hatten wir es, seinen Bericht über seine Reisen zu hören; dabei sollte er uns ein wenig am Leben des Kaisers, der Kaiserin, vor allem aber der Großfürstinnen und des Zarewitsch teilhaben lassen.

Er kam aus England, Schweden und Frankreich zurück, wo er, im Beisein von Staatspräsident Fallières, der ihn zum Offizier der Ehrenlegion ernannt hatte, an einer Marineparade in Cherbourg teilgenommen hatte.

Aus Schweden hatte er mir drei kleine Emaillebroschen mitgebracht: eine blaue, eine rosarote und eine weiße. Das war mein erster Schmuck.

Mutter konnte den Augenblick wieder nicht genießen: Kaum war Vater angekommen, jammerte sie bereits beim Gedanken an seine nächste Reise, eine Kreuzfahrt auf der »Standart«.

»Konnte denn niemand an deiner Stelle fahren?« fragte sie und tat so, als vergäße sie seine schwere Verantwortung.[1]

---

[1] Aus einem Brief von Dr. Botkin an seinen Bruder Peter vom 22. September 1908: »An Bord der kaiserlichen Jacht ›Standart‹. Ja, meine Verantwortung ist groß, nicht nur gegenüber der kaiserlichen Familie, die mich mit großer Güte behandelt, sondern auch gegenüber meinem Land und der Geschichte . . . Ich stehe zwischen zwei Feuern: Die einen sind mit mir unzufrieden, weil ich meine Patientin zu sehr pflege; die anderen dagegen finden, daß ich sie vernachlässige und daß meine Pflege nicht wirksam genug ist. Die Patientin selbst scheint zu

Ohne auf Antwort zu warten, fuhr sie fort: »Und nach der Kreuzfahrt?«

»Danach«, beruhigte sie Vater, »werden wir ganz still einen vollen Monat in Zarskoe Selo verleben . . . «

Sie zuckte mit den Schultern: »Ganz still? Na hoffentlich, bei all deinen Verpflichtungen . . . Danach wirst du wieder abreisen, wie üblich . . . «

»Ja«, gestand Vater, »für drei Monate auf die Krim. Ich komme Mitte Dezember wieder zurück . . . «

»Mein Gott«, explodierte Mutter, »können die denn nicht einmal einen ganzen Winter hindurch in Zarskoe bleiben?«

»Du weißt doch, daß für meine Patientin der Aufenthalt auf der Krim immer sehr heilsam ist«, versuchte Vater eine Rechtfertigung und fügte hinzu: »Ich glaube, es wäre auch für dich gut, vierzehn Tage auf der Krim zu verbringen. Normalerweise dürfen die Mitglieder der Suite ihre Familie nicht ins Palais mitnehmen, wenn der Zar da ist. Aber du wirst im Hotel wohnen, und da ich weniger zu tun haben werde als in Zarskoe, werde ich auch mehr Zeit für dich haben. Fräulein Butzow und Hauptmann Drendeln werden auch da sein. Du wirst sehen, langweilen wirst du dich nicht.«

Mutter wurde fast übel vor Glück: »Wir fahren auf die Krim . . . Wir fahren auf die Krim . . . «

Sie wechselten einen langen Blick, und Mutter gab ihm beide Hände.

Wenn sich der Zar auf der Krim aufhielt, ging er oft zu Fuß durch seine riesigen Ländereien in Liwadia spazieren.

Eines Morgens packte ihn die Lust, die neue Feldausrüstung der Infanterie selbst auszuprobieren. Er befahl, man möge ihm das Marschgepäck eines einfachen Soldaten bringen, und lief in die-

meinen, daß ich es mit der Ausübung meiner Pflicht zu ernst nehme. Die Bürde all dieser Anschuldigungen will ich geduldig tragen, meine Pflicht werde ich weiterhin ruhig und bestimmt erfüllen und mich dabei von meinem Gewissen allein leiten lassen. Diese unterschiedlichen Kritiker für mich einzunehmen und miteinander zu versöhnen, dafür werde ich mein Möglichstes tun. ›Gott ist barmherzig‹, wie unser Vater zu sagen pflegte . . . «

ser Aufmachung über alle Wege und Stege seines Anwesens. Auf
dem Rückweg geriet er auf eine kleine Landstraße, wo, wie er
wohl wußte, Polizisten auf Wache stehen sollten. Der Kaiser trat
an einen von ihnen heran und fragte, wo es zurück zur Kaserne
ginge. Der Mann erkannte ihn nicht und antwortete recht unfreundlich:
»Privatbesitz, hier darf niemand durch! Geh zurück, wo du her-
kommst. Die nächste Ortschaft ist in dieser Richtung.«
Mit einer knappen Bewegung zeigte er den Weg nach Oreanda,
wo das 16. Schützenregiment stationiert war.
Wortlos tat der Zar, wie ihm befohlen. Später hatte er immer viel
Spaß beim Erzählen der Begebenheit, wie ihm der Zugang zu
seinem eigenen Landbesitz verboten wurde, und er unterstrich
stets, wie zuverlässig der Sicherheitsdienst funktioniere.
Im Palais bat der Adjutant, der auf ihn wartete, der Kaiser möge
zur Erinnerung an diesen Tag einen Wehrpaß ausfüllen, in den,
wie üblich, Name, Vorname, Adresse, Bekenntnis eingetragen
wurden. Auf die entsprechenden Routinefragen antwortete der
Zar im Beisein meines Vaters: »Nikolaj Romanow, Gouvernement Sankt-Petersburg, Bezirk Zarskoe Selo, orthodox, verheiratet. Eintritt ins Heer 16. Juni 1887.« Das war der Tag, an dem
er, unter der Herrschaft seines Vaters, Alexander III., zum Offizier befördert worden war. Nikolaus II. vermerkte jedoch nichts
über seinen Rang und begnügte sich damit, den Tag dieser Begebenheit festzuhalten: »Schütze seit dem 24. Oktober 1909.«
Der Kaiser mußte auch Angaben über seinen Status beim Eintritt
ins Heer machen. Inhaber bestimmter Diplome genossen bestimmte Vergünstigungen: Wer zum Beispiel die Hochschulreife
hatte, wurde automatisch als Unteroffizier eingestellt und durfte
in der Stadt dienen, wo seine Familie wohnte. Manche wurden
Militärlehrer, was mit einer Dienstzeitverkürzung einherging.
Der Zar schrieb nur einen einzigen Satz: »Ohne jede Vergünstigungen bis zum Tode.«
Ohne jede Vergünstigung bis zum Tode . . .
Siebzig Jahre sind seitdem vergangen, und dieser schöne und
einfache Satz, den ich in meiner kleinen Kammer in Fontenay-

aux-Roses immer wieder lese, scheint mir in seltsam ahnungsvoller Weise das Schicksal des letzten Zaren aller Reußen zu charakterisieren. Bescheidenheit und Selbstverleugnung sind vielleicht für einen Staatsmann keine unabdingbaren Eigenschaften, aber als menschliche Qualitäten sind sie selten genug, um einen Anspruch auf Würdigung zu haben. Möge das Gedenken an Nikolaus II. eines Tages von allen Verleumdungen reingewaschen und so hochgehalten werden, wie es heute in der Diaspora überall geschieht, wo unser Kaiser als erstes Opfer und als Stellvertreter für jene Millionen Toten verehrt wird, die in Rußland bei der größten politischen und religiösen Verfolgung unserer Geschichte gefallen sind.

Trotz der freien und einfachen Atmosphäre, die in Liwadia herrschte, fühlte sich Mutter auf der Krim nicht wohl. Sie blieb dort nur drei Wochen und kehrte sehr enttäuscht wieder heim. Etwas in ihr war anders geworden, das fühlten wir undeutlich. Während dieser Kurzreise hatte sie gehofft, die warme und intime Stimmung ihrer ersten Ehejahre wiederzufinden. Leider hatte ihr mein Vater, von der Gesundheit der Kaiserin und den drohenden Hämophilieanfällen des kleinen Zarewitsch vollauf in Anspruch genommen, nicht so viel Zuwendung erwiesen, wie sie benötigte.

Nach und nach hatte sich Mutter von Traurigkeit und Bitterkeit überwältigen lassen. Vaters tiefe Bindung an die kaiserliche Familie verletzte sie zutiefst; sie fühlte sich ausgeschlossen, als entzöge man ihr einen Teil der Liebe, die sie selbst so nötig hatte. Mit ihren persönlichen Problemen beschäftigt, gab sich Mutter kaum Mühe, die unseres Vaters zu begreifen. Gott weiß aber, wie sehr er während dieses Aufenthalts auf der Krim mit Problemen konfrontiert wurde: Die Kaiserin fühlte sich sehr schwach, ihr Herz machte ihr zu schaffen, und Vater war oft genötigt, ihr völlige Ruhe zu verordnen, indem er sie von den Ausflügen und allen anderen Aktivitäten des Hofes ausschloß.

Diese Situation mißfiel den Mitgliedern der Suite außerordentlich. Sie waren auf die Krim gekommen, um sich zu zerstreuen und zu amüsieren, und nun vermißten sie die fehlenden Festivitäten arg.[2]

Einige Mitglieder der kaiserlichen Suite zögerten nicht, meinen Vater offen anzugreifen, und behaupteten, er ließe sich von der Zarin anstiften, ihr Vorwände zu liefern, damit sie allen gesellschaftlichen Anlässen, die sie so haßte, aus dem Weg gehen könne.

Eines Abends, als sich die Kaiserin in ihre Gemächer zurückgezogen hatte und der Zar, wie er es gewohnt war, den Großfürstinnen laut vorlas, wurde Vater von mehreren hohen Würdenträgern des Hofes regelrecht zur Rechenschaft gezogen.

Geduldig und mit einem feinen Lächeln um den Mund hörte er sich ihre Vorhaltungen an. Dann fragte er laut und deutlich: »Wer behandelt eigentlich Ihre Majestät? Ich oder Sie?«

Und ohne eine Antwort abzuwarten, fuhr er fort: »Wenn ich recht unterrichtet bin, sind Sie selbst keine Ärzte? Dann kann ich von Ihnen auch keine Kritik annehmen.«

Kurz danach zögerte Vater nicht, einen hervorragenden Kardiologen, Professor Sirotinin, ins Palais rufen zu lassen. Er bestand ferner darauf, daß die Kaiserin nach Bad Nauheim in Deutschland zur Kur fahren sollte. Zum Glück hatte in dieser Zeit der Zarewitsch keinen schlimmen Hämophilieanfall!

Zu Hause waren manche Dinge anders geworden. Meine labile Gesundheit schadete meiner Lernfähigkeit: Ich war für Angina,

---

[2] Brief von Dr. Eugen Botkin an seinen Bruder Peter: »Liwadia, 21. November 1909. Es gibt hier so viele kleinkarierte Leute, ihre Intrigen sind so gemein, so niedrig und unvorhersehbar, ihre Hintergedanken beschmutzen so sehr alles, was einfach und heilig ist, daß man sich dagegen gar nicht wehren kann. Man müßte ihr perverses Gehirn und ihre verdorbene Seele besitzen, um ihre unglaublichen Kombinationen konterkarieren zu können. Ich habe allerdings die entschiedene Feststellung gemacht, daß ich alt genug bin, um etwas zu wagen: Ich selbst zu sein. Ich handle, wie ich empfinde und wie ich denke. Ich bin bereit, mutig für meine Taten einzustehen, wenn es wirklich meine Taten sind und sie nicht von außen fremdbestimmt sind. Leider muß ich trotzdem Rücksicht nehmen und berechnend sein, und unwillkürlich werde ich mißtrauisch. Aber letzten Endes ist das alles nichts, sofern die Menschen, bei denen ich weile, weit weg von diesem Schlamm sind.«

Rheuma und manchmal in sehr schmerzhafter Weise für Asthma recht anfällig, wobei alles offensichtlich mit Herzinsuffizienz einherging. Mutter hatte Mademoiselle Schüler durch eine russische Lehrerin ersetzt, die sie für eher befähigt hielt, mich auf die Aufnahmeprüfung ins Mädchengymnasium vorzubereiten.

Ich war alt genug, um in die Tanzschule zu gehen, die, an jedem Samstag, auch von den meisten Adelssprößlingen besucht wurde. Wenn der Lehrer ein Zeichen gab, kamen die Knaben auf uns zu und verbeugten sich knapp, um uns aufzufordern. Nur bei großen Anlässen trugen sie einen marineblauen Uniformrock mit silbernen Schnüren. Einige gingen noch in Matrosenanzügen.

Wir, die Mädchen, mußten uns entsprechend anziehen: ein helles Kleid mit einem Seidenband als Gürtel, das hinten mit einer großen Schleife zugebunden wurde. Das lange Haar fiel uns bis zur Schulter; wir fühlten uns fast erwachsen und fanden es wundervoll.

Wir lernten vor allem Polka in allen Varianten: Schlittschuhläuferpolka, Schmetterlingspolka, ungarische Polka, den spanischen Schritt, aber auch den Walzer, den Krakowiak und die Mazurka.

Gleb erwies sich bald als scheußlicher Tänzer. Er packte seine Partnerinnen hinten an der Schleife und um ganz sicher zu sein, daß sie ihm nicht entgleiten würden, krallte er sich zusätzlich noch an einer dicken Haarsträhne fest. Wenn man ihn deshalb kritisierte, zuckte er mit den Schultern und nannte uns »galoppierende Teufel«. Er gab auch sehr schnell auf und zog es vor, zusammen mit seinen Zeichenheften zu Hause zu bleiben. Dazu muß man allerdings sagen, daß Gleb dafür im gleichen Maße hochbegabt wie für den Tanz unbegabt war.

Im Alter von neun Jahren hatte er ein Märchen erfunden, in dem die Abenteuer der Einwohner des Planeten Mars erzählt wurden. In seiner reichen Einbildung waren die Martianer Tiere, die wie Menschen herumliefen und sich anzogen. Sie führten auch das gleiche Leben wie wir, nur waren sie eben alle aus unterschiedlichen Tiergattungen und -rassen. Die Polarbären zum Beispiel waren die Russen. Als unser Märchen Form anzunehmen begann – nie haben wir etwas davon zu Papier gebracht, aber wir erfanden abwechselnd immer neue Episoden –, fing Gleb an, großformatige bunte Bilder zu malen, um die Abenteuer unserer Helden zu illustrieren.

Da einer der Bären zum Zaren ausgerufen worden war, entstand rasch ein ganzer Hof um ihn herum. Bald hatten alle männlichen Figuren prachtvolle Uniformen an, die den russischen Uniformen täuschend ähnlich waren. Die Frauen, die sehr selten vorkamen, trugen wundervolle Krinolinen.

Olga Butzow kam über Glebs Zeichnungen nicht aus dem Staunen heraus. Was sie faszinierte, war die sehr deutliche Ähnlichkeit, die diese Tiere mit vielen Leuten am Hofe hatten, die wir gut kannten. Das Ehrenfräulein der Kaiserin rühmte Glebs Begabung in ihrem großen Bekanntenkreis, und unser kleiner Bruder wurde bald ein kleiner Star. Jedesmal, wenn unsere Eltern einen Empfang gaben, ging die Tür unseres Studierzimmers auf, und ein Hausdiener verkündete mit feierlicher Stimme:

»Herr Dimitri, Herr Juri, Herr Gleb und das Fräulein werden von der gnädigen Frau gebeten, in den Salon zu kommen. Die gnädige Frau läßt Herrn Gleb bitten, seine Zeichenhefte mitzubringen.«

Dimitri und Juri waren für diese Art von Belustigung wenig zu haben und zogen sich, sobald die Vorstellungen erledigt waren, diskret wieder zurück. Ich dagegen blieb immer dabei, ich fand die Gespräche der Erwachsenen einfach hinreißend.

Unsere Gäste amüsierten sich offenkundig:

»Schauen Sie, das ist doch Orlow!«

»Aber nein, das ist viel eher Drenteln . . . «

»Und dieser würdevolle Polizist? Oberst Gerhardi!«

Manchmal fühlten sich meine Eltern sogar regelrecht verlegen. Sie fürchteten, daß die Personen, die Gleb karikiert hatte, daran Anstoß nehmen könnten. Aber niemand fühlte sich von den Zeichnungen meines Bruders beleidigt, im Gegenteil, alle ermutigten ihn weiterzumachen.

Aber auch Juri liebte die Malerei und malte recht hübsche Landschaften. Unser kleines Gut in Finnland grenzte an das des berühmten Malers Repin: Eines Tages besuchte ihn Vater mit beiden Jungen, um dem Meister ihre Zeichnungen zu zeigen. Repin nahm das Bündel Aquarelle und legte sie eines nach dem anderen auf den Fußboden hin. Besonders Juris Arbeiten fand er interessant und meinte, er hätte das Zeug für einen ausgezeichneten Landschaftsmaler.

Vater beschloß, seinen beiden Söhnen regelmäßig Malunterricht geben zu lassen. Er engagierte eine Frau, Frau Delavos-Kardowski, die als Malerin schon eine gewisse Berühmtheit genoß: Einige ihrer Bilder hatte das Kaiser-Alexander-Museum in Petersburg angekauft. Sogleich begann sie, ihren beiden Schülern das Porträtieren mit Kohlestift beizubringen. Doch es wurden Modelle gebraucht. Alle Bartträger der Umgegend wurden mobilgemacht, vom Kutscher bis zum Fensterputzer. Es mußten unbedingt Bärtige sein, weil sie scheinbar ohne Kinn und somit wesentlich leichter zu zeichnen sind als andere.

Zum Glück herrschte in Rußland daran kein Mangel.

Das Marientheater glänzte vor lauter Licht, vor Kristall und Silber, und der himmelblaue Samt der Sitzpolster bekam schillernde Farbreflexe.

Zum ersten Mal ging ich abends aus! Ich war außer mir vor Freude. Zu meinem elften Geburtstag hatten die Eltern uns, das heißt meine älteren Brüder und mich, in den »Schwanensee« mit der berühmten Primaballerina Trefilowa in der Hauptrolle mitgenommen.

Noch nie hatte ich ein so großes und schönes Schauspiel gesehen. Ich kam mir wie im Traum vor. So viel Herrlichkeit brachte mich derart durcheinander, daß ich nicht einmal mehr meine Müdigkeit empfand.

In der ersten Pause blieben wir in unserer Loge, und ich hörte, wie Vater plötzlich zu Mutter sagte:

»Schau mal hinüber, da sitzt Bischa mit Familie. Sie tun so, als würden sie uns nicht sehen, aber ich werde doch gehen und sie begrüßen.«

»Bitte nicht!« rief Mutter im höchsten Maße verärgert. »Du wirst doch nicht hinter Bischas Gunst herlaufen!«

»Was für eine Gunst?« fragte Vater. »Ich bin hinter niemandes Gunst her. Nur, Bischa ist mein Bruder, und ich habe ihn lange nicht gesehen.«

In diesem Augenblick genau ging der Vorhang hoch und unterbrach die Auseinandersetzung meiner Eltern.

Vaters Bruder Sergej, genannt Bischa, war ebenfalls ein renommierter Arzt. Aber er ertrug es schlecht, daß Vater, der fünf Jahre jünger war als er, eine höhere Stellung hatte. Immerhin aber war Bischa Professor an der Medizinischen Akademie und hatte sogar Großvaters Lehrstuhl inne.

Mit Kritik und wenig schmeichelhaften Redensarten unterstützte Bischa offen jene Partei am Hofe, die gegen meinen Vater eingestellt war, und beide Brüder hatten sich zerstritten. Seit über zwei Jahren hatten sie keinen Kontakt mehr miteinander.

Am Ende des zweiten Aktes stand Vater auf und sagte zu Mutter:

»Ich gehe trotzdem . . . «

Einen Augenblick später sahen wir, wie er in der Loge gegenüber erschien. Er küßte die ganze Familie und kam mit Bischa zu uns zurück. Ich hatte ziemlich vergessen, wie mein Onkel aussah, denn ich war noch ganz klein, als ich ihn das letzte Mal gesehen hatte. An diesem Abend verblüffte mich seine Liebenswürdigkeit. Er schien über diese unerwartete Versöhnung ungeheuer glücklich zu sein.

Einige Wochen später kam mein Vater mittags zum Essen nach Hause. Sofort bemerkten wir seinen ungewöhnlichen Gesichtsausdruck. Er schien zutiefst verstört zu sein.

»Siehst du«, sagte er zu Mutter mit fast versagender Stimme. »Es war doch gut, daß ich neulich Bischa umarmte. Er ist heute nacht an einem Herzanfall gestorben. Zum Glück hat er nicht gelitten.«

Das Jahr ging langsam zu Ende, aber die Aussicht auf die Festlichkeiten des Jahresendes schien Mutter keineswegs zu begeistern. Seit wir aus Liwadia zurück waren, hatte sie jedes Interesse, wofür auch immer, völlig verloren. Sogar wir, ihre Kinder, waren kaum noch Gegenstand ihrer Aufmerksamkeit.

Ich stellte mir nicht allzu viele Fragen. Ich nahm einfach an, sie stecke in einer Krise, so wie viele Frauen um die Vierzig. Vielleicht nahm sie aber auch Abstand von mir, weil sie meine zunehmende Bindung an meine älteren Brüder störte. Wir drei bildeten einen festen Block. Seit wir in Zarskoe Selo lebten, hatte sich Dimitri gut entwickelt, und ich empfand eine grenzenlose Bewunderung für ihn. Sein Erfolg im Gymnasium, sein feines, vornehmes Äußeres, seine tadellosen Manieren, seine Ehrlichkeit und Fröhlichkeit und der unbestimmte Charme, der von ihm ausging, faszinierten mich zusehends.

Mein Verhältnis zu Juri war wesentlich einfacher. Oft nahm ich es Mutter übel, daß sie für diesen zu lang geratenen, etwas linkischen, gelegentlich lärmenden und gegenüber Erwachsenen oft frechen Jungen so wenig Zuneigung empfand. Mutter vertrug sein wildes Wesen genausowenig wie seinen Frohsinn.

Gleb war ihr Liebling, wahrscheinlich, weil er der jüngste war. Sie behandelte ihn so, als wäre er noch ein Baby, und sehr häufig nahm sie ihn zu Tante Wera mit, einer unserer Cousinen, die, unweit von uns, in Zarskoe Selo ein Haus gekauft hatte.

Tante Wera kam aus sehr vermögenden Verhältnissen und war die Tochter eines Gelehrten, Michael Woronin, eines unserer größten Botaniker an der Akademie der Wissenschaften. In ihrem Bemühen, aus dem stereotypen Leben des Großbürgertums auszubrechen, hatte sie sich in einen Ingenieur, Paul Schatko, verliebt, der sich in einer revolutionären Bewegung schwer kompromittiert hatte und verhaftet worden war. Sie hatten im Gefängnis geheiratet. Später wurde Schatko nach Sibirien verbannt, und Tante Wera war ihm gefolgt. Das Leben hatte jedoch später Tante Wera von ihrem geliebten Gatten getrennt, und sie hatte in Zarskoe Selo Zuflucht gesucht, ohne deswegen auch nur einen Deut von ihren revolutionären Ansichten abzuweichen.

Weihnachten war gekommen. Meine Eltern veranstalteten eine kleine Feier und luden einige Freunde ein. Tante Wera und ihre drei Kinder waren dabei sowie Tante Jelena Kasizyn und ihr Mann.

Vater hatte alles gut vorbereitet. Für jeden von uns hatte er hübsche Geschenke parat, insbesondere für Mutter. Für sie hatte er einen hinreißenden Anhänger beim berühmten Juwelier Fabergé ausgesucht, der damals in der Gunst des gesamten russischen Adels stand.

Als Mutter das Schmuckkästchen aufmachte, bewunderten alle laut den wundervollen, mit Brillanten eingefaßten Opal, doch Mutter blieb eisig. Sie bedankte sich nicht nur nicht bei meinem Vater, sondern setzte eine geringschätzige Miene auf.

»Du weißt doch, daß ich Opale nicht mag!« rief sie mit vorwurfsvoller Stimme. »Sie bringen Unglück!«

Sie machte das Kästchen sofort wieder zu und tat so, als wollte sie es ihm zurückgeben. Doch Vater unterbrach ihre Geste.

»Wenn es dir nicht gefällt, kannst du es immer noch umtauschen«, sagte er ihr mit unendlich liebevollem Lächeln. »Ich möchte es nicht selbst tun, denn ich könnte mich ein zweites Mal irren . . . «

Mutter tauschte den Opal gegen einen Aquamarin ein, der, nach meinem Geschmack, lange nicht so schön war. Aber auch dieses eingetauschte Schmuckstück sollte ihr kein Glück bringen . . .

IV
Die Scheidung

Ich haßte ihn. Alles an ihm ging mir auf die Nerven. Seine
Selbstsicherheit, seine süffisante Haltung, sein Geschwätz ... sogar sein Äußeres erschien mir unerträglich! Doch er war jung,
groß, gut gebaut und sprudelte über vor Gesundheit und Dyna-
mik; die flache Mütze der deutschen Studenten, die er stets
aufhatte, unterstrich noch seine ebenmäßigen Gesichtszüge.
Friedrich Lichinger aus Riga sprach, wie die meisten Balten,
fließend russisch, wenn auch mit einer Spur deutschen Akzents.
Er war der neue Hauslehrer für meine älteren Brüder. Seine
freundliche Erscheinung hatte bei allen Mitgliedern der Familie
einen sehr günstigen Eindruck hinterlassen, aber intuitiv konnte
ich mich nicht eines gewissen Mißtrauens erwehren.
Lichinger sollte also bei uns in Finnland während des ganzen
Sommers 1910 bleiben. So mußte ich gute Miene zum bösen
Spiel machen und seine Anwesenheit ertragen lernen. Offensichtlich teilten die Großen meinen Standpunkt nicht. Sehr bald
gab es nur noch Lichinger für sie. Kahnpartien, Wanderungen zu
Pferde, unendliche Tennismatches ... Der Deutsche ließ sie
nicht zur Ruhe kommen, und sie schienen entzückt zu sein. Sogar
Gleb ließ seine Zeichnungen stehen und gesellte sich ihnen zu.
Abends blieb das Klavier stumm. Mutter spielte kaum noch und
zog es vor, sich stundenlang mit Lichinger und den großen Jungen zu unterhalten. In unserem Zimmer, schon zu Bett gegangen,
hörten Gleb und ich, wie sie lauthals lachte.
Dazu kam noch die endlose Photographiererei. Mutter arrangier-
te es, daß Lichinger immer im Vordergrund aller Erinnerungs-
aufnahmen stand. Ich selbst ging nicht näher heran, mich bat
auch niemand darum.
»Mit Friedrich bin ich beruhigt«, sagte eines Tages Mutter zu
Tante Katische, als Dimitri, Juri und Gleb mit dem Segelboot bei
etwas rauher See weggefahren waren. »Wenn er dabei ist, kann
den Jungen nichts passieren.«

»Ich bin mit dir nicht einer Meinung«, hatte Tante Katische geantwortet. »Ich mag diesen Lichinger irgendwie nicht. Er stellt Ansprüche und ist oft unverschämt.«

Mutter erwiderte nichts und tat sogar, als hätte sie nicht gehört, ich dagegen war froh, daß Tante Katische meine Abneigung teilte.

Einige Wochen später war ich allein im »Hundeklub«. Ich lag in der Hängematte mit einem Buch und war ein wenig eingedöst, als Lichinger mich sah und sich neben mich auf die Bank setzte.

Seine Anwesenheit ging mir auf die Nerven. Ich beschloß, es ihm klarzumachen, und wollte aus der Hängematte springen. Er aber faßte mich plötzlich am Kleid und zog mich auf seinen Schoß. Unsere Blicke kreuzten sich. Es gelang ihm nicht, mich richtig zu umarmen: Voller Abscheu war ich ihm entkommen. Nie hatte mich ein Mann so behandelt.

Sehr früh am nächsten Morgen kam ich in Mutters Zimmer und erzählte ihr alles.

Zu meiner größten Verblüffung begann sie zu weinen . . .

In diesem Sommer kam Vater nicht nach Finnland, so daß meine Eltern nahezu fünf Monate getrennt blieben, ohne sich zu sehen. Indirekt war mein Vater für diese lange Trennung verantwortlich. Der Zar hatte endlich in seine Ratschläge eingewilligt und den gesamten Hof nach Friedberg, in Deutschland, auf das Schloß seines Schwagers, des Großherzogs von Hessen mitgenommen. Die großherzogliche Residenz lag nahe bei Bad Nauheim: Dort waren Heilquellen, die bei Herzkrankheiten geradezu Wunder wirken sollten und die mein Vater seiner Patientin schon oft empfohlen hatte.[1]

---

[1] Aus einem Brief Dr. Eugen Botkins an seinen Bruder Peter: »Schloß Friedberg bei Bad Nauheim, 21. August 1910. Über die Krankheit der Zarin bin ich sehr in Sorge. Es handelt sich um ein Nervenleiden, das sich auf das Herz auswirkt und eine Erschlaffung der Herzmuskulatur verursacht. Diese Diagnose wurde von unseren Professoren, die ich vor der Abfahrt nach Nauheim heranzog sowie vom hiesigen Arzt bestätigt. Ich sage es dir ohne Vorbehalt, denn es ist vereinbart worden, aus dem Leiden der Kaiserin kein Hehl mehr zu machen.

Vater fehlte uns sehr. Seine Abwesenheit schaffte eine ungeheure Leere. Wir hätten so gern über allerlei Ereignisse, die uns in ihrem Bann hielten, mit ihm gesprochen: Seitdem Louis Blériot den Ärmelkanal überflogen hatte, hatte Dimitri angefangen, Flugzeugmodelle zu basteln. Früher interessierte er sich nur für Segelboote, jetzt aber zählten nur noch Flugzeuge. Mit viel Geduld und Geschick war ihm der Bau eines Modells mit einer richtigen Luftschraube gelungen, die sich durch die Kraft eines kunstvoll gewickelten Schießgummis tatsächlich drehte. Wenn Dimitri es losließ, machte das Ding einen Satz von vier oder fünf Metern knapp über unsere Köpfe hinweg. Wir klatschten heftig, Dimitri war der Blériot der Familie.

»Aber Blériot ist kein Russe!« protestierte Gleb. »Sollen unsere Matrosen wieder mal die Italiener retten gehen?«

Zwei Jahre davor hatte ein Erdbeben Messina völlig zerstört, und ein Schiff der Russisch-Kaiserlichen Marine hatte viele Überlebende geborgen. Die Weltpresse hatte den Mut unserer Matrosen sehr gelobt, und wir waren stolz, der stärksten Macht der Welt anzugehören.

Als wir Finnland in Richtung nach Zarskoe Selo verließen, fuhr Lichinger zu meiner größten Freude wieder heim. Ich blieb aber aus Gründen, die mir selbst unerklärlich waren, etwas in Sorge. Mutter hatte eine neue Gouvernante engagiert. Miss Laura Boyle war jung, Engländerin und sehr sympathisch. Als sie durch die Eingangstür ins Vestibül trat, fielen mir sofort die beiden Tennisschläger auf, die an ihrem Koffer befestigt waren. Wir hatten schon Herbst, und es gab in Zarskoe Selo keinen einzigen Tennisplatz. Wo wollte sie denn spielen? Aber das konnte Miss Boyle nicht erschüttern, die frisch und fröhlich an der Wand unseres Studierzimmers ihre Gerade und ihre Rückhand zu trainieren begann. Natürlich machten es ihr Dimitri und Juri sofort nach.

Ich finde es besser, als der Phantasie freien Lauf zu lassen und für die Krankheit der Kaiserin die unterschiedlichsten Bezeichnungen zu erfinden. Hier sind die Bäder gut und mit wahrhaft königlichem Luxus eingerichtet; ich habe allen Anlaß anzunehmen, daß diese Behandlung meiner Patientin guttun wird.«

Doch trat Miss Boyle eigentlich nie richtig in mein Leben, denn ich sah sie sehr wenig: Ich ging jetzt ins Mädchengymnasium. Die Aufnahmeprüfung hatte ich glatt geschafft. Die beste Note war eine »Zwölf«, und ich hatte sie in fast allen Fächern bekommen. Um das Gymnasium besuchen zu können, mußte man nicht notwendigerweise adlig sein, und das Lehrpersonal, zumeist Frauen, machte keinerlei Unterschiede unter den Schülerinnen. Allein der Hausmeister fühlte sich bemüßigt, die Mädchen bei ihrem Nachnamen zu rufen, wenn sie ihm klangvoll genug erschienen. Mich grüßte er immer mit einem lauten: »Guten Tag, Fräulein Botkin!« Eine meiner besten Freundinnen, Nastja Gudowitsch, mußte sich anhören, wie er sie mit »Guten Tag, Komteßchen!« anredete. Da in Rußland der Titel »Fürstin« oder »Gräfin« ausschließlich verheirateten Frauen galt, mußten ihre Töchter mit der Verkleinerungsform vorliebnehmen.

Früh morgens beim Betreten des Gymnasiums legten die Schülerinnen Hut und Mantel ab und räumten alles in der Garderobe ein, wo jede ein Fach und eine Ablage hatte. Aufwartfrauen mit großen weißen Schürzen halfen uns, unsere Kleidung und unsere Frisur tadellos in Ordnung zu bringen. In den unteren Klassen waren Zöpfe obligatorisch, in den höheren war ein Chignon, streng in den Nacken gezogen, Vorschrift.

Wir trugen alle ein braunes Kleid mit langen Ärmeln und hochschließendem Kragen, über das wir eine kleine schwarze Schürze umbanden. Der Kleidersaum mußte 30 cm über dem Boden stehen, ganz gleich, wie groß jede von uns war, damit die Ordnung stimmte, wenn wir in Reih und Glied standen.

Bei großen Anlässen, zum Beispiel bei der Schulpreisverleihung, verlieh ein Marie-Antoinette-Kragen unserem dunklen Uniformkleid eine helle Note. Es war ein großer weißer Organdi-Kragen mit einem Rüschenbesatz aus Valenciennes-Spitze, der uns über die Schulter ging, an der Taille überkreuzte und im Rücken geknotet wurde.

Die größeren unter uns befestigten sich zusätzlich eine Kokarde aus hellblauem Satin an der linken Schulter, zu Ehren der Kaiserin Maria Alexandrowna, der Gemahlin Alexanders II. Blau war ihre Lieblingsfarbe gewesen, und sie hatte jene Externate für junge Mädchen gegründet, die alle ihren Namen trugen. Man nannte sie die »Mariengymnasien«. Es gab nur ein einziges Internat, das von Katharina der Großen gegründet worden war, nämlich das Smolny-Institut, aber es war nur Mädchen aus dem Hochadel vorbehalten.

Während des ersten Schuljahres aß ich in der Schulkantine, doch wegen meiner Anämie kam ich in den Genuß einer besonderen Diät. Jeden Mittag brachte mir unsere Aufwärterin einen kleinen Korb, in dem sich, zwischen zwei Tellern in warmen Servietten eingewickelt, mein Mittagessen befand. Sie vergaß auch nie den Nachtisch und die kleine Flasche Vollmilch, die ich so mochte.

Jede Klasse hatte eine Aufseherin. Stets in schlichter marineblauer Kleidung, die lediglich von einem weißen Rundkragen aufgeheitert wurde, nahmen die Aufseherinnen an allen Lehrveranstaltungen teil. Von ihrem genau dem des Lehrers entgegengesetzten Pult aus hatten sie für Ordnung zu sorgen. Unsere Aufseherin war eine nicht mehr ganz junge, überaus milde und, sagen wir es offen, nicht sehr prinzipientreue Frau.

In der Klasse darüber hieß die Aufseherin Fräulein Bitner. Sie fiel mir sofort auf, weil sie oft in den Pausenräumen entweder am Arm der Schulleiterin oder von ihren eigenen Schülerinnen umgeben erschien, die sie offensichtlich mochten und bewunderten. Ihre Charakterfestigkeit imponierte uns. Damals wußte ich noch nicht, daß ich ihr viel später unter grausamen Umständen wieder begegnen sollte.

Jede Stunde dauerte fünfzig Minuten. Danach gingen wir in einen Pausenraum. Begegneten wir einem Lehrer auf dem Flur, mußten wir einen kleinen Knicks machen. Da wir am liebsten zu viert oder fünft hin- und herwandelten und uns dabei an der Hand oder um die Taille umschlungen hielten, übten wir uns darin, den Knicks alle gemeinsam zu machen. Die Aufseherinnen erlaubten es uns, sofern wir dabei völlig im Takt blieben. Ging es daneben, wurden wir bestraft.

Abends zu Hause unterhielt ich mich ein wenig mit Mutter. Sie erzählte mir aus ihrer Zeit am Gymnasium und ging einmal sogar so weit, mir etwas anzuvertrauen: Einer ihrer Lehrer hatte ihr so gut gefallen, daß sie während seines Unterrichts immer in der ersten Reihe Platz nahm. Sie bekam stets die besten Noten und schmückte ihr Kleid mit einem hübschen Spitzenkragen, damit er noch besser auf sie aufmerksam wurde!

Das hörte ich mir mit größtem Befremden an. Ich begriff überhaupt nicht, wie man derartige Anstrengungen unternehmen konnte, um einem jungen Mann zu gefallen. Die Tatsache, daß der besagte junge Mann auch noch Mutters Lehrer war, verschlimmerte in meinen Augen noch ihre Schuld. Ich nahm mir fest vor, mich nie im Leben so zu benehmen, auch später, wenn ich erwachsen sein würde, nicht. Wie man sieht, waren mir romantische Gefühle völlig fremd.

Im Sommer hatte ich die Romane einer damals bei jungen Mädchen sehr beliebten Schriftstellerin namens Tscharskaja zu lesen begonnen. In ihren Büchern wurde die Geschichte einer jungen Georgierin, der Prinzessin Nina, erzählt. Alles war voller Freundschaft, Liebe, Einsamkeit und Blumen, es gab Ausritte im Mondenschein und lauter edle Gefühle.

Eines Abends beugte sich Juris breites Gesicht über mich, als ich gerade ein paar Tränen über meine Heldin vergoß.

»Du liest diesen Blödsinn? Wer hat dir dieses Buch gegeben?«

»Mutter«, gab ich zurück. »Auch Miss Boyle meint, das passe gut zu meinem Alter.«

Juri lachte laut auf: »Eine blöde Kuh ist sie, immer mit ihrem Tennisball gegen die erstbeste Wand! Ich habe mir dieses Buch angeguckt: Ein Haufen Blödsinn. Nur Gelächter, Geflenne und Geheimnisse, die man leise ins Ohr der Mädchen flüstert, während sie mit sehnsuchtsvollen Augen einen jungen Prinzen anschauen ... Du bist schon jetzt nicht sehr schlau, aber wenn du das liest, wirst du völlig verblöden. Ich möchte dir lieber Biographien oder historische Werke empfehlen. Ich kann dir welche borgen, wenn du willst.«

Ich folgte dem Rat meines Bruders und fand unter seinen Büchern Werke, die mich noch ganz anders faszinierten als Geflüster im Mondenschein.

Von nun an bevölkerten Schamil, der Häuptling der mohamme-
danischen Rebellen im Kaukasus und die tollkühnen Ritte des
Gogolschen Taras Bulba meine Träumereien.

Der Aufenthalt der kaiserlichen Familie in Deutschland ging erst
am 3. November 1910 zu Ende.
Mutter schien jeden Tag nervöser zu werden. Sie war so gut wie
nie mehr zu Hause und verbrachte praktisch jeden Nachmittag
bei Tante Wera oder bei meiner Patentante, Jelena Kasizyn.
Einmal blieb sie sogar ganze zwei Wochen weg, die sie bei einer
ehemaligen Freundin, die einen reichen Geschäftsmann aus Helsingfors geheiratet hatte, verlebte.
Als Vater nach Hause kam, war Mutter seit einigen Tagen wieder
daheim. Sehr glücklich über die Wiederkehr ihres Mannes schien
sie nicht gerade zu sein. Zu meinem größten Erstaunen teilten
meine Eltern nicht mehr dasselbe Zimmer.
»Warum schläft Vater auf dem Sofa in seinem Arbeitszimmer?«
fragte ich Mutter eines Morgens.
»Ich fühle mich zur Zeit etwas müde«, antwortete sie mir. »Vater
findet, daß ich anämisch wirke und Ruhe brauche. Wir stehen
sowieso nicht zusammen auf, und abends arbeitet er immer so
lange . . . «
Die Antwort schien mir plausibel, war aber doch weit davon
entfernt, mich wirklich zu befriedigen: Meine Eltern wirkten
traurig und voller Sorgen, Vater kam abends nicht mehr zum
Essen heim, und wir hatten keinen Besuch mehr. Sogar Olga
Butzow kam immer seltener.
Weihnachten kam heran. Das Festessen am Weihnachtsabend
fand wie im Jahr zuvor zusammen mit der Familie Schatko, Tante
Jelena Kasizyn, ihrem Mann und einigen Freunden statt.
Aber im Gegensatz zum letzten Jahr waren wir diesmal nicht
vollzählig: Mutter fehlte! Ihre Gesundheit war zusehends
schlechter geworden, und zu Beginn des Monats Dezember hatte
sie uns ihre Abfahrt in ein Sanatorium nach Helsingfors ange-
kündigt.
Wir machten übermenschliche Anstrengungen, um fröhlich zu

erscheinen, aber die verlegene Miene der Gäste, ihr allzu offensichtlicher Wunsch, uns lustig zu stimmen, das alles erfüllte uns mit einer unheimlichen Vorahnung. Wir trösteten uns recht und schlecht bei dem Gedanken, daß Mutter zu Neujahr wieder zu Hause sein würde.

Einige Tage danach kam Vater wesentlich früher heim als üblich. Er ging direkt ins Zimmer der großen Jungen und verbrachte eine ganze Weile mit ihnen zusammen. Gleb und ich fragten uns, was wohl passiert sein mochte. Wir versuchten sogar, an der Tür zu lauschen, aber drinnen wurde viel zu leise gesprochen.

Als Vater wieder herauskam, fragte ihn Gleb unvermittelt: »Wird Mutter zu Neujahr da sein oder nicht?«

»Darüber wollte ich gerade mit euch reden«, antwortete Vater. Völlig ruhig setzte er sich in einen Sessel und fuhr fort. »Mutter wird zu Neujahr nicht zurückkommen, es kann sogar durchaus sein, daß sie überhaupt nicht mehr zurückkommt.«

Er unterbrach sich kurz und fügte dann hinzu: »Mutter und ich, wir werden uns scheiden lassen. Mutter möchte jemand anderen heiraten, den ihr gut kennt.«

Ich weiß nicht mehr, was wir dazu gesagt haben; ich glaube, gar nichts. Mein Vater tat sein Bestes, um seine Betroffenheit zu verbergen. Er wiederholte, als wollte er sich selbst überzeugen: »Mutter will nicht mehr mit mir zusammenleben. Wenn sie wieder verheiratet ist, schlägt sie euch vor, zu ihr zu ziehen. Wen, meint ihr wohl, will sie heiraten?«

Ich dachte im ersten Augenblick an Drenteln, an die Klavierabende, bei denen sie vierhändig spielten, hätte aber nie im Leben den Namen des kaiserlichen Adjutanten über die Lippen gebracht.

Mein Vater beendete das lange Schweigen.

»Sie wird Lichinger heiraten«, brachte er mühsam hervor.

»Lichinger!« rief ich aus. »Diesen abscheulichen Kerl! Er war mir damals schon so widerlich!«

Vater antwortete nichts.

»Die großen Jungen«, sagte er schließlich, »bleiben bei mir, aber Gleb und du, ihr könnt mit Mutter zusammenleben, wenn ihr wollt. Euch wird es an nichts fehlen, ich werde weiterhin für alles aufkommen.«

Ich zögerte nicht einen Augenblick.

»Ich will dich nicht verlassen«, rief ich aus. »Ich bleibe bei dir.«

Gleb dachte nach. Für ihn war die Wahl nicht so einfach. Schließlich war er noch ein kleiner Mann mit seinen zehn Jahren, und es war nur normal, wenn er noch sehr an seiner Mutter hing.

In diesem Augenblick traten Dimitri und Juri aus ihrem Zimmer und kamen in den Raum. Vater faßte mich an den Schultern und verkündete:

»Tanjuscha bleibt bei uns!«

Glebs Stimme zitterte leicht, als er fragte:

»Hat dich Mutter verlassen?«

»Ja«, antwortete Vater einfach.

»Wenn du sie verlassen hättest, wäre ich zu ihr gegangen. Aber wenn sie dich verläßt, bleibe ich bei dir«, erklärte Gleb mit heller Stimme.

Dann lief er in Vaters ausgestreckte Arme. Ich kam auf ihn zu und bedeckte sein aufgewühltes kleines Gesicht mit Küssen.

Am nächsten Morgen weckte mich ein starker Brandgeruch, der aus dem Zimmer meiner älteren Brüder kam. Ich klopfte an ihre Tür und trat ein, ohne auf die Antwort zu warten: Sie waren dabei, den Ofen mit allen Photos aus unserem letzten finnischen Urlaub vollzustopfen.

Ich konnte mich nicht zurückhalten und starrte lange in die Flammen, wie sie langsam Friedrich Lichingers hübsches Lächeln zerstörten.

Ich ahnte nicht, daß dieses Drama das erste und harmloseste von allen war, die unsere Familie noch ereilen und unser armes Land zugrunde richten sollten.

Zum Glück waren wir wohlbehütet . . .

Immer wenn Frau Tewjaschow den Kopf senkte, stießen drei große Diamanten, die an jedem Ohr hingen, an den weißen, gestärkten Perkalkragen ihrer Bluse und gaben ein feines, kristallin-vornehmes Klirren von sich.

Überhaupt strahlte Frau Tewjaschow insgesamt Vornehmheit aus. Groß und schlank, hielt sie sich sehr gerade und hatte schönes, leicht onduliertes weißes Haar. Im Winter trug sie stets ein schlichtes schwarzes, im Sommer ein graues Kostüm, das ihren Charme und ihre Klasse noch unterstrich.

Ihr war die Anwesenheit von Jugendlichen durchaus vertraut, und ich fühlte mich in ihrer Nähe wohl. Sie war mindestens so alt wie meine Großmutter, aber das störte mich in keiner Weise. Sie verstand es, mit mir wie mit einer Freundin zu sprechen, und ich bewunderte sie sehr. Oft sagte ich mir, sollte ich je das Kap der Fünfzig hinter mir haben, würde ich es ihr gleichtun oder es versuchen.

Als sie von der Trennung meiner Eltern erfuhr, lud uns Frau Tewjaschow ein, den Silvesterabend bei ihr zu verbringen. Dimitri und Juri waren mit ihren beiden Enkeln, Nikolaj und Mika Uschakow, sehr befreundet, die wiederum Mr. Boyle, den Bruder unserer springlustigen Gouvernante, zum Hauslehrer hatten.

Vater seinerseits tat alles in seiner Macht Stehende, um uns abzulenken und Mutters Abwesenheit auszugleichen. Da er meine Brüder, insbesondere Dimitri, an den Umgang mit Offizieren gewöhnen wollte, veranstaltete er am Abend des 6. Januar ein großes Abendessen. Um unserer Aufwärterin beim Auftragen behilflich zu sein, ließ er zum ersten Mal seinen Hofkammerdiener in schwarzer, mit Goldtressen und goldenen doppelköpfigen Adlern verzierter Livree, in roter Weste, weißer Hose, weißen Strümpfen und schwarzen Schnallenschuhen zu uns kommen.

Vater hatte eine Gruppe frisch aus dem Pagenkorps hervorgegangener junger Offiziere eingeladen: Das Pagenkorps war die jungen Adligen reservierte militärische Erziehungsanstalt. Alle gehörten dem Schützenkorps der kaiserlichen Familie an. Diese Einheit genoß einen ausgezeichneten Ruf, war aber bei weitem nicht so teuer wie die meisten anderen Regimenter. Die Offiziere stammten alle aus sehr guten Familien, die jedoch meist nicht sehr wohlhabend waren, daher konnten sie sich keine kostspieligen Vergnügungen leisten. So waren sie froh, zu Familien Zugang zu finden, wo man sie als Freunde, um nicht zu sagen als Söhne aufnahm.

Nach orthodoxer Tradition ist der 6. Januar[2] der letzte Tag, an dem man noch die Kerzen des Weihnachtsbaumes anzünden darf. Er ist auch der Tag des Wahrsagens, an dem Leid und Glück für das kommende Jahr geweissagt wird.

Dazu braucht man nur, zum Beispiel, ein Wachsbrot in einer Schöpfkelle schmelzen und es in einen Eimer Schnee fließen zu lassen. Beim Erstarren bildet das Wachs seltsame Figuren, die man dann deuten kann. An diesem Abend gab jeder seine Meinung von sich:

»Das ist eine Nase mit einer Brille; du wirst kurzsichtig werden!«

»Nicht doch, das ist ein Eimer mit einem Besen, er wird eine Putzfrau heiraten . . . «

»Schaut mal her! Andersherum ist es ein Schlitten!«

»Nein, ein Klavier!«

Wir lachten und gingen zu einem anderen Spiel über, das ebenso zur Tradition gehörte und darin bestand, auf langen Papierbändern alle Wünsche aufzuschreiben, die man für das kommende Jahr hegte. Die Dienerschaft brachte eine Emailleschüssel halb voll Wasser, die Schützen klebten ein Ende der Papierbänder an den Rand der Schüssel, während das andere Ende frei über dem Wasser hing.

»Nüsse«, rief Gleb aus, »wir brauchen Nüsse.«

Er lief zum Weihnachtsbaum und holte sich eine von den vergoldeten Nüssen, mit denen der Baum noch geschmückt war. Geschickt teilte er sie entzwei und befestigte eine Kerze in einer der Nußschalen. Ich legte dieses improvisierte Schiffchen in die Schüssel und brachte mit den Fingerspitzen das Wasser ein wenig in Wallung. Die Flamme schwankte und wankte, und von dem

---

[2] Alle von der Autorin zitierten Daten sind nach dem Julianischen Kalender angegeben, der in Rußland bis zur Revolution gebräuchlich war und im Vergleich zum im Westen verwendeten Gregorianischen Kalender einen Rückstand von dreizehn Tagen aufweist.

Wasserwirbel mitgerissen, brachte die Nußschale die Kerze unter eines der vielen Papierbänder, das sofort Feuer fing.

»Lösch es schnell aus, Tanjuscha«, rief mir Vater zu, »und sag uns, welche Zukunft dir vorbestimmt ist!«

Ich verlas die Prophezeiung an der gerade noch unversehrten Stelle des Bandes mit lauter Stimme, und Gleb brach in Gelächter aus, als er hörte, daß ich im nächsten Monat zum Hauptmann eines Kosakenregiments befördert werden sollte.

Ohne Mutter war das Leben anders, aber es ging weiter . . .

In Rußland dauert die Fastnacht eine ganze Woche, die »Masleniza« genannt wird. In diesen Tagen darf man sich noch mit Butter, Milch und Eiern vollstopfen. Danach kommt die Große Karzeit bis Ostern, ein sieben Wochen langes Fasten, dem sich alle Orthodoxen streng unterziehen; währenddessen bleiben Theater, Konzertsäle und Vergnügungsstätten geschlossen.

Während der »Masleniza« brandete eine Vergnügungswoge über ganz Rußland herein. Jeder nutzte die letzten Tage der Freude aus, um ein großes Festessen zu organisieren, wo hauptsächlich »Blini« verzehrt wurden, so etwas wie dicke, weiche Eierkuchen, die mit ausgelassener Butter, frischer Sahne, Räucherlachs und Kaviar serviert werden. Recht besehen litten die wohlhabenden Klassen der Gesellschaft kaum unter der scheinbaren Strenge der Karzeit: Die Fülle an verschiedenen Fischsorten verschaffte jedem Koch die Gelegenheit zu zeigen, was er konnte. Nur das Frühstück wurde mir zum Problem. Ich mochte den Honig nicht, der mir statt Butter auf die Schnitten gestrichen wurde.

Mein Vater war ohnehin der Meinung, daß fünfzig Tage Karzeit für uns Kinder viel zu lang waren. Wir respektierten den Ritus lediglich in den drei religiös wichtigsten Wochen der Fastenzeit: Die erste Fastenwoche nennen die Orthodoxen die Heilige Woche, die vierte ist der Anbetung des Heiligen Kreuzes gewidmet und die siebente ist die Passionswoche. Vater beachtete die Karzeit mit aller Strenge, aber in der Zeit, wo wir Kinder nicht fasten sollten, ließ er sich seine Mahlzeiten direkt von der Hofküche bringen, um unser Hauspersonal nicht zu überlasten.

Das hätte er allerdings auch jeden Tag so handhaben können, aber er mochte in normalen Zeiten von den zahlreichen Vorteilen, die ihm seine Position verschaffte, keinen Gebrauch machen. Es lag weder in seinen Gewohnheiten noch in seinem Charakter, sich Wein oder Konfiserien vom Hof liefern zu lassen. Wein gab es übrigens an unserer Tafel nur dann, wenn Gäste da waren, und was die Süßigkeiten anbelangt, so liebten wir sie so sehr, daß sich der Hof ruiniert hätte, hätte er uns damit beliefern sollen! Es gab zwei verschiedene Sorten: die richtigen, mit Mandelzucker gefüllten Fastenbonbons, und die dicken, mit Puderzucker überzogenen Plätzchen aus Bitterschokolade. Wunderbar!

Eines Tages, vor Beginn der »Masleniza«, verkündete uns Vater, als ginge es um die unwesentlichste Sache der Welt:

»Zur Großen Karzeit wird Mutter wieder zu uns zurückkommen. Wir werden also zum heiligen Fest wieder zusammensein, und möglicherweise werden wir uns dabei versöhnen, obwohl die Scheidung bereits ausgesprochen ist.«

Gleb war ganz närrisch vor Freude. Dimitri und Juri dagegen fühlten sich etwas verlegen. Ich für meinen Teil war voller Vorbehalte. Ich war zwar froh, daß Mutter zurückwollte, empfand aber den Graben, der zwischen uns entstanden war, sehr deutlich und hatte auch keine rechte Lust, ihn wieder zuzuschütten.

Kaum angekommen, besuchte Mutter Tante Wera. Sie kehrte ganz heiter von diesem Besuch zurück und teilte uns mit, ihre Cousine habe zur »Masleniza« einen großen Maskenball organisiert, zu dem wir alle eingeladen seien. Dimitri sollte sich als Marquis verkleiden, denn er war für Lika, die Tochter des Hauses, als Kavalier auserkoren worden. Sie wiederum wollte unbedingt als Marquise gehen.

Diese Aussicht entlockte uns ein Lächeln. Dimitris feine Gesichtszüge würden ohne Zweifel die Perücke gut vertragen, wie sollte aber Lika, als Pompadour kostümiert, die revolutionären Ansichten ihrer Frau Mama nicht konterkarieren?[3]

---

[3] Das auf diesem Maskenball aufgenommene Photo ist als Nr. 9 im Bildteil zu sehen.

Kurz nach dem Ball fragte Dimitri unseren Vater:
»Diese Woche kommen doch die Schützen, oder?«
»Natürlich«, bestätigte Vater.
»Wer sind diese Schützen?« fragte Mutter mißtrauisch.
»Das wirst du schon sehen!« rief Juri aus. »Sie sind vielleicht lustig! Mit ihnen ist wenigstens etwas los! Wir spielen Blindekuh und einen Haufen solcher Spiele, das macht uns riesig viel Spaß!«
Mutter antwortete nicht und machte ein pikiertes Gesicht. Ich begriff sofort, daß sie es nicht ertrug, von den neuen Lebensgewohnheiten, die wir seit ihrer Abwesenheit angenommen hatten, ausgeschlossen zu sein.
Beim Abendessen verhielt sie sich ausgesprochen unangenehm zu den eingeladenen jungen Offizieren. Sobald sie konnte, zog sie sich in ihr Zimmer zurück und bedeutete mir, ihr zu folgen:
»Ich verstehe wirklich nicht, wie dein Vater solche Versammlungen erlaubt oder sogar begünstigt«, meinte sie zu mir. »Diese jungen Männer sind laut, unerträglich und benehmen sich wie zu Hause. Ich bin froh, daß die Große Karzeit heranrückt. Mindestens in dieser Zeit werden mir solche Abendgesellschaften wohl erspart bleiben dürfen.«
Mutter nahm die Große Karzeit sehr ernst. Eines Tages, Vater war nicht da, vertraute sie uns ihren Wunsch an, allein zur Beichte und zum Abendmahl zu gehen.
Als er ihre Worte hörte, schaute Juri zu ihr auf:
»Ich dachte, Geschiedenen seien Beichte und Abendmahl nicht gestattet«, warf er ein.
»Das stimmt«, erwiderte Mutter, »aber nur für den, auf dessen Seite zugegebenermaßen die Schuld ist. Da Vater ritterlich genug war, die Schuld auf sich zu nehmen, habe ich das Anrecht auf die Beichte nicht verloren.«
Und sie fügte mit leiser und etwas belegter Stimme hinzu:
»Ich glaube, ich habe es nötig . . .«
»Dafür darf aber Vater nicht zum Abendmahl«, rief Dimitri, fixierte einen auf dem Tisch liegenden Brieföffner und nahm ihn schließlich in die Hand.

Mutter ließ eine Droschke rufen. Sie wollte rechtzeitig in der Kirche sein, um unter den ersten beichten und anschließend am Nachmittagsgottesdienst teilnehmen zu können.

Als sie eine knappe Dreiviertelstunde später zurückkam, waren wir sehr erstaunt. Von unserem Studierzimmer aus hörten wir ihre von lautem Jammern unterbrochene Stimme.

Die Aufwärterin tauchte unvermittelt bei uns auf:

»Die gnädige Frau läßt Herrn Dimitri oder besser Herrn Juri, der noch stärker ist, bitten, ihr doch zu helfen. Sie hat große Schmerzen. Ihr Fuß tut ihr sehr weh.«

Die Jungen stürzten ins Vestibül. Dort fanden sie Mutter in einem erbarmungswürdigen Zustand. Es hatte zu regnen angefangen, und Mantel und Rock waren mit Schlamm verschmutzt.

»Ich begreife nicht, wie das passieren konnte«, murmelte sie. »Das Pferd ging durch, der Wagen fiel um, und plötzlich lag ich darunter. Wir waren nicht mehr sehr weit von der Kirche, und ich hätte zu Fuß weitergehen können, aber ich konnte mich nicht mehr aufrechthalten. Passanten blieben stehen und halfen dem Kutscher, der außer sich vor Wut war und wie ein Rohrspatz fluchte. Ich wußte nicht mehr, was tun. Schließlich sah ich eine Droschke vorbeifahren. Ich hielt sie an, und man mußte mir sogar beim Hinsetzen helfen . . . «

Die Jungen trugen Mutter ins Bett, und die Aufwärterin half ihr beim Hinlegen. Abends, als er zurückkam, stellte Vater eine Verstauchung fest. Er untersagte der Patientin strengstens jedes Aufstehen.

Nach dem Abendessen rief uns Mutter zu sich. Sie sprach mit ganz kleiner, von Schluchzen unterbrochener Stimme:

»Hast du denn solche Schmerzen?« fragte Gleb besorgt.

Durch ihre Tränen hindurch lächelte Mutter traurig.

»Ich weine nicht wegen meines Fußes«, räumte sie ein, »sondern weil Gott mich gestraft hat. Er wollte nicht, daß ich die Beichte ablege. Ich war unwürdig, das Abendmahl zu empfangen. Jetzt weiß ich es: Für meine Sünde muß ich nun Buße tun . . . «

80

Die Scheidung meiner Eltern hatte in Sankt-Petersburg und in Zarskoe Selo viel Aufsehen erregt.

»Doktor Botkin ist ein Heiliger«, sagten die einen.

»Olga Wladimirowna ist verrückt«, behaupteten die anderen.

Vor der Scheidung war Mutter selten genug unter die Menschen gegangen. Aber seitdem fühlte sie sich in Gesellschaft ausgesprochen unwohl. Sie nahm wieder ihren Mädchennamen an, unter dem sie niemand kannte, und hatte nicht einmal das Bedürfnis, sich neue Visitenkarten drucken zu lassen.

Eines Tages wollte Mutter Olga Butzow besuchen. Auf dem großen Platz vor dem Katharinenpalais ging einer unserer Bekannten, der sie gesehen haben mußte, ohne Gruß an ihr vorbei. Furchtbar gekränkt machte Mutter kehrt und ging wieder heim.

Später vertraute mir Vater an, wie peinlich ihn der überaus kühle Empfang, der seiner Frau von ihren gemeinsamen Freunden bereitet wurde, berührt hatte. Was ihn besonders schockiert hatte, war die Tatsache, daß diese feindselige Haltung genau zur Zeit ihres Versöhnungsversuches zum Ausbruch kam.

»Wie konnte er sie wieder zu sich nehmen?« flüsterte man überall um ihn herum. »Sogar Karenin ist nicht soweit gegangen . . . «

Für Vater wäre die Situation wirklich unerträglich geworden, hätten nicht der Zar und die Zarin sehr viel Verständnis für ihn gezeigt. Er hatte ihnen selbstverständlich seine Demission angeboten, da sein Amt, wie er meinte, mit seinem Status als Geschiedener nicht vereinbar war.

»Ihre Scheidung«, hatte die Kaiserin geantwortet, »ändert nichts an dem Vertrauen, das wir in Sie gesetzt haben. Sie sind nicht der einzige Geschiedene am Hof. Drenteln lebt auch von seiner Frau getrennt. Sogar in unserer eigenen Familie: Hat sich denn die Großherzogin Viktoria, die Gemahlin meines Bruders, nicht vom Großherzog von Hessen scheiden lassen, um den Cousin des Kaisers, den Großfürsten Kyrill Wladimirowitsch zu heiraten?«

Zu Hause zogen sich die Osterferien langsam und freudlos hin. Zum ersten Mal seit unserer Kindheit wurde die Osternacht nicht zu jenem Ausbruch wilder Freude, der in Rußland das Ende der Fastenzeit und die Wiederauferstehung Christi kennzeichnet.

Vater lud zwar die Schützen ein, aber Mutter zog es vor, in ihrem Zimmer allein zu bleiben.

Einige Tage später erfuhren wir mit Erleichterung, daß Mutter wieder einmal »zur Kur« wegfuhr. Der Abschied war schwer, aber kurz. Die vom Vater ersehnte Versöhnung war gescheitert. Wir wußten diesmal, daß die Trennung lang dauern würde, aber wir fühlten auch, daß es nicht anders ging.

Nie wieder sprachen wir Mutters Namen aus.

V
Die zwei Gewalten

»Ein großer Mann im langen schwarzen Kaftan, den die wohlhabenden Muschiks an Feiertagen tragen, und mit schweren Stiefeln an den Füßen ... Langes, ungekämmtes braunes Haar, schwarzer buschiger Bart, hohe Stirn, breite, hervorstehende Nase, kräftiger Mund.«[1]

So beschreibt Maurice Paléologue, damals französischer Botschafter in Rußland, Grigori Jefimowitsch Rasputin. Und er fügt hinzu:

»Der Gesichtsausdruck liegt ganz allein in den Augen konzentriert. Diese Augen sind leingrau, von seltsamem Glanz, seltsamer Tiefe und Anziehungskraft. Der Blick ist scharf und zärtlich, harmlos und schlau, direkt und abwesend zugleich. Wenn Rasputin ins Reden kommt, scheinen sich seine Pupillen magnetisch aufzuladen.«

Ich selbst bin Rasputin nie begegnet. 1911 hatte ich nicht einmal seinen Namen gehört, wahrscheinlich, weil ich ein junges Ding von dreizehn Jahren war. Er war jedoch in ganz Rußland bekannt und ganz besonders in der hohen Petersburger Gesellschaft.

Grigori Jefimowitsch stammte aus Pokrowskoe, einem Dorf in Sibirien, wo er 1872 zur Welt kam, und war durch die Hellseherei, die ihm zugeschrieben wurde, berühmt geworden. Er hatte sich immer wieder längere Zeit in Klöstern aufgehalten und galt

---

[1] Maurice Paléologue. Am Zarenhof während des Ersten Weltkrieges, München 1925 (Gek. Neuausgabe u. d. T. »Das Ende der Romanows«, München 1962, S. 64). Um den Leser auf eine neue Untersuchung im Falle Rasputins hinweisen zu können, sind die meisten Zitate über den »starez« oder seine Beziehungen zur Kaiserin so weit wie möglich dem bemerkenswert umfassenden Buch entnommen, das Michel de Enden unter dem Titel: Raspoutine ou la fascination, Paris 1976, veröffentlicht hat. Michel de Enden ist der Enkel Michail Botkins, eines Bruders von Eugen Botkin.

sehr bald als heiliger Mann. Man überhörte jedoch nicht, daß der Name »Rasputin« durch Klangähnlichkeit an ein Wort für Laster und Ausschweifung erinnerte,* und nannte ihn daher lieber »starez«, ein Titel, der den großen Asketen und Mystikern der orthodoxen Kirchen vorbehalten war.

Wohl versehen mit enthusiastischen Empfehlungsschreiben, die ihm kirchliche Würdenträger, von seinen Fähigkeiten beeindruckt, ausgestellt hatten, tauchte Rasputin im Frühjahr 1903 zum ersten Mal in Sankt-Petersburg auf. Der Vize-Rektor der Geistlichen Akademie, Bischof Theophanes, führte ihn bei der Cousine des Zaren, der Großfürstin Miliza, ein.

»Ein bemerkenswerter Pilgersmann«, sagte er zu ihr. Die Großfürstin sollte sehr bald eine der glühendsten Bewunderinnen des »starez« werden. Im November 1905 zögerte sie nicht, ihn dem Kaiserpaar vorzustellen, und Nikolaus II. notierte in seinem Tagebuch: »Wir haben einen Gottesmann namens Grigori aus dem Gouvernement Tobolsk kennengelernt.«

Der gewundene Aufstieg Rasputins begann. Von den Klöstern wechselte er in die Salons über. Die sich langweilende hohe Petersburger Gesellschaft hatte bald einen Narren an ihm gefressen. Man fand ihn lustig. Daß er auch gefährlich war, wußte man noch nicht. Alle waren von dem unbestreitbaren Magnetismus fasziniert, der von diesem einfachen Muschik ausging, der weder Bildung noch Erziehung genossen hatte.

»Auf exaltierte Personen, die über keinerlei Beobachtungsgaben verfügten, konnte Rasputin in der Tat einen starken Eindruck machen«[2], bemerkt Pater Georgi Schawelski, der als Generalkaplan von Heer und Flotte einer seiner erbittertsten Gegner war. »Seine ganze Persönlichkeit, seine Worte, seine Redensarten hatten etwas Geheimnisvolles an sich. Er hatte tiefliegende, stechende, ja fast erschreckende Augen, eine enge Stirn, wirres

---

* »Rasputnik« heißt in der Tat auf russisch »Wüstling« (Anm. d. Übers.)

[2] Georges Chavelski, Souvenirs du dernier aumônier général de l'armée et de la flotte russes, New York, zitiert bei Michel de Enden, a. a. O.

Haar, einen ungepflegten Bart, sein Reden war abgehackt, undeutlich, rätselhaft mit pausenlosen Anspielungen und Verweisungen auf Gott; er bewegte sich lebhaft; in seinen Urteilen war er kühn, mutig und duldete keine Widerrede. Dabei sprach er autoritativ und nahm keine Rücksicht auf die Person seines Gesprächspartners. All das überraschte und erstaunte die einen, schlug aber andere in den Bann. Ohne Zweifel hob sich Rasputin von der Masse ab. Man konnte ihn nicht übersehen.«

Eine Frau war ganz besonders für Rasputins Einfluß empfänglich. Sie hieß Anna Wyrubowa. Ich bin ihr einmal zu Hause begegnet, als sie meiner Mutter einen Höflichkeitsbesuch abstattete. Sie war eine kleine, rundliche Frau, die mit ihren Freundschaftsbezeigungen, wie mir schien, eine Spur übertrieb. Von ihrem Mann unter ganz besonders dramatischen Umständen verlassen, hatte sie es verstanden, die Zuneigung der Zarin zu gewinnen. Die Herrscherin hatte den Hang, sich des Leids anderer anzunehmen, und machte somit aus der Wyrubowa ihre Freundin und Vertraute. Die Gutgläubigkeit dieser Frau unterliegt keinem Zweifel: Nie hat sie mit ihrem mystischen und exaltierten Wesen auch nur annähernd geahnt, daß Rasputin ein Doppelleben führte und zwischen übermäßiger Frömmigkeit einerseits und Unzucht und Trunksucht andererseits hin- und herschwankte.

Zum Glück ließen sich nicht alle Persönlichkeiten am Hof von den Gaunereien des »starez« täuschen. Mein Vater, der Gefährlichkeit eines solchen Betrügers für Rußland voll bewußt, gewann rasch die Überzeugung, daß es nun darauf ankam, die Ernennung eines starken, intelligenten und unbestechlichen Mannes an die Spitze des Heiligen Synods zu betreiben, um dem zunehmenden Einfluß Rasputins Einhalt zu gebieten.

Der Heilige Synod leitete die russisch-orthodoxe Kirche. Von Peter dem Großen anstelle des abgeschafften, politisch allzu mächtigen Moskauer Patriarchen ins Leben gerufen, bestand er aus mehreren Geistlichen, meistens Bischöfen, aber der Prokuror war stets ein Laie. Als der Posten vakant wurde, setzte mein Vater seinen ganzen Einfluß ein, um einen seiner Freunde, Sergej Lukjanow, den er als integer und der Monarchie absolut ergeben kannte, ernennen zu lassen.

Als ehemaliger Student meines Großvaters hatte Lukjanow keine besonderen Beziehungen, weder zum Hof noch zu geistlichen Kreisen. Als hervorragender Pathologe besaß er Intelligenz und Urteilsvermögen; er war den in der russischen Reichsverwaltung üblichen Intrigen zutiefst abhold. Seine Geradlinigkeit hatte ihm die Hochachtung des Ministerpräsidenten Stolypin eingebracht, der wiederum bestens mit Vater befreundet war; ihre Zusammenarbeit erwies sich bald als fruchtbar.

Rußlands politische Situation bereitete meinem Vater sehr viel Sorgen. Er war der Meinung, daß dieses riesige Reich, das langsam, aber mit Erfolg seine Industrie zu entwickeln und seine wirtschaftliche Retardierung aufzuholen begonnen hatte, modern verwaltet werden mußte. Die politischen und administrativen Strukturen Rußlands erschienen ihm inadäquat. Aus diesen Gründen unterstützte er die Reformen Stolypins und bemühte sich, junge Männer, die wie er überzeugt waren, daß allein die Monarchie Rußland auf den Weg des Fortschritts bringen konnte, nach Kräften zu fördern.

So erreichte er die Nominierung seines Bruders Viktor, den wir Vikar nannten, zum Beauftragten für das besondere Nachrichtenwesen beim Kriegsminister, General Suchomlinow.

Onkel Vikar hatte als ungestümer Dragoner-Offizier ein bewegtes Leben geführt. Im China-Feldzug am rechten Arm schwer verwundet, war er mit seinem Regiment bis in den Fernen Osten gezogen. Dort hatte er das übliche Garnisonsleben geführt, das lediglich von denkwürdigen Saufereien und endlosen Partien eines Spieles namens »Kuckuck« unterbrochen wurde. Das Spiel ging so: In einem großen Zimmer verteilten sich die Offiziere im Raum, das Licht wurde ausgeschaltet, und einer der Spieler entsicherte seinen Revolver. Im Dunkeln schrie jemand »Kukkuck!«, daraufhin knallte ein Schuß in der Richtung, aus der der Ruf gekommen war.

»Aber ihr hättet euch alle gegenseitig umbringen können!« war unser aller Aufschrei.

»Na und?« antwortete Onkel Vikar.

Dann beruhigte er uns:

»In meinem Regiment ist nie jemand getötet worden! Es gab schon mal ein paar Verletzte, aber nichts Schlimmes.«

Im russisch-japanischen Krieg diente Onkel Vikar als Dolmetscher bei den ausländischen Militärmissionen. Er war ruhiger geworden und hatte sich zu einem angenehmen Gast entwickelt. In Gesellschaft konnte er in seiner lustigen und humorigen Art unwiderstehlich sein, aber sein oft ätzender Witz trug ihm nicht immer nur Freundschaften ein. Meine Mutter mochte ihn nicht, und vor der Scheidung meiner Eltern hatten wir ihn nur sehr selten zu Besuch im Hause.

Später kam er öfter. Wenn er ins Vestibül trat, vernahmen wir sofort seine mächtige Stimme zusammen mit dem Scheppern seines langen Dragonersäbels auf dem Parkett und dem metallischen Klimpern seiner Sporen. Wir warteten dann förmlich auf Gelächter, denn er lachte oft, und der Hausdiener konnte auch nicht ernst bleiben, wenn er sich die Witze meines Onkels beim Ablegen seines Pelzes anhörte.

Vikar behielt seinen Posten bei General Suchomlinow nicht sehr lange. Sehr schnell erregten die häufigen Kontakte seines Vorgesetzten zu deutschen Behörden seinen Argwohn, und mit dem ungestümen Temperament, das ihm eigen war, schloß er daraus, daß der Minister sein Land verriet. Leider konnte Vikar seine Zunge nicht im Zaum halten: Suchomlinow bekam Wind von diesen Anschuldigungen und stellte meinen Onkel bei der erstbesten Gelegenheit kalt. Diese Gelegenheit bot sich, als Vikar, der zufällig im Ministerium in einen der Salons eintrat, die Frau des Generals in verfänglicher Situation mit dem Adjutanten ihres Mannes erwischte. Da er es selbst, wie es hieß, auf die geschmäcklerische Gattin abgesehen hatte, warf er sich auf den Adjutanten. Der Skandal war groß, und Onkel Vikar verlor seinen Posten, was meinen Vater sehr verärgert hat.

Vikar dagegen fühlte sich keineswegs betroffen und kehrte in den Fernen Osten zu seinem früheren Regiment zurück. Mit ihm verband mich eine sehr tiefe Freundschaft: Unter der Maske des

Lebemannes ahnte ich einen warmherzigen und couragierten Menschen.

Mit seinem Bruder Alexander war mein Vater schon eher zufrieden. Onkel Sascha war ein Jahr jünger als er, und Vater bewunderte ihn sehr; er betrachtete ihn als den intelligentesten unter den fünf Brüdern Botkin.

Mit dem Majorspatent aus der Medizinischen Akademie hervorgegangen, war Sascha ein außergewöhnlich guter Arzt: Seine unwiderlegbar sichere Diagnose, gestützt auf ein enzyklopädisches Wissen, hätte aus ihm einen berühmten Praktiker machen müssen. Aber er hatte nur eine Leidenschaft: das Reisen, und nach dem Tod meines Großvaters nahm er Dienst als Marinearzt. Nach einer ersten Weltreise kam ihm seine Rolle als Arzt mit seinen anderweitigen Interessen unvereinbar vor; er legte daher mit Erfolg die Examina an der Marineschule ab. Einmal Marineoffizier geworden, machte er die Weltmeere unsicher, doch des Stumpfsinns seiner Kameraden müde geworden, nahm er im Rang eines Fregattenkapitäns seinen Abschied.

Ein berühmter russischer Forschungsreisender, Admiral Wilkitzki, bat ihn daraufhin, ihn doch bei seinen Expeditionen an die Flüsse Ob und Jenissej zu begleiten und beauftragte ihn sogar, das dafür erforderliche Material in den Vereinigten Staaten einzukaufen. Später nahm Onkel Sascha an einer Expedition auf dem Mississippi teil und verbrachte auch mit hydrographischen Forschungen beschäftigt, zwei Jahre am Baikal. Seit seiner Eheschließung begleitete ihn seine Frau überall hin. Sie reisten acht Jahre lang, und ihr Glück blieb ungetrübt. Doch die Geburt eines Töchterchens von zarter Gesundheit, Marianna, zwang sie zu einem seßhaften Leben. Sie beschlossen, sich in Finnland niederzulassen, wo sie in einem Dorf namens Ino, unweit von Helsinki, ein großes Anwesen besaßen.

Stets in Marineuniform, die er bis zur Fadenscheinigkeit abtrug, führte Onkel Sascha als umsichtiger und routinierter Verwalter seines Gutes ein sehr einfaches Leben. Sein autoritärer und etwas barscher Charakter zwang zwar nicht zur Sympathie, aber durchaus zur Hochschätzung. Er praktizierte sehr wenig, verweigerte jedoch Kranken nie seine Hilfe, ob tags oder nachts, und nahm dafür nicht das geringste Honorar. So wurde er recht bald sehr populär, sowohl bei den Finnen als auch bei den Russen, die in dieser Region wohnten.

Darum dachte Vater auch an ihn, als die Schwierigkeiten, die die russische Regierung mit Finnland hatte, schlimmer wurden. Vater riet dem Kaiser, auf Onkel Sascha als Mittler zwischen der finnischen Bevölkerung und der kaiserlichen Gewalt zurückzugreifen. Mein Onkel konnte den Zaren von der Unbeliebtheit der russischen Behörden in Finnland überzeugen und machte ihm dabei verständlich, daß der Erfolg seiner Mission davon abhing, daß er als der persönliche Vertreter Seiner Kaiserlichen Majestät anerkannt wurde. 1912 auf diesen Posten ernannt, wurde er ihm auch vollkommen gerecht und behielt ihn bis zur Revolution von 1917.

Seine Ernennung stellte nicht jedermann zufrieden; ein bösartiges Gerücht behauptete, daß die ganze Palastpolitik in den Händen Orlows und Botkins lag. Aber die Rolle eines Arztes, sei sie noch so hervorragend und vom Vertrauen des Kaisers getragen, konnte doch nur von begrenzter Reichweite sein.

Ich war krank geworden. Die Kaiserin ließ mir ein Fläschchen Weihwasser, die Großfürstin Tatjana einen dicken Strauß der herrlichsten Blumen zukommen, und als Vater von Bord der »Standart« ging, rannte der Zarewitsch an Deck und rief ihm zu: »Grüßen Sie Tanja von mir!«

Als sie erfahren hatte, daß ich krank war, hatte die Zarin darauf bestanden, daß Vater die kaiserliche Jacht verließ, um mich in Finnland zu besuchen. Da er seine kaiserlichen Patienten nicht im Stich lassen wollte, hatte Vater noch gewartet, und erst als Onkel Kasizyn, in Sorge über meinen Zustand, ihm ein Telegramm geschickt hatte, entschloß er sich fortzufahren.

Ich hatte starkes Fieber, ununterbrochen Kopfschmerzen, und auch Magenkrämpfe quälten mich; ich schlief schlecht und hatte häufig Alpträume. Kein Arzt wurde aus meiner Krankheit klug. Gleb und ich hielten uns während der Ferien in Mittelfinnland, in

Airikola am Vammeljärvi, auf dem Gut meiner Patentante Jelena Kasizyn auf. Meine großen Brüder ihrerseits waren in Tambow bei unseren Freunden Petrowo-Solowowo. Jedermann wußte, daß im Sommer die kaiserliche Familie auf Reisen war und daß mein Vater sie begleiten mußte. Da keiner von uns beiden Lust hatte, in unser eigenes finnisches Haus bei Ollilo zurückzukehren, hatten uns unsere Freunde eingeladen, die Ferien mit ihnen zu verbringen.

Tante Jelena war nicht wirklich unsympathisch, doch kühl und zurückhaltend, oft sarkastisch beim Reden und sehr hochmütig in ihren Umgangsformen. Sie überschüttete ihren Hund, einen Foxterrier namens Cartouche, mit unmäßiger Liebe: er besaß einen eigenen Sessel im Salon, auf den sich ja niemand sonst hineinsetzen durfte. Tante Jelena verbrachte die meiste Zeit damit, mit ihrer Aufwärterin zu schimpfen:

»Cartouche hat nasse Pfoten!« hörten wir jeden Morgen. »Ich bin sicher, daß Sie ihm seine Stiefelchen zum Ausgehen wieder nicht angezogen haben.«

Sie vergötterte ebenfalls ihren Mann Dimitri, den sie zärtlich »Tiau« nannte, dem wir aber wegen seines kurzen, sehr dunklen Bartes im breiten, kantigen Gesicht den Spitznamen »Pik-As« gegeben hatten.

Die Geduld unseres Onkels war grenzenlos: Furchtbar nervös, bekam seine Frau öfters Krämpfe. Manchmal inmitten einer Mahlzeit griff sie sich an den Hals, ihr Gesicht verkrampfte sich schmerzhaft, sie verließ den Tisch und stürzte in ihr Zimmer. Ein unheimliches Schweigen befiel die Tafelrunde, jedoch nicht lange. Zwei Minuten später drang ein lautes Geschrei bis zu uns: »Tiau . . . Tiau . . . «

Onkel bekam einen entnervten Gesichtsausdruck. Er schob seinen Stuhl geräuschvoll zurück, warf seine Serviette auf den Boden, doch sehr bald nahm er eine traurige und resignierte Haltung an und stieg schließlich hinauf, um seine Frau zu trösten.

Als Präsident der Handelskammer und Mitglied im Aufsichtsrat einer Großbank, verwaltete ihr Mann ihr Vermögen. Beide lebten auf großem Fuß. Meine Tante lud immer irgendwelche armen

Verwandten zu sich ein, zahlte einer Gesellschafterin ein hohes Gehalt und hielt sich im Sommer einen eigenen Leibarzt. Weder er noch der Arzt, den der Onkel aus Petersburg hatte kommen lassen, konnten mein Leiden diagnostizieren.

Erst als Vater ankam, stand es fest: es war Typhus.

Als ich ihn in mein Zimmer eintreten sah, weinte ich vor Freude. Er kniete vor mir nieder und nahm meine beiden Hände in die seinen. Er war da, mit seinem gütigen Lächeln, seinem zärtlichen und tröstenden Blick. Es war mein Vater und außerdem für mich der beste Arzt der Welt.

Damals hatten Medikamente nur eine geringe Wirkung. Ich wußte, daß meine Behandlung lang und meine Wiederherstellung schwierig sein würde. Zum Glück pflegte mich Elstiane wie eine richtige Krankenschwester. Miss Boyle war wieder nach England zurückgekehrt, und wir hatten eine neue Gouvernante, eine Deutsche namens Elsa Weidemann. Nach russischer Art nannten wir sie Elsa Christianowna. Der Gebrauch ihres Vaternamens gefiel ihr, sie fand es seriöser so, aber nach einer Weile suchten wir eine Kurzform dafür. So kam Elstiane zustande.

Sie sprach russisch ebenso gut wie deutsch und kam mit französisch einigermaßen zurecht. Sie war reizend, wenn auch von leicht karikaturhaftem Äußeren: eine Nase wie ein Entenschnabel und feuerrote, leicht ondulierte Haare, auf die sie gern einen komischen Strohhut setzte. Während meiner Krankheit blieb sie Tag und Nacht an meinem Bett und wurde darin nur von unserer Aufwärterin aus Zarskoe Selo unterstützt, die Vater nach Airikola hatte kommen lassen.

Regelmäßig dreimal in der Woche kam Vater zu mir und blieb die Nacht in meinem Zimmer, wo er, so gut es ging, auf zwei großen Sesseln schlief. Es kam auch vor, daß er seine Nachtwache beim Lesen oder Schreiben im Schein eines Nachtlämpchens verbrachte.

Das Fieber fiel wieder, mir ging es besser, doch mußte ein Friseur kommen, um mir die Kopfhaare abzuschneiden: Ich war zu lange bettlägerig gewesen, und mein Haar ließ sich nicht mehr kämmen.

Als die Großfürstin Tatjana vom jammervollen Zustand meines Hauptes erfuhr, strickte sie mir ein süßes hellblaues Wollmützchen, das ich lange danach, auch als meine Haare wieder gewachsen waren, immer wieder trug.

Meine ersten Mahlzeiten als Genesende bereitete Vater selber zu. Er ließ ein dickes Beefsteak von bester Qualität in mein Zimmer bringen und mit Hilfe eines sehr scharfen Messers schnitt er hauchdünne Fleischscheiben daraus, die er um eine Gabel wickelte und über einer Kerze grillte. Eine nach der anderen schob er sie mir in den Mund. Es war köstlich und wunderbar bekömmlich.

Danach bekam ich eine Tasse Spezialbrühe: das Rezept dafür hatte Vater der Köchin mitgeteilt. Dazu brauchte man ein Pfund guten, saftigen, absolut mageren Fleisches, das in kleine Würfel geschnitten wurde. Damit wurde eine leere, ganz saubere Champagnerflasche gefüllt und anschließend fest verkorkt. Ohne jeden Wasserzusatz wurde das Ganze im Wasserbad gekocht. Ich kann nicht sagen, wie lange die ganze Geschichte dauerte, im Endergebnis kam jedoch eine Tasse hervorragend duftender Brühe ohne jeden Blutgeschmack heraus.

Endlich kam der Tag, an dem ich mich im Garten aufhalten durfte. Leider konnte ich mich nicht auf den Beinen halten, geschweige denn die Treppen hinuntergehen. Onkel Dimitri beschloß, den Kutscher Piotr, einen robusten Fünfzigjährigen, einzuspannen. Der brave Mann setzte seine ganze Ehre darein, sich für diese Gelegenheit besonders hübsch zu machen. Er zog sich ein rosarotes Hemd, eine blaue Weste, bauschige Hosen und spiegelglänzende Stiefel an. So war er richtig beleidigt, als Tante Jelena von ihm verlangte, er solle sich eine riesige weiße Schürze um den Hals binden, ehe er mich in die Arme nahm. Er hob mich wie eine Feder aus dem Bett und legte mich mit großer Vorsicht in einen Liegestuhl aus Rotang.

Der frische Wind streichelte mir angenehm das Gesicht, und Sonnenflecken spiegelten sich auf dem mit Fichtennadeln übersäten Boden. Nie hatte ich mich glücklicher gefühlt, noch am Leben zu sein ...

1. Professor Sergej Botkin, Be-
gründer der modernen russischen
Medizin, im Jahre 1885

2. Dr. Eugen Botkin im Jahre
1894 mit Frau Olga und Sohn
Dimitri

3. Dr. Eugen Botkin, Leibarzt
Seiner Kaiserlichen Majestät, in
Generalsuniform (1912)

4. Die Familie Dr. Botkins
1910: Gleb, Tatjana, Juri und
Dimitri

5. Tatjana Botkin 1915 in ihrem Zimmer in Zarskoe Selo mit »Tante Katische«

6. Das Haus der Botkins in der Sadowaja-Straße in Zarskoe Selo

7. Dr. Botkin 1908 in seiner Hofequipage

8. Tatjana Botkin in traditioneller russischer Tracht, 1912

9. Maskenball in St. Petersburg: Dimitri und seine Cousine als Marquis und Marquise, 1911

10. Dr. Botkin und die Großfürstinnen Olga und Tatjana 1909 auf Besuch in Großbritannien

11. Ein Flügel des Katharinenpalais, in dem sich die ersten Amtsräume Dr. Botkins befanden

Der Zar sollte sich nach Kiew begeben, um dort ein Denkmal zu Ehren des Kaisers Alexander II. einzuweihen, ehe er nach Liwadia weiterfuhr, wo er den Herbst verbringen wollte. Vater beschloß, daß wir ruhig den Beginn des neuen Schuljahres verpassen sollten, um mit ihm auf die Krim zu fahren. Die Aussicht, drei Monate mit ihm zusammen zu verbringen, begeisterte uns beide.

Wir fuhren dennoch zuerst nach Zarskoe Selo zurück. Die Großen waren schon dort, und wir freuten uns, wieder alle zusammen zu sein. Zu Hause erwartete mich eine angenehme Überraschung. Von nun an hatte ich ein Zimmer für mich allein! Vater hatte es hübsch einrichten lassen: zwei Mahagoni-Sessel, ein antiker Frisiertisch, ein großer Spiegel mit Spiegeltisch, ein Bücherregal, ein kleiner Schreibtisch und eine chinesische Wand vor dem Bett . . . Es war ein bißchen voll, aber so persönlich! Die Möbel waren, passend zu den Vorhängen, mit Chintz bezogen: große Rosen und blaue, malvenfarben reflektierende Iris auf hellila Hintergrund.

Gleb sollte sich mit Vater ein Zimmer teilen, der ihm dafür einen großen Schreibtisch aus Eichenholz, ähnlich denen der Großen, gekauft hatte. Dieses Zimmer grenzte an Juris und Dimitris Zimmer, und die Durchgangstür blieb meistenteils offen. So waren jetzt meine Brüder alle drei zusammen.

»Hört mal her«, rief Dimitri eines Tages, als er kurz vor dem Mittagessen die Zeitungen durchblätterte. »Etwas Grausames ist geschehen! Ministerpräsident Stolypin ist von einem Anarchisten schwer verwundet worden! Das Attentat fand in einem Kiewer Theater statt. Der Zar war da und mit ihm die ganze kaiserliche Familie . . . «

Ungläubig beugte sich Juri über Dimitris Schulter:

»Das ist ein offizielles Kommuniqué«, sagte er offensichtlich erschüttert. »Furchtbar! Wenn er bloß überleben könnte . . . «

Ich riß die Zeitung an mich. Leider bestand kein Zweifel, es stimmte! In der Pause, als die Zuschauer sich in den Gängen und im Foyer ergingen, blieb Stolypin im Parterre, nahe an der Rampe, stehen und unterhielt sich mit Kriegsminister Suchomlinow.

Ohne Hast kam ein junger Mann heran und schoß dreimal. Der Ministerpräsident taumelte, sah sein Blut aus der Brust fließen und fiel langsam in einen Sessel.

»Ich bin glücklich, für den Zaren zu sterben«, flüsterte er.

Stolypin fand noch die Kraft, sich gegen die kaiserliche Loge zu wenden und sie zu segnen. Da der Kaiser im selben Augenblick dort eintrat, bedeutete ihm der Verwundete mit einem Zeichen beider Hände, er möge ihr fernbleiben.

Stolypins Ermordung erschütterte meinen Vater zutiefst. Mehr noch als um den Freund trauerte er um den großen Staatsmann, der mit einer geschickten Reformierung der Agrar- und der Verwaltungsstruktur Rußlands das Leiden des russischen Volkes zu beenden und gleichzeitig das Kaisertum zu stärken trachtete.

Stolypin wurde im Großen Kloster zu Kiew begraben. Die kaiserliche Familie wohnte vollzählig der Bestattung bei, bevor sie sich auf die Krim begab.

In diesem Jahr sollte der Zar ein neues Palais beziehen, das auf seinem Landsitz in Liwadia gebaut worden war, doch als die »Standart« in Sewastopol vor Anker ging, waren die Bauarbeiten noch nicht ganz beendet. Statt nach Jalta weiterzufahren, zog es der Kaiser vor, auf seiner Jacht zu bleiben.

Vater war auch an Bord und schrieb uns, wir sollten nun zu ihm fahren. Onkel Vikar und Tante Katische brachten uns zum Bahnhof. Vierzig Stunden im Zug! Ein wahres Ereignis.

VI
Die kaiserliche Jacht

Vaters Kabine war klein, karg ausgestattet, aber angenehm. Der Tapetenstoff aus glänzendem, mit winzigen Veilchengebinden gemustertem weißen Cretonne verlieh ihr eine intime und zugleich fröhliche Note.

Wir waren sehr erstaunt gewesen, Vaters massive Gestalt bei unserer Ankunft auf dem Bahnsteig in Sewastopol nicht zu sehen. An seiner Stelle wartete der diensttuende Schiffsarzt der kaiserlichen Jacht »Standart«, Dr. Smirnow, auf uns. Er erklärte uns, daß unser Vater eine gebrochene Kniescheibe habe, die ihn zwinge, das Bett zu hüten.

Dr. Smirnow brachte uns in unser Hotel, wo Leutnant Butakow, der Neffe des Admirals gleichen Namens, uns wieder abholte, um uns nach Grafskaja zur Anlegestelle mitzunehmen. Dort wartete das Motorboot, das uns bis zur Jacht bringen sollte.

Die elegante Schiffssilhouette der »Standart« begeisterte mich, und während der ganzen Überfahrt verlor ich die schwungvolle Gestalt des Schiffs nicht aus den Augen. Zwischen zwei glänzend weißen Schornsteinen funkelten die lackierten Holzmaste in der Sonne. Während das Motorboot längsseits ging, machte uns Leutnant Butakow auf das ganz mit Blattgold beschlagene Bugspriet aufmerksam.

An Deck war keine Menschenseele, nur große weiße Sonnensegel waren ausgespannt, um die Rotangmöbel vor der Sonnenhitze zu schützen. Der Leutnant führte uns durch einen von den Mitgliedern der Suite mit Gepäck vollgestellten Gang bis zu Vaters Kabine.

Vater lag noch im Bett; er gab Elstiane die Hand und küßte uns ausgiebig ab. Bald danach fragte er uns, ob wir den Bericht über Stolypins Tod in den Zeitungen gelesen hätten.

»Ja«, antwortete Gleb und begann zu weinen.

Vater lächelte traurig und erklärte uns, er habe sich unmittelbar nach dem Attentat die Kniescheibe verletzt. Von den Rufen und

Schreien alarmiert, war er in den Salon geeilt, wo man den Ministerpräsidenten hingelegt hatte, um ihm erste Hilfe zu leisten.

In der Eile war er über einen Teppich gestrauchelt und schwer gestürzt. In diesem Augenblick ging es ihm jedoch nur um die Verletzungen seines Freundes, er spürte nichts und merkte erst am nächsten Tag, in welchem Zustand sich sein Knie befand.

Vater war noch beim Erzählen, als es an der Tür klopfte.

»Herein«, sagte er mechanisch.

Ich drehte mich langsam um, und mein Erstaunen war grenzenlos, als ich feststellte, daß alle vier Großfürstinnen in die Kabine eingetreten waren.

Nie werde ich die Schönheit, die Lebensfreude, die Güte und den Liebreiz vergessen, die von dieser kleinen Gruppe ausging. Welche war die entzückendste? Welche von ihnen fiel mir sofort besonders auf? Ich weiß es nicht. Alle vier bildeten ein derart graziöses Ensemble, daß ich unmöglich der einen oder anderen den Vorzug geben konnte.

Die Großfürstinnen Olga und Tatjana trugen weiße Röcke und bestickte hellblaue Blusen. Olga, die hellste unter den vier blonden Mädchen, strahlte Güte und Einfachheit aus. Sofort bekam ich Lust, mit ihr alle meine Geheimnisse zu teilen und ihre Vertraute zu werden.

In diesem Herbst des Jahres 1911 war ich gerade dreizehn geworden; die Großfürstin Tatjana war nur ein Jahr älter als ich, doch eine Welt trennte uns voneinander. Sie war schon ein erwachsenes Mädchen, und trotz ihrer schlichten Kleidung war ich von ihrer Schönheit, ihrer Zartheit und ihrer schmalen Figur beeindruckt. Ihr schönes, über der Stirn zurückgekämmtes Haar fiel ihr in seidenweichen Wellen über den Rücken. Sie drückte sich mit großer Ungezwungenheit, ja gar mit einer gewissen Autorität aus. Neben ihr fühlte ich mich, mit meinem erst um vier oder fünf Zentimeter nachgewachsenen Haar, in meinem nach dem Geschmack meiner treuen Elstiane geschneiderten Baumwollkleidchen schüchtern und linkisch.

Die Großfürstinnen Maria und Anastasia hatten rote, weiß gepunktete Röcke und weiße Hemdchen an. Sie sahen noch sehr kleinmädchenhaft aus und schienen mir und Gleb näherzustehen als die Großen. Sie hatten beide die außerordentlich leuchtend blauen Augen der Romanows geerbt, nur ihr Blick unterschied sie voneinander: Maria schaute milde drein, während Anastasias Augen einen ungewöhnlichen Schelm verrieten.

Die Großfürstinnen blieben nicht lange. Ehe sie verschwanden, fragte Vater:

»Tatjana Nikolajewna, würden Sie die Güte haben, Ihre Majestät die Kaiserin um die Erlaubnis zu bitten, daß meine Kinder morgen wiederkommen dürfen?«

Die Großfürstin Tatjana kam fast augenblicklich zurück. »Meine Mutter hat gesagt, Tanja und Gleb können jeden Tag wiederkommen, solange Sie krank sind«, erklärte sie.

An diesem Nachmittag gingen wir bald wieder weg, aber in den nächsten zehn Tagen kamen wir immer schon gegen zwei Uhr und gingen erst gegen sieben Uhr abends wieder von Bord.

Jedesmal wenn das Motorboot der Jacht mit einer eleganten Kurve in Grafskaja anlegte, wiederholte sich dieselbe Szene. Auf dem Kai liefen die Schaulustigen zusammen. Die Armen bildeten sich ein, sie würden nun endlich jemand von der kaiserlichen Familie erblicken, und jedesmal, wenn nur wir ausstiegen, sah man ihnen die Enttäuschung an.

Die Großfürstinnen Maria und Anastasia wußten genau, wann wir ankamen, und besuchten uns bald in Vaters Kabine. Sie blieben dort bis zu unserer Abfahrt. Maria ging manchmal wieder weg, Anastasia nie.

Ganz verschüchtert nahm Elstiana auf einem Stuhl Platz, Gleb und ich drückten uns, so gut es ging, in einem Sessel zusammen, während sich die Großfürstinnen völlig natürlich neben Vater auf das Bett setzten.

Ich war tief berührt festzustellen, mit welcher Vertrautheit die kaiserlichen Kinder mit ihm umgingen.

Als wir zum zweiten Mal kommen sollten, warnte uns Vater rechtzeitig: Diesmal erwarte er die Kaiserin. Zwar wollte Alexandra Fjodorowna nicht, daß er zu ihr kam, da sie sich aber erschöpft fühlte, bestand sie doch auf seiner Untersuchung und suchte ihn selbst auf.

Vor jeder Konsultation pflegte Vater, sich die Hände zu waschen. Da er noch nicht aufstehen konnte, bat er seinen persönlichen Diener, ihm eine Schüssel zu bringen. Der gute Mann wußte offenbar nicht so recht, was gemeint war, denn er kam mit einer kristallenen Obstschale zurück. Vater gab sich damit zufrieden und bat mich lediglich, ihm zu helfen. Die Großfürstinnen waren anwesend, und ich merkte, wie sehr ihr aufmerksamer Blick meine Wenigkeit verfolgte, während ich die Schale nahm, sie mit Wasser füllte, mit der anderen Hand ein Stück Seife ergriff und mir zugleich ein Handtuch über die Schulter warf. Das Ganze reichte ich dann meinem Vater. Großfürstin Anastasia lachte auf:

»Jewgeni Sergejewitsch, wieso waschen Sie sich die Hände in einer Obstschale?«

Vater erklärte ihr den Mißgriff des Kammerdieners, und sie lachte noch mehr. Kaum hatte ich das Utensil wieder zurückgestellt, klopfte es an der Tür. Auf Vaters Zeichen hin öffnete Gleb die Tür.

Die Zarin trug ein weites, weißes Spitzenkleid und um den Hals ein langes Perlenband. Sie ging auf uns zu, würdevoll, sanft, majestätisch, lächelnd und so schön . . . Wir küßten ihr die Hand, sie uns das Haar. Sie nahm im Sessel Platz, und Vater befahl uns, wieder hinauszugehen.

Auf dem Gang vor den Kabinen standen die großen Reisekoffer der Passagiere übereinander. Wir kletterten hinauf, Gleb und Anastasia von der einen, Maria und ich von der anderen Seite, während Elstiane eine Sitzgelegenheit für sich suchte. Zwischen Anastasia und Gleb war rasch Freundschaft entstanden, denn er war sehr schlagfertig und bei weitem nicht so schüchtern wie ich.

Wir blieben ungefähr eine halbe Stunde da und unterhielten uns lebhaft. Dann kam die Kaiserin wieder zur Tür heraus. Wir sprangen sofort von unseren Hochständen herunter, und sie ging mit einem warmen Lächeln an uns vorüber.

Die Großfürstinnen gingen mit uns in Vaters Kabine zurück, und wir begannen mit endlosen Partien »Lausbuben«, einem damals unter russischen Gymnasiasten sehr populären Spiel. Anastasia schlug mich regelmäßig; nach einer ganzen Reihe von Siegen beschloß sie, den Partner zu wechseln, und forderte meinen Bruder heraus.

Mit ihm war es aber nicht mehr so einfach. Gleb siegte mehrmals hintereinander, und die Großfürstin verlor langsam die Lust am Spiel. Sie überließ Maria ihren Platz, jedoch nicht ohne sie mit jenem Stakkato in der Stimme, das allen vier Schwestern gemeinsam zu sein schien, im voraus gewarnt zu haben:

»Paß besser auf, er spielt gut!«

Fünf Tage nach unserem ersten Besuch machten wir die Bekanntschaft des Zarewitsch. Er war ein reizender kleiner Junge, der uns gleich einer eingehenden Prüfung über die »Standart« unterzog, offensichtlich, um uns seine Autorität als Kronprinz fühlen zu lassen. Er sprach sehr ernst und begann, uns zu siezen, doch nach einigen Sätzen ging er zum »Du« über. Er war ja erst sieben Jahre alt! Leider waren wir, Gleb und ich, nicht sehr fest im Fach Navigation. Wir konnten kaum antworten und kamen ihm wie zwei Nieten vor.

Zum Glück kam uns Vater zu Hilfe. Er erklärte dem Zarewitsch, daß wir noch nie zur See gefahren seien, was den jungen Thronfolger reichlich ratlos machte. Wieso hatten wir so wenig Erfahrung, wenn wir doch größer waren als er? Aber gleichzeitig bemerkte er Vaters Krücken, die neben dem Bett lagen. Eine davon griff er sich und steckte seinen kleinen Kopf hindurch. Dann schloß er die Augen und rief:

»Seht ihr mich immer noch?«

Er glaubte fest, nicht mehr sichtbar zu sein, und sein Gesicht hatte einen derart ernsten und bedeutsamen Ausdruck angenommen, daß wir uns nicht halten konnten und laut auflachten. Er bedankte sich mit einem charmanten Lächeln und ging, nachdem er uns allen feierlich die Hand gegeben hatte, in Begleitung des Matrosen Derewenko, der ihm persönlich attachiert worden war, wieder hinaus.

Danach versuchte ich, ein Deckchen zu häkeln – man hatte uns beigebracht, nie ohne Beschäftigung zu bleiben; die Großfürstin Anastasia kramte aus den Taschen ihres roten Röckchens ein ganzes Bündel von zusammengeknüllten Fetzen Seidenpapier hervor und begann, sie auf ihren Knien zu glätten. Dann faltete sie sie wieder zusammen und steckte sie zurück in ihre Taschen.

»Aber was machen Sie denn, Anastasia Nikolajewna«, fragte Vater. »Wozu brauchen Sie dieses ganze Fetzenzeug?«

»Ich gehe damit spielen«, antwortete die Großfürstin voller Ernst.

Wie wollte sie damit spielen? Das haben wir nie erfahren. Anastasia neckte gern ihre Mitmenschen. Sobald Gleb und ich in der Kabine umhergingen, versuchte sie, mit abwesender Miene und unschuldigem Augenaufschlag, uns eine Fußangel zu stellen. Jeden Abend um sechs Uhr donnerte ein Böllerschuß. Anastasia tat immer so, als sei sie furchtbar erschrocken; sie verkroch sich in einer Ecke von Vaters Bett und rollte verstört mit den Augen. Dann verabschiedete sie sich von uns, das Haar noch völlig zerzaust.

Eines Tages sahen wir, daß die Kabinentür offen war, während zwei kleine Lackschuhe unter dem Vorhang, der hinter der Türöffnung zugezogen war, hervorlugten.

»Wir sehen Sie, Anastasia Nikolajewna«, rief Vater.

Die Großfürstin schlug den Vorhang zurück, lachte schelmisch und rannte weg.

Am nächsten Tag wiederholte sich dieselbe Szene, aber diesmal war nur ein Lackschuh sichtbar. Vater rief sie wieder an. Keine Antwort. Er gab mir ein Zeichen, hinter dem Vorhang nachzusehen. Dort fand ich nur ein einzelnes Lackschuhchen. Mit ihrem Scherz sehr zufrieden, hielt sich Anastasia, halb barfüßig, draußen auf dem Gang versteckt. Als sie mich sah, griff sie schnell nach ihrem Schuh und verschwand hellauf lachend.

Zweimal besuchte der Zar Vater an seinem Bett. Ich sah ihn nur ein paar Minuten, aber er machte einen ungeheuren Eindruck auf mich. Noch nie hatte ich solche Augen gesehen, blau, glänzend, ungetrübt. Genau dieser kaiserliche Blick hatte mich immer so beeindruckt, wenn ich als Kind die Porträts der Romanows in den Geschichtsbüchern bewunderte. Nikolaus II. sagte mir zwar ein paar freundliche Worte, doch ich war so aufgeregt, daß ich nicht antworten konnte. Gleb rettete mich und brachte ein paar Floskeln hervor.

Jedes Märchen hat einmal ein Ende, und eines Tages verkündete uns Vater, die »Standart« würde bald den Anker lichten, da das neue Palais in Liwadia endlich fertiggeworden war. Mein Bruder und ich sollten unseren Urlaub in einem kleinen Hotel unweit von Jalta, in Simeiz, zu Ende bringen, wo auch Dr. Smirnows gesamte Familie untergebracht war.

Nach unserer Abreise fuhr Anastasia fort, jeden Nachmittag bei Vater, der immer noch bettlägerig war, zu verbringen. Eines Tages bat er sie, seinen Kammerdiener aus einer benachbarten Kabine rufen zu wollen.

»Warum brauchen Sie ihn?« fragte sie.

»Ich möchte, daß er mir hilft, mir die Hände zu waschen, denn Ihre Majestät kommt bald hierher zur Konsultation.«

Anastasia lächelte ihn freundlich an.

»Ich kann Ihnen doch helfen«, antwortete sie.

Vater versuchte, sie davon abzubringen.

»Anastasia Nikolajewna, ich bitte Sie . . . «

Doch die Großfürstin ließ nicht locker: »Tanja hat es sehr gut mit der Obstschale geschafft, warum denn nicht ich?«

So einfach waren die Kinder des Zaren erzogen. Mit dieser Selbstverständlichkeit sollten sie auch an seiner Seite sterben.

Tag für Tag blieb »die Katze« hartnäckig mit der Nase im Wasser liegen. Mit gespitzten Ohren schien sie »dem Mönch« aufzulauern, dessen schmale Gestalt mit der Kapuze sich deutlich vor dem Horizont abhob. Ich wurde nicht müde, diese beiden sonnenbeschienenen Felsenformationen zu bewundern, die vor Simeiz den Zugang zum Schwarzen Meer bewachten.

Frau Smirnow hatte uns, Gleb und mich, mit großer Freundlichkeit aufgenommen. Wir ließen keine Gelegenheit aus, sie in die

Stadt zu begleiten, denn das, was wir zu sehen bekamen, war für uns von größtem malerischen Reiz. Die Palmen und Zypressen waren schon etwas anderes als die Petersburger Lärchen und kamen uns recht fremdartig vor, und die zarte Abtönung der Kletterrosen auf dem Hintergrund der von der Sommerhitze gelblich gewordenen Wiesen fanden wir herrlich.

Zum ersten Mal konnte ich Tataren beobachten. Sie waren klein, mager und sonnenbraun, sie hatten sehr dunkles Haar und eine stark gekrümmte Nase. Immer raffiniert angezogen, trugen sie in der Regel gestickte Westen über einem weiten weißen Hemd, und um die Taille banden sie sich breite farbenfrohe Stoffgürtel, die bis zu den Knöcheln reichende Pluderhosen halten sollten. Das traditionelle Käppchen aller Mohammedaner war ebenfalls mit Gold, Silber und Seide reich bestickt.

Frau Smirnow nahm uns in die winkligen Gassen mit, blieb an der Auslage der Geschäfte stehen und sprach fliegende Händler an, die ihr mit viel Witz und in schlechtem Russisch antworteten.

»Wie kalt sind deine Wünsche, gute Frau«, erwiderte ihr einer von ihnen, den sie wegen silberbestickter Tücher gefragt hatte, »ich habe schöne rote Hausschuhe aus Samt, und du willst lieber eisiges Metall . . . «

Was uns aber am meisten anzog, waren die Auslagen mit den weißen Weintrauben, um die ständig geschäftige Wespen herumsummten. Die goldenen Trauben in riesigen Haufen verbreiteten einen derart angenehmen Duft, daß wir welche kauften. Die Weintrauben auf der Krim waren übrigens für ihre belebende Heilwirkung sehr bekannt, und viele Russen kamen aus dem Norden, um eine Traubenkur zu machen.

Vierzehn Tage erst waren seit unserer Ankunft vergangen, und wir wären vollends glücklich gewesen, hätte bloß Vater zu uns kommen können. Obwohl er jetzt wieder laufen konnte, hatte er uns nicht besuchen können: Liwadia war von Simeiz einfach zu weit entfernt. So waren wir außer uns vor Freude, als Vater uns ankündigte, wir seien eingeladen, den Rest unserer Ferien bei Fürst und Fürstin Jusupow auf dem prächtigen Gut zu verbringen, das sie in Koreiz bei Liwadia besaßen.

Für alle großen vermögenden Adelsfamilien war es eine Prestige-Frage, in dieser immergrünen, blumenreichen Ecke der Krim ein Anwesen zu besitzen. Ganz aus grauem Feldstein gemauert und von dunklem, glänzendem Efeu bewachsen, war das Renaissance-Palais der Jusupows einer der majestätischsten Bauten in dieser Gegend, aber auch einer der strengsten und nüchternsten.

Der Fürst und die Fürstin hatten für uns eine Dependance einrichten lassen, einen hinreißenden zweigeschossigen Pavillon aus roten Klinkern, der ganz von bunten Dahlienbeeten umgeben war. Wir waren entzückt, in der »Tiesenhausen-Datscha« wohnen zu können, einem reizvollen Haus, das Baronin Tiesenhausen, einer der Ehrendamen der Kaiserin Alexandra, der Gemahlin Zar Nikolaus' I., gehört hatte. Die gesamte erste Etage war für uns reserviert: zwei Schlafzimmer, ein sechseckiger, mit blaugeblümtem Cretonne tapezierter Salon und ein großes Eßzimmer im orientalischen Stil mit einem schönen Wandbehang, einem mit unzähligen Kissen zugedeckten Diwan und Möbeln aus Ebenholz mit Perlmuttintarsien.

Vater stellte uns sogleich den Jusupows vor, deren Arzt er auch war. Sehr groß, ziemlich dickleibig schien mir der Fürst das Ebenbild meines Vaters zu sein, nur strenger. Die Fürstin dagegen schlug uns vom ersten Augenblick an in ihren Bann. Sie war wirklich sehr schön und sanft, hatte große blaue Augen und ein ebenmäßiges, von wunderbarem schneeweißen Haar umrahmtes Gesicht. Ihr Sohn Felix machte auf mich, ohne daß ich recht verstand warum, einen seltsamen Eindruck. Ich fand ihn lange nicht so gutaussehend, wie immer behauptet wurde, und Vaters mir zugeflüsterter Hinweis, er habe »widernatürliche Triebe«, sagte mir zunächst gar nichts.

Unter den weiteren eingeladenen Personen befand sich die Fürstin Wera Galizyn in Begleitung ihres Neffen, Michael Galle. Sehr locker im Verhalten hatte er gerade das Pagenkorps absolviert und erinnerte uns in vielem an unsere kaiserlichen Schützen. Wir waren uns sympathisch, und gleich am ersten Tag zeigte er uns das ganze Jusupowsche Anwesen: Er lotste uns durch den prachtvollen Park bis zur Terrasse oberhalb der Freitreppe. Von

zwei mächtigen weißmarmornen Löwen flankiert, führte die
Treppe durch eine Plantage von Weinstöcken und Zwergbirn-
bäumen bis zum privaten Strand am Meer.

»Seht ihr diesen ganz großen Stein?«

Michael Galle zeigte mit dem Finger aufs Meer hinaus. Gleb und
ich antworteten unisono:

»Aber ja, natürlich . . . «

»Und was steht drauf?« fuhr er fort.

»Eine Meerjungfrau«, sagte Gleb.

»Oh! Sie hat zwei Schwänze«, fügte ich hinzu.

»Ich wette, das ist das erste Mal, daß ihr eine doppelschwänzige
Sirene gesehen habt! Merkt sie euch, denn eine zweite werdet ihr
nirgendwo sehen. Nur Fürst Jusupow ist reich genug, um sich
eine solche zu leisten.«

Sehr stolz auf diese Pointe, brach Michael in lautes Gelächter
aus.

Jeden Morgen zeigte er uns eine von den vielen Statuen, die den
Jusupowschen Park bevölkerten, doch kurz darauf verschwand er
bis zum nächsten Tag. Uns blieb nichts anderes übrig, als auf
Vater zu warten, der immer erst nach dem Mittagessen mit einer
Droschke kam. Soweit das Wetter es erlaubte, nahm er uns dann
auf einen langen Spaziergang mit.

Am ersten Tag zeigte uns Vater Jalta und lud uns in seine kleine
Wohnung in Liwadia ein. Sie hatte eine heitere Atmosphäre und
war reizvoll eingerichtet. Genau gegenüber seinen Fenstern waren die Zimmer der kaiserlichen Kinder. Sie waren so nahe, daß
Vater ihre Stimmen und ihr Lachen hören konnte, wenn er die
Fenster aufmachte. Einmal nahm er uns auf ein großes, von der
Kaiserin veranstaltetes Wohltätigkeitsfest zugunsten der beiden
Krankenhäuser mit, die sie auf der Krim gegründet hatte; daran
nahmen die Gemahlinnen der Großfürsten und alle Damen der
hohen Gesellschaft teil. Dem Wunsch des Zaren entsprechend
war der Eintritt frei, und Leute aus dem Volk mischten sich unter
die elegante Menge der Aristokraten und Großgrundbesitzer.

Die Zarin und ihre Töchter saßen vor einem riesigen halbrunden
Tisch; darauf waren zahlreiche Gegenstände ausgestellt, die sie

selbst gemacht oder eigenhändig bestickt hatten: Kissen, Unter-
setzer, Tischläufer, Servietten, Taschentücher, Handschuh-
schachteln . . .

Die Menschenmenge in den Sälen war so dicht, daß es unmöglich
schien, bis zur Kaiserin vorzustoßen. Vater nahm uns an die
Hand und versuchte, sich nach rückwärts einen Weg zu bahnen,
indem er mit seinen breiten Schultern die Schaulustigen einfach
wegdrängte. Vom Lärm betäubt und fast atemlos betrachtete ich
mit Erstaunen die erregten, schweißtriefenden Gesichter, die sich
um mich herum drängten.

In auffälligem Gegensatz zu dieser Betriebsamkeit lehnte ein
Muselmane hohen Ranges gegen eine Mauer, durch einige Soldaten vor der Menge geschützt. Von hohem Wuchs, trug er einen
prächtigen goldbetreßten Seidenkaftan, der seine Leibesfülle
noch unterstrich. Sein schönes, ebenmäßiges Gesicht unter einem
reinweißen, edelsteinbesetzten Turban blieb, zu meiner größten
Verwunderung, vollkommen ausdruckslos.

»Das ist Seid Alim, der Emir von Buchara«, flüsterte mir Vater
zu.

Endlich kamen wir an den Tisch, wo die Zarin stand. Ich war sehr
froh, noch einmal in der Nähe der Kaiserin und der Großfürstinnen zu sein. Doch waren Ihre Hoheiten vom Verkauf und von
den Autogrammen viel zu beansprucht, um sich lange mit uns
abgeben zu können.

Vater machte Großeinkäufe, und als wir wieder weggingen,
reichte ihm die Kaiserin einen riesigen Strohhut, mit einem
prachtvollen Klatschmohn aus roter Seide geschmückt, herüber.

»Der ist für Tanja«, sagte sie und lächelte uns zu.

In Zarskoe Selo empfingen uns unsere älteren Brüder mit sichtli-
cher Freude. Auch wenn sie nunmehr ihr Studium, ihre Freunde,
ihr eigenes Leben hatten, hatten wir ihnen doch offensichtlich
gefehlt.

Ich sah mein hübsches Zimmer mit großem Vergnügen wieder.
Seit unserer Rückkehr hatte sich Vater angewöhnt, mich dort
jeden Abend zu besuchen. Ich hatte keine Geheimnisse vor ihm,

und so war es mir eine Freude, ihm das Tagebuch, das ich regelmäßig führte, vorzulesen. Manchmal stockte er bei einem Wort, unterbrach mich bei einem Satz, wenn ihm Vergangenes wieder in Erinnerung kam. Dann begann er, mir intim-vertrauliche Sachen zu erzählen.

Aber er fügte sofort hinzu:

»Das habe ich nur zu dir gesagt.«

Auch um ein Königreich hätte ich sein Vertrauen nicht mißbrauchen wollen! In solchen Augenblicken sprach er von seiner Verantwortung am Hof, von der Sorge, die ihm Rasputin bereitete, von Mutter, von der er immer wieder sagte, sie sei die einzige Frau, die er je geliebt habe.

»Nie wieder werde ich heiraten«, sagte er. »Jetzt bist du die Herrin im Hause. Wir beide, wir müssen die Familie zusammenhalten und unser Möglichstes tun, damit die Jungen glücklich werden.«

Ich hörte ihm mit Tränen in den Augen zu.

So etwas machte mich unendlich stolz, auch wenn ich erst dreizehn war . . .

VII
Im Schatten Peters des Großen

Im Frühjahr 1912 fuhr die kaiserliche Familie, entgegen ihrer Gewohnheit, schon zu Ostern auf die Krim. Genau in dem Moment, als Dimitri die Reifeprüfung ablegen und die Aufnahme ins Pagenkorps bestehen sollte, mußten wir also wieder einmal auf Vater und seine Präsenz verzichten.

Genau in diesem Moment aber auch trafen Onkel Peter und Tante Fanny zu Hause ein. Wir sahen sie nur sehr selten, denn Vaters zweiter Bruder, Peter Botkin, war Diplomat und hielt sich im wesentlichen im Ausland auf. Er hatte eine hübsche Amerikanerin geheiratet, die wir allerdings nicht sonderlich liebten: Immer in Hut und Handschuhen und kaum des Russischen mächtig, kam sie uns fremd und förmlich vor; unsere Offenherzigkeit, unsere ungezwungene Art machten sie offensichtlich verlegen.

Ein paar Tage nach unserer Rückkehr nach Zarskoe Selo besuchte uns Kolja Petrowo-Solowowo. Er schien im höchsten Maß verärgert zu sein.

»Wißt ihr, was mein Vater wieder gesponnen hat?« fragte er uns unvermittelt. »Er ist unterwegs und kramt in alten Urkunden, um zu beweisen, daß die Petrowo-Solowowos – ein lächerlicher Name, nicht wahr? – mit den Grafen Perowski verwandt sind. Da es in dieser Familie keine männlichen Nachkommen mehr gibt, hat er sich in den Kopf gesetzt, ihren Grafentitel zu beanspruchen. Stellt euch das mal vor! Aber ich möchte das auf keinen Fall!«

»Inwiefern stört dich das?« fragte Dimitri.

Koljas Stimme zitterte. Ein Wortschwall war seine Antwort. »Du müßtest immerhin wissen, daß in der Verschwörung, die Zar Alexander II. das Leben gekostet hat, eine gewisse Gräfin Wera Perowskaja mitgemacht hat! Das ist dieselbe Familie! Denjenigen zu ermorden, der die Slawen vom türkischen Joch und die Bauern von der Leibeigenschaft befreit hat, ist schlicht und einfach feige! Und ich soll diesen Namen tragen?«

Vor lauter Ärger versagte ihm die Sprache. Dimitri nahm ihn freundlich am Arm:

»Laß uns durch den Park laufen. Du wirst sehen, er ist sehr schön, und wenn die kaiserliche Familie nicht da ist, dürfen wir bestimmte Alleen benutzen.«

Wir zogen los. Eine halbe Stunde lang gingen wir über den Großen Platz am Katharinenpalais vorbei bis zu den Wirtschaftsgebäuden, wo wir an einem ziemlich heruntergekommenen Stall stehenblieben.

»Das habe ich geahnt«, klagte Kolja, »mit Dimitri kann man immer nur irgendwelche Pferde besuchen gehen!«

»Warte doch ab, du wirst schon sehen«, antwortete Juri.

Aus dem Innern des Stalls drangen dumpfe Geräusche bis zu uns, und bald erschienen in der Stalltür der Rüssel und die Stoßzähne eines stattlichen Elefanten . . .

»Nun, was hältst du von Sara?« fragte Dimitri mit unschuldiger Miene seinen Freund Kolja, der vor Staunen den Mund nicht mehr zubekam. »Sie ist sehr klug, mußt du wissen, und kennt viele Tricks. Ein indischer Prinz hat sie unserem Zaren geschenkt. Aber da du die Pferde vorziehst, werde ich dir ein wirklich außergewöhnliches Exemplar zeigen.«

Wir gingen auf eine winzige Koppel zu, wo ein Pferd von unbestimmbarem Alter ruhig graste.

»Was hat denn dieser Klepper Außergewöhnliches an sich«, brummte Kolja, dessen schlechte Laune noch längst nicht verflogen war. »Er ist uralt, das ist wohl alles. Wenn er nicht gerade mit auf der Arche Noah war, weiß ich wirklich nicht . . . «

»Das ist das letzte Pferd, das Kaiser Alexander III. gehört hat«, warf Dimitri begeistert ein. »Schau dir doch mal seinen Rücken an . . . «

»Ist ganz krumm, der Rücken«, bemerkte Kolja.

»Alle Pferde Alexanders III. hatten einen krummen Rücken«, erklärte Dimitri. »Der Kaiser war so groß und so schwer, daß kein Rassepferd sein Gewicht lange aushalten konnte. Eigentlich hätte er die großen Paraden auf einer Brauereistute abnehmen müssen . . . «

Bei dieser Vorstellung verlor Kolja etwas von seiner schlechten Laune. Sie verschwand endgültig, als wir ihm den Friedhof zeigten, der den Pferden der russischen Kaiser vorbehalten war. An einem Grab gedachten wir des Vollbluts, auf dessen Rücken Alexander I. 1814 im Triumph in Paris eingeritten war.

Einige Tage später begann die schlimme Examenszeit. Juri kam mit knapper Not durch, Gleb und ich wurden in die nächste Klasse versetzt, aber Dimitri bekam bei der Reifeprüfung die Goldmedaille. Der Tradition entsprechend würde sein Name, auf einer Marmorplakette eingraviert, im Ehrenhof des Lyzeums verewigt werden. Bei der gleichen Gelegenheit erfuhr er, daß er ins Pagenkorps aufgenommen worden war und bald ins Manöver ziehen sollte.

An diesem Abend aß er nicht daheim und kam erst beim Morgengrauen nach Hause. Zum ersten und letzten Mal in seinem Leben betrank er sich fürchterlich.

Auch wenn es unserer Mutter damals noch so mißfallen hatte, uns entzückte Peterhof, vielleicht weil wir nach den einsamen Osterferien ganz froh waren, Vater dort wieder anzutreffen.

Unsere Wohnung war ganz angenehm, wir hatten einen Garten voll Jasmin und blühendem Flieder; beide dufteten berückend. Der Salon war hübsch eingerichtet, mit Sofa und Sesseln aus gedrechseltem, mit weiß-rosa gemustertem Chintz gepolstertem Nußbaum. Vater hatte einen Flügel gemietet, damit ich meinen Musikstudien ernsthaft nachgehen konnte. Ich übte stets fleißig; war ich aber fertig, rannte ich auf die Terrasse zu den Jungen.

Wenn der Abend kam, warteten Gleb und ich ungeduldig auf die beiden Aufseher, die mit der Wartung aller von der Suite belegten Wohnungen beauftragt waren. Der erste wartete die Uhren. In jedem Zimmer stand eine Uhr, die jede Stunde einmal schlug. Trotz aller Bemühungen des Uhrenwarts schien es unmöglich, sie alle gleichzeitig schlagen zu lassen. Eine oder zwei Sekunden Zeitunterschied gab es immer. Der zweite Aufseher hatte die Lampen zu versorgen, denn es gab in Peterhof keinen elektrischen Strom. Die Zimmer wurden mit großen Petroleumlampen beleuchtet, und auf unseren Nachttischen standen Kerzen.

Wir hatten auch einen Diener für unsere Wohnung. Er sah aus, als stammte er noch aus der Zeit der Großen Katharina, so alt, staubig und zugleich feierlich war er! Außerdem hieß er mit Vornamen »Afrikan«!

Obwohl wir unseren eigenen Diener aus Zarskoe Selo mithatten, bestand Afrikan darauf, sich in alles Mögliche einzumischen. Vater hatte nichts dagegen, denn das war, so erklärte er mir, für den Greis die einzige Möglichkeit, nicht gänzlich zu verhungern. Wenn er im Speisesaal in seiner Hoflivree auftauchte, die mindestens ebenso abgenutzt war wie er und mit Tabakkrümeln übersät war – denn Afrikan schnupfte den Tabak –, wenn er dabei unter dem Gewicht des vollen Suppentopfes fast zusammenbrach, wußten wir nicht, ob wir lachen oder uns vorsehen sollten, daß wir nicht die heiße Suppe an den Kopf bekamen!

Aber was tat es schon? Afrikan, die Uhren und die Petroleumlampen, das alles war ein Teil von Peterhofs altmodischem Charme . . .

Das Palais ist wirklich prachtvoll. Von zwei riesigen Statuen flankiert, die in ihren goldbronzenen Armen Krüge halten, aus denen ganze Sturzbäche klaren Wassers fließen, führen zwei monumentale Treppen von der zentralen Fassade herab. Auf der ersten sind die Stufen mit Blattgold belegt, auf der anderen schwarz und weiß gekachelt wie ein riesiges Schachbrett. Überall sprudeln Wasserspiele. Majestätisch funkelnd überrascht die ganze Anlage durch ihre verschwenderische Pracht.

Unten an der Treppe spiegelt ein Bassin Statuen und Fontänen endlos weiter. Ein Kanal führt bis zum Kai, der damals vollständig von einer weißen Balustrade eingefriedet war. Dort lag die zweite kaiserliche Jacht, die »Alexandria«, vor Anker, deren elegante Linien sich gegen die friedliche Landschaft des Finnischen Meerbusens scharf abhoben. Wenn das Wetter es erlaubte, konnte man sogar im leicht bläulichen Dunst die Umrisse der Festung Kronstadt am Horizont erblicken.

In der Nähe das Kais, von Rasen und reizvollen Rosen- und Dahlienmassiven umgeben, steht, von seinem riesigen Schieferdach fast in den Boden gedrückt, ein kleiner Pavillon aus rotem Klinker, Monplaisir genannt, den sich Peter der Große zum persönlichen Gebrauch hatte bauen lassen, denn er mochte nicht im Großen Palais wohnen. Darin ist alles nüchtern und streng. Ein großes, schwarz-weiß gekacheltes Vestibül diente gleichzeitig als Salon, darin stand ein Tisch aus massivem Ebenholz und einige hochlehnige Stühle. Vor einem monumentalen Kamin stand der große Sessel, in dem Peter der Große zu sitzen und sich zu erholen pflegte.

Der Schatten dieses Herrschers schwebte über allem. Mir war so, als spürte ich die Präsenz dieses maßlosen Menschen, der, grausam und großzügig zugleich, die Grundlagen des neuen, kaiserlichen Rußland gelegt hat, dessen Leben jedoch derart von Skandal und Unzucht geprägt war, daß ich glaubte, seine letzten geflüsterten Worte auf dem Sterbebett noch zu hören: »Ich hoffe, daß Gott mir meine unzähligen Sünden um des Wohls willen verzeihen wird, das ich für mein Volk gewollt habe . . . «

Der Marly-Pavillon, der ebenfalls Peter dem Großen gehört hatte, gefiel mir wesentlich weniger. Das einzig Originelle dort war ein kleiner Teich, in dem sich ganze Scharen von Goldfischen fröhlich weiter vermehrten. Jedesmal, wenn Besucher da waren, erschien ein alter Lakai und ließ ein Glöckchen ertönen: Dann kamen die Fische von überallher, um die Brosamen aufzuschnappen, die man ihnen ins Wasser warf. Dieser Brauch, so hieß es, sei von Peter dem Großen selbst eingeführt und seitdem von der Dienerschaft in Marly bis auf den heutigen Tag sorgfältig weitergeführt worden.

»Ich frage mich«, flüsterte mir Gleb erschrocken zu, »ob diese Goldfische nicht die Nachkommen derjenigen sind, die der Zar mit dem Fleisch seiner Untertanen gefüttert hat!«

In Peterhof gab es viele wunderbare Möglichkeiten zum Spaziergang. Auf der »Zarininsel« erhob sich ein »Capriccio« Nikolaus' I. Diese Villa war die exakte Reproduktion eines Hauses in Pompeji. Vom mosaikbelegten Boden bis zur Türklinke, alles war aus Italien importiert worden. Ein wenig weiter aufwärts, oben auf dem Babigoner Hügel, stand der Rosen-Pavillon. Im zweiten Stock befand sich ein großer, silberweiß gehaltener Saal, von dessen Balkon aus man eine Landschaft von ergreifender Schönheit erblicken konnte. Aus grauem Dunst tauchten am Horizont die riesigen Schlote der Petersburger Fabriken auf.

Die kaiserliche Familie bewohnte nicht das Große Palais, sondern ein anderes, viel kleineres, das eher einem Herrensitz glich. Die Zarenkinder fuhren in einer Kalesche spazieren, und manchmal ritten die beiden älteren Großfürstinnen den ganzen Park ab. Unser Aufenthalt in Peterhof ging zu Ende, und Dimitri fuhr nach Zarskoe Selo ins Pagenlager. Er kam sehr mitgenommen wieder; die langen Märsche in den schweren Soldatenstiefeln hatten ihn erschöpft. Während er sich zusammen mit Juri auf dem Lande bei den Petrowo-Solowowo wieder erholte, besuchten wir, Gleb und ich, Onkel Sascha in Finnland.

Um von Peterhof nach Ino zu gelangen, mußten wir den Golf in seiner ganzen Breite an Bord eines großen Motorbootes überqueren. Doch leider kam diesmal ein sehr starker Wind auf, und unser im Sommer sonst immer so friedlicher Golf wurde stürmisch wie im November.

In der Uniform eines Fregattenkapitäns erwartete uns Onkel Sascha am Kai. In perfekter militärischer Haltung zeigte er uns sein Auto. Einen solchen Apparat hatte ich noch nie gesehen. Es sah wie eine große Zinkwanne aus, war alt, voller Beulen, mit einer undefinierbaren Farbe angestrichen und besaß Räder, Sitze und wahrscheinlich auch einen Motor. Das Ganze sah nicht sehr vertrauenerweckend aus. Ich erkannte die Marke nicht, aber es handelte sich bestimmt nicht um einen jener bequemen Mercedes-Benz, wie man sie am Hofe fuhr.

»Stimmt«, räumte Onkel Sascha ein, »es sieht nicht sonderlich aus, aber es leistet mir gute Dienste . . . «

Tatsächlich, das Ungeheuer fuhr. Rasch kamen wir bis zum Haus, das wie mitten in den Wald gepflanzt aussah. Unsere Tante Maria empfing uns auf der Freitreppe. Sie war groß, sah gut aus und hatte noch nicht allzusehr zugenommen; sie lächelte uns herzlich zu und verstand es, taktvoll und diskret, durch ein paar freundliche Sätze unsere Sympathie für sich zu gewinnen, ohne sich von dem Panzer aus Stolz und Zurückhaltung stören zu lassen, hinter dem wir uns seit Mutters Weggang verschanzt hatten.

Dann erschien unsere kleine Cousine Marianna. Sie war eben sieben Jahre alt geworden und litt an Knochentuberkulose im Fuß; sie lief nur an Krückstöcken. Es war ein trauriger Anblick. Voller Leben und Freundlichkeit, erschien sie uns überdurchschnittlich klug und sensibel. Sie lächelte uns ständig an, wagte sich jedoch nicht zu nahe an uns heran, solange ihr Vater da war. Onkel Sascha hegte eine verrückte, besitzergreifende, übertriebene Liebe für Marianna; ebenso panisch und geradezu krankhaft fürchtete er Bakterien und Ansteckungsgefahr, so daß er seiner Tochter jeden Kontakt mit Fremden verbot, auch wenn es ihr eigener Cousin oder ihre Cousine war. Wenn die Familie mit dem Zug verreiste, bestellte unser Onkel ein ganzes Abteil für sie; sobald der Zug am Bahnsteig stand, stürzte sich ein Heer von Bedienten in den Eisenbahnwagen und tapezierte das ganze Abteil mit peinlich sauberen Laken und Tüchern. Erst wenn das erledigt war, durften Marianna, ihre Gouvernante und Tante Maria einsteigen.

Diese panische Furcht vor Bakterien hatte Onkel Sascha auch dazu gebracht, für Marianna und ihre Gouvernante ein kleines, einzelnes Häuschen bauen zu lassen. Er hatte übrigens, je nach Bedarf, sein ganzes Anwesen mit allerlei Bauten vollgestellt und dürfte sogar einer der ersten gewesen sein, der den Gebrauch von vorfabrizierten Bauelementen in Rußland einführte. Neben der Hauptvilla standen also, außer Mariannas Häuschen, ein Pavillon für die Dienerschaft, ein Gästehaus, die Küche, die Garage, die »Banja« usw. . . .

Und vor allem das »Museum«, in dem wir jeden verregneten Tag verbrachten. Es war ein längliches, geräumiges, mit lauter Regalen umstandenes Zimmer, auf denen sich Bücher oder Glaskästen voll ungezählter seltsamer Gegenstände befanden. Sie muteten einen mysteriös und zugleich faszinierend an. Bunte, in allen Regenbogenfarben bemalte Bretter, die die Eskimos als Götter verehrten, Mammutknochen, Steine aus dem Flußbett des Mississippi . . . Alles Erinnerungsstücke, die Onkel Sascha von seinen verschiedenen Expeditionen mitgebracht hatte.

Dieser Sommer in Ino verging friedlich. Spaziergänge im Wald bei Dämmerung schätzten wir über alles. Nach dem Abendessen war es schon so dunkel, daß man die Wege und Stege nicht mehr sah. Onkel Sascha ging als erster, denn er kannte sich aus. Seine weiße Marinejacke diente uns als Leuchtzeichen, wir folgten ihm, und aus voller Brust atmeten wir den heilsamen Fichtenduft ein, der vom stillen und lauwarmen Sommerwald hochkam.

Zwischen den verschiedenen Wirtschaftsgebäuden standen einige Hundehütten für die Wachhunde. Sie waren alle von derselben Rasse und stammten von einem Hundepaar ab, das Onkel Sascha von einer seiner Reisen aus Sibirien mitgebracht hatte. In Zentralrußland hatte noch niemand solche Hunde gesehen, und als mein Onkel und meine Tante begannen, die Welpen unter Freunden und Nachbarn zu verteilen, wurden sie gemeinhin »Botkinskaja«, sozusagen die »Botkin-Rasse«, genannt. In Wirklichkeit waren es »Laiki«, und einer davon sollte sich ein halbes Jahrhundert später als erster Hund im Weltraum besonders auszeichnen. Doch der beste Wächter im Hause war Onkel Sascha selbst. Früh schlafen zu gehen war nicht nach seinem Geschmack; wenn alle im Bett waren, begann er mit der Inspektion seiner ganzen Domäne und lief stundenlang allein durch die Wälder. Erst bei Anbruch der Dämmerung ging er nach Hause, nicht ohne die Hunde losgelassen zu haben.

»Die Botkins«, pflegte mein Vater zu sagen, »sind schon richtige Originale . . .«

Der Sommer ging seinem Ende zu. Gleb und ich fuhren nach Zarskoe Selo zurück, während die Großen unsere Freunde Petrowo-Solowowo verließen und mit Vater in Moskau zusammentrafen, um an den Feierlichkeiten zum hundertsten Jahrestag des Sieges bei Borodino teilzunehmen. Diese Schlacht nennen die Franzosen die »Schlacht an der Moskwa« und betrachten sie ihrerseits als einen großen Sieg Napoleons.

Dimitri war nur einfacher Zuschauer, aber Juri war in seiner Eigenschaft als Abgeordneter des Lyzeums offiziell hier.

Die Regierung hatte keine Mühe gescheut, um die letzten nahen Angehörigen Überlebender von Teilnehmern an der Schlacht ausfindig zu machen. Doch in Moskau ging das Gerücht um, die Veranstalter hätten vor allem den Zaren beeindrucken wollen. Monatelang waren sie durch das Land gestreift und hatten allen möglichen weißbärtigen Greisen viel Geld angeboten, damit sie an den Feierlichkeiten teilnahmen. Ein sehr detaillierter Nachhilfeunterricht hatte die nicht vorhandenen Kenntnisse dieser Alten über Borodino wieder aufgefrischt, für den Fall, daß der Zar ein paar Fragen stellte.

Bald standen wir wieder mitten im Schulalltag. Dimitri gehörte jetzt als Interner dem Pagenkorps an, seine Abwesenheit schuf eine enorme Leere.

Juri war in einer schwierigen Phase und litt ganz besonders darunter. Oft nervös, bekam er gewaltsame Wutanfälle; um ein Nichts konnte er außer sich geraten, dann schrie und schimpfte er und schloß sich zu guter Letzt in seinem Zimmer ein, wo er mit seiner Riesenkraft das ganze Mobiliar herumschubste.

Er wurde etwas ruhiger, als, nach etwa zwei Wochen beim Pagenkorps, Dimitri am ersehnten freien Tag in seiner Winteruniform endlich nach Hause kam.

Wie gut sah er aus! Er hatte sich die Haare, die im Lyzeum immer sehr kurz gehalten werden mußten, etwas länger wachsen lassen, so daß sie dem Offiziersschnitt entsprachen; die militärisch-strengen Umgangsformen, die er übernommen hatte, freilich weit davon entfernt, zu Kommißkopp-Allüren zu werden, unterstrichen erst recht seine nüchterne Männlichkeit.

Die Winteruniform betonte sein für gewöhnlich feines und ungezwungenes Benehmen. Diese Uniform bestand aus einem leicht taillierten Waffenrock aus schwarzem Stoff mit Goldknöpfen, großen Schulterstücken und breiter Goldlitze an Stehkragen und Ärmeln, dazu passend kam eine enge schwarze Hose mit einer schmalen roten Biese. Darüber wurde ein gehrockartiger schwarzer Mantel mit breiten, goldenen Schulterstücken zusammen mit einem kleinen schwarzen Helm getragen, an dem der kaiserliche Doppeladler prangte. Unbedingt Vorschrift waren auch weiße Handschuhe, die die Eleganz der Uniform noch unterstrichen.

Doch hatte diese Pracht auch ihre Schattenseite. Seit dem Herbst dieses Jahres lagen die Finanzen des Hauses in meinen Händen. Vater behielt nur ein Viertel seiner Bezüge für sich, für den Rest war ich verantwortlich. Ich hatte die Gehälter der Dienerschaft auszuzahlen, die Rechnungen der Lieferanten zu begleichen und meinen großen Brüdern das Taschengeld auszuhändigen, auf das sie Anrecht hatten.

Dimitri, wie die meisten Pagen, hatte sich eine Maßuniform bestellt, was ganz normal war. Aber er hatte eine andere, viel kostspieligere Leidenschaft: Schuhe und Stiefel.

Es war klar, daß er diese Ausgaben nicht aus dem Taschengeld bestreiten konnte, das ich ihm gab. So ließ er die Rechnungen auf meinen Namen nach Hause zustellen. Später besuchte er mich in meinem Zimmer und legte mir mit seinem charmantesten Lächeln seine Schuldscheine vor. Da ich die Mittel genau kannte, über die wir künftig verfügen sollten, fand ich solche Ausgaben eigentlich überflüssig.

»Was sie brauchen, müssen die Jungen auch haben«, sagte mir Vater häufig.

Doch die Grenze war nach meiner Ansicht längst überschritten. Ich war zwar erst vierzehn Jahre alt, Dimitri dagegen fast neunzehn, und doch hatte er gar nichts einzuwenden, wenn ich ihm Vorhaltungen machte.

»Die Uniform mag noch angehen«, sagte ich ihm, »aber warum so viel Stiefel? Im kleinen Gang vor dem Badezimmer stehen schon mehrere Paare.«

»Kissa, kissa malenkaja; Kätzchen, mein kleines Kätzchen, das mußt du begreifen . . . «

Dimitris Gesichtsausdruck wurde noch weicher.

»Die Stiefel gehen schnell kaputt«, fuhr er fort, »ich brauche welche für den Geländemarsch, für das Reiten in der Manege, für den Hürdenritt und für alle Tage. In der Stadt brauche ich Halbschuhe zum Ausgehen und Lackslipper zum Tanzen . . . «

Er hatte recht. Das Pagenkorps war die feinste von allen Offi-
ziersschulen, die »fescheste«, wie man in der Auslandspresse
lesen konnte. Die jungen Offiziersschüler mußten mindestens
seit drei Generationen dem Adel angehören. Da konnte Dimitri
nicht zurückstehen!

Mir brummte der Kopf und ich zahlte alles . . .

VIII
Das Drama von Spala

Er fiel vor der Ikone auf die Knie und begann zu beten: »Heile deinen Sohn Alexej, wenn es dein Wille ist. Gib du ihm meine Kraft, o Herr, möge er sie für seine Heilung nutzen . . .«

»Vater sah so seltsam, so krank aus, daß ich es mit der Angst zu tun bekam . . . Seine Stimme wurde leiser, er mußte aufhören. Sein Gesicht war kreideweiß und vom Schmerz verzerrt; er atmete schwer. Schweiß rann ihm von der Stirn die Wangen hinunter. Seine Augen waren glasig und nahmen nichts mehr wahr. Er fiel rücklings auf den Fußboden, das linke Bein unter sich eingezogen. Er schien sich in einem fürchterlichen Todeskampf zu befinden . . .

Ich kochte Tee und brachte ihn zu meinem Vater. Er war immer noch bewußtlos . . . Nach einer Ewigkeit tat er die Augen auf und lächelte. Ich reichte ihm den kaltgewordenen Tee, den er gierig trank . . . «[1]

Hier spricht Matriona Rasputin, die eigene Tochter des »starez«. Einige Minuten später gab der Mönch ein Telegramm nach Spala in Polen auf, wo der Zar und seine Suite auf der Jagd waren.

»Beunruhige Dich nicht«, schrieb Rasputin an die Kaiserin, »die Krankheit ist nicht so gefährlich, wie sie scheint. Vor allem sollen ihn die Ärzte nicht quälen.«

»Und das Unglaubliche ereignete sich«, berichtet General Alexander Spiridowitsch, der Chef der Sicherheitspolizei unter Nikolaus II., »der Zarewitsch begann sich wohler zu fühlen und genas. Seine übermäßig glückliche Mutter sah nur eines: hier war das Heil von dem ›Freund‹ gekommen, seine Gebete hatten das Leben des Kindes gerettet.«[2]

---

[1] Marie Solovieff-Raspoutine: Mon père Grigori Raspoutine, zitiert bei Michel de Enden, op. cit.
[2] Général Alexandre Spiridovitch: Les dernières années de la Cour de Tsarskoie Selo. Paris 1929 (franz.)

Das Drama hatte kurz nach der Feierlichkeit zum hundertsten Jahrestag der Schlacht bei Borodino begonnen. Kurz darauf hatte sich die kaiserliche Familie auf ihre Ländereien bei Spala zurückgezogen, wo der Zar gern auf Großwildjagd ging.

Beim Spielen in der Badewanne hatte sich der Zarewitsch heftig am Bein gestoßen. Schon ein paar Tage früher wollte der achtjährige Knabe im Wald von Białowież von einem Kahn an Land springen und war mit der Hüfte heftig an die Bordbegrenzung geprallt. Nach dem zweiten Unfall begannen innere Blutungen. Die Krankheit machte rasche Fortschritte, und bald bildete sich eine Blutgeschwulst in der Leistengegend. Die Schmerzen wurden bald unerträglich, das Kind konnte das Bein nicht mehr ausstrecken.

»Sein Schreien und Jammern erfüllte das ganze Palais«, erzählt Spiridowitsch. »Das Fieber nahm ständig zu. Botkin wich nicht einen Moment von seiner Seite, wußte aber auch nicht, wie ihm zu helfen war. Die Schmerzen waren so stark, daß der kleine Patient die Blutgeschwulst bald nicht einmal mehr berühren konnte. Er lag auf der Seite, bleich und dürr, das Bein unter sich eingezogen ... Im Palais erwartete niemand mehr Hilfe von der ärztlichen Kunst, sondern nur noch von Gott. Dem Kranken wurde die letzte Ölung verabreicht ... Das arme Kind war seines nahenden Endes voll bewußt.

›Mama, wenn ich tot bin, vergiß nicht, auf mein Grab ein kleines Denkmal setzen zu lassen‹, hatte er eines Tages ins Ohr seiner vor Schmerz halb wahnsinnigen Mutter geflüstert, die ihn keinen Augenblick mehr aus den Augen ließ.«[3]

In keiner Weise schien die Kaiserin Alexandra für ein derart tragisches Schicksal vorbestimmt zu sein.

1872 geboren, wurde die Prinzessin Alix erst offiziell Alexandra Fjodorowna, nachdem sie dem protestantischen Glauben abgeschworen hatte und zur Orthodoxie übergetreten war. Als jüngste Tochter des Großherzogs Ludwig IV. von Hessen und der

---

[3] Général Spiridovitch, op. cit.

Prinzessin Alice von England, war sie eine Cousine ersten Grades des deutschen Kaisers Wilhelm II. und am Hof der Queen Victoria großgeworden.

Ihre Eheschließung mit dem Kaiser Nikolaus II. sollte zwar die Beziehungen Rußlands sowohl zu England als auch zu Deutschland verbessern, war aber zugleich eine echte Liebesheirat gewesen, so daß die Zukunft zunächst ausgesprochen rosig erschien. Doch leider kam das junge Mädchen in Rußland in einem Augenblick an, als ihr Schwiegervater, Zar Alexander III., ein Riese im besten Mannesalter, auf dem Sterbebett lag. Zehn Tage später war er tot, und sehr schnell zirkulierten Gerüchte in der Bevölkerung:

»Die Prinzessin ist hinter einem Sarg hier angekommen . . . «

Zweiter Schicksalsschlag: die fürchterliche Katastrophe, die Nikolaus' II. Krönung in Moskau mit Trauer überschatten sollte. Es waren viel mehr Schaulustige da als vorgesehen, und unter ihrem Ansturm stürzten die Tribünen ein. Später erzählte man sich, daß, kaum waren die Verletzten geborgen, neue Tribünen direkt auf den Leichen der Opfer aufgestellt worden seien; die junge Gemahlin wurde als unseriös und leichtsinnig eingeschätzt.

Die hohe russische Gesellschaft fuhr fort, in Alexandra eine Ausländerin zu sehen: Alexander III. hatte die russisch-französische Annäherung eingeleitet, um der Vorherrschaft Deutschlands in Europa Einhalt zu gebieten. Seitdem hatte sich eine wütende Deutschfeindlichkeit im Lande immer weiter entwickelt.

Man übersah dabei geflissentlich, daß vor Nikolaus II. nicht weniger als vier Kaiser deutsche Prinzessinnen geheiratet hatten. Man übersah vor allem, daß Prinzessin Alix im Alter von sechs Jahren ihre Mutter verloren hatte und ihre ganze Kindheit bei ihrer Großmutter, der Queen Victoria verbracht hatte; die englische Monarchin hatte auf sie ihre ganze Liebe übertragen . . .

Doch die strenge Erziehung, die ihr die Queen Victoria hatte angedeihen lassen, zusammen mit ihrer übergroßen Schüchternheit, einer tiefen Abneigung gegen mondänes Wesen und den vielen Krankheiten, die meinen Vater so sehr in Atem hielten,

ließen sie im ersten Moment kalt und hochmütig erscheinen.
General Wojeikow, der letzte kaiserliche Palastkommandant,
beschreibt sie wie folgt:

»Ich sehe ihr Bild vor mir so, als lebe sie noch. Ihre Haltung ist
voller Majestät. Ihre großen graublauen Augen spiegelten stets
eine unbestimmbare, tiefe Trauer wider. In großen Versammlungen verlieh die natürliche Zurückhaltung der Kaiserin einen
schmerzhaften und zugleich unterkühlten Gesichtsausdruck, so
als wäre ihr alles, was um sie vorging, vollkommen fremd. Das
war ein Grund, weshalb diejenigen, die sie nur wenig kannten,
immer der Meinung waren, die Kaiserin sei hochmütig und unnahbar. Sie begriffen nicht, daß sie sich nur dort wohl fühlte, wo
sie Trost und Linderung menschlichen Leidens spenden konnte.
Mondäne Gespräche in ihrer Eitelkeit und Frivolität waren ihr
stets peinlich . . . «[4]

Die Geburt von vier Töchtern hatte das Familienglück des kaiserlichen Paares vollendet, und alle Unbilden der Revolution von
1905 und des katastrophalen russisch-japanischen Krieges schienen fast vergessen: im Vorjahr war noch ein Knabe, ein Kronprinz, der künftige Zar aller Reußen geboren worden.

Niemand ahnte, daß das wahre Drama erst angefangen hatte.
Beim ersten Sturz des Zarewitsch hatte man festgestellt, daß er
hämophil war. Es scheint, als habe die Königin Victoria am
Ursprung dieser Erbkrankheit gestanden, die Frauen auf ihre
männlichen Kinder übertragen können. Das Blut hämophiler
Kranker kann nicht gerinnen; die Wände der Blutgefäße sind von
extremer Verletzbarkeit; der kleinste Stoß, die geringste Blutung
kann fatale Blutverluste nach sich ziehen. Alexandra Fjodorowna war sich über die schreckliche Krankheit, die sie ihrem Sohn
vererbt hatte, völlig im klaren, denn schon ihr jüngerer Bruder
war daran gestorben. Sie fühlte sich in unmittelbarer, schrecklicher Weise selbst dafür verantwortlich. Tief gläubig, sollte sie
bald Zuflucht in der Mystik finden.

---

[4] V. N. Voiéikov: Avec ou sans le tsar. Helsinki 1936, zitiert bei Michel de
Enden, op. cit.

Ihre Bettlektüre war ein Buch mit dem Titel »Die Freunde Gottes«, der Autor war ein spätmittelalterlicher deutscher Mystiker. Darin konnte man lesen, daß Gott den Herrschern, die er beschützt, zur Seite steht, indem er fromme und mit besonderer Hellsichtigkeit begabte Männer auf ihren Weg stellt. Anna Wyrubowa betont in ihren Erinnerungen die Wichtigkeit, die die Zarin diesem Buch beimaß:

»Das erste Buch, das sie mir 1905 auslieh«, schreibt die Freundin der Zarin, »hieß ›Die Freunde Gottes‹. Es war ein Buch aus dem 16. Jahrhundert . . . Die Majestäten glaubten an die Existenz von Menschen, nicht einmal Priester, die, wie zur Zeit der Apostel, von der Gnade Gottes berührt wurden und deren Gebete von Gott erhört wurden.«[5]

Rasputins Telegramm fiel zeitlich mit der Wunderheilung des Zarewitsch zusammen und konnte solche Glaubensüberzeugungen nur noch verstärken. Sogar im Dezember 1916, am Vorabend einer Revolution, die das Reich und die Dynastie der Romanows vernichten sollte, schrieb die Kaiserin an ihren Mann: »In den ›Gottesfreunden‹ sagt einer der Gottesgreise, daß das Land, in dem ein Mann Gottes dem Kaiser dient, nicht untergeht. Und das ist wahr. Wir müssen ihm nur gehorchen, ihm vertrauen und um seinen Rat bitten. Wir dürfen nie annehmen, daß er nichts weiß. Gott hat ihm alles enthüllt.«[6]

Wann, in wie viel Jahrhunderten, wenn der krankhafte Haß der sowjetischen Führer gegen die Monarchie endlich gestillt sein wird, werden wir über jene historischen Dokumente verfügen, die uns allein in den Stand setzen können, das intime Drama dieser aus England nach Rußland gekommenen Frau zu schreiben, die fest entschlossen war, dem Wohl ihrer neuen Untertanen zu dienen, doch nicht nur mit der tödlichen Krankheit konfrontiert war, die sie ihrem eigenen Sohn vererbt hatte, sondern auch

---

[5] Anna Wyrubowa: Glanz und Elend der Romanows. Zürich-Leipzig-Wien 1927. S. 124.
[6] Lettres de L'impératrice Alexandra à l'empereur Nicolas II, Paris 1927 (franz.), zitiert bei Michel de Enden, op. cit.

mit der verwirrenden Gesellschaft Rußlands, in der nur sehr wenige hellsichtige Geister die Herausforderungen begriffen, die das beginnende 20. Jahrhundert an ein solches, im totalen Umformungsprozeß befindliches Land stellte?

Wir waren sehr beunruhigt.
Vater hat uns in einem ersten Brief den Unfall des Zarewitsch in allen Einzelheiten erzählt. Wir gerieten jedoch in höchste Angst, als Juri am Morgen des 9. Oktober 1912, kurz bevor er ins Lyzeum fuhr, noch einen Blick in die Zeitung »Nowoje Wremja« (Neue Zeit, Anm. d. Übers.) warf, mit Schrecken auf Seite eins einen Bericht über die Krankheit des Zarewitsch und, anschließend, eine offizielle Verlautbarung darüber entdeckte, in der aus dem besorgniserregenden Zustand des Kindes kein Hehl gemacht wurde. Die Verlautbarung war vom 8. Oktober datiert und unterschrieben: »Doktor Eugen Botkin, Leibarzt seiner Kaiserlichen Majestät.« Wir waren wie vom Schlag gerührt. Das Leben des Zarensohnes ging an sein Ende, das ganze Land mußte darüber in Kenntnis gesetzt werden ...
Am nächsten Tag erreichte uns ein Brief von Vater:
»Ich bin mir völlig im klaren, was ihr empfunden haben müßt, als ihr in den Zeitungen die von mir unterschriebene amtliche Verlautbarung über den Gesundheitszustand unseres geliebten Alexej Nikolajewitsch gelesen habt. Ich habe nicht die Kraft, euch zu sagen, was ich erleide ... Ich bin außerstande, irgend etwas zu tun, wenn man von der Pflege absieht, an der ich es ihm natürlich nicht fehlen lasse ... Ich bin ebenso außerstande, an andere als nur an ihn und an seine Eltern zu denken ... Betet, meine lieben Kinder, betet jeden Tag inbrünstig für unseren teuren Thronerben ... «
Fünf Tage später, am 14. Oktober 1912, kam ein zweiter Brief von Vater:
»Dem lieben Kranken geht es besser, die inbrünstigen Gebete zahlloser Menschen sind erhört worden, der Thronfolger fühlt sich wesentlich besser. Gott sei gelobt! Aber was für schreckliche Tage habe ich hinter mir ... Ich habe das Gefühl, als wäre meine

Seele um Jahre gealtert ... Und jetzt noch kann sie sich nicht ganz wieder aufrichten, denn die Genesung des armen Thronfolgers wird lange dauern, und viele unvorhersehbare Komplikationen können noch auftreten.«

In dieser hochdramatischen Zeit hatte Vater darauf bestanden, daß ein sehr namhafter Chirurg, Professor Fjodorow und sein Assistent, Dr. Derewenko, aus Sankt-Petersburg herangezogen wurden.[7] Beide Ärzte hatten eine Operation abgelehnt, denn die Chancen, den Zarewitsch zu retten, schienen ihnen außerordentlich gering.

In diesem Augenblick kam Rasputins berühmtes Telegramm. Erstaunlicherweise begann das Fieber abzufallen, und der Bluttumor ging zurück.

Anna Wyrubowa nannte es ein Wunder, doch blieb Vater wesentlich skeptischer.

Ihm war Rasputin im Palais nur zweimal begegnet. Das erste Mal auf dem Gang, als der »Gottesmann« das Palais gerade verlassen wollte. Das andere Mal sah er ihn im Studierzimmer des jungen Thronerben. Vater blieb ein paar Minuten, um ihn näher zu beobachten. Rasputin machte auf ihn den Eindruck eines Muschiks, der recht und schlecht die Rolle eines jener »Starzen« zu spielen versuchte, die durch das Werk Dostojewskis populär geworden sind. Damit kam Vater der Meinung seines Freundes Stolypin nahe: »Er ließ«, hatte der Ministerpräsident notiert, »den Blick seiner bleichen Augen über mich wandern, murmelte geheimnisvolle und unverständliche Worte aus der Heiligen Schrift, machte seltsame Bewegungen mit den Händen, und in mir stieg unbeschreiblicher Abscheu vor diesem Geschmeiß hoch, das mir da gegenübersaß ... «[8]

---

[7] Von nun an sollte Dr. Derewenko als persönlicher Arzt des Zarewitsch bei ihm bleiben. Sein Name ist identisch mit dem Namen jenes Matrosen, der ständig über das Kind zu wachen hatte, um ihn vor einem Unfall zu bewahren, da ein Unfall für einen hämophilen Kranken lebensgefährlich sein kann.

[8] Diese Aufzeichnungen wurden vom Präsidenten der Duma, Rodsianko, überliefert, und von Robert K. Massie in seinem Buch »Nikolaus und Alexandra« zitiert (S. 235).

Ein halbes Jahrhundert später ist das Geheimnis um Rasputin immer noch nicht gelüftet.

Der amerikanische Historiker Robert K. Massie schreibt in seinem Buch »Nikolaus und Alexandra«:[9]

»Andererseits gibt es wichtige Gründe für die Vermutung, daß eine Verminderung der inneren Anspannung einen hemmenden Einfluß auf die Blutung ausübt. Wenn der Patient ruhig wird und wieder ein Gefühl des Wohlbehagens empfindet, läßt sein Kapillarblutstrom nach, und die Festigkeit der Gefäßwände nimmt zu . . . Wenn Rasputin bei Alexis die suggestive Kraft gebrauchte . . ., dann schlug er praktisch einen von Schmerzen überwältigten Jungen in Bann. Wenn Rasputin in einem Ton, der nicht den leisesten Zweifel duldete, sprach, glaubte Alexis, daß die Qualen nachließen, daß er bald wieder gehen könnte, daß sie vielleicht gemeinsam die Wunder Sibiriens schauen würden. Die durch den machtvollen Strom beruhigender Worte hervorgerufene Ruhe und Entspannung bewirkte bei dem Zarewitsch eine dramatische und emotionale Veränderung des Organismus. Die Blutung verlangsamte sich, das erschöpfte Kind fiel in Schlaf, und schließlich kam die Blutung völlig zum Stillstand . . . «

Diese interessante Hypothese, die von dem klinischen Befund der modernen Medizin bestätigt wird,[10] hält einer Überprüfung dennoch nicht stand, da mein Vater die Anwesenheit des »starez« im Krankenzimmer nie geduldet hat und da, nach dem Zeugnis des persönlichen Erziehers des Zarewitsch, Pierre Gilliard, Alexej Nikolajewitsch Rasputin außerordentlich selten gesehen hat – vom 1. Januar 1914 bis zu seinem Tod nur *dreimal*. Dennoch ist es sehr wahrscheinlich, daß das von der Mutter in die Gebete des »Mannes Gottes« gelegte Vertrauen – wovon sie ohne Zweifel dem Kind selbst erzählt hat – die buntbilderhaften

---

[9] R. K. Massie, Nikolaus und Alexandra, Frankfurt/Main 1968, S. 245–46.

[10] Nach R. K. Massie hat der Arzt Dr. Lucas, vom »Phänomen Rasputin« angeregt, am Jefferson-Hospital in Philadelphia bei in Hypnose versetzten hämophilen Patienten nicht weniger als 150 Zahnextraktionen durchgeführt, ohne daß je eine einzige Bluttransfusion nötig geworden wäre.

Vorstellungen und damit die beruhigende Wirkung hervorgerufen haben mag, deren entscheidende Rolle in der Behandlung der Hämophilie die moderne Medizin festgestellt hat. Wie soll man sich nicht vorstellen können, daß eine im Zustand mystischer Exaltiertheit lebende Mutter, die ihre gesamte seelische Kraft zusammennimmt, um ihren einzigen Sohn daran zu hindern, einfach in den Tod zu gleiten, die tiefen Hoffnungsgründe, die sie aus Rasputins »Gebeten« bezog, mit ihrer ganzen Glaubenskraft ihrem Sohn zu vermitteln imstande war? Als genauer Beobachter bemerkt Pierre Gilliard, daß, auch wenn der Einfluß des »starez« auf seinen Schüler »gleich Null« war, die »Person selbst sein kindliches Einbildungsvermögen durchaus in Anspruch nahm«.[11]

Demnach ist es die Mutter – und nur sie –, die durch ihre Gebete und Erzählungen das kranke Kind beeinflußte, wie sie im übrigen auch, wie Pierre Gilliard beobachtet, den »starez« selbst inspirierte, so daß seine »prophetischen Worte lediglich die geheimen Wünsche der Kaiserin bestätigten«.[12]

Nichtsdestoweniger muß Rasputin, um seinen Einfluß bei der Kaiserin zu untermauern, gewisse medizinische Kenntnisse gehabt haben, die es ihm erlaubten, am günstigsten und im geeigneten Augenblick die genauen Informationen zu verwerten, die ihm Anna Wyrubowa über den Zustand des Kranken mitteilte. Ohne so weit zu gehen wie der Untersuchungsrichter Sokolow, der zwischen dem »starez« und jenem schillernden Dr. Badmajew, einem burjätmongolischen Arzt, der nur noch auf die tibetani-

---

[11] Pierre Gilliard, Le destin tragique de Nicolas II, Paris 1921 (franz.). Auch Massie berichtet: »Einer (von Dr. Lucas' Patienten) amüsierte sich während des Eingriffs großartig, indem er sich auf einen Baseballplatz versetzte . . . Die Ablenkung, die der Anblick eines aufregenden Baseballspieles auf einen zeitgenössischen Amerikaner ausübt, kann nicht allzu verschieden gewesen sein von der, die einem kleinen russischen Jungen dadurch zuteil wurde, daß er dramatische Geschichten und Legenden hörte, die ihm ein geheimnisvoller Pilger erzählte.« (S. 245).

[12] Pierre Gilliard, ibid.

sche Heilkunst schwor und einen politischen Salon in Sankt-Petersburg unterhielt, eindeutig Komplizität unterstellt, möchte ich die Meinung meines Vaters zu dieser Frage beisteuern:

»Es gibt«, erzählte er mir, »in fast jedem russischen Dorf einen ›Einrenker‹, einen heilkundigen Bauern, der die Gabe hat, zum Beispiel Blutfluß zu stoppen. Diese Gabe geht vom Vater auf den Sohn über, und die Heilungen, die immer sehr spektakulär sind, werden regelrecht inmitten eines ungeheuren Schwalls von Zauberformeln inszeniert. Durch seinen Rückgriff auf einen ganzen Fundus von Gebeten aus dem eindrucksvollen orthodoxen Ritus ist Rasputin mit diesen bäuerlichen Heilkundigen durchaus verwandt . . . «

Welch ein seltsames Land war doch Rußland zu Beginn dieses Jahrhunderts! Einerseits setzten Kaiser und Kaiserin weiterhin ihr ganzes Vertrauen in einen Arzt, der, in Paris und Heidelberg ausgebildet, für Rasputins Begabung nur Skepsis empfand, andererseits empfingen sie den »starez« immer wieder und schrieben seinen Gebeten eine übernatürliche Wirkung zu!

»Rasputin«, erzählt Anna Wyrubowa in ihren Memoiren, »wurde gewöhnlich durch einen Seiteneingang, über eine schmale Wendeltreppe, in das Palais und in das Arbeitszimmer der Kaiserin geleitet . . . Nach russischer Sitte küßte man sich bei der Begrüßung und setzte sich dann zur Unterhaltung nieder. Rasputin erzählte von Sibirien, von den Nöten und Sorgen der Bauern und von seinen Pilgerfahrten. Ihre Majestäten sprachen von der zarten Gesundheit des Thronfolgers und von allem anderen, das sie zur Zeit beunruhigte. Wenn Rasputin nach einstündigem Besuch heimging, hinterließ er bei den Zurückbleibenden das Bewußtsein, etwas Freudiges, Herzerregendes erlebt zu haben.«[13]

---

[13] Anna Wyrubowa, a. a. O., S. 148–149.

IX
Eine Expedition ins Ausland

Der Saal war mit Zuschauern überfüllt, die ich nicht kannte, und ich stand an der hell erleuchteten Rampe, diskret weinend, so wie es meine Rolle vorschrieb. Ich spielte eine junge, unglücklich verheiratete Frau, die ihrem früheren Verlobten wieder begegnet und feststellt, daß sie ihn immer noch liebt.

Diesen Theaterabend hatte meine Oberschule veranstaltet, und es war das erste Mal, daß ich auf der Bühne vor einem richtigen Publikum stand. Zu dieser Gelegenheit hatte mir mein Vater ein wunderschönes Kleid aus himmelblauem Satin geschenkt, zu dem eine passende Kopfbedeckung, ein echt russischer, mit Perlen und Straß besetzter »Kokoschnik« getragen wurde.[1]

Wo war denn meine Schüchternheit geblieben? Ich hatte offenbar den richtigen Ton gefunden und auch die richtigen Bewegungen, um, ohne jede Koketterie, den Straß am »Kokoschnik« zum Funkeln zu bringen. Am Ende der Vorstellung brandete der Applaus zu mir herüber. Bescheiden verbeugte ich mich. Diesen Erfolg fand ich wundervoll, ja fast berauschend.

So wäre ich gern ein paar Minuten länger im Theaterfoyer geblieben, aber ich mußte mich rasch umziehen, denn Vater erwartete mich unten im großen Eingangsvestibül. Elstiane lief vor mir zu ihm hinunter, und ich selbst beeilte mich, die zwei Stockwerke, die uns noch trennten, hinter mich zu bringen, als ich plötzlich merkte, daß eine ganze Bande von Jungen mich verfolgte. Ich drehte mich um und erblickte zuerst meine Brüder, deren Lächeln Bände sprach. Dann erkannte ich die meisten Jungen, mit denen ich mich bei Georgiewski, einer überaus ehrenwerten und überaus langweiligen Familie, in die Vater uns unbedingt hatte einführen wollen, zum Tanzunterricht traf. Das Familienoberhaupt war Professor für Statistik an der Petersburger Universität

---

[1] Die bei dieser Gelegenheit aufgenommene Photographie ist als Nr. 8 im Bildteil zu sehen.

und hatte vier Töchter und einen Sohn, Wanjuscha, der mich sehr mochte, den ich aber für einen gräßlichen Langweiler hielt. Genauso wie bei den Komstadius', die wir auf der Krim kennengelernt hatten, ging viel Jugend bei den Georgiewski ein und aus, doch zog ich alles in allem erstere vor. Die Komstadius hatten mehr Schliff, waren amüsanter und lässiger, während die Georgiewski nach wie vor etwas verkrampft und provinziell wirkten. Wir fanden uns dennoch recht häufig bei ihnen ein und trafen unter anderem die beiden Brüder Oserow und die drei Brüder Kyrillin. Und genau sie trabten nun hinter mir her. Der hübsche Gleb Kyrillin holte mich als erster ein und überschlug sich mit Glückwünschen:

»Himmlisch!« meinte er zu mir, ganz Mann von Welt, »wundervoll! Das nächste Mal, wenn Sie spielen, werde ich Ihnen ganz besonders applaudieren.«

Ich begnügte mich, ihn dumm anzuschauen, ohne zu antworten.

»Wo ist Ihr Mantel? Erlauben Sie?«

Er nahm meinen Mantel, und schon ging ich auf ihn zu, als mein Vater, der bisher damit beschäftigt zu sein schien, Trinkgelder an die Garderobefrauen zu verteilen, sich plötzlich uns zuwandte und meinen Mantel aus den Händen des völlig verdutzten Kyrillin nahm.

»Verzeihen Sie, mein Herr Page, ich werde meiner Tochter selbst in den Mantel helfen.«

Vaters förmlicher Ton frappierte mich. Er war doch sonst zu Jugendlichen immer so nett . . . Kyrillin nahm augenblicklich Haltung an, und die Pagen verbeugten sich respektvoll, als der Portier ausrief:

»Die Kalesche Seiner Exzellenz Doktor Botkin ist vorgefahren!«

Der Hoflandauer mit dem majestätischen Kutscher im Zweispitz und den schönen Apfelschimmeln fuhr bis zur großen Freitreppe vor.

Nie wieder lud mich Gleb Kyrillin zum Tanzen ein. Ich selbst war so naiv, daß ich mich fragte, wie ich ihm mein Bedauern über diesen kleinen Zwischenfall wohl ausdrücken sollte! Als Vater eines Abends wie üblich in mein Zimmer kam, während ich schon im Bett lag, sagte er zu mir, als hätte das mit mir gar nichts zu tun, er hätte Schauspieltalent bei jungen Mädchen nie sonderlich gemocht. Auf der Bühne zu schauspielern, könne dazu verführen, auch im Leben zu schauspielern.

Als mich im Jahr darauf die Aufseherin für eine neue Rolle vorschlug, sah ich zu, daß jemand anderes an meine Stelle kam.

Die schwere Krankheit des Zarewitsch hatte auch Vaters Gesundheit in Mitleidenschaft gezogen. Er war überarbeitet, konnte es aber nicht mehr verbergen, und wir ahnten, welche unmenschlichen Anstrengungen er unternahm, um ruhig und sogar gleichmütig zu bleiben.

Um sich ein wenig zu entspannen, nahm er jeden Abend vor dem Schlafengehen ein heißes Bad. Nun geschah es, daß er in der Badewanne einschlief, um erst gegen 5 oder 6 Uhr früh, wenn das Wasser gefährlich abgekühlt war, wieder wach zu werden. Dann schleppte er sich noch bis ins Bett und schlüpfte unter die Decken. Aber wie schwer war es dann, ihn wieder munter zu bekommen! Wenn sein Kammerdiener alles erfolglos versucht hatte, konnte er nur noch das Tablett mit dem Frühstück neben das Bett stellen.

Gegen Ende des Jahres 1912 kam Vater mehrere Male zu spät zur Frühvisite ins Palais. Die Zarin fragte ihn schließlich sehr freundlich nach dem Grund seiner Unpünktlichkeit.

»Majestät«, hatte Vater geantwortet, »verzeihen Sie mir die große Offenheit meiner Erklärung, aber ich stehe immer dann zu spät auf, wenn ich in meiner Badewanne eingeschlafen bin.«

»Wie bitte?«

Die Kaiserin war völlig verblüfft, und die Großfürstinnen Olga und Tatjana, die bei diesem Gespräch anwesend waren, lachten laut auf:

»Sie haben schon wieder in Ihrer Badewanne übernachtet! Sie haben schon wieder in der Badewanne übernachtet!«

Von der Krankheit des Zarewitsch und der Furcht, in der seine Mutter wegen seiner Hämophilie ständig lebte, geprägt, spielte sich das Leben am Hofe überaus nüchtern ab.

Weihnachten kam. Wir bekamen einige Gäste, darunter Fürst Putjatin und seine beiden Söhne. Das Fest hatte schon lange begonnen, als der Hausdiener Dimitri mit mysteriösen Zeichen herausrief. Als mein Bruder nach einer oder zwei Minuten wieder zurückkam, waren wir sehr erstaunt, als er Vater einen Pagen vorstellte, den wir noch nicht kannten. Und was für ein Page! Dieser sah wirklich nicht wie die anderen aus. Er war klein, unordentlich gekleidet, linkisch und so dick, daß er schon als fettleibig gelten konnte. Diese ungünstige Erscheinung wurde jedoch durch eine sehr sympathische Wesensart, ein offenes Lächeln und eine gewisse Naivität aufgewogen, die man ihm aus den Augen ablesen konnte. Sie waren wie zwei heruntergezogene Kommazeichen recht seltsam geformt.

Der Neue hieß Andrej Dietrich. Vater nahm ihn freundlich auf, und er trat in unseren Kreis mit offensichtlichem Behagen ein. Bei ihm zu Hause war das Leben offenbar nicht immer rosig, denn seit dem Tode seines Vaters lebten seine Mutter und seine Schwester mit seinem älteren Bruder in dessen kleiner Wohnung zusammen.

Herrlich hemmungslos, fühlte sich Andrej überall sehr wohl, obwohl er nicht in jeder Familie in Zarskoe Selo gern gesehen wurde. Sehr schnell wurde er ein Freund meiner drei Brüder, die seine Lebenslust und seine gute Laune zu schätzen wußten.

Den Anfang des Jahres 1913 kennzeichneten vor allem die Festivitäten zum dreihundertjährigen Regierungsantritt der Dynastie Romanow.

Dimitri war untröstlich, denn er wußte, daß nur die Pagen aus dem Jahrgang über ihm aktiv an der Zeremonie teilnehmen durften. Juri dagegen war übermütig und konnte es sich sogar leisten, zu spät zum Abendessen zu erscheinen. Erst nach drei Tagen geruhte er zu erklären, daß er im Lyzeum ein historisches Schauspiel zu diesem großen Ereignis mit vorbereiten helfe: Er spiele Balalaika in einem Orchester, das Glinkas Oper »Das Leben für den Zaren« aufführen solle, außerdem habe er den Auftrag, den Bühnenvorhang zu entwerfen.

Vater konnte Juris Meisterwerk nicht mehr bewundern. Ein paar Tage vor der Aufführung im Lyzeum hatte die kaiserliche Familie mit der Suite Zarskoe Selo verlassen und sich im Winterpalais eingerichtet. Die Dreihundertjahrfeier des Machtantritts der Romanows sollte beginnen.

Als sie am 20. Februar 1913 in Sankt-Petersburg eintrafen, begaben sich der Kaiser und die Kaiserin allein und ohne Eskorte in die Heilandskirche. Es war die Zeit des Abendgottesdienstes, die Kirche war voll. Die Majestäten mischten sich unter das Volk, und niemand bemerkte sie besonders. Sie bahnten sich einen Weg bis zur Ikonostase, um vor der großen Christus-Ikone niederzuknien und zu beten. Erst jetzt wurden sie erkannt. Eine große Menschenmenge versammelte sich auf dem Kirchenvorplatz. Als der Zar und die Zarin aus dem Gotteshaus heraustraten, fielen die Gläubigen auf die Knie. Einige versuchten sogar, die Hände des Herrscherpaares zu ergreifen, um sie innig zu küssen.

Am nächsten Tag, dem 21. Februar, dem Tag, an dem der erste Romanow gekrönt worden war, wurde in der Kasaner Kathedrale ein feierliches Hochamt durch den Patriarchen von Antiochia abgehalten. Der Kaiser hatte die Uniform des Kaiserlichen Schützenkorps angelegt. »Unsere« Schützen! Er trug einen seitlich geknöpften himbeerroten Waffenrock mit dem Offizierskragen, breite, dunkelgrüne Breeches und weiche lederne Stiefel mit Faltschäften. Dazu kam, passend zur Hose, ein um den Hals weit geöffneter, goldpaspelierter »Kaftan« und als Kopfbedeckung eine ziemlich flache, von einem goldenen Kreuz überragte »Schapka« aus Astrachan. Die Uniform verlieh diesem sehr malerischen und typisch russischen Schauspiel einen äußersten farblichen Höhepunkt. Entlang der gesamten Wegstrecke, die die Majestäten zurücklegen sollten, war die Menge ungeheuer groß. Abordnungen aus allen sozialen Schichten wünschten dem Kaiserpaar eine lange und glückliche Herrschaft. Anschließend wurde ein grandioses Bankett im Winterpalais veranstaltet, und am 23. Februar organisierte der Adel einen prunkvollen Ball zu Ehren der kaiserlichen Familie.

Doch leider mußten die Festivitäten unmittelbar nach dem Ball unterbrochen werden. Die Großfürstin Tatjana war krank geworden. Sie hatte Typhus bekommen. Jedermann wußte, daß das Wasser in Sankt-Petersburg ungesund war; statt dessen sollte man lieber Mineralwasser trinken oder wenn schon das Wasser vorsorglich abkochen. Wahrscheinlich hatte die Großfürstin abends Durst gehabt und war so unvorsichtig gewesen, ihr Glas an einem beliebigen Wasserhahn zu füllen. Die kaiserliche Familie kehrte nach Zarskoe Selo zurück; Vater mußte die ganze Zeit im Palais verbringen und wich nicht von ihrer Seite.

Die Großfürstin wurde ganz normal wieder gesund, doch konnten die Feierlichkeiten nicht sofort weitergehen, weil sich wieder einmal ein Trauerfall ereignet hatte, der den Hof betraf: Der Bruder der Kaiserinmutter, König Georg I. von Griechenland, war am 5. März von einem Anarchisten ermordet worden. Anschließend mußte der Zar nach Berlin fahren, um an der Hochzeit der Tochter Kaiser Wilhelms II. teilzunehmen.

Die zur Dreihundertjahrfeier vorgesehene Reise konnte also erst am 16. Mai 1913 angetreten werden. Mit großem Gefolge begannen der Kaiser und seine Familie mit dem Besuch aller mit dem Schicksal der Romanows verbundenen Städte. Sie verweilten vor allem in Kostroma an der Wolga, wo damals das Geburtshaus des ersten Zaren aus der Dynastie, Michail Fjodorowitsch Romanow, stand. An den Flußufern wartete eine unübersehbare Menschenmenge. Ihr »Hurra«-Geschrei war so laut, daß es sogar das Glockengeläut aller Kirchen in der Stadt übertönte. Als das Herrscherpaar auf dem Deck des Schiffes erschien, das auf der Wolga stadteinwärts fuhr, warfen sich zahlreiche Menschen ins Wasser, um ihm näherzukommen.

Die Reise endete in Moskau, wo der Kaiser zusammen mit den Großfürsten durch die Menge ritt, die sich ihm zu Ehren auf dem Roten Platz versammelt hatte. Das Volk war wie toll und hätte fast die Polizeikordons durchbrochen.

»Gott schütze den Zaren!«

Die Menge begann, lauthals zu singen, und ihre Verehrung des Herrschers berührte die Kaiserin zutiefst, doch war Alexandra

Fjodorowna von den Feierlichkeiten sehr mitgenommen. Sie mußte nicht nur langen religiösen Zeremonien, sondern auch allen möglichen Banketts, Konzerten und Bällen beiwohnen. Einige Male ließ sie sich allerdings entschuldigen. Die Zarin war an der Grenze ihrer Widerstandskraft angelangt: Ihr Sohn genas nur langsam von seiner Krankheit in Spala, wobei eine temporäre Nervenatrophie das linke Bein des Knaben fast völlig lähmte. »Die Kaiserin«, berichtet General Spiridowitsch[2], »fühlte sich sehr elend. Sie hatte rote Flecken im Gesicht. Der Zarewitsch wurde im Arm eines Kosaken aus der Eskorte getragen. Der arme kleine Kerl tat einem leid, und die Menge, voller Mitgefühl, bekreuzigte sich.«

Was ebenfalls der Kaiserin während dieser ganzen Reise fehlte, war die tägliche Behandlung durch meinen Vater. Denn Vater war nicht an ihrer Seite. Auch er war zum Schluß zusammengebrochen: Die Krankheit hatte doch über seine Ergebenheit gesiegt.

Eines Tages war Vater früher als üblich vom Palais zurückgekehrt. Er gab uns, ganz gegen seine Gewohnheit, diesmal keinen Kuß. Mit ganz schwacher Stimme bat er uns, ihm nicht zu nahe zu kommen und Onkel Sascha rufen zu lassen.

In seinen Augen stand ein ungewöhnlicher Glanz. Seine Wangen waren hochrot, so, als hätte er einen starken Fieberanfall bekommen. Er fand dennoch die Kraft, bis in sein Zimmer zu gehen und sich hinzulegen. Als Onkel Sascha eine Stunde später erschien, stand seine Diagnose fest:

»Er hat Typhus«, sagte er mit besorgter Stimme. »Sein Organismus ist so erschöpft, daß er keine Widerstandskraft mehr gegen die Infektion hat; sein Einsatz am Bett der Großfürstin Tatjana ist fatal für ihn gewesen. Jetzt hat er selbst Typhus. Ich werde Professor Sirotinin und Doktor Anders rufen und gehe auch beim Sankt-Georg-Krankenhaus vorbei, damit der Chefarzt gleich für heute abend seine beste Krankenschwester zu euch abordnet.«

---

[2] Général Spiridovitch, op. cit.

Dann wandte er sich zu mir:

»Tanja sieht auch schlecht aus. Da sie schon mal Typhus hatte, muß es etwas anderes sein. Man müßte sie auch untersuchen.«

Onkel Sascha alarmierte Himmel und Hölle, und am gleichen Abend waren Professor Sirotinin, Doktor Anders und eine übellaunige, halb nach Mensch, halb nach Drachen aussehende Krankenschwester an Vaters Bett versammelt. Vater hatte starkes Fieber, sein Herz war schwach, und Dr. Anders, den wir sehr mochten, beschloß, die Nacht bei uns zu verbringen. Ich meinerseits hatte eine Angina, und mein unvermeidliches Rheuma machte sich wieder bemerkbar.

Das war für uns eine dunkle Zeit. Nachts lösten sich alle jungen Ärzte Sankt-Petersburgs gegenseitig beim Wachen an Vaters Bett ab, tags kamen die besten Spezialisten, um ihn zu untersuchen. Just in diesem Augenblick ereignete sich etwas Beunruhigendes. Wahre Horden von Mäusen begannen, unser Haus systematisch zu erobern. Nicht nur die Küche, den Keller oder die Dachkammer . . . Die Mäuse drangen überall ein, sogar ins Badezimmer. Eine davon hatte sogar in meinem Zimmer Quartier bezogen. Zum Glück machte mir das Tierchen keinerlei Angst, im Gegenteil, ich fand seine Frechheit ganz amüsant. Es kam bis an mein Bett, um beim Frühstück die heruntergefallenen Brotkrumen anzuknabbern. War es satt, verschwand es gleich unter dem Sofa. Nachts hörte ich, wie es sich an einem Tischbein zu schaffen machte. Das Schlimmste jedoch geschah in Vaters Zimmer. Eines Abends unternahm ein Mäuschen eine Kletterpartie unter den Röcken der Drachen-Krankenschwester. Die aber bewahrte eine wahrhaftig reptilienhafte Kaltblütigkeit und erstickte das Vieh zwischen ihren Schenkeln.

Angesichts dieses schlechten Omens begann die Hausdienerschaft, sich heimlich zu bekreuzigen. Nach ihrer Meinung hatte der Tod ins Haus Botkin Einzug gehalten . . .

Vaters Gesundheitszustand wurde immer schlimmer. Onkel Sascha beschloß, seinem Bruder Peter, der damals außerordentlicher bevollmächtigter Botschafter in Lissabon war, ein Telegramm zu schicken.

Peter Botkin hat selber diese schmerzliche Periode unseres Lebens in seinen Memoiren festgehalten:

»Im Frühjahr 1913 hatte ich einen Posten in Lissabon inne und bekam eines Tages ein Telegramm aus Sankt-Petersburg, mein Bruder sei gefährlich erkrankt: Ein komplizierter Fall von Typhus, große Herzschwäche, rotlaufartig. Ich sprang in den Südexpreß, dann in den Nordexpress, drei Tage später war ich in Zarskoe Selo bei meinem Bruder . . . Man hatte ihm zwar gesagt, ich sei dienstlich hier, aber er verstand, daß es seinetwegen war, und drückte mir die Hand so stark, wie er nur konnte . . . Inzwischen hatte in seinem Gesundheitszustand eine Wende zum Besseren stattgefunden. Er war außer Gefahr, und seine Genesung überstrahlte alles wie der Sonnenschein nach dem Sturm.

Bevor ich nach Lissabon zurückkehrte, ersuchte ich seine Majestät den Kaiser um eine Audienz und durfte sofort vortragen. Ich trat in sein Arbeitszimmer und erblickte den Kaiser an seinem Schreibtisch. Als er mich kommen sah, lächelte der Zar so, wie seine Getreuen es gut kannten: ein beinahe zärtliches, sehr russisches Lächeln, das ihm einen ganz besonderen Reiz verlieh.

Es ist oft behauptet worden, Nikolaus II. habe nichts Majestätisches an sich, in seiner Haltung nichts von einem Herrscher gehabt. Ich bin nicht dieser Meinung. Zwar hatte Nikolaus II. nicht die imposante Körpergröße Alexanders III. und nicht die kaiserliche Würde Alexanders II., doch unter seiner Freundlichkeit, unter seiner an Schüchternheit grenzenden Bescheidenheit verbarg sich ein nobles Wesen und ein großer Seelenadel. Es war in seiner anscheinend so sehr russischen Person etwas von jener spezifisch slawischen Einfachheit, die aus diesem großen Zaren aller Reußen jemanden machte, der dem Geringsten seiner Untertanen näher stand als jeder andere Herrscher oder Staatschef den Bewohnern seines Landes.

Der Kaiser gab mir die Hand und blickte mich mit seinen großen, vertrauensvollen blauen Augen an. Sofort sprach er von meinem Bruder:

›Er hat uns Angst gemacht‹, sagte er. ›Als Sie telegraphisch verständigt wurden, war ich meinerseits recht besorgt . . . Er war so schwach, so überarbeitet . . . Nun ist es vorbei, Gott hat ihn noch einmal unter seinen Schutz genommen. Ihr Bruder ist mehr als nur ein Freund für mich . . . Er nimmt sich alles, was mit uns passiert, so zu Herzen . . . Er teilt sogar dieselben Krankheiten mit uns . . . ‹

Der Kaiser verstummte.

›Ihr Bruder arbeitet für zehn‹, sagte er nach einer Weile. ›So kann er nicht weitermachen, künftig muß er sich mehr schonen. Nach seiner Genesung muß er einmal richtig Urlaub machen.‹

›Aber, Majestät‹, warf ich ein, ›Ihre Majestät kennt meinen Bruder. Er wird nie Urlaub nehmen. Kaum wiederhergestellt, wird er wieder zum Dienst erscheinen wollen, und mehr als nur das.‹

›Das stimmt‹, meinte der Kaiser, ›aber ich könnte ihm einfach befehlen, in Urlaub zu fahren.‹ Und nach einer erneuten nachdenklichen Pause fuhr er fort: ›Wissen Sie, was ich machen werde? Ich schicke Ihren Bruder zu Ihnen nach Lissabon.‹

Wir sprachen über Portugal. Ich staunte, wie gut der Kaiser über diesen von Rußland so weit entfernten Winkel der Erde Bescheid wußte und mit wie viel Interesse er von diesem Land sprach.

Gegen Ende der Audienz hörte ich Lärm im Nachbarzimmer, Kinderstimmen, dann ging hinter dem Kaiser eine Tür auf, aber sofort wieder zu.

›Ich glaube‹, meinte der Kaiser und schien sich entschuldigen zu wollen, ›man wartet auf mich zum Mittagessen.‹

Er drückte mir die Hand wie einem Freund, der auf eine lange Reise geht, und die Audienz war zu Ende.«[3]

Der Zarewitsch konnte sein Bein noch nicht voll wieder gebrauchen, aber der Kaiser hielt Wort. Als Vater sich Ende Mai wieder im Palais zum Dienst zurückmeldete, gab Nikolaus II. ihm den Befehl, »zuerst seinen Bruder Peter Botkin zu besuchen«.

Wir waren entzückt beim Gedanken, Vater nach Portugal zu begleiten. Dieser Urlaub war der erste, seitdem er vor fünf Jahren seinen Dienst am Hof angetreten hatte. Leider konnte Di-

---

[3] Aus den Memoiren Peter Botkins, erschienen in der »Revue de Paris« 1920.

mitri nicht mitkommen. Nach erfolgreicher Versetzungsprüfung in die höhere Klasse hatte er über zwei Monate im Pagen-Feldlager bei Zarskoe Selo zu verbringen.

Wir blieben ein paar Tage in Paris, ehe wir weiter nach Lissabon fuhren. Vater hatte Zimmer im »Hotel du Quai d'Orsay« reservieren lassen. Im Fiaker, dann zu Fuß bummelten wir über die Champs-Elysées, die »Place de la Concorde«, die Tuilerien, bevor wir dem Louvre einen Besuch abstatteten. Die Venus von Milo versetzte mich in Angst und Schrecken, ein unwiderstehlicher Ekel erfüllte mich vor diesem Leib, der mir unförmig und von perverser Obszönität erschien.

Dieser Aufenthalt in Paris war viel zu kurz und der Eindruck, den ich davon zurückbehielt, sehr ungünstig. Im Vergleich zu der großzügigen Anlage Petersburgs, der Breite der Newa, der Pracht der Gärten und Paläste war ich von dieser Stadt sehr enttäuscht; sie erschien mir kleinkariert und trübsinnig. Ich konnte nicht wissen, daß ich eines Tages ihren wahren Reiz entdecken und sogar dort den Rest meines Lebens verbringen würde . . .

»Im Juli 1913«, erzählt Peter Botkin in seinen ›Memoiren‹, »weilte ich in Boussaco, im Bergland, inmitten eines Zedernwaldes, der oberhalb eines der schönsten Täler Nordportugals steht.

Ich bekam ein Telegramm aus Zarskoe Selo, in dem mir mein Bruder sein baldiges Kommen ankündigte. Kurz danach stieg im kleinen Bahnhof von Luso-Boussaco eine russische Familie aus dem Süd-Express aus. Das war mein Bruder mit seinen Kindern, einer Privatlehrerin, Ballen, Säcken, Rollen, Kartons und Koffern. Sie brachten einen Geruch von Juchtenleder mit sich, der ihrem ganzen Gepäck entströmte . . .

Wie glücklich waren sie, die Tage in Boussaco . . . Mein Bruder war ein glänzender Unterhalter. Er hatte eine spezielle Begabung, bestimmte Sachen mit sehr viel Verve, Treffsicherheit in der Beobachtung und einem guten Schuß einer ganz besonderen, sehr russischen Ironie zu erzählen, die gelegentlich scharf, jedoch nie bösartig war.

Was seine Beziehungen zum Hof anbelangte, war er sehr zurückhaltend, und ich respektierte seine Gefühle. Ich kannte den Stellenwert, den der Kaiser, die Kaiserin, die Großfürstinnen und der Thronfolger in seinem Herzen innehatten. Den letztgenannten verehrte er geradezu kultisch. Ich wußte, daß mein Bruder sehr gut mit der Zarenfamilie bekannt war und sie mehrere Male am Tage sah. Aber ich wußte auch, wie diskret sich der Leibarzt der königlichen Familie zu verhalten hatte.«[4]

Nach dem Pariser Grau in Grau war ich vom ländlichen Reiz Boussacos sehr positiv beeindruckt. Während sich die Erwachsenen im wunderschönen Hotelpark unterhielten, machten wir, Gleb und ich, lange Spaziergänge in den Wäldern und über die Hügel, wir bewunderten die zartblauen Hortensien, die in dicken Trauben an den Baumstämmen oder entlang des Weges an den Begrenzungsmauern herunterhingen.

Doch sollte eine böse Nachricht unsere Ferien stören: Tante Fannys Vater war einem Herzschlag erlegen. Während unser Onkel zu den Trauerfeierlichkeiten fuhr, machten wir uns wieder auf den Weg zurück nach Rußland.

Wir machten in Madrid halt. Während sich Vater in seinem Hotelzimmer erholte, gingen wir, Juri und ich, auf eine Entdeckungsreise durch die Straßen der spanischen Hauptstadt, die uns in maßloses Staunen versetzte. Die Terrassen der Cafés mit ihren Tischen und Stühlen auf dem Bürgersteig stimmten uns ratlos. In Rußland gab es nichts dergleichen, und wir schauten mißbilligend auf all diese gutaussehenden Menschen, die unter den Augen der Passanten Eis aßen oder Fruchtsaft tranken. Wir fanden diese Sitte gegen jeden guten Geschmack, unserer Meinung nach hätten nur Menschen aus den niedrigen Volksschichten so etwas tun dürfen.

Vater ging es wesentlich besser. Weitab vom Hof und der Etikette erschien er uns völlig verändert: Er scherzte, lachte und

---

[4] Aus den Memoiren Peter Botkins, zitiert a. a. O.

machte sich sogar den Spaniern verständlich, indem er seine Lateinkenntnisse je nach Lage oder Eingebung einsetzte.

Wir kamen schließlich nach Marseille, der lautesten Stadt, die wir je erlebt hatten. Die Straßen waren voller Seeleute, die sangen, schrien und sich von Bürgersteig zu Bürgersteig gegenseitig etwas zuriefen.

»Eine solche Disziplinlosigkeit«, empörte sich Juri, »wäre in Rußland undenkbar!«

In unserer Entrüstung hatten wir die charakteristischen Züge unseres eigenen Landes vergessen: Unordnung und Desorganisation. Kaum hatte der Zug die russische Grenze erreicht, brachte uns das Durcheinander auf dem Bahnsteig wieder zu einer realistischeren Einschätzung der Wirklichkeit.

Der russische Zug, der eigentlich auf uns warten sollte, war noch nicht da, und der Übergang fand mit erheblicher Verspätung statt.[5] Die Reisenden saßen bereits in den Waggons, und wir rechneten jeden Augenblick mit der Abfahrt, als plötzlich ein fürchterliches Geschimpfe im Gang hörbar wurde. Eine Art Portier zeigte sich, wirr um das Haar, die Mütze weit in den Nacken zurückgeschoben und mit einer großen weißen Schürze angetan. Mit mächtigen Fußtritten beförderte er drei Koffer immer weiter in den Gang und brüllte in einer herrlich populären Mundart:

»Wem gehört denn nu das Gepäck hier?«

Diese Frage ergänzte er durch eine wahre Kaskade unverständlicher Schimpfwörter, die er in beleidigendem Tonfall und mit größter Geschwindigkeit heraussprudelte.

Kein Zweifel: Rußland hatte uns wieder.

Von Zarskoe Selo aus fuhren Gleb und ich weiter nach Finnland. Völlig wiederhergestellt, hatte Vater alsbald seinen Dienst auf der Krim beim Kaiser und beim Zarewitsch wieder angetreten, wir durften ihn aber nicht dorthin begleiten.

---

[5] Der unterschiedliche Schienenabstand bei dem russischen und dem westeuropäischen Eisenbahnnetz machte ein Umsteigen an der Grenze jedesmal erforderlich.

12. Zar Nikolaus II. im Jahre 1896

13. Die Zarin Alexandra im Jahre 1896

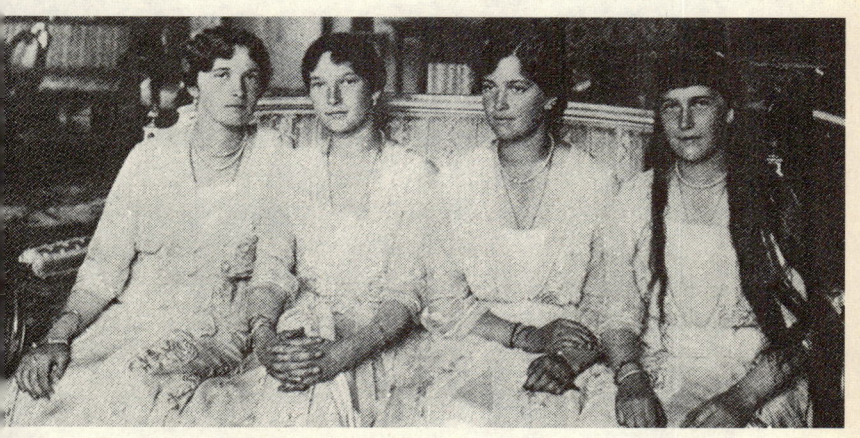
14. Die Großfürstinnen Olga, Tatjana, Maria und Anastasia im Jahre 1915

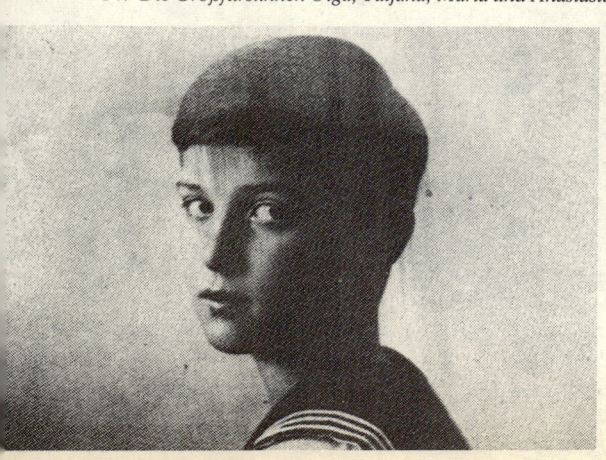

16. Der Zarewitsch
beim Bade, privates
Photo 1915

15. Der Zarewitsch
Alexis Nikolaje-
witsch. Offizielles
Photo 1914

17. *Das große Palais in Peterhof*
18. *Die Großfürstinnen Olga und Tatjana im Jahre 1913*

19. *Die Zarin und ihre Töchter im kleinen Salon des Alexanderpalais im Jahre 1912*

20. *Die Großfürstin Anastasia, 1912*

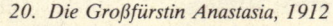

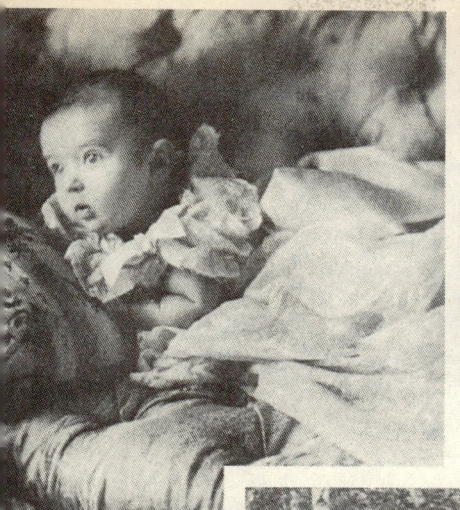

22. Marmorbüste der Zarin von Cano-
nica, photographiert im Jahre 1909 von
A. Wyrubowa

21. Photo des
Zarewitsch, das
man anläßlich
seines Geburts-
tages 1904 an
die russischen
Truppen ver-
teilte

23. Die vier
Großfürstinnen
1912 auf einem
Spaziergang im
Walde von
Spala

24. Die kaiserliche Jacht »Standart«

25. Dr. Botkin 1908 in Winteruniform

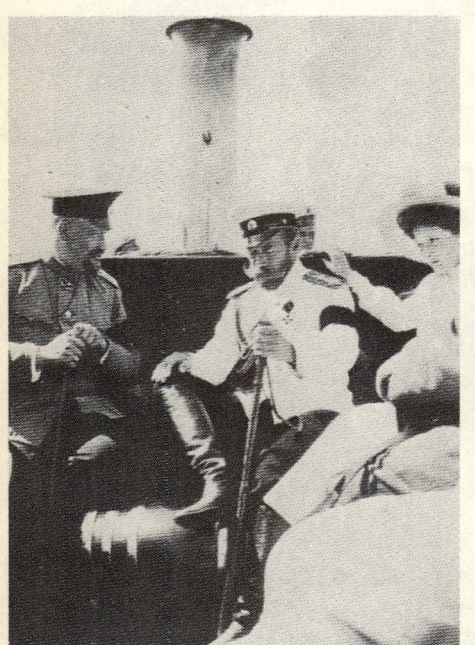

*26. Zar Nikolaus II. und die Großfür-
stin Tatjana 1908 im Gespräch mit Dr.
Botkin an Bord der »Standart«*

*27. Zar Nikolaus II. 1913 auf seiner
Jacht*

X
An der Schwelle zum Jahr 1914

Das Wetter war warm, das Wetter war schön. Die Fichten rauschten leise über meinem Kopf, und meine Hängematte schaukelte rhythmisch hin und her.

Marianna lag neben mir und drückte sich mit ihrem ganzen Gewicht fest an meinen Körper. In ihren Augen las ich eine Bewunderung, die ich sonst nicht gewöhnt war. Ich war ihr Liebling, und dieser Morgen war ein Morgen der großen Zärtlichkeit, denn Onkel Sascha mit seiner Ansteckungsphobie war heute nicht da. Der Altersunterschied zwischen uns war erheblich; Marianna war damals sieben, ich vierzehn Jahre alt. Die beiden großen schwarzen Samtschleifen, die ich im Haar trug, beeindruckten sie sehr.

Unvermittelt schaute sie mir gerade ins Gesicht.

»Du siehst wie meine weiße ›Laika‹ aus«, sagte sie »deine Samtschleifen sind wie zwei große Ohren.«

Bei ihr war das ein Kompliment, denn meine kleine Cousine liebte Tiere über alles, und Onkel Sascha erlaubte ihr sogar, die Hunde mit den Resten des Mittagessens zu füttern, bevor sie sich nachmittags wieder hinlegte. Doch die Köchin sah darauf, daß sie dabei eine große weiße Schürze und Handschuhe anbekam...

Eines Tages brachte Onkel Sascha Onkel Vikar nach Hause. Wir waren darüber entzückt, denn mit dem Erscheinen dieses lebenslustigen Dragoneroffiziers schlug die Atmosphäre im Hause augenblicklich um. Dann blieb auch Onkel Sascha länger bei uns, und die Stimmung wurde »männlicher«, spannender.

»Onkel Sascha«, fragte ihn Gleb eines Abends, »warum ißt du immer nur Fisch und nie Fleisch?«

»Ich liebe die Tiere viel zu sehr, um sie töten zu lassen,« antwortete der ehemalige Forschungsreisende, »aber gegenüber Fischen habe ich nicht die geringsten Skrupel. Das sind wahre Untiere, die ich genausowenig wie die Menschen schätze.«

Onkel Sascha beugte sich zu mir herüber und hob die rechte Augenbraue, wie immer, wenn er eine Geschichte erzählen wollte.

»Du glaubst mir nicht?« fuhr er fort. »Stell dir vor, lange vor dem russisch-japanischen Krieg habe ich auf eigene Kosten ein Unterseeboot bauen lassen! Alles war genau berechnet. Ich hatte es selbst ausprobiert, es lief wundervoll! Aber die russische Marine wollte mein Unterseeboot auch kennenlernen und schickte mir ein Komitee von ›Revisoren‹ auf den Hals, das aus einem Dutzend Offizieren bestand. Natürlich konnten diese Vollidioten der Versuchung nicht widerstehen, mein Unterseeboot selbst auszuprobieren. Weißt du, was sie gemacht haben? Sie sind untergegangen! Diese Schwachköpfe hatten einfach vergessen, die Einstiegsluke zu verriegeln! Ich sage dir, die Menschen sind noch blöder als die Fische, denn die Fische können wenigstens unter Wasser atmen...«

»Jetzt bist du ungerecht«, warf ich in meiner Verwunderung ein. »Bist du denn auf all deinen Reisen nie einem Menschen begegnet, vor dem du Achtung hattest?«

»O doch«, antwortete Onkel Sascha und bekam plötzlich glänzende Augen. »Ich erinnere mich an einen Zugschaffner in Sibirien, dem ich bei Irkutsk begegnet bin. Ich bat den braven Mann, den Ofen in meinem Abteil zu heizen. ›Unmöglich,‹ antwortete er mir, ›Ich habe kein Kleinholz gemacht. Wenn ich meinen ›Gurgelschneider‹ benutze, um einen Holzscheit kleinzuschlagen, geht er wahrscheinlich entzwei. Wenn ich bloß meinen ›Rippenstecher‹ hätte!‹«

»Was für ein ›Gurgelschneider‹?« fragte Gleb völlig verdutzt.

»In Sibirien«, erklärte Onkel Sascha immer heiterer, »bezeichnet ein ›Gurgelschneider‹ ein Messer mit feiner und äußerst scharfer Klinge; es gibt nichts Besseres, wenn man jemandem die Gurgel durchschneiden möchte. Mein Schaffner war sogar so liebenswürdig, mir zu zeigen, wie so etwas geht. Aber ein solches Messer kann man nur im Sommer verwenden. Im Winter benutzen die Sibirier einen ›Rippenstecher‹, der ist viel stabiler. Man sticht einem die Klinge zwischen die Rippen, die geht rein, ohne zu brechen. Auch wenn der Kerl einen dicken ›tulup‹ aus Schafsfell trägt, gibt es keine Schwierigkeiten. Wenn der Schnee schmilzt, wird aus der Leiche ein ›Schneeglöckchen‹, wie man dort sagt.« Die Tage wurden immer kühler, und manchmal zwang uns ein feiner herbstlicher Regen, den Nachmittag im »Museum« und den Abend im Eßzimmer, unter der großen, von der Decke herunterhängenden Petroleumlampe zu verbringen. Ich beschäftigte mich dabei mit den Streifen einer Häkeldecke, die ich schon vor zwei Jahren an Bord der »Standart« in Arbeit genommen hatte. Als wir noch klein waren, hatten wir alle Decken, die Mutter uns gehäkelt hatte, aber sie waren jetzt zu stark abgenutzt, und da ich Mutter ersetzen sollte, hatte ich beschlossen, für meine Brüder, mit Dimitri angefangen, neue Decken zu häkeln. Unter der Lampe ging die Unterhaltung weiter. Gleb erreichte regelmäßig sein Ziel: Onkel Sascha zum Reden zu bringen, damit er ihm Abenteuer von seinen Expeditionen erzählen sollte. Dann flogen wir gleichsam nach Amerika, auf die Sandwich-Inseln oder auch an den Baikal-See. Bald wußten wir alles über die Sitten und Gebräuche der Eskimos, doch unsere Ferien in Ino neigten ihrem Ende zu. Juri hatte den ganzen Sommer damit verbracht, seine Aufnahmeprüfung ins Alexander-Gymnasium – im damaligen Rußland so etwas wie eine juristische Fakultät – vorzubereiten, und war auch durchgekommen. Dort wurde er Interner. Gleb und ich fuhren dagegen zu Vater auf die Krim. Die Jusupows hatten diesmal ein anderes Grundstück zu unserer Verfügung gestellt, die Datscha Morosow, ein prachtvolles Haus, von dessen Terrassen aus man ganz Koreiz und das Meer überblicken konnte. Ich schaute mit Begeisterung auf die vielen weißen Häuschen mit ihren Flachdächern, dicht bei dicht wie die Zellen einen Bienenstockes an den bewaldeten Hängen des Aj-Petri-Berges gebaut, dessen majestätischer Doppelgipfel in den Himmel ragte. Mitten im Dorf erhob sich die Moscheé mit ihrem spitzen Minarett, um das sich eine schmale Wendeltreppe hinaufwand. Ich konnte mich an dem langen, litaneiartigen Gebet des Muezzins nicht satthören, wenn es in der Stille erklang und am frühen Abend ein rosaroter Dunst über das Meer stieg.

Das Leben in der Datscha Morosow nahm die gleiche Form an wie zwei Jahre früher in der Datscha Tiesenhausen: Ein paar Anstandsbesuche bei den Jusupows zur Teestunde, morgens die Spaziergänge ans Meer und einige Ausflüge mit Vater.

Die Gesundheit des Zarewitsch wurde immer besser. Um endgültig die Lähmung seines linken Beines auszukurieren, hatte Vater dem Thronfolger eine neue Behandlung auf Heilschlammbasis verschrieben, der er vollkommen vertraute. Der Heilschlamm kam aus Saki, einem Kurort am Schwarzen Meer. Zweimal in der Woche brachte man ihn in Spezialgefäßen an Bord eines Zerstörers nach Liwadia, und noch am gleichen Tag mußte er angewendet werden. Vater, von Doktor Derewenko assistiert, übernahm selbst und stets im Beisein der Kaiserin die Applizierung auf das Bein des jungen Patienten. Eines Morgens wurde der Zerstörer von einem solchen Sturm erfaßt, daß er nicht bis an Land kam. Einer der Offiziere, Fähnrich zur See Fedossejew, schlug vor, mit einem Boot bis zum Kurhaus zu rudern und fragte nach Freiwilligen, die ihn begleiten wollten. Trotz der entfesselten See kamen die Matrosen vorwärts, doch wurde das Boot, ungeachtet aller Anstrengungen Fedossejews, der am Ruder saß, unweit von Saki an Land gedrückt und kenterte. Zum Glück konnten sich die Männer noch retten und sogar die Tonnen mit dem Heilschlamm an Bord holen. Der Sturm legte sich und der Heilschlamm kam rechtzeitig im Palais an. Von der mutigen Tat seiner Matrosen informiert, zeichnete sie der Kaiser alle aus und gab sogar Fähnrich Fedossejew eine Privataudienz.

Die Behandlung bekam dem Zarewitsch ausgesprochen gut. Allmählich fing er wieder an, normal zu gehen, und er wurde wieder das lebhafte Kind, das Vater so sehr liebte.

Die Hofintrigen nahmen kein Ende, und in jenem Herbst 1913 beschloß Rasputin, nach Jalta zu kommen. Als er von der Absicht des »starez« erfuhr, schickte General Dumbadze, der Militärbefehlshaber dieser Region mit dem feurigen Temperament des gebürtigen Georgiers, ein chiffriertes Telegramm an den Innenminister.

Darin bat er schlicht und einfach um die Erlaubnis, Rasputin während der Überfahrt von Sewastopol nach Jalta ertränken zu lassen. Als ihm dieses Ansinnen abgeschlagen wurde, ließ Dumbadze wissen, daß er für die Sicherheit des »starez« keine Verantwortung übernehmen könne und übertrug diese Aufgabe dem örtlichen Polizeichef von Jalta. Dieser, in höchstem Maße beunruhigt, führte den Auftrag derart diensteifrig aus, daß die ganze Bevölkerung annehmen mußte, nun habe die Kaiserin den Befehl gegeben, in ganz besonderer Weise für den Schutz des »heiligen Mannes« Sorge zu tragen.

Rasputin war im besten Hotel am Platze abgestiegen. Ins Palais wurde er zwar nie eingeladen, aber Intriganten und Karrieristen gaben sich in endloser Schlange gegenseitig die Klinke in die Hand und hofften, sich so in die Gunst der Kaiserin einzuschleichen. Der »starez« führte ein Leben im Luxus und prahlte mit seinem Einfluß bei der Herrscherin. Sein Ruf als machtvolle Persönlichkeit setzte sich langsam durch, und alle Welt begann daran zu glauben. Doch blieben die Freunde Rasputins am Hofe dünn gesät. Außer der Gräfin Ignatiew war Anna Wyrubowa wohl die einzige, die ihn völlig unterstützte.

Jeden Tag kam sie zu ihm in einem offiziellen Wagen mit dem Wappen der Romanows an der Tür, der endlose Stunden vor dem Eingang des Hotels stehenblieb. Wahrscheinlich überbrachte sie ihm Mitteilungen der Zarin und bat um seine Fürbitte, die die Kaiserin als Unterstützung der Ärzte für erforderlich ansah. Pierre Gilliard schrieb über meinen Vater und Doktor Derewenko:

»Ich bewunderte zutiefst ihre Energie und ihre Selbstlosigkeit... Wenn sie, nach durchwachten Nächten, die Freude hatten, daß ihr kleiner Patient wieder einmal außer Gefahr war, wurde diese Besserung nicht ihnen, sondern dem wunderhaften Eingreifen Rasputins zugeschrieben. Die beiden wurden in völliger Selbstlosigkeit von dem tiefen Mitleid getragen, das die Ängste der Eltern und die Qualen des Kindes in ihnen erweckten...«[1]

---

[1] Pierre Gilliard, op. cit.

1913 ereignete sich am Hofe etwas ganz Neues. Gilliard beschloß, die Lebensweise seines jungen Zöglings vollkommen zu verändern. Er war der Meinung, daß das Kind durch die pausenlose Anwesenheit seiner beiden Wächter, Derewenko und Nagorny, im Alltag viel zu sehr unterdrückt war. Er riet dem Herrscherpaar, Alexej Nikolajewitschs Entfaltung freieren Lauf zu lassen.

»Je enger die Aufsicht wurde,« schrieb Gilliard, »um so unerträglicher und demütigender erschien sie dem Kind, um so größer wurde die Gefahr, daß das Kind immer geschickter versuchen würde, sie zu umgehen und damit persönlich immer verschlagener und unehrlicher werden könnte...

Zu meinem größten Erstaunen war das Kaiserpaar mehr als nur einverstanden... Zwar liebten sie beide das Kind über alles, aber gerade diese Liebe gab ihnen die Kraft, eher das Risiko eines Unfalls mit tödlichen Folgen einzugehen als zuzusehen, wie aus dem Jungen ein Mann ohne Rückgrat und ohne moralische Selbständigkeit werden würde.«[2]

Die Resultate der neuen Regelung ließen leider nicht auf sich warten. Eines Tages wurde ich zu einer Theatervorstellung eingeladen, die die Kinder eines Waisenhauses zu Ehren der kaiserlichen Kinder organisiert hatten. Das Stück wurde in einem kleinen Kino aufgeführt, und die Kaiserin hatte Vater vorgeschlagen, uns beide, Gleb und mich, mitzunehmen.

Der Sohn Doktor Derewenkos, der ungefähr im gleichen Alter wie der Zarewitsch war, kam ebenfalls mit. Der Junge war allem Anschein nach überaus lebhaft. Während der Pause begann er, über Tische und Bänke zu gehen oder sich darunter zu verstekken. Selbstverständlich machte es ihm der Thronfolger nach und veranstaltete ein Mordsspektakel. Die Großfürstin Maria tat zwar ihr Bestes, um die beiden zu beruhigen, doch fand sie kein Gehör. Wenn Vater oder Doktor Derewenko die Tür aufmachten, um nach dem Rechten zu sehen, stützte sich Alexej Nikolajewitsch dagegen und brüllte:

---

[2] Gilliard, ebenda.

»Die Großen müssen hier raus!«

Ich sah diesem Trubel mit Entsetzen zu, denn mit meinen fünfzehn Jahren vermochte ich nicht einzusehen, warum der Kaiser
den Rat zur Vorsicht nicht befolgte, den ihm Vater gegeben
hatte.

»Am Anfang ging alles ganz gut«, erzählt Gilliard, »und ich
begann, ruhiger zu werden, als plötzlich der gefürchtete Unfall
stattfand. In seinem Studierzimmer rutschte der Junge, der auf
einen Tisch geklettert war, herunter und schlug mit dem rechten
Knie gegen eine Möbelkante. Schon am nächsten Tag hatte die
innere Blutung noch zugenommen, und die Schwellung, die sich
unterhalb des Knies gebildet hatte, zog rasch den gesamten Un-
terschenkel in Mitleidenschaft. Die Haut hatte unter dem Druck
des inneren Blutergusses jede Elastizität verloren, der Blutstau
klemmte die Nerven im Bein immer mehr ab und verursachte
von Stunde zu Stunde zunehmende Qualen.«[3]

Vaters Alptraum begann von neuem: Weniger als ein Jahr nach
dem Drama von Spala stand der Zarewitsch wieder an der
Schwelle des Todes.

»Eines Tages«, schreibt Gilliard, »fand ich die Mutter am Bett
ihres Sohnes. Die Nacht war sehr schlecht verlaufen; Doktor
Derewenko war sehr besorgt, denn die Hämorrhagie hatte immer
noch nicht aufgehört, und die Temperatur stieg weiter an. Die
Schwellung war noch dicker geworden und die Schmerzen noch
unerträglicher als am Vortag. Der Zarewitsch lag in seinem Bett
und jammerte erbarmungsvoll; er hielt den Kopf im Arm seiner
Mutter, und sein schmales, blutleeres Gesicht sah ganz entstellt
aus. Von Zeit zu Zeit hörte er zu stöhnen auf und murmelte nur
ein Wort: ›Mama...‹ Die Mutter bedeckte sein Haar, seine Stirn,
seine Augen mit Küssen, als hätte diese Liebkosung ihrer Lippen
seine Schmerzen lindern und ihm etwas von dem Leben zurückgeben können, das ihn langsam verließ...«[4]

---

[3] Pierre Gilliard, op. cit.
[4] Pierre Gilliard, op. cit.

Und Gilliard fügt hinzu:

»Nie haben mir der Kaiser und die Kaiserin auch nur die Andeutung eines Vorwurfs gemacht...«[5]

Die Meinung aller, die Nikolaus II. persönlich kannten, ist einhellig: Dieser Mann war ein Gerechter.

Das Leben bei Hofe mußte jedoch weitergehen, als wäre nichts passiert. In diesem Jahr fand das große Wohltätigkeitsfest der Kaiserin in einem neuen Gebäude statt, das man »Haus des Volkes« genannt hatte.

Ich wußte, daß es schon ein solches »Haus« in Sankt-Petersburg gab. Es war ein Theater, in dem die besten Schauspieler für eine äußerst geringe Gage zu spielen bereit waren. Elstiane ging oft hin, fand diese Einrichtung ausgezeichnet und vor allem die Preislage für Menschen mit bescheidenem Einkommen sehr annehmbar. Außerdem war Abendkleidung nicht erforderlich, was mich sehr ärgerte, denn ich konnte mir nicht vorstellen, in Straßenkleidung ins Theater zu gehen und neben Arbeitern sitzen zu müssen!

Als wir am Stand der Kaiserin und der Großfürstinnen angelangt waren, begrüßte ich die Gräfin Nastinka Hendrikova. Im Jahr davor hatte die Kaiserin sie als Ehrendame auserkoren. Sie war eine absolut reizende, gebildete junge Frau, deren Diskretion über jeden Zweifel erhaben war. Die Majestäten wußten zwar, daß ihr Vater, Graf Hendrikov, Rasputin gegenüber feindlich eingestellt war, und die Kaiserin hatte dem »starez« befohlen, niemals in Nastinkas Anwesenheit zu erscheinen. Trotz dieser unzweideutigen Haltung hatte die charmante Nastinka Hendrikova sehr rasch die Freundschaft der Großfürstinnen gewonnen, die sehr an ihr hingen.

Hinter der jungen Gräfin bemerkte ich voller Neugier ein hochgewachsenes junges Mädchen. Sie war mit einer Eleganz gekleidet, die mit dem freudlosen Habitus am Hof stark kontrastierte.

---

[5] Gilliard, op. cit.

Kaum hatte ich das Fest verlassen, befriedigte ich sofort meine Neugierde.

»Das ist eine neue Ehrendame«, antwortete Vater. »Sie heißt Sophie mit Vornamen, Isa für ihre Freunde, und ihr Vater, der Baron Buxhöwden, war unser Botschafter in Dänemark. Sie ist genauso gebildet, diskret und wohlerzogen wie Nastinka. Sie wird sicher für die Großfürstinnen eine vorzügliche Begleitung sein.«

»Dann gibt es jetzt drei Ehrendamen?« fragte ich erstaunt.

»So ist es«, bestätigte Vater. »Olga Butzow ist zwar immer noch auf ihrem Posten und weilt sogar recht oft bei der Kaiserin, aber für die Großfürstinnen ist sie doch etwas zu alt.«

Ein Detail ärgerte mich noch etwas:

»Findest du nicht«, fragte ich Vater, »daß die Baronin Buxhöwden zu gut angezogen ist?«

Vater lachte.

»Das hast du richtig gesehen Tanjuscha! Isa Buxhöwden sollte heiraten, als ihr Verlobter sie plötzlich sitzenließ. Sie war von diesem Bruch recht mitgenommen. Der Vorfall veranlaßte die Kaiserin, sich für sie zu interessieren. Heute trägt sie die Kleider aus ihrer Aussteuer, die schon fix und fertig war. Aber diese Kleidung stünde in der Tat besser einer verheirateten Frau an als einem jungen Mädchen!«

Einmal mehr hatte die Kaiserin in ihre Umgebung jemanden gewählt, dessen Familie für seine Feindschaft Rasputin gegenüber bekannt war. Aber das allein vermochte offenbar die Kritik an der Kaiserin in der Öffentlichkeit nicht zum Schweigen zu bringen. »Denn der Wirkungskreis dieses Menschen«, hielt später die Untersuchungskommission der Provisorischen Regierung fest, »wie immer er selbst geartet sein mochte, war einfach riesig. Sein Leben verlief ganz ungewöhnlich, zwischen hysterischem Vergöttertwerden und Verhaßtsein auf Lebenszeit; wobei übrigens jedermann wußte, daß alle mehr oder weniger von ihm abhängig waren.«[6]

---

[6] Alexander Block: Der Sturz des Zarenreiches. Frankfurt/M. 1971, S. 12

Der Monat November 1913 ging zu Ende. Wir kamen an einem Freitag in Zarskoe Selo an, und schon am Tag darauf waren die Jungen bei uns zu Hause. Dimitri war gerade zum Kammerpagen befördert worden. Er war somit Hofpage geworden und mußte in dieser Eigenschaft bei jedem offiziellen Anlaß einem Mitglied der kaiserlichen Familie attachiert werden.

Vater war mit der Großfürstin Olga Nikolajewna recht gut befreundet und hätte sich sehr gewünscht, daß Dimitri ihr persönlich attachiert worden wäre. Leider schlug ihn einer seiner Kameraden um einen Punkt, und Dimitri wurde Kammerpage der Großfürstin Wiktorija.

Als wir ihn in Zarskoe Selo wiedersahen, trug er schon die neue Uniform mit den betreßten Rockschößen, die er sich hatte schneidern lassen. Die Galauniform dagegen wurde vom Pagenkorps selbst gestellt, denn sie kostete ein wahres Vermögen. Der Rock war länger und vorn ganz mit Goldtressen besetzt. Die enganliegende Hose war aus weißem Sämischleder und die perfekt passenden ungarischen Stiefel gingen Dimitri bis zum Knie. Der ziemlich hohe Helm hatte einen sehr feinen Federbusch, der ihm bis auf die Schultern fiel.[7]

Im Vergleich zu Dimitri erschien mir Juri unendlich viel weniger elegant. Die Uniform des Alexander-Gymnasiums war viel bescheidener als die des Pagenkorps und stand Juri nicht im geringsten. Der Gehrock machte ihn fürchterlich dick. Mit seinem schwarzen Zweispitz sah er recht imposant aus, und wenn ich ihn neben Dimitri sah, konnte ich mich des Gedankens nicht erwehren, er sähe wie ein Polarbär aus, der über einem Zinnsoldaten brütet.

Während unserer Abwesenheit hatten sich meine großen Brüder neue Freunde gemacht, die Gudowitschs und die Schuwalows, die auch in Zarskoe Selo, unweit von uns, wohnten. Die Leidenschaft für Pferde brachte Dimitri und Wassja Gudowitsch zusammen, sein Bruder Petja und unser Juri zogen ihrerseits Zigeuner-

---

[7] Die Galauniform der Kammerpagen ist auf Bild Nr. 31 im Bildteil zu sehen.

lieder vor! Im gleichen Alter wie Juri, sah Petja jünger aus, denn er war nicht so groß; ansonsten strahlte er Lebensfreude aus.

Nikolaj Schuwalow dagegen war ein großer, herzlicher Junge. Mager und schlaksig, hatte er ein recht kantiges Gesicht, und man hätte ihn für einen Asketen halten können, wäre sein Blick nicht so ironisch gewesen. Zusammen mit Andrej Dietrich, dem verspielten und lässigen Pagen, bildeten die fünf Jungen eine lustige Bande, die regelmäßig die Theater, die Konzerte und die Pferderennbahnen unsicher machte.

Zu Hause organisierte Vater nach wie vor gemeinsame Abendessen. Eines Abends erschien, neben den gewohnten Gästen, Fürst Orlow, Rittmeister Drenteln und Fräulein Butzow, ein neues Gesicht, General der Kavallerie Woijekow, der nach dem Tode General Dedjulins zum neuen Palastkommandanten ernannt worden war. Wir wußten allerdings, daß er nicht Vaters ungeteilte Hochachtung genoß, und auch Drenteln mochte ihn wenig. Gutaussehend, mondän, gleichzeitig sehr maniert und überaus selbstsicher, mißfiel er uns von Anfang an. Die einzige gute Eigenschaft dieses Reitersmannes war sein Bestreben, die Neigung der meisten Offiziere für den Alkohol zu bekämpfen. Als er noch Kommandeur des kaiserlichen Leibhusarenregiments war, trieb er es mit der Enthaltsamkeit so weit, daß er sich beim Essen Milch servieren ließ. Doch war mir der antialkoholische Eifer unseres neuen Gastes sofort suspekt, als ich hörte, daß der Herr Kavalleriegeneral seinen Sold durch die geschäftstüchtige Ausbeutung einer Mineralwasserquelle zu arrondieren verstand.

»Die Quelle hat den Namen ›Kuwaka‹,« informierte mich Dimitri. »Daher wird er in der Armee nur noch als General der Kuwalerie tituliert ...«

Zu Silvester 1913/14 nahm uns Vater alle ins Marientheater mit, wo wir uns »Kitjesch«, die Oper Rimski-Korssakows, anhörten. Die Inszenierung des letzten Aktes war phantastisch. Das Paradies, in das die Einwohner von Kitjesch entrückt werden, um der tatarischen Eroberung zu entkommen, war wie in den alten russischen Märchen durch wunderschöne weiß-blaue Paläste und goldene Kuppelkirchen dargestellt, die von zwei riesigen, die göttliche Weisheit symbolisierenden Vögeln überschattet waren.

Das Schauspiel war so aufregend gewesen, daß Juri und Gleb im Taxi, das uns von Sankt-Petersburg bis zum Bahnhof von Zarskoe Selo zurückbrachte, voller Übermut die Fenster herunterkurbelten und jedem Passanten zuschrien:

»Fröhliches neues Jahr, ein fröhliches neues Jahr!«

Am nächsten Morgen fuhren meine Brüder gegen elf Uhr vormittags los, um überall in den Familien, bei denen sie empfangen wurden, zum Jahreswechsel zu gratulieren. Da sie noch nicht über Visitenkarten verfügten, begnügten sie sich damit, sich ins »Goldene Buch« einzutragen. Vater seinerseits fuhr ins Palais, um dem Kaiser und der Kaiserin Glückwünsche darzubringen, anschließend begab er sich zu allen Persönlichkeiten, die vom Rang her über ihm standen, und hinterließ dort seine Visitenkarte.

Zu Hause klingelte es, wie erwartet, an der Tür fast ohne Unterbrechung, und unser Hausdiener blieb die ganze Zeit im Vestibül stehen, wo unser Goldenes Buch auf einem kleinen Tisch neben einer großen Schale aus Sèvres-Porzellan lag, in die Karte um Karte gelegt wurde.

Am Vorabend des Dreikönigsfests, also am 5. Januar, trug ich zum ersten Mal für den Ball bei den Georgiewski ein neues Kleid aus elfenbeinfarbener Seide, das mir meine Tante zum Neuen Jahr geschenkt hatte. Meine Brüder waren bei den Putjatins zum Bridge eingeladen, so daß Mika Uschakow sich anbot, mich als »Tugendwächter« zu begleiten; Vater war einverstanden, wahrscheinlich weil Mika der Enkel unserer verehrten Frau Tewjaschow war.

Die Zeit verging wie im Fluge. Als Vater voller Sorge einen Wagen schickte, um mich abzuholen, war es drei Uhr morgens durch!

Ich wurde erst am nächsten Nachmittag beim Klang eines Balalaika-Konzertes wach. Voller Aufmerksamkeit hatten sich meine Brüder gleich hinter meiner Tür aufgestellt, und Juri, mit der Stimme eines Marktschreiers, brüllte die Worte eines Volksliedes vor sich hin: »Alle sagen, daß ich häßlich bin. Warum brachtest du mich dann nach Hause?...«

Am selben Abend waren wieder unsere Kaiserschützen zu Gast. Traditionsgemäß ließen wir uns einen Eimer mit Schnee bringen, in den wir zum Wahrsagen flüssiges Wachs hineingossen.

Wir waren erschüttert. Starr geworden, hatte sich das Wachs zu einem vielspitzigen Gebilde geformt. Dimitri nahm es und ließ es im Licht seinen Schatten gegen die helle Wand werfen. Die Form wurde deutlicher: Pickelhauben und Bajonette kamen zum Vorschein.

»Deutschland! Es kommt zum Krieg mit Deutschland!«

Alle lachten.

»Unsinn! Das Orakel irrt sich! Es ist kein Krieg in Sicht!«

Wir waren glücklich. Das Jahr 1914 stand vor uns voller glücklicher Aussichten, reich an frohen Verheißungen.

ZWEITER TEIL

Der große Krieg
(1914–1917)

XI
Ein Hauch von Verrücktheit

Ein seltsames Reitturnier fand in der großen Manege des Pagenkorps statt. Die Hürden standen in vorschriftsmäßiger Entfernung, aber sie bestanden aus Menschenleibern. In einwandfreier
militärischer Haltung lehnten sich die Pagen an die Hindernisse.
Ganz lässig und selbstsicher ritt Dimitri seinen alten Grauschim-
mel und übersprang die Hindernisse, eins nach dem anderen.
Seine Kameraden sahen zu, wie das Pferd knapp an ihren Köpfen
vorbei über die Hürden flog. Das letzte Hindernis war das höchste und breiteste: Andrej Dietrich hatte nicht gezögert, sich
rücklings auf die Hürde zu legen, und sein ansehnlicher Bauch
erhöhte die Springschwierigkeit ganz beträchtlich.
Dimitri hatte schon die Hälfte des Parcours zur großen Begeisterung der lebenden Hürden fehlerlos hinter sich gebracht, als
plötzlich ein Offizier in der Manege erschien. Der gesamte Jahrgang wurde in die Kaserne zurückbeordert, und der kühne Reiter
mußte eine besonders schwere Rüge einstecken.
Diese Geschichte machte jedoch meinen Bruder nur noch popu-
lärer, und zu Beginn dieses Jahres 1914 schien ein Hauch von
Verrücktheit über Petersburg zu wehen. Bei allen jungen Leuten,
denen wir begegneten, stellten wir denselben zügellosen Wunsch
fest, unbeschwert ihre Jugend auszuleben.
Während einer Abendgesellschaft bei den Georgiewskis, an der
ich wegen einer meiner ewigen Anginas nicht teilnehmen konnte,
ließ Gleb Kyrillin alle Lichter auslöschen. Die Jungen hatten ihre
Handschuhe abgestreift, und nach Aufforderung ihrer Partnerinnen ging der Ball im Dunkeln weiter. Die Mädchen zitterten
beim Kontakt mit den bloßen Händen der Tänzer. Ich konnte
mir nicht helfen: So wenig Anstand brachte mich aus der
Fassung.
Eines Abends kam Elstiane zornig nach Hause:
»Ich mag deine Freunde vom Alexander-Gymnasium nicht besonders«, meinte sie zu Juri. »Mich hätte heute Nachmittag eine

Troika beinahe umgefahren, mit der sie in vollem Galopp durch die Straßen fuhren. Ein Riese stand vorne aufrecht auf dem Bock und führte die Pferde. Dabei brüllte er so laut, daß ich vor Schreck fast umgefallen wäre.«

»Kannten Sie zufällig diesen Kutscher?« erkundigte sich Juri mit gespielt-naiver Miene.

Ich wußte wohl, daß nur er stark genug war, um stehend ein Fuhrwerk im Dreigespann bei einer solchen Geschwindigkeit sicher im Griff zu behalten, und daß der Übermut, der seine Freunde befallen hatte, auch ihn nun in Besitz genommen hatte.

Wenn Dimitri Urlaub hatte, waren immer zahlreiche Kameraden von ihm im Hause zu Besuch. Im vergangenen Winter hatte sich mein Bruder besonders mit zwei Pagen angefreundet, mit denen er jede freie Minute verbrachte.

Der erste war mit den Gudowitschs verwandt. Er hieß Michail Besobrasow, unter uns Mischa, und war der Sohn des kommandierenden Generals der kaiserlichen Garde. Etwas größer als Dimitri, hatte er ein feines, rassiges Gesicht, einen wohlgeformten Mund, wundervolle Zähne, eine leicht gebogene Nase, die sein aristokratisches Profil noch unterstrich, und sehr schöne Augen, dunkel und tief. Da er alle Examina am Ende des Jahres als Bester bestanden hatte, war er, traditionsgemäß, zum Kammerpagen des Kaisers persönlich ernannt worden. Diese Verantwortung hinderte ihn jedoch mitnichten daran, in seinem Benehmen einfach und fröhlich zu bleiben.

Der zweite Freund meines Bruders hieß Lew Korbé: Was an ihm besonders auffiel, waren seine Augen. Von intensivem Blau leuchteten sie in seinem mattgetönten Gesicht. Seine Stimme, tief und sanft zugleich, schuf sofort Vertrauen. Er lachte selten, aber sein Lächeln, fast ein wenig verstohlen, verlieh ihm einen schüchternen und diskreten Charme.

Eine tiefe Freundschaft verband Dimitri mit diesen beiden Jungen. Das gemeinsame Leben im Pagenkorps hatte sie sogar ähnlich werden lassen; aber mochten bei allen drei Haltung und Ausstrahlung die gleiche sein, der Mittelpunkt der kleinen Gruppe war ohne Zweifel Dimitri selbst. Er brauchte nur den

Mund aufzutun, und ein Schweigen der Bewunderung stellte sich sofort ein.

Die jungen Damen begannen, sich für meinen großen Bruder zu interessieren. Als einmal die Großfürstin Wiktorija einen Tanznachmittag zu Ehren der Großfürstinnen Maria und Anastasia bei sich veranstaltete, wurde Dimitri in seiner Eigenschaft als ihr persönlicher Kammerpage eingeladen. Am nächsten Abend kam Vater vom Dienst im Palais mit einem kleinen Lächeln nach Hause.

»Maria und Anastasia sind sehr enttäuscht«, ließ er in Dimitris Richtung verlautbaren. »Heute früh haben sie mich gefragt, warum du sie nicht zum Tanzen aufgefordert hast.«

Zum ersten Mal in seinem Leben sah ich Dimitri verlegen.

»Ich habe es nicht gewagt«, antwortete er und errötete. »Ich bin noch nicht Offizier, und ich habe mir gedacht, wenn die Kaiserlichen Hoheiten mit mir tanzen wollen, werden sie es bei der Damenwahl machen.«

»Vielleicht hätten sie es sich sogar gewünscht«, insistierte Vater, »doch sie meinten zu mir, du wärest der Tochter von Großfürst Peter Nikolajewitsch nicht von der Seite gewichen...«

»Aber sie war es, die mich zum Kavalier gewählt hat«, protestierte Dimitri. »Maria und Anastasia waren so umworben! Ich kam nicht einmal näher an sie heran...«

Dimitri schien wirklich betrübt. Niemals hätte er auch nur im Traum angenommen, daß des Zaren eigene Töchter von ihm erwarten würden, er als junger Kammerpage solle den ersten Schritt tun.

»Das ist alles durchaus möglich«, fuhr Vater fort, »aber wenn meine lieben Kleinen eine solche Bemerkung machen, müssen sie wirklich sehr enttäuscht sein...«

Zwischen Vater und den Töchtern des Zaren bestanden besondere Bindungen. Bei offiziellen Anlässen war Olga Nikolajewna, die älteste, häufig seine Tischdame, und sie hatten lange Unterhaltungen miteinander. Die Großfürstin hatte mit neunzehn Jahren bisher nur wenig Kontakt mit der Außenwelt gehabt und wünschte sehr, alle Ideen und Strömungen kennenzulernen, die

außerhalb des Hofs zirkulierten, um die verschiedenen Bestre-
bungen in den verschiedenen Schichten des russischen Volkes zu
verstehen.

Vater schätzte ihre Intelligenz und ihre Offenheit, ihrerseits
konnte ihm die junge Prinzessin nie genug zuhören.

»Wenn ich Ihnen zuhöre«, hatte sie ihm einmal gesagt, »kommt
es mir so vor, als würde ich ganz tief in einem alten Brunnen
klares Wasser sehen.«

Seitdem nannten die Großfürstinnen Vater »lieber alter Brunnen« und offenbarten auf diese Weise, welches Vertrauen und
welche Freundschaft sie ihm entgegenbrachten.

Wenn wir niemanden zu Gast hatten, las uns Vater am liebsten
etwas vor. Nach dem Abendessen nahmen wir im blauen Zimmer
in den beiden gedrechselten Eichensesseln Platz, die mit ihrer
geraden Rückenlehne und ihrem blauen Samtbezug aus dem
schmucklos ausgestatteten Salon meines Großvaters stammten.
Gleb und Juri setzten sich am Bridge-Tisch, der eine mit seinen
Zeichnungen, der andere mit einer Patience, nieder.

Dimitri zog sich lieber in sein Zimmer zurück, um die Abschluß-
prüfung und seine anschließende Beförderung zum Leutnant
vorzubereiten. Wenn er aber zu müde war, kam er zu uns. Leise
öffnete er die Tür und machte mir ein diskretes Zeichen, ich solle
meinen Sessel verlassen. Ich ließ mich dann neben ihn auf das
kleine Sofa nieder. Er kam näher, streckte sich hin, und ich nahm
seinen Kopf in meine Hände und legte ihn auf meinen Schoß. In
solchen Augenblicken schaute er mich so liebevoll und friedlich
an, daß man hätte meinen können, hier hätte ein Kind Schutz
und Zärtlichkeit gesucht. Ein paar Sekunden später machte er
die Augen zu, und ein leichter, regelmäßiger Atem ließ seinen
Mund noch jungenhafter erscheinen.

Kurz vor dem letzten abendlichen Tee, wenn Vater mit dem
Vorlesen aufhörte, wurde Dimitri von der Stille wieder wach; er
schaute mich an und murmelte für mich allein:

»Kissa, kissa, melenkaja, Kätzchen, mein kleines Kätzchen...«

Endlich war ich mit meiner großen Häkeldecke fertiggeworden.

Sie war für ihn bestimmt und gefiel ihm so sehr, daß er sich damit oft in der Art römischer Patrizier drapierte. Niemals hätten sich Juri oder Gleb erlaubt einzuschlafen, wenn Vater vorlas, aber von Dimitri akzeptierten wir alles, so groß war unsere Bewunderung für ihn.

Das einzige, was Vater nicht duldete, waren Schulden. Als er eines Abends von einem Empfang bei Freunden zurückkam, bat Dimitri Vater um Geld. Dieser wunderte sich, und Dimitri erklärte ihm, er habe »Chemin de fer« gespielt und verloren.

»Diesmal will ich deine Schulden bezahlen«, sagte Vater, »aber dabei wird es auch bleiben. Du mußt mir jetzt dein Ehrenwort geben, daß du nie wieder mit solch hohen Einsätzen spielen wirst. Deine Ausgaben dürfen den Betrag deines Taschengeldes nicht übersteigen, der ja schon recht hoch ist.«

Das war das einzige Mal, daß ich meinen Vater streng gegen Dimitri erlebte. Nach dem Vorfall in der Manege hatte er keinerlei Bemerkungen gemacht, aber er konnte nichts leiden, was mehr oder weniger nach einem Laster aussah.

»Christos woskres!«! (Christus ist auferstanden!)
»Woistinu woskres!« (Wahrlich, er ist auferstanden!)
Dimitri hatte unsere gesamte Dienerschaft im Speisesaal versammelt, und nach diesen rituellen Sätzen küßten wir uns alle dreimal hintereinander.

In dieser Osternacht 1914, nach der schönen Mitternachtsmesse in der Schloßkapelle des Katharinenpalais, waren wir alle vier, ohne Vater, der in Liwadia die kaiserliche Familie begleitete, zum Nachtessen nach Hause zurückgekehrt.

Wir hatten die Fastenzeit streng eingehalten und starben fast vor Hunger: »Piroschki«, bunte Eier, Schinken, kaltes Hühnchen und Süßigkeiten warteten auf uns auf dem großen Tisch im Eßzimmer. Um die von Fjodora, unserer Köchin, am Karfreitag zubereitete traditionelle »Paßcha« drängten sich aufgetürmte, »kulitschi« genannte briocheartige Kuchen: Ihr süßer, nach Vanille schmeckender Teig steckte voll weißer Rosinen und eingelegtem Obst.

Auf einem kleinen Regal standen bemalte Holzeier, die man aufmachen konnte, in Reih und Glied. Darin befanden sich die Geschenke, die uns Vater zugedacht und vor seiner Abreise Elstiane anvertraut hatte. Die Jungen bekamen mehrere Fünfrubelstücke in Gold. Für mich war ein kleines Schmuckstück bestimmt, ein Edelstein aus dem Ural in Form eines winzigen Ostereis. Damals war es Mode unter den jungen Mädchen, solche Ostereier zu sammeln, auf ein goldenes Kettchen aufzuziehen und sich daraus ein Halsband zu machen.

Wir hatten unsererseits mit dem Sonderkurier der Hofkanzlei Vater Süßigkeiten zukommen lassen. Dimitri und Juri hatten sich übertroffen und nach der Christi-Grablegung-Messe den ganzen Karfreitagabend dazu benutzt, auf den Eiern, die Fjodora am Vortag hartgekocht hatte, echte kleine Miniaturen zu malen.

Vater bekam unsere Sendung noch in der Osternacht und war sehr gerührt. Seinem Brief nach zu urteilen schien er entzückt zu sein, die Feiertage auf der Krim zu verbringen, wo Tulpen und Rosen schon in voller Blüte standen. Er erzählte uns auch, wie sehr ihn die Einfachheit der verschiedenen Gottesdienste in der kleinen Kirche von Liwadia beeindruckt hätte. Nach orthodoxem Brauch muß jeder, bevor er die Absolution erhält, seine Mitmenschen um Verzeihung bitten: Der Kaiser und die Kaiserin wollten da keine Ausnahme bilden. Als sie die Kirchen betraten, blieben sie oben an der Treppe vor der Ikonostase stehen und verbeugten sich tief vor der ganzen Kirchenversammlung, um für die Sünden Abbitte zu leisten, die sie möglicherweise begangen hatten.

Die Sonne schien stärker, das Tauwetter setzte ein, und wir hörten den klaren Ton der Wassertropfen, die von der Dachkante herabfielen. Unzählige Spatzen waren wieder da und erfüllten die Luft mit ihrem pausenlosen Gezwitscher. Der Frühling nahte. Auf Dimitris Bitte, den die mangelhafte Eleganz meiner Kleidung zur Verzweiflung brachte, hatte ich mir einige Kleider bestellt: ein schönes hellgraues Kostüm und einige Kleider, darunter ein marineblaues mit weißen Überschlägen, das mir sehr gut stand und mir ebensogut gefiel.

Vater war immer noch nicht zurück, aber unsere Zeit verging friedlich und glücklich, denn meine großen Brüder hatten noch Urlaub.

»Wartet nicht mit dem Tee auf mich«, sagte mir eines Tages Dimitri. »Ich nehme mein Pferd und reite zu Korbé. Wir wollen über die Felder spazierenreiten.« Dimitri entfernte sich.

Wir anderen unterhielten uns ganz fröhlich im blauen Zimmer, als ich plötzlich aus dem Fenster gucken mußte. Was ich da sah, entriß mir einen Entsetzensschrei. Dimitri saß ganz steif in einem gewöhnlichen Bauernkarren, der auf der eleganten Sadowaja-Straße völlig fehl am Platz schien. Sein Kopf war in einem riesigen Verband fast völlig verschwunden.

Juri rannte hinunter. Er half Lew Korbé, meinen Bruder aus dem Karren aussteigen zu lassen. Dimitris Gesicht war völlig zerschlagen, nur ein Auge war noch offen. Wir legten ihn in Vaters Zimmer, denn die Betten der Jungen waren einfach zu schmal, um einen Verletzten aufzunehmen.

Lew Korbé war offensichtlich schwer erschüttert, doch behielt er die Ruhe. Er traf alle Entscheidungen und ließ zunächst seinen Hausarzt rufen, welcher sofort kam. Er untersuchte Dimitri, der völlig unbeweglich blieb und den lediglich ununterdrückbare Schluckauf- und Brechanfälle immer wieder schüttelten.

»Lassen Sie sofort einen Chirurgen kommen«, ordnete der Arzt an.

Wir riefen die Fürstin Gedroitz an, die die Hofklinik leitete.

Sie kam gleich in Begleitung einer Krankenschwester. Außer der Gehirnerschütterung, auf die die Brechanfälle schließen ließen, diagnostizierte sie noch einen Schädelbasisbruch und nähte auch die häßliche Fleischwunde zu, die Dimitris Wange entstellte.

Sie beruhigte uns:

»Das ist nicht so schlimm, er wird schon durchkommen. Es ist sogar unnötig, euren Vater hierherkommen zu lassen. Dimitri kann hier behandelt werden, ich komme morgen wieder.«

Sie befragte dann Lew über die näheren Umstände des Unfalls. Mit ernstem Gesicht erzählte er, was passiert war.

Die beiden Jungen galoppierten querfeldein auf teilweise noch gefrorenem Boden. Plötzlich tauchte eine Hecke vor ihnen auf, hinter der eine noch überfrorene Schneeschicht lag. Dimitri konnte nie der Versuchung widerstehen, über ein Hindernis zu setzen.

»Ich springe!« rief er Lew zu und gab seinem Pferd die Sporen. Er konnte nicht wissen, daß die Schneedecke einen tiefen Graben überdeckte. Das Tier brach ein und warf seinen Reiter aus dem Sattel. Entsetzt sah Lew, wie das Pferd wieder aufstand und wie verrückt davongaloppierte. Doch war Dimitri mit einem Fuß im Steigbügel hängengeblieben, so daß der Rotfuchs meinen Bruder immer weiter hinter sich herschleifte. Wiederholt schlug sein Kopf schwer auf den Boden.

Lew galoppierte sofort hinterher, und es gelang ihm, das Pferd im vollen Lauf einzuholen, am Zügel zu packen und anzuhalten. Dann stieg er ab, band sich die Zügel beider Tiere um den Hals, löste den leblosen Dimitri aus der Schlinge und hob ihn auf den Arm. So ging er bis zum erstbesten Dorf, kehrte in eine Schenke ein, bat um Wasser, wusch die Wunde ab, verband sie provisorisch und mietete einen Karren, in dem er den Verletzten recht und schlecht transportierte.

Voller Bewunderung hörten wir uns seine Geschichte an: Er war ein Held und hatte Dimitri vor dem sicheren Tod gerettet.

Unser großer Bruder kam recht schnell wieder auf die Beine. Jeden Sonntag bekam er Besuch von seinen Freunden: Korbé, Besobrasow, Dietrich, Großfürst Igor Konstantinowitsch... Wir hatten sogar die angenehme Überraschung, unsere Tante Raha ankommen zu sehen, die sich endlich entschlossen hatte, mal Ferien in Rußland zu machen. Sie war eine Cousine unserer Mutter, und wir mochten sie sehr, sahen sie jedoch sehr selten: Die meiste Zeit verlebte sie in Deutschland, außerdem hatte sie vierzehn Jahre in den Vereinigten Staaten verbracht.

Ihr Besuch bedeutete für uns einen großen Trost. Ihre Reiseerzählungen waren spannend und halfen uns, durch diese fürchterlichen Tage hindurchzukommen.

Die Examina standen vor der Tür. Dimitri bestand, doch mit viel schwächeren Zensuren, als wir es von ihm gewöhnt waren. Er

gestand uns, daß er schon sehr viel Mühe gehabt hatte, Prüfungs-
themen nochmals durchzugehen, die er gut kannte. Begriffe fehl-
ten ihm plötzlich, er war öfters geistesabwesend und hatte Ge-
dächtnislücken.
Äußerlich hatte er sich auch verändert. Manchmal schien er die
Augen leicht zu verdrehen, er war sehr blaß und eine Narbe lief
ihm über die ganze rechte Wange.
Nur seine Pferdeleidenschaft blieb ungeschmälert. Einen Monat
nach dem Unfall und ohne Vaters Rückkehr abzuwarten, kehrte
er ins Feldlager der Pagen zurück. Als er zurück in Zarskoe Selo
war, schwang er sich in den Sattel und berannte wieder seine
Lieblingshürden.

Der Hof kam erst am 5. Juli 1914 nach Zarskoe Selo zurück. Der
Zar erwartete den Besuch des Königs von Sachsen; eine große
Parade der Garderegimenter sollte zu seinen Ehren stattfinden.
Von den Fenstern unseres Hauses aus konnten wir der Zeremo-
nie beiwohnen.
Die Regimenter standen vor dem Palais in Reih und Glied, dicht
bei dicht in farbenfrohen Uniformen. Alles glänzte in der Sonne
eines unbeschwerten Sommertages.
Nach der Kaiserhymne ritt der Zar, elegant und martialisch zu-
gleich, auf seinem Paraderoß voraus. Er trug einen langen roten
Waffenrock und die Astrachan-»Papacha« der Kaukasus-Kosa-
ken. Vom König von Sachsen und einer zahlreichen Suite beglei-
tet, grüßte er alle Regimenter nacheinander, die mit lautem
»Hurra«-Geschrei antworteten. Als der Zarewitsch neben seiner
Mutter in einem von drei weißen Pferdepaaren gezogenen offe-
nen Wagen vorbeifuhr, nahm der Jubel noch weiter zu. Die vier
Großfürstinnen folgten lächelnd in einem großen Landauer.
Vor dem Palais, an der großen Freitreppe blieb das kaiserliche
Gefolge stehen, um die Truppen defilieren zu sehen. Die Wür-
denträger der Kirche traten vor und stimmten ein Te Deum an.
Sobald es verklungen war, erscholl der erste Militärmarsch im
Rhythmus des Stiefelschlages. Die Infanterie marschierte, vier
Schützenregimenter hintereinander. Unsere Schützen! Das kai-

serliche Schützenregiment war am schönsten anzusehen. Alle Mannschaften waren überdurchschnittlich groß und sahen besonders schnittig aus. Sie trugen grüne Kaftane und himbeerrote Russenhemden. Ihr dunkelbraunes Haar war kurz geschnitten, und alle hatten einen kleinen Schnurrbart.

Dann kam die Kavallerie mit den Regimentern der Terek- und der Kuban-Kosaken: Breitschultrig und von schlanker Taille, trugen die Reiter rote Waffenröcke und schmale, silberbeschlagene Leibriemen.

Hierauf sprengten die Husaren wie in einem Ballett heran, im Tempo ihres Reitermarsches. Alle Reiter der ersten Schwadron, die immer »Schwadron Seiner Majestät des Kaisers« hieß, trugen einen kurz gestutzten Bart. Über der Schulter ihrer langärmligen Reiterröcke wehten kurze, weiße, pelzbesetzte Mäntel. Die Eleganz ihrer Araber-Vollblutpferde kontrastierte stark mit den schweren Reittieren der darauffolgenden Kürassiere: Ihre mit dem Doppeladler geschmückten Helme und ihre vergoldeten Brustpanzer glänzten in der Sonne.

Zum Schluß kamen die Regimenter der Don-, der Ural- und der Orenburger Kosaken. Jede Einheit bestand aus vier »sotni«, oder Hundertschaften, wobei jede Hundertschaft eine andere Hemdfarbe trug. Ihre flott aufgesetzte »Schapka« ließ eine Menge halblanger, dicht zusammengeknoteter Haare hervorlugen. Plötzlich trabten die Donkosaken schneller an, senkten ihre Lanzen und ritten in vollem Galopp, tief im Sattel gebückt, am Kaiser vorbei.

Dem Schmuck der Uniformen verlieh die Sonne zusätzlichen Glanz, die vergoldeten Kürasse spiegelten sich in den Kuppeln der Schloßkirche wider, und die Gesichter der Soldaten strahlten vor Stolz, so eindrucksvoll ihrem Zaren die Ehre erwiesen zu haben. Es war ein unvergeßliches Schauspiel, die schönste Parade, die ich je in den zehn Jahren meines Lebens am Hof gesehen habe.

Es war auch die letzte Parade in Zarskoe Selo selbst. Drei Monate später sollten die meisten dieser wunderbaren Krieger aus unserem Gesichtskreis verschwinden, die einen tot, die anderen für den Rest ihres Lebens verkrüppelt... Am 15. Juni 1914[1] hatte ein serbischer Patriot den Erzherzog Ferdinand in Sarajewo ermordet. Österreich drohte dem kleinen Serbien. Wie würde Deutschland reagieren, das ständig nach Erweiterung seiner Hegemonie über den Balkan strebte? Was würde Rußland angesichts dieser Einkreisung tun?

Viele Fragen, auf die wir – leider! – recht bald eine Antwort bekommen sollten.

---

[1] Wie oben schon angemerkt, gibt die Autorin alle Daten nach dem alten Julianischen Kalender an. Nach dem üblichen Gregorianischen Kalender handelt es sich um den 28. Juni 1914.

XII
Dunkle Wolken

Nach der Parade zu Ehren des Königs von Sachsen fuhr Vater
nach Peterhof, denn die kaiserliche Familie sollte in ein paar
Tagen in die finnischen Schären auf Kreuzfahrt gehen. Die Reise
sollte jedoch kürzer sein als üblich, denn der Zar erwartete den
Besuch des französischen Staatspräsidenten Raymond Poincaré.
Leider stolperte der Zarewitsch in dem Augenblick, als er an
Bord der »Standart« gehen wollte, und schlug mit dem Knöchel
gegen die erste Stufe der Gangway.

»Gegen Abend«, berichtet Pierre Gilliard, »begannen die
Schmerzen beim Kind und wurden rasch immer heftiger: Alles
ließ auf eine schlimme Entwicklung schließen. Als ich am nächsten Morgen wach wurde, waren wir mitten in den finnischen
Schären. Die Landschaft war wundervoll: das smaragdgrüne, im
Wellenschlag hell reflektierende Wasser des Meeres, überall
kleine Inseln aus rotem Granit, auf denen manchmal einige Fichten im Glorienschein der flammenden Sonne standen ... Ich stieg
hinab in Alexej Nikolajewitschs Kabine; er hatte eine sehr
schlechte Nacht hinter sich; die Kaiserin und Doktor Botkin
waren bei ihm, ohnmächtig und unfähig, seine Schmerzen zu
lindern.«[1]

Vater schrieb uns einen angstvollen Brief: Der Bluterguß war für
das Kind um so schmerzhafter, als er in Höhe eines Gelenks
stattgefunden hatte.

»Wenn der Zarewitsch bloß schnell wieder gesund werden
würde«, sagte Juri zu mir. »Dann würden alle endlich merken,
daß es an Vaters Behandlung und nicht an den ›Gebeten‹ Rasputins liegt.«

Juris Worte beruhigten mich nur halbwegs. Auch im Exil machte
mir Rasputin Angst. Auf dringendes Anraten der Polizei hatte

---

[1] Pierre Gilliard, op. cit.

der »starez« in sein sibirisches Dorf zurückfahren müssen, da er
sonst zu befürchten hatte, daß die Kaiserin von seinem unzüchti-
gen Treiben etwas erfahren würde.
»Auch wenn er weg ist, ändert das nichts«, antwortete ich. »Er
wird versuchen, die Kaiserin davon zu überzeugen, daß das passieren mußte, gerade weil er nicht da war.«
Einige Tage später bekam die Zarin ein Telegramm aus Sibirien:
Auf Rasputin war ein Attentat verübt worden. Um sich an ihm zu
rächen, hatte ihm eine ehemalige Geliebte ein Messer in den
Bauch gestoßen. Das Leben des »starez« war in Gefahr. Die
meisten Mitglieder der Suite freuten sich heimlich über diese
Nachricht, außer, selbstverständlich, Anna Wyrubowa, die aus
ihrer Besorgnis kein Hehl machte. Der Kaiser blieb stumm und
gab keinen Kommentar. Die Kaiserin, die jeden Tag am Krankenbett des Zarewitsch verbrachte, erschien nicht in der Öffentlichkeit, aber einer der besten Chirurgen im Lande, Dr. Wreden,
begab sich sofort zu Rasputin. Zu unserem größten Leidwesen
gelang die Operation. Nach einer langen Genesung erholte sich
Rasputin vollständig von seiner Verwundung.
Zum Glück hörte der Bluterguß des Zarewitsch rechtzeitig zum
Besuch des Präsidenten der Französischen Republik auf, Alexej
konnte sogar Nikolaus II. nach Peterhof begleiten, wo der neun-
jährige Kronprinz sich mit Staatspräsident Poincaré französisch
unterhielt.
Die Krankheit des russischen Thronfolgers war ein Staatsge-
heimnis; alles wurde getan, damit niemand in der Bevölkerung,
geschweige denn aus dem Ausland etwas davon erfuhr, zumal zu
einer Zeit, als dunkle Wolken in Europa aufzogen. Am 10. Juli[2]
hatte Österreich-Ungarn Serbien ein Ultimatum gestellt und die
Einschaltung österreichischer Kriminalbeamter zur Aufklärung
des Mordes in Sarajewo verlangt.
Nach seiner Teilnahme an der großen, zu Ehren des französi-

---

[2] Wieder nach dem Julianischen Kalender angegeben. Nach dem Gregorianischen am 23. 7. 1914. (Anmerk. des Übers.)

schen Staatspräsidenten abgehaltenen Truppenparade kehrte Dimitri wieder heim.

Ich hatte ihn schon lange nicht mehr so fröhlich gesehen. Ein Reitturnier sollte in zwei Tagen auf dem Schuwalowschen Anwesen in Finnland stattfinden, und mein Bruder rechnete sich gute Chancen aus. Sein Unfall, seine Schwierigkeiten beim Lernen, alles schien vergessen.

Er betrachtete dieses Turnier als erste Etappe einer Karriere als Sportreiter, mit der er schon lange liebäugelte. Er war so sehr mit diesem Gedanken beschäftigt, daß er kaum auf die Frage achtgab, die ihm Juri stellte:

»Was hältst du vom österreichischen Ultimatum an Serbien? Ist das keine Bedrohung?«

»Das kann immer noch in Ordnung gehen«, antwortete Dimitri ausweichend.

Die Gerüchte einer drohenden Kriegsgefahr gingen ihn offenbar nur wenig an. Der Krieg ist Teil des Offiziersschicksals, dem man sich erst dann unterwirft, wenn die Zeit gekommen ist. Im Augenblick war Dimitri in Gedanken woanders, in seine Träume von reitsportlichem Ruhm versunken.

Am 12. Juli fuhren Dimitri und Juri sehr früh am Morgen auf das Schuwalowsche Anwesen. Weder Gleb noch ich waren eingeladen, und wir sahen einem etwas langweiligen Tag entgegen, denn alle unsere Freunde hatten in diesem heißen Sommer 1914 Zarskoe Selo verlassen.

Kurz vor dem Mittagessen klingelte das Telefon. Der Hausdiener nahm ab und stürzte anschließend in den Salon: Gleb Jewgenjewitsch wurde am Apparat verlangt.

Ich folgte Gleb in Vaters Zimmer, leicht beunruhigt. Als er wieder auflegte und sich zu mir umdrehte, war sein Gesicht ungewöhnlich ernst. Das Herz schlug mir heftiger.

»Es ist Besobrasow. Er bittet, Dimitri möge sich sofort nach Zarskoe Selo zurückbegeben. Heute nachmittag wird der Zar die Offiziersanwärter ohne Vorbescheid einen Monat früher zum Leutnant befördern!«

Leider hatten wir Schuwalows Telefonnummer in Finnland nicht zur Hand, und in jedem Fall wäre Dimitri zu spät zurückgekommen.

Der Tag wurde für uns erdrückend traurig, wußten wir doch, daß eine vorgezogene Beförderung schlimme Ereignisse bedeutete...

Es war schon lange nach Mitternacht, als Dimitri nach Hause kam. Gleb war wach geblieben, um ihm die Nachricht mitzuteilen.

»Gratuliere!« rief er meinem Bruder zu, als dieser ganz leise in sein Zimmer zu gelangen versuchte.

»Woher weißt du, daß ich Zweiter geworden bin?« fragte Dimitri ganz erstaunt.

»Zweiter! Ist ja phantastisch! Aber nein, ich wußte es nicht. Ich gratuliere dir nicht deswegen. Seit heute bist du Offizier! Leutnant im Garde-Kosakenregiment...«

Dimitri ließ sich aufs Bett fallen, um Glebs Bericht zu Ende zu hören. Dann schaute er an die Decke und murmelte wie im Selbstgespräch:

»Wenn ich bedenke, daß ich heute nachmittag glücklich gewesen bin, wie ich es vorher nie war! Und doch, genau in dieser Zeit verpaßte ich meine Beförderung durch den Zaren persönlich. Meine Offizierskarriere fängt doch recht seltsam an...«

Am nächsten Morgen erzählte uns Juri Dimitris Großtaten. Er war voller Begeisterung:

»Dimitri war der einzige Page, der mitritt. Die meisten anderen Teilnehmer waren schon alte Turnierhasen, aber er hat sich nicht beeindrucken lassen. Wenn du wüßtest, wie gut er zu Pferde aussieht! Keine Spannung, keine Nervosität. Nie habe ich ihn so gesehen. Er ritt wie begnadet. Er hat sie alle hinter sich gelassen! Nur Wjasemski, den alle als unseren besten Turnierreiter ansehen, hat ihn knapp überrundet. Als man seinen Platz als Zweiter ansagte, haben alle Jungen wie wild geklatscht. Er wird im Turnierreiten ganz groß werden, davon bin ich überzeugt.«

Nach dem Mittagessen kam Juri in mein Zimmer.

»Ich wollte dich allein sprechen. Weißt du, während des Empfangs gestern abend ist etwas ganz Seltsames passiert. Als Dimitri

sich verabschieden wollte, kam die Gräfin Schuwalow auf ihn zu. ›Ich hoffe, daß Sie uns von nun an öfters besuchen werden.‹ Dimitri schaute langsam auf. Dann fixierte er die Gräfin so stark, daß es fast unangenehm wurde, und erklärte: ›Nein, nie wieder.‹ Ich war baff. Die Gräfin war offensichtlich von dieser etwas barschen Antwort aus dem Munde eines jungen Mannes überrascht, der als äußerst manierlich galt. Dimitri schien sich über seine unangemessene Antwort nicht im klaren zu sein, er stand da wie ein Schlafwandler und redete wie im Traum; sein Blick war abwesend, als wäre die ganze Umwelt um ihn versunken. ›Ich hoffe, Sie doch noch einmal wiederzusehen‹, insistierte die Gräfin. Dimitri antwortete nicht. Mit größtem Ernst salutierte er militärisch und entfernte sich. Da ich mich schon verabschiedet hatte, holte ich ihn schnell ein, ich habe mich aber nicht getraut, ihn anzusprechen. Er kam mir so komisch vor ...«
Juris Bericht beeindruckte mich ungemein, denn seit diesem Sturz vom Pferd war ich um Dimitris Gesundheit in Sorge. Die Ereignisse gaben ihm jedoch recht: Er würde nie wiederkommen.

Seit Sommerbeginn zirkulierten Antikriegsströmungen in den unteren Bevölkerungsschichten. Aus mir unerklärlichen Gründen brachen die Arbeiter in bestimmten Betrieben wilde Streiks vom Zaun, liefen auf der Straße zusammen und brachten Handwerker und Muschiks aus den Nachbardörfern mit. In den Petersburger Vorstädten kamen immer schlimmere Gewalttaten vor: Die Aufrührer hielten die Straßenbahnen an, schlugen Schaufenster ein und griffen Polizisten, die sympathischen »gorodowoj«, die mir so beruhigend erschienen, immer wieder an, wenn sie allein waren.
Dimitri mußte dringend in die Hauptstadt. Sein Kosakenregiment hatte den Auftrag bekommen, in den Straßen die Ordnung wiederherzustellen. Zwei Tage später war er wieder zu Hause.
»Wir sind gerade rechtzeitig dagewesen«, erzählte er uns. Die Menge begann schon, in Richtung Stadtzentrum zu marschieren. Ein ›gorodowoj‹ wurde getötet.«

Offenbar nahm Dimitri diese Unruhen nicht ernst. Lachend beschrieb er uns, wie er eine Abteilung von fünfundzwanzig Mann zu Pferde kommandiert hatte und sie, die »nagaika«[3] in der Faust, in die Menge, die sich bereits zerstreute, hatte hineinpreschen lassen. Die Kosaken holten ein paar Flüchtlinge ein, die, nach Aussage meines Bruders, ziemlich verblüfft und dümmlich ausschauten und nicht sehr gefährlich zu sein schienen. Dimitri verhörte sie:

»Was sollen die Unruhen? Ihr seid nur ein Haufen bornierter Rindviecher! Warum diese Streiks? Was ist in euch gefahren, daß ihr die Schaufenster einschmeißt, wie Verrückte herumbrüllt und die ›gorodowoj‹ angreift?«

»Nun, Erlauchter Herr«, antworteten die Aufrührer, »genau wissen wir es auch nicht. Es sind Männer gekommen, die hatten die Taschen voller Dreirubelscheine. Sie haben sie unter uns verteilt und befahlen uns dafür, zu brüllen und alles zu zerschmeißen. Und da wir dafür drei Rubel gekriegt hatten . . .«

Dimitri fuhr bald wieder nach Sankt-Petersburg. Er wohnte in Vaters Wohnung, mußte jedoch jeden Tag bei seinem Regiment antreten und sich zur Verfügung seiner Vorgesetzten halten. Die Möglichkeit eines Krieges mit Deutschland wurde immer größer.

Eines Abends jedoch erschien er zum Abendessen im Hause. Wir hatten ihn nicht erwartet, und er schien glücklich zu sein, mich allein anzutreffen. Ich dachte, er würde mit mir über die politische Entwicklung sprechen wollen, doch er antwortete ausweichend auf meine Fragen. Die Kriegsvorbereitungen ließen ihn kalt. Ich fühlte, daß er bereit war, seine Pflicht mit ruhigem Mut, aber ohne Leidenschaft zu erfüllen. Er stand auf, schritt ein wenig im Zimmer auf und ab und blieb vor dem Fenster stehen, aufrecht, den Kopf leicht nach hinten gebeugt, die Hände auf dem Rücken gekreuzt, so, als würde er oben in den hohen Bäumen des Gartens etwas suchen. Beiläufig, in scheinbar gleichgül-

---

[3] Eine »nagaika« ist eine Kosaken-Peitsche. Sie ist einer »neunschwänzigen Katze« ähnlich, deren Riemen zusätzlich mit kleinen Metallstücken beschwert sind.

tigem Tonfall teilte er mir mit, er sei bei den Petrowo-Solowowo vorbeigegangen.

»Übrigens«, fuhr er nach langem Schweigen fort, »Mara heiratet morgen!«

Ich wußte, daß Mara mit einem Offizier der Chevalier-Garde, einem sehr gutaussehenden Mann aus ausgezeichnetem Hause verlobt war.

»Das ist doch wundervoll! Aber warum so schnell?«

»Wegen des Krieges. Es soll im engsten Familienkreis geschehen. Ich werde daran nicht daran teilnehmen, denn ich muß zu meiner Einheit.«

Abrupt drehte er sich mir zu:

»Du findest es also wundervoll?«

»Das ist doch eine schöne Liebesheirat.«

»Ja, du hast recht«, meinte er mit verträumter Stimme, »eine schöne Liebesheirat . . .«

Die Sonne verschwand langsam hinter den hohen Bäumen. Im Gegenlicht konnte ich das Gesicht meines Bruders nicht recht erkennen. Seine dunkle Gestalt hob sich gegen den verwaschenen blauen Dämmerungshimmel ab. Er schwieg, als hätte er vergessen, daß ich da war. Hatte ich ihn verletzt, indem ich diese Heirat allzu warm begrüßt hatte? Ich konnte mir beim besten Willen nicht vorstellen, daß Dimitri mit dem Gedanken hatte spielen können, eines Tages Mara zu heiraten. Allzu vieles trennte beide voneinander. Maras Vater stammte aus einem uralten Geschlecht, ihre Mutter war eine geborene Fürstin Dolgoruki. Unser Adelstitel dagegen war gerade drei Generationen alt, und wir hatten keinerlei Vermögen.

Abends, nach dem Tee, erklärte uns Vater, er müsse zurück nach Peterhof. Wir beschlossen, mit ihm zu gehen. Dimitri ließ eine Droschke rufen, um zum Bahnhof zu fahren.

»Ich werde um einen Tag Urlaub bitten, um euch zu besuchen«, sagte er noch. »Ich werde euch telephonisch Bescheid sagen.«

Er gab Vater einen Kuß und mit einem Lächeln grüßte er militärisch. Dann sprang er in den Wagen und hielt dabei seinen langen Kosaken-Krummsäbel fest.

Gleb und ich sollten ihn nie wiedersehen.

Der Sommer war in diesem Jahr furchtbar heiß und schwer zu
ertragen. Aus Wald- oder Torfbränden stieg ein stechender, er-
stickender Qualm auf, der in weißlichen Schwaden in den ansonsten so zauberhaften Straßen von Zarskoe Selo hing.
Wir waren daher sehr glücklich, Vater nach Peterhof begleiten zu
können, wo der Meereswind für etwas Kühlung sorgte. Onkel
Peter und Tante Fanny empfingen uns mit Begeisterung.
»Wie bist du seit dem letzten Jahr groß geworden!« rief mein
Onkel aus.
An seinem zustimmenden Blick merkte ich, daß ich mich entwik-
kelt hatte und daß mein neues Jungmädchenkleid ihm gefiel. Er
fügte hinzu:
»Zu deinem sechzehnten Geburtstag sollst du einen Ball geben,
aber bei uns.«
Die meisten Gespräche drehten sich um die politische Ereignisse.
Bis zum letzten Augenblick blieb Onkel Peter Anhänger einer
Bündnispolitik mit Deutschland, da, wie er meinte, Rußland mit
seiner erst beginnenden Industrialisierung in einem Krieg nur
verlieren könnte.
Am 15. Juli, kurz nach unserer Ankunft, kam Vater vom Palais
zurück und teilte uns mit:
»Österreich hat Serbien den Krieg erklärt ... Belgrad ist heute
beschossen worden.«
Am 17. befahl der Zar die Generalmobilmachung für das gesam-
te russische Heer.
»Den Krieg zu vermeiden, dürfte nun schwierig sein«, meinte
Onkel Peter.
Wir saßen im Garten, der Abend war mild, Jasmin und Flieder
dufteten berückend, und in der wunderbaren Stille, die uns umgab, hörten wir von weitem das Abendgebet, das von den Truppen gemeinsam gesungen wurde. Das Vaterunser zuerst, dann
die Hymne »Spassi, Gospodi, ljudi twoja« (Herr, rette dein
Volk!).
Wir liebten diese von Hunderten von Männerstimmen innig ge-

sungenen, melodischen Gebete, die bis zu uns drangen, und als die Chöre in der Dämmerung verstummten, wandte sich Vater zu Onkel Peter:

»Solche Menschen verdienen den Sieg!«

Am Abend des 18. Juli brachte uns Vater aus dem Palais die Kunde von dem ungeheuer beleidigenden deutschen Ultimatum: Rußland müsse die Mobilmachung innerhalb von zwölf Stunden rückgängig machen.

Onkel Peter fuhr am nächsten Morgen ab, um in Lissabon wieder sein Amt zu versehen. Abends erfuhren wir, daß unser Kaiser es abgelehnt hatte, der beleidigenden Forderung des deutschen Herrschers nachzugeben. Um sieben Uhr hatte dann der deutsche Botschafter dem Außenminister, Sasonow, die Kriegserklärung überbracht.

Der Zar bekam diese Nachricht, als er vom Abendgottesdienst in der Fjodorowski-Kathedrale zurückkehrte, wo er für den Frieden gebetet hatte. Er hatte noch ein Telegramm an seinen Vetter, Wilhelm II., geschickt, um ihn zu bitten, den Konflikt zu vermeiden, und hoffte mit ganzer Kraft, daß die Vernunft obsiegen würde. »Ich habe alles getan, um diesem Krieg aus dem Weg zu gehen«, sollte er später Gilliard anvertrauen. »Nie habe ich solche Qualen ertragen müssen.«[4] Während des anschließenden Abendessens konnten die Kaiserin und die Großfürstinnen ihre Tränen nicht zurückhalten, als sie hörten, daß das Irreparable doch eingetreten war. »Preußen ist Deutschlands Unglück«, hat die Zarin später einmal gesagt. »Dem deutschen Volk sind Gefühle des Hasses und der Rache eingegeben worden... Der Kampf wird grausam und ungeheuerlich sein, die ganze Menschheit geht großen Leiden entgegen.«[5]

Wir dagegen, in unserem jugendlichen Leichtsinn, waren hellauf begeistert: Unser tapferes Heer im Verbund mit Frankreich und England, würde alsbald dem deutschen Imperialismus ein Ende bereiten. An dem Sieg zweifelten wir nicht im geringsten. Hoch-

---

[4] Gilliard, op. cit.
[5] ebenda.

gradig erregt verkündete uns Juri, er würde sich freiwillig melden. Er stürzte ins Zimmer, wo Vater Onkel Sascha die letzten Neuigkeiten telephonisch durchgab. Als das Gespräch beendet war, teilte Juri unserem Vater seine Absicht mit, als einfacher Soldat an die Front zu gehen. Vater gab ihm einen Kuß:

»Gut so«, meinte er nur. »Du bist tapfer, und ich bin mit deiner Absicht völlig einverstanden.«

Als ich Juri sah, wie er vom Wunsch zu kämpfen ganz verklärt war, empfand ich bitter, eine Frau zu sein und nicht wie er an der begeisternden Prüfung teilnehmen zu dürfen, die dem heiligen Rußland nun auferlegt wurde.

XIII
Der Dreimonats-Sieg

Am Tag nach Deutschlands Kriegserklärung begab sich der Zar nach Sankt-Petersburg, um an einem Te Deum teilzunehmen.
Offiziere, bedeutende Persönlichkeiten, aber auch Menschen von bescheidenerem Stand wurden ins Winterpalais eingeladen, um das Hochamt mitzufeiern. Die Polizei machte überhaupt keine Kontrollen, und eine ungeheure Menge drängte sich auf dem Vorplatz und auf der Palasttreppe. In den ersten Reihen hielten die Teilnehmer große Porträts des Herrscherpaares hoch, und zahlreiche Standarten flatterten im Wind.
Im Inneren des Winterpalais verlas ein Diakon nach dem Te Deum das Manifest über den Eintritt Rußlands in den Krieg, dann wandte sich der Zar an die Versammlung im Saal. Er griff die alte Formel wieder auf, die schon Alexander I. im Jahre 1812 verwandt hatte, und forderte die russischen Soldaten auf, »mit dem Schwert in der Hand und dem Kreuz im Herzen zu streiten«.
Er segnete sein Heer und fügte hinzu:
»Ich werde keinen Frieden unterzeichnen, solange noch ein feindlicher Soldat auf Rußlands Boden steht!«
Diese Worte des Kaisers riefen schiere Begeisterung hervor. Donnernde »Hurra«-Rufe brausten auf, dann erklang die Nationalhymne, »Gott schütze den Zaren«, in die die ganze Versammlung einfiel. Das Protokoll mißachtend umringten die Menschen das Kaiserpaar, küßten die Hände des Herrschers und das Kleid der Kaiserin, die ihre Tränen nicht mehr unterdrücken konnte.
Nach dem Hochamt erschien der Kaiser auf dem Balkon, hinter ihm die Zarin. Die auf dem Vorplatz zusammengedrängte Menge fiel auf die Knie und senkte die Banner mit dem Wappen der Romanows; wie aus einer Brust erklang ein tausendfaches Gebet: Spassi, Gospodi, ljudi twoja, Herr, rette dein Volk... Nach einem inbrünstigen Aufruf, Rußlands Sieg zu sichern, schlugen alle das Kreuzzeichen.
Während das russische Volk, die Duma eingeschlossen, hinter

dem Zaren stand, beobachtete ganz Europa, was in Sankt-Petersburg passierte.

»Der französische Botschafter, Maurice Paléologue«, erzählt ein französischer Zeuge, »ersuchte den Kaiser um eine Audienz: ›Die französische Armee‹, erklärte er ihm, ›wird die ungeheure Stoßkraft von fünfundzwanzig deutschen Korps auffangen müssen. Ich bitte Ihre Majestät inständig, seinen Truppen den Befehl zum sofortigen Angriff zu geben. Sonst könnte die französische Armee einfach überrollt werden.‹ Mit absolut ruhiger, absolut gleichmäßiger Stimme antwortete Nikolaus II.: ›Wir müssen uns mit Mut und Geduld wappnen. Was mich anbetrifft, werde ich bis zum äußersten kämpfen. Um den Sieg zu erringen, werde ich meinen letzten Rubel, meinen letzten Soldaten opfern. Solange noch ein einziger Feind auf russischem oder französischem Territorium steht, werde ich keinen Frieden unterzeichnen.‹ Wenig später notierte der französische Botschafter die entschlossenen Worte des Außenministers Sasonow: ›Sie können damit rechnen, daß wir alles tun werden, um der französischen Armee zu Hilfe zu kommen. Praktisch jedoch sind die Schwierigkeiten enorm. General Schilinski, der Befehlshaber der Nordwest-Front, ist der Meinung, daß eine Offensive nach Ostpreußen hinein zum sicheren Scheitern verurteilt ist. Doch sind der Kaiser und der Großfürst Nikolaus der Meinung, daß sie ihren gefährdeten Bundesgenossen nicht im Stich lassen dürfen und daß sie, trotz des großen Risikos eines solchen Unternehmens, verpflichtet sind, sofort anzugreifen...‹

Seinerseits wartete Joffre, der französische Generalissimus, daß die russische Kriegsmaschinerie endlich in Gang kam. Doch vom 13. August 1914 an – also lange vor dem vereinbarten Termin – schwanden seine Befürchtungen, er war wieder völlig beruhigt. ›Spät am 13.‹, so schrieb er, ›kam eine wichtige und glückliche Nachricht: Der Großfürst Nikolaus ließ uns wissen, daß die Wilnaer und die Warschauer Armee am nächsten Morgen in der Frühe angreifen würden. So kam Rußland unseren Erwartungen zuvor und begann den Kampf gleichzeitig mit uns. Für diese Tat einer totalen Waffenbrüderschaft, die um so verdienstvoller war, als die russische Kräftekonzentration keineswegs beendet war, hat die Armee des Zaren und des Großfürsten Nikolaus Anspruch auf Frankreichs Dankbarkeit.‹«[1]

Mit Tränen in den Augen erzählte uns Vater von der großartigen Demonstration, an der er eben in Sankt-Petersburg teilgenommen hatte. Zutiefst bewegt wartete Juri das Ende seines Berichts ab und gab anschließend bekannt, daß er den ganzen Tag bei Schuwalows verbracht hatte.

»Papa«, rief er aus, »ich bin nicht der einzige, der einrücken will! Nikolaj Schuwalow hat dieselbe Idee gehabt, und Petja Gudowitsch auch. Sie haben sich schon gemeldet. Nikolaj wurde zur Chevalier-Garde und Petja zur Garde zu Pferde zugelassen. Wasja Gudowitsch geht nicht. Er steht im letzten Jahr Jura und meint, es wäre schade, ein ganzes Jahr zu verlieren wegen eines Krieges, der nur drei Monate dauern wird. Papa, erlaubst du mir, in eines dieser Regimenter einzurücken? Ich möchte so gern mit Nikolaj zusammensein!«

»Natürlich! Wir werden das alles morgen arrangieren.«

Am nächsten Morgen nahmen wir ausnahmsweise unser Frühstück zusammen mit Vater in seinem Arbeitszimmer ein. Er hatte gerade lange mit Dimitri am Telephon gesprochen.

»Ich habe eine schlechte Nachricht für dich, Juri«, sagte er sorgenvoll. »Die Gardekavallerieregimenter sind heute früh in Richtung Front abgerückt. Du kannst da nicht mehr hin.«

Juri war sehr betroffen.

»Dimitri gibt dir den Rat, dich heute noch bei den kaiserlichen Schützen zu melden«, fuhr Vater fort. »Es ist ein ausgezeichnetes Regiment, und du kennst dort schon fast alle Offiziere. Als einfacher Soldat wirst du mit ihnen keine freundschaftlichen Beziehungen unterhalten dürfen, aber es ist immer besser, bekannte Gesichter um sich zu haben.

---

[1] Auszüge aus dem persönlichen Tagebuch eines französischen Offiziers aus dem Stab Joffres, der russischen Zeitschrift »Tschassowoj« Nr. 616 von M. Coutelin de la Roche mitgeteilt.

»Sei's drum!« rief Juri aus. »Hauptsache, es ist da nicht auch zu spät!«

»Dimitris Regiment ist auch noch nicht abgerückt«, fügte Vater hinzu, »denn es ist dazu bestimmt worden – ich sage es euch unter dem Siegel der größten Geheimhaltung – den Schutz des obersten Befehlshabers aller Streitkräfte, Großfürst Nikolaj Nikolajewitsch, zu gewährleisten. Bevor er an die Front fährt, wird der Großfürst den Kaiser nach Moskau begleiten, wo ein ähnliches Te Deum wie gestern in Petersburg abgehalten werden soll. Du solltest die Gelegenheit wahrnehmen und morgen mit deinem Bruder zu Mittag essen. Er ist sehr stolz auf dich und von ganzem Herzen mit dir einig.«

Vater war gerade mit seiner Morgentoilette fertiggeworden, als Andrej Dietrich bei uns erschien. Unser lieber Andrej war ein reizender, aber irrsinnig fauler Junge. Es hatte der Mitwirkung seiner Schwester bedurft, die wesentlich älter war als er, um ihn zur Arbeit zu zwingen, damit er aus dem Pagenkorps entlassen werden und in ein so gutes Regiment wie das kaiserliche Schützenkorps einrücken konnte.

»Wir haben gestern eine Offiziersversammlung gehabt«, erzählte er uns enthusiastisch, »um unsere bevorstehende Abfahrt ein wenig zu planen. Wir sind alle überzeugt, daß der Krieg nicht länger als drei Monate dauern kann, Deutschland kann nicht länger Widerstand leisten. Wir, die Jungen, haben unseren Regimentskommandeur, Oberst Goldgojer, gefragt, ob es nicht sinnvoll wäre, unsere Paradeuniform mit einzupacken. Wir müssen schließlich ordentlich gekleidet in Berlin einmarschieren! Der Oberst hat geantwortet, man könnte die Paradeuniformen im letzten Moment immer noch nachkommen lassen. Man sollte sie lediglich schon hier einpacken, damit es dann schneller geht!«

»Goldgojer hat euch schon den richtigen Rat gegeben«, meinte Vater. »Kannst du dir vorstellen, was das für eine Packerei für die Armee wäre, die Paradeuniformen aller Regimenter mitzunehmen? Du als Offizier müßtest wissen, daß hinter der Armee in erster Linie der Nachschub und das Rote Kreuz folgt. Im Krieg gibt es bekanntlich Tote und Verletzte . . .«

»Das hat er auch gesagt«, meinte Andrej, offenbar leicht enttäuscht.

Nach dem Mittagessen fuhr Vater fort, von Andrej und Juri begleitet.

Juri kam rechtzeitig genug nach Hause, um mir zu erzählen, wie alles geregelt worden war. Er war hocherfreut, daß Oberst Goldgojer ihn als Melder in einer berittenen Aufklärungseinheit genommen hatte. Allerdings konnten in einem Infanterieregiment wenige Soldaten so gut reiten wie er.

Diese Abkommandierung würde ihm sicherlich lange Märsche zu Fuß ersparen, konnte sich dagegen bei Verbindungsritten mitten im Gefecht als ausgesprochen gefährlich erweisen, da Melder für den Feind immer ein gutes Ziel boten.

Juri bekam zwei Tage Urlaub, um Dimitri zu besuchen und sich um seine Sachen zu kümmern. Danach sollte er in der Kaserne den Abmarsch erwarten. Seine Kampfbegeisterung schien immer noch echt zu sein, doch fragte ich mich, inwieweit er nicht ein wenig übertrieb, um seine Angst zu verschleiern. Wir waren alle überzeugt, daß die Trennung nicht von langer Dauer sein würde. Aber von der warmen Familienatmosphäre unvermittelt ins harte Kampfgetümmel überzuwechseln, war nicht jedermanns Sache.

Wir standen immer noch unter dem Schock all dieser bewegenden Ereignisse, als Elstiane nach einigen Urlaubstagen bei Freunden wieder nach Hause kam. Sie legte Hut und Mantel ab und kam zu uns ins Arbeitszimmer herüber. Sofort merkten wir, daß unsere Gouvernante in bezug auf diese Ereignisse unsere Gefühle nicht teilte.

Elstiane hatte sich stets als echte Russin benommen. Jedesmal, wenn wir an Bord der »Standart« zu Besuch waren, schien sie vom Charme des Kaisers, von der Schönheit der Kaiserin und der Freundlichkeit der kaiserlichen Kinder überaus angetan zu sein. Jetzt aber, nach dem Ausbruch des Krieges mit Deutschland, erinnerte sie sich ihrer deutschen Herkunft und ging sogar so weit, Rußland als Urheber des Konflikts zu bezeichnen. Das Gespräch nahm sehr schnell eine böse Wendung. Ich hielt zwar den Mund, fand jedoch, daß meine Brüder langsam gemein wurden, daß aber auch Elstiane es an Taktgefühl mangeln ließ. Schließlich wurden die beiden Jungen so bösartig und ungerecht, daß Elstiane weglief und sich heulend in ihrem Zimmer einschloß. Am gleichen Abend teilte sie mir ihre Absicht mit, uns bald zu verlassen.

Ich war erleichtert. Ich war fünfzehn Jahre alt, und in drei Monaten, wenn meine Brüder siegreich nach Hause kommen würden, würde niemand mehr eine Gouvernante im Hause brauchen.

Zum Abschied lud Vater Dimitri und Juri zum Essen in ein großes Restaurant ein. Das Datum für das Abrücken von Dimitris Einheit war vorverlegt worden, da Großfürst Nikolaj im Endeffekt den Kaiser doch nicht mehr nach Moskau begleiten sollte. Juri konnte seinerseits seinen Bruder nicht zum Bahnhof begleiten, weil sein Regiment sich in der Kaserne abmarschbereit halten sollte. Es war also das letzte Mal, daß beide Brüder sich sahen. Bevor er sich von ihnen trennte, nahm Vater sie beide noch zum Photographen mit.

Der Sturm der Revolution hat dieses im August 1914 aufgenommene Bild nicht fortgeweht.[2] Darauf drückt Vaters Miene, mit seinen beiden Söhnen rechts und links von ihm, in keiner Weise jenen Optimismus aus, den er in diesen schweren Tagen uns gegenüber immer zur Schau getragen hatte.

»Mein Bruder«, erzählte Peter Botkin, »besuchte mich in Sankt-Petersburg in Begleitung seiner beiden Söhne.

›Sie ziehen beide in den Krieg‹, sagte mir Jewgeni einfach, als hätte er gesagt: ›Sie gehen in die Oper.‹

Ich konnte ihm nicht ins Gesicht schauen, so sehr fürchtete ich, eben das in seinen Augen zu lesen, was er uns so sorgfältig zu verbergen versuchte: die Not seines Herzens beim Anblick dieser beiden jungen Leben, die zum ersten Mal und vielleicht auch für immer von ihm fortgingen...«

Am nächsten Morgen kehrte Juri in seine Kaserne zurück; als einziges Gepäckstück hatte er einen alten Reisesack, der Onkel

---

[2] Diese Aufnahme ist als Bild Nr. 33 im Bildteil zu sehen.

Sascha auf seinen Expeditionen gehört hatte: Er enthielt einige Toilettengegenstände und etwas Wäsche. Er versicherte uns, daß er noch Urlaub bekommen würde, wir würden ihn in einigen Tagen wiedersehen.

Die Bevölkerung lebte in einem Zustand permanenter Begeisterung. Streiks und Unruhen hatten aufgehört, jeder war stolz, seinen Patriotismus und seine Loyalität dem Zaren gegenüber unter Beweis zu stellen. Beim Abrücken der Regimenter an die Front waren die Bahnhöfe überfüllt. Es waren natürlich zuerst die Familien der Einberufenen, die vollständig da waren, aber auch junge Burschen, Reservisten, Facharbeiter, die in den Betrieben an ihrem Arbeitsplatz geblieben waren. Alle wollten ihre Zustimmung und ihr Vertrauen in das große nationale Anliegen demonstrieren und jubelten den Soldaten zu, die an die Front gingen.

Am Abend seiner Abfahrt begleitete mein Vater Dimitri zum Bahnhof. Eine außerordentlich dichte Menschenmenge ließ die Kosakenregimenter mit Inbrunst hochleben. Als Vater in seiner Generalsuniform mit den karmesinroten Aufschlägen erschien, stürzte ihm eine Gruppe Jugendlicher entgegen.

»Katschajete generala!« (»Schaukelt den General!«)

In ihrer Begeisterung wollten sie Vater trotz seiner Leibesfülle hochheben und ihn nach russischer Art mehrfach in die Luft stemmen, als einer von ihnen Dimitri mit seinen neuen blanken Schulterstücken und seinem langen Kosakensäbel erblickte.

»Laßt den General!« rief er. »Er ist zu schwer! Schaukelt lieber den Jungen!«

Dimitri ließ diesen Ausbruch eines ungestümen Patriotismus gern über sich ergehen. Wenn ich bedenke, daß ihm als Kind auf der Schaukel immer schwindlig wurde...

Nach Dimitris Abfahrt schickte Vater uns, Gleb und mich, zu einer seiner Cousinen nach Moskau. Ein paar Tage später kam er uns im Gefolge des Kaisers nach. Ich fragte ihn sofort, wie sich Juris Abfahrt abgespielt hatte.

»Ich habe mich von ihm in der Kaserne verabschiedet«, sagte er. »Sein Regiment mußte heute ausrücken.«

184

Niemand aus der Familie hatte also meinen zweiten Bruder zum Bahnhof begleitet. Allein unsere treue Fjodora hatte seine Abfahrt miterlebt. Sie sprach von Juri in der dritten Person Plural, wie es zu dieser Zeit bei Bediensteten gegenüber ihrer Herrschaft üblich war.

Juri befand sich in der Nähe der Viehwaggons, auf die man die Pferde der Aufklärungsabteilung aufgeladen hatte. Fjodora hatte meinen Bruder sofort an seiner Körpergröße ausgemacht.

»*Sie* saßen auf dem Rand des Waggons«, erzählte sie uns. *Sie* lachten und sangen. Man hätte denken können, daß *Sie* auf ein Fest fuhren, so lustig schaukelten *Sie* mit *Ihren* Beinchen über den Wagenrand.«

Ich konnte mich nicht eines Lächelns erwehren, als ich von Juris »Beinchen« hörte. Auch das war ein Überbleibsel aus einer früheren Höflichkeitsform, als alles, was den »Herrschaften« zugehörig war, preziös und gesucht ausgedrückt werden mußte...

Ob der deutsche Gegner auch von so viel Höflichkeit Zeugnis ablegen würde?

XIV
Frühe Trauer

Moskau war für mich eine Enttäuschung. Die Moskauer mochten
zwar ihre Stadt als das Herz des alten Rußland ansehen, nie hätte
ich aber ihr Gefühl teilen können. Die Straßen waren schlecht
gepflastert, und in den ungefederten Wagen der »iswostschiki« –
der Mietkutscher – wurde man wie auf einem Bauernkarren
geschüttelt. Katen von unglaublicher Armut standen neben schönen alten Häusern, und nie hatte ich das Gefühl, wirklich in
Sicherheit zu sein. Sogar mitten in der Stadt hatte ich Brachge-
lände gesehen, auf dem die Ärmsten der Armen in Holzbretter-
buden, manchmal ganze Familien, hausten.
Vater zeigte uns den Kreml, den Roten Platz und die Basilius-
Kathedrale. Zu seinem größten Bedauern empfand ich bei ihrem
Anblick so gut wie nichts: Ich fand die Architektur zu kompli-
ziert, zu überladen, fast barbarisch. Ich konnte die russische
Seele darin nirgends entdecken. Gleb teilte ganz mein Gefühl;
wir hatten den Eindruck, im Ausland zu sein, und sehnten uns
beide nach Zarskoe Selo, nach dem friedlichen Charme des Palais und nach dem altertümlichen Zauber von Peterhof.
Das Haus von Vaters Cousine war der alte Stammsitz der Botkins, als sie noch Teehändler waren; es stand in einem Stadtteil
weit weg vom Zentrum. Nach außen hin sah es gut aus mit
seinem Terrassendach, seinen von Pfeilern gestützten Fenstern,
seiner majestätischen Freitreppe und ihrem marmorenen Säulen-
gang. Der Garten war sehr groß und hatte »französisch« angeleg-
te Blumenrabatten, die sorgfältig gepflegt wurden.
Leider war es im Innern viel weniger anheimelnd. Eine unglaubliche Anzahl von verschiedenen Zimmern war durch lange,
dunkle Korridore miteinander verbunden, und Treppen gingen,
wie in einem Labyrinth, überall hinauf ins Nirgendwo. Man hatte
den Eindruck, als wäre der ganze Bau in mehreren Phasen entstanden, so daß die Gänge nach und nach verlängert oder hinzugefügt worden waren. Das Mobiliar war massig und prätenziös;

zwei Salons nebeneinander fand ich ganz besonders abscheulich; die Mahagoni-Möbel darin waren absolut gleich und standen beide Male an genau der gleichen Stelle, nur war ein Salon mit blauem Satin und der andere mit rotem ausgeschlagen. Ein einziger Alptraum!

Die Wände verschwanden unter Gemälden und Stichen aller Art. Sie hingen überall, ohne Rücksicht auf Stil oder Motiv in dichten Reihen nebeneinander.

Eines Tages blieb Vater vor einer besonders überladenen Wand stehen.

»Ich wußte doch, daß wir die Heilige Familie zu unserer Verwandtschaft zählen«, meinte er erstaunt und erheitert zugleich.

Er stand vor einer beeindruckenden Serie von Porträts aller möglichen Mitglieder der Familie Botkin in Öl; genau in ihrer Mitte befand sich ein ebenso großes Gemälde mit der Darstellung der Jungfrau Maria, des Jesuskindes und des heiligen Joseph...

Doch das waren nur Details. Wir wurden von den beiden jüngeren Töchtern des Hauses freundlich empfangen, zwei ältere waren bereits verheiratet. Mit den dazugehörigen Jungen verstanden wir uns wesentlich schlechter, da sie im Gespräch politische Meinungen äußerten, die uns ausgesprochen gewagt erschienen. In unserer Anwesenheit verkündeten sie unüberhörbar ihre Bewunderung für ihren Onkel, den ehemaligen Duma-Präsidenten Gutschkow, den Gleb und ich aufgrund seiner monarchiefeindlichen Einstellung als einen gefährlichen Revolutionär betrachteten.

Zum Glück hatte ich, Müdigkeit vorschützend, die Möglichkeit, mich in mein Zimmer im dritten Stock des Hauses zurückzuziehen. Aus dem Fenster konnte ich ganz Moskau bis weit in die Ferne überblicken. Ich konnte stundenlang so stehen und mich bei der Betrachtung der Wiege des alten russischen Reiches meinen Träumereien überlassen. Die Geschichte der ersten Zaren, die Erinnerung an alte Legenden fiel mir wieder ein. Der jetzt wütende Krieg war nur ein Abschnitt mehr im Kampf der Slawen gegen die teutonischen Eroberer. Aus einer derartigen

Distanz verschwanden die Elendsquartiere aus dem Blick. Die Zahl der Paläste, der Gärten und vor allem der Kirchen war beeindruckend. Die unzähligen Kuppeln, die mal in Gold die Sonnenstrahlen widerspiegelten, mal mit bunten Farben scharf gegen die Monotonie der Stein- oder Holzhäuser kontrastierten, gaben der alten Hauptstadt einen majestätischen und mystischen Charakter.

In der Abenddämmerung riefen alle Glocken gleichzeitig zum Gottesdienst. Ihr pausenloses Brummen erzeugte eine tief ergreifende, fast magische Melodie, in der die kleinen Glocken wie unzählige Schellen klangen, die, wie von einer großen Woge, vom machtvollen Baß der großen begleitet wurden.

Dann schien die ganze Stadt in einen religiösen Zauber getaucht zu sein, der mich einfach entrückte.

Eine Zeremonie ähnlich der, die in Sankt-Petersburg stattgefunden hatte, sollte auch in Moskau abgehalten werden: Verkündung des Kriegsmanifestes und anschließendes Te Deum. Der Kaiser Nikolaus II. hatte die Mariä-Himmelfahrtskathedrale dazu gewählt, in die seinerzeit Alexander I. zum Beten gekommen war, als Napoleons »Grande Armee« in Rußland einmarschierte.

Um Einladungen dazu zu bekommen, war es zu spät. Doch gelang es Vater, uns in einen der Kreml-Paläste zu bringen, dessen Fenster genau auf das große Portal der Kathedrale hinausschauten.

Eine riesige Menge hatte sich auf dem Roten Platz eingefunden. Unbeweglich und still wartete sie auf den Ausklang des Te Deum. Als der Kaiser und die Kaiserin zusammen mit ihren Kindern auf dem Vorplatz vor der Kathedrale erschienen, brandete die so lange zurückgehaltene Begeisterung auf einmal los: »Gott schütze den Zaren!« Die Hymne erhob sich, inbrünstig, ungeheuerlich, in den Himmel der Stadt. Das Gefolge stieg langsam die Treppen zwischen zwei Kosakenreihen hinab und schritt auf einen mit rotem Stoff beschlagenen Steg zu. Die Menge drückte, drängte, um das Herrscherpaar besser zu sehen. Tausende von Armen und Händen streckten sich ihnen entgegen als

28. Truppeninspektion durch den Zaren und die Großfürstinnen Olga (als Husarenoffizier) und Tatjana (als Ulanenoffizier)

29. Zar Nikolaus II. bei der Parade

30. Großfürstin Maria als Dragoneroffizier

31. Dimitri
Botkin 1913 in
der Gala-
uniform eines
Kammerpagen

32. Die Kosa-
ken der Leib-
garde des Zaren,
1916

33. Von Dr. Botkin veranlaßte Aufnahme zu dem
Zeitpunkt, als seine beiden Söhne Dimitri und Juri im
August 1914 an die Front abreisten

34. Dimitri Botkin in der Felduniform eines Kammerpagen, Juni 1914

35. Dimitri Botkin (rechts) und Prinz Sergej Putjatin
am Tag der Mobilmachung, August 1914

36. Porträt der Zarin
Alexandra 1915, mit Wid-
mung an Dr. Botkin

37. Brief der Zarin an Dr.
Botkin (er lag der Photo-
graphie mit Widmung
bei). Der russische Text:
»Christ ist erstanden,
1915.« Der deutsche Text:
»Das große Ei ist für Sie,
das kleine und unsere
Photographie für Tanja,
die anderen Eierchen für
Ihre Knaben, ebenso das
Büchelchen.«

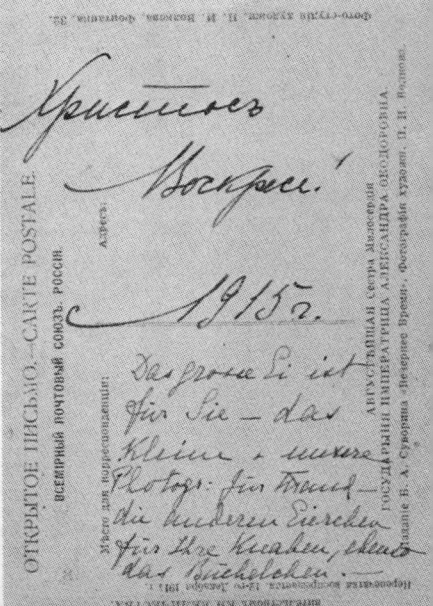

Zeichen der Freude. Kinder wurden emporgehoben, damit sie den Zaren sehen konnten. Alte Frauen fielen auf die Knie und bekreuzigten sich. Unter der noch warmen und hellen spätsommerlichen Sonne erschien diese Szene von grandioser Majestät. Niemand konnte mehr an dem nahe bevorstehenden Sieg zweifeln.

Vater vertraute uns während der Rückreise nach Zarskoe Selo an, daß er die Zeremonie in Petersburg ergreifender und zugleich herzlicher gefunden hätte. In Moskau schien ihm der Zar tief besorgt zu sein. Für Nikolaus II. hatte die Zeit der Prüfungen begonnen.

Seit Beginn des Krieges hatte sich das Leben in Zarskoe Selo völlig gewandelt. Es gab kaum Familien, die nicht ein oder mehrere Mitglieder an der Front hatten.

Wir wußten, daß Dimitri mit seiner Einheit immer noch in Baranowitschi stand, einer kleinen Stadt in der Nähe von Minsk, wo der Oberste Befehlshaber, Großfürst Nikolaj, sein Hauptquartier aufgeschlagen hatte. Juris Regiment dagegen war an der österreichischen Front eingesetzt.

Gleich nach unserer Rückkehr aus Moskau beschloß Vater, in unserem Haus ein kleines Krankenhaus für Leichtverletzte einzurichten. Im Speisesaal wurden etwa zehn Betten für sie aufgestellt. Mutters kleiner Salon wurde in ein Stationszimmer für die Krankenschwester verwandelt, und der schöne Flügel, auf dem ich – vor einer Ewigkeit, wie mir schien – Mutter Balakirew und Cäsar Cui hatte spielen hören, kam ins Studierzimmer, wo wir von nun an auch unsere Mahlzeiten einnahmen.

Mein Vater stellte als Krankenschwester ein Fräulein Dochturow ein, die mir sehr sanft und wohlerzogen erschien. Sie besorgte die Aufnahme der Verletzten und die Erste Hilfe. Ihre Arbeit war nicht allzu schwer, denn wir waren nicht für die Versorgung von Schwerverletzten eingerichtet. Die Hausarbeit, die Krankentoilette und den Essensdienst erledigte Wassili, ein Hausknecht, der für unsere beiden Kammerdiener eingesprungen war: Der eine war bei der Artillerie, der andere bei den Pionieren. Die Krankenschwester wartete bis zum Abend Vaters Rückkehr ab, wir aßen gemeinsam, dann kam die Stunde, da die Verbände gewechselt, die Wunden gereinigt und kleinere Operationen durchgeführt wurden. Hierauf nahmen wir am Gebet der Soldaten teil, das wir alle, nach der militärischen Tradition, gemeinsam einsangen. Wir begannen mit dem Vaterunser, dann kam »Spassi, Gospodi, ljudi twoja« und wir schlossen mit der kaiserlichen Hymne. Nach dem Gebet war es untersagt, wieder das Grammophon anzustellen, Karten oder Dame zu spielen. Doch wenn sie wollten, durften die Soldaten sich noch eine Weile unterhalten. Dieser Einsatz zugunsten der Verwundeten wurde überall als die natürlichste Sache betrachtet. Die Kaiserin selbst hatte als erste ein gutes Beispiel gegeben. Ihre Majestät und die Großfürstinnen Olga und Tatjana hatten einen Schwesternkurs mitgemacht, und ein Teil des Katharinenpalais wurde als Offizierslazarett verwendet; leitender Chirurg war Doktor Derewenko. Im selben Palais, nahe bei der berühmten Cameron-Galerie, wurden nach Anweisungen der Kaiserin Räume für die Ehefrauen oder die Mütter der Schwerverletzten eingerichtet.

Fast alle jungen Frauen machten es der Kaiserin nach. Mehrere Ärzte organisierten Schwesternlehrgänge, und diejenigen, die sich nicht in der Lage fühlten, diese oft entbehrungsreiche Arbeit zu leisten, arbeiteten in der Krankenhausverwaltung mit oder machten Krankenbesuche.

Pfleger wurden unter den kriegsdienstuntauglichen Männern, so wie unser Wassili, oder unter den einzigen Söhnen rekrutiert, die im zaristischen Rußland nie eingezogen wurden. Die russische Pfadfinderorganisation ordnete die älteren Jungen in die Bahnhöfe ab, wenn Lazarettzüge einliefen, um beim Transport der Verwundeten auf Bahren bis zu den Sanitätswagen mitzuhelfen. Die Jüngeren wurden bei der Verteilung von Lebensmittel- und Medikamentenpaketen eingesetzt.

»Man kann wohl sagen, daß ich mir für meinen Urlaub in Rußland den richtigen Augenblick ausgesucht habe!«

Tante Raha ließ ihre Unzufriedenheit laut vernehmen.

»Nun, ich bedauere es trotzdem nicht«, fuhr sie leidenschaftlich fort. »Wäre ich in Deutschland geblieben, wäre es noch schlimmer gewesen. Wenn mein Urlaub in jedem Fall verdorben ist, so mache ich mich lieber nützlich! Ewgeni«, meinte sie zu Vater, »kannst du mir eine Beschäftigung in einem Krankenhaus besorgen? Nicht als Krankenschwester, ich kann das nicht. Aber wenn du willst, in der Verwaltung.«

»Aber ganz sicher, und ich hoffe, du wirst auch bei uns bleiben. Die Kinder sind allein, Elstiane hat uns gerade verlassen. Sie werden heilfroh sein, dich zu haben.«

»Das schaffe ich nicht«, widersprach Tante Raha. »Ich bin viel zu sehr gewohnt, allein zu leben. Außerdem habt ihr ein Lazarett im Haus mit all diesen Soldaten, die paffen, und diesem Grammophon, das ständig dudelt. Das geht über meine Kräfte.«

Wir waren über diese Absage von Tante Raha sehr traurig, denn Vaters Beanspruchung beim Roten Kreuz und in den Militärkrankenhäusern, die überall in Zarskoe Selo entstanden waren, wurde immer stärker. Zum Glück konnten wir in diesen ersten Kriegswochen nicht über Einsamkeit klagen. Vaters Cousin, Sergej Dimitrijewitsch Botkin, Onkel Serioscha, wie wir ihn nannten, kam als erster zu Besuch. Kurz vor Kriegsausbruch hatte er eine diplomatische Stellung bei der russischen Botschaft in Berlin. Nach der Kriegserklärung wurde er mit der Repatriierung russischer Untertanen beauftragt. Es war eine schwierige Aufgabe, denn die deutschen Behörden hatten sich sehr aggressiv gezeigt und unseren Mitbürgern allerlei Hindernisse in den Weg gelegt.[1]

Serioschas Kinder hatten diese Exodus mitgemacht, und während sich die beiden Cousins in Vaters Arbeitszimmer unterhielten, erzählte uns Boris das Auf und Ab seiner Rückreise.

---

[1] Besonders empört waren wir, als unser Onkel uns vom Verhalten der Deutschen gegenüber der Kaiserinwitwe erzählte. Die Gemahlin weiland Alexanders III. hielt sich in diesem Sommer in Deutschland auf. Im Augenblick, als sie, nach der Kriegserklärung, wieder heimkehren wollte, befahlen die Militärbehörden, ihren Zug umzuleiten. Sie kam nach Kopenhagen, von wo aus sie sich einschiffen mußte, um wieder nach Rußland zurückzugelangen.

»Ich bin im Zug einer phantastischen Frau begegnet! Sie trug Trauer, hatte eine kleine Witwenmütze auf, und Schleier, lauter Schleier überall bis zum Boden! Um den Hals hing ihr ein mit Diamanten eingefaßtes Medaillon an einer fingerdicken Goldkette. Eine andere Kette, auch aus Gold, hielt ihre Brille. Um jedes Handgelenk hatte sie kostbare Armbänder und am Finger einen Diamantring, der wie ein Leuchtfeuer funkelte! Nach ihrer Art, deutsch ebenso gut wie russisch zu sprechen, merkte man, daß sie ziemlich kultiviert sein mußte.«

Gleb und ich schwiegen still, doch war uns so, als hätten wir die Dame erkannt.

»Ein deutscher Offizier«, fuhr Boris fort, »machte vor ihr eine unanständige Bemerkung. Seine Spießgesellen lachten darüber. Ohne ein Wort zu sagen, setzte die Dame ihr Lorgnon auf und begann, etwas zwischen den Stiefeln der Offiziere zu suchen. Von diesem Treiben doch überrascht, fragte einer von ihnen, was sie wohl suche. Sie richtete sich wieder auf, musterte ihn offen und erklärte: ›Ich suche die alte deutsche Ritterlichkeit.‹«

Ich mußte laut lachen. Jetzt war ich sicher, ich irrte mich nicht.

»Lieber Boris, diese Dame ist eine Verwandte von uns. Es ist unsere Tante So, eine Cousine von Vater mütterlicherseits.«

Daraufhin erzählten wir ihm das romanhafte Leben dieser Dame. Die langen Trauerschleier trug sie um Ludwig II. von Bayern. Von jeher war sie in ihn verliebt gewesen, hatte nie geheiratet und wohnte zusammen mit ihrer Schwester, unserer Tante Si, die ihrerseits um Napoleon I. trauerte!

Beim Abendessen drehte sich die Unterhaltung um die ersten militärischen Entwicklungen in diesem Krieg. Onkel Serioscha behauptete, die russische Mobilmachung sei mit einer außergewöhnlichen Schnelligkeit geschehen, die die Pläne der Deutschen über den Haufen geworfen hätte.

»Kurz vor unserer Abreise hörten wir, wie in Berlin deutsche Offiziere von einer problemlosen Niederwerfung Frankreichs sprachen, weil die Russen nicht vor einem Monat mobilmachen könnten. In Wirklichkeit stand unsere Armee nach vierzehn Tagen marschbereit.«

»Das stimmt«, unterstrich Vater. »Dadurch konnte Rennen-kampf ohne nennenswerten Widerstand in Ostpreußen einfallen, und sein Vormarsch geht weiter. In Österreich-Ungarn, an der Galizien-Front, haben wir ebenfalls die Initiative fest in der Hand.«

Onkel Serioscha bat um Nachrichten von Juri.

»Wir haben eine Postkarte bekommen«, antwortete Vater. »Er hat eine großartige Moral. Er hat schon einen gefährlichen Ein-satz hinter sich. Er wurde daher zum Unteroffizier befördert und bekam die Georgsmedaille.«

»Dieser Krieg fängt doch phantastisch an«, schloß Onkel Serio-scha. »Wenn das so weitergeht, müßten wir bald den Sieg in der Hand haben...«

»Dein Wort in Gottes Ohr«, murmelte Vater.

Am nächsten Morgen erschien Onkel Sascha kurz vor dem Abendessen zu Hause. Er war ganz besonders übler Laune. Ohne mir auch nur einen Kuß zu geben, stürzte er in Vaters Arbeitszimmer. »Ich komme gerade vom Palais zurück«, schimpfte er. »Der Kaiser wollte meine Meinung über den Ver-teidigungsplan des Kriegsministers hören. Weißt du, worum es dabei geht? Der gute Suchomlinow möchte unsere gesamten Küstenverteidigungsanlagen, von Finnland bis zum Baltikum, einmotten! Sonst gar nichts!«

»Aber das ist doch Unsinn!« rief Vater aus. »Was für Gründe mag er dafür anführen?«

»Seiner Meinung nach sind diese Verteidigungsanlagen zu teuer im Unterhalt. Die Küstenartillerie und die Bedienungsmann-schaften will er als Verstärkung an die Front schicken! Das ist kein Unsinn, wie du meinst, sondern ein Verbrechen. Ich habe dem Kaiser ganz klar gesagt: ›Majestät, wenn Sie diese Verteidi-gungsanlagen stillegen, werden die Deutschen in drei Tagen in Sankt-Petersburg sein. Sie brauchen dann nur noch den Befehl zum Rückzug zu unterschreiben.‹«

»Und was sagte der Zar?«

»Seine Majestät hat sich auf meine Seite gestellt. Er hat mir zugesagt, sich diesem Projekt zu widersetzen. Aber er hat Suchomlinow nicht ablösen wollen, wie ich es ihm vorgeschlagen habe.«

Vater wechselte das Thema, um Onkel Saschas Zorn möglichst zu besänftigen.

»Weißt du, daß gerade ein Sondergesetz erlassen worden ist? Künftighin darf kein alkoholisches Getränk mehr verkauft werden, es sei denn auf Rezept. Ich denke, daß die Volksgesundheit sehr davon profitieren wird.«

Doch das reichte noch lange nicht, um Onkel Sascha wieder zu erheitern.

»Das russische Volk ist wie die Eskimos«, brummte er. »Es wird immer einen Weg finden, um sich zu betrinken. Du wirst sehen, unsere braven Muschiks werden sich jetzt an den Militärdepots vergreifen! Und hast du dabei an die Staatskasse gedacht?«

»Du bist zu pessimistisch, Sascha!«

»Wie denn nicht? Rennenkampf ist zwar auf einem blitzartigen Vormarsch in Ostpreußen. Das ist schön und gut, aber General Samsonow kommt nicht von der Stelle. Wenn sich beide Armeen nicht bald vereinigen, ist eine Katastrophe unausweichlich.«

Ich war doch von Onkel Saschas Worten gelinde erschüttert. Zum ersten Mal hörte ich, wie jemand aus unserer Umgebung die Unbesiegbarkeit unserer Truppen anzweifelte.

Trotz Onkel Saschas besorgniserregender Worte schlugen sich unsere Truppen wacker weiter. Am Tag danach teilte uns Vater beim Abendbrot mit, die russische Kavallerie habe in Ostpreußen dem deutschen Heer eine schwere Niederlage beigebracht. Besonders Baron Wrangel habe sich bei dieser Schlacht ausgezeichnet. An der Spitze seiner Reiterschwadronen habe er eine Stellung der deutschen Schwerartillerie erobert. Die bewunderungswürdige Chevalier-Garde sei mit tollkühnem Mut gegen die feuernden Geschütze angestürmt.

»Das ist eine wunderbare Waffentat«, kommentierte Vater. »Doch ist zu befürchten, daß wir schwere Verluste erlitten haben. Gegen Kanonen anstürmen!...«

Vater zeigte angesichts dieses Sieges eine nur gemäßigte Begeisterung. Er fragte sich, ob es wirklich unumgänglich war, so viele junge Leute in den sicheren Tod zu schicken, ehe die Entscheidungsschlachten stattgefunden hatten. Ein besorgter Ausdruck wich bis zum Ende des Abendessens nicht von seinem Gesicht, danach ging er sofort in sein Arbeitszimmer, um anzurufen. Das Telephongespräch dauerte nicht sehr lange. Als er wieder zu uns kam, verstanden wir gleich, daß er uns eine schlimme Nachricht mitzuteilen hatte.

»Ich war fast sicher, daß Nikolaj Schuwalow, der sich gleichzeitig mit Juri als einfacher Soldat gemeldet hatte, in der Wrangel-Schwadron war. Ich habe mich diskret erkundigt. Nikolaj ist bei dieser Attacke gefallen!«

Ich war wie versteinert. Vor einigen Tagen erst erscholl das ganze Haus unter dem Gelächter sorgloser Jugendlicher. Heute war schon einer von ihnen tot. Nikolajs Gesicht erschien mir, wie manchmal im Traum, mit außergewöhnlicher Deutlichkeit. Mit hellem Lachen trank er auf den Sieg. Das war am Vortag seiner Abfahrt. Dimitri stand neben ihm in seiner Gardeuniform, und sie hielten sich um die Schultern in brüderlicher Umarmung. Das Bild stand mir noch eine Weile vor Augen, dann verschwand es, und alles wurde wieder grau. Ich begriff, daß ich Nikolaj nie wiedersehen würde, und Tränen schossen mir in die Augen.

Ich begleitete Gleb und Vater zur Gräfin, um ihr unser Beileid auszusprechen. Sie empfing uns mit großer Würde und verbarg ihren Kummer hinter einem etwas müden Lächeln. Nach dem Austausch der üblichen banalen, konventionellen Phrasen, öffnete die Gräfin ein Kästchen, das neben ihr auf einem Tisch stand. Sie entnahm daraus ein Telegramm, das sie Vater überreichte.

»Sie können es alle lesen«, meinte sie. »Es ist die ergreifendste Beileidsbezeugung, die ich je bekommen habe.«

Vater öffnete das Telegramm und, über seine Schulter gebeugt, las ich: »Wäre froh, solchen Heldentod zu sterben wie Ihr Sohn. Dimitri Botkin.«

Wir waren alle drei zu ergriffen, um auch nur ein Wort zu sagen.

Ich hatte gerade meine Schularbeiten beendet und meine Lektion wieder durchgesehen. Ich war mit mir nicht sonderlich zufrieden. Seit Beginn der Feindseligkeiten hatte ich die größten Schwierigkeiten, mich auf die Schule zu konzentrieren, so sehr war ich von den Nachrichten beunruhigt, die von der Front kamen.

Nach der Euphorie der ersten Tage waren die Heeresberichte besorgniserregend geworden. Onkel Saschas pessimistische Prophezeihungen begannen, Wirklichkeit zu werden. Rennenkampf mußte seine Offensive in Ostpreußen schlagartig einstellen, und Samsonows Armee hatte schwere Verluste erlitten. In einigen mehr oder weniger gut informierten Kreisen zirkulierten bereits defätistische Gerüchte. Suchomlinow, der Kriegsminister, wurde beschuldigt, für die Truppe keine ausreichende Ausrüstung vorgesehen zu haben; die Gewehre waren zu alt, einige Soldaten hatten sogar überhaupt kein Gewehr und standen in der letzten Reihe mit einem Stock in der Hand. Sie mußten manchmal auf den Tod des Nebenmannes warten, um sich eine Waffe zu verschaffen...

Die Zeitung, die wir zu Hause lasen, »Nowoe Wremja«, war ein konservatives Blatt; dort stand nie etwas über die Desorganisation unserer Armee infolge einer überhasteten Mobilmachung zu lesen. Doch kamen die Verwundeten jeden Tag zahlreicher an, und die Berichte, die sie mir gaben, wenn ich mich, um ihre Schmerzen zu lindern, ein wenig mit ihnen unterhielt, schienen mir überaus beunruhigend.

So kauerte ich mich in den großen Sessel des Arbeitszimmers und versuchte, die makabren Vorstellungen, die mich bestürmten, wieder zurückzudrängen, als die Tür plötzlich aufging. Kolja Petrowo-Solowowo stürmte in den Raum herein, völlig verwirrt und das Gesicht von nervösen Ticks durchzuckt. Er rannte förmlich auf mich zu und stieß dabei alle Stühle, die im Wege waren, um.

»Ist denn Jewgeni Sergejewitsch nicht bald wieder zurück?« fragte er stotternd. »Ich muß ihn unbedingt sprechen. Er muß noch heute Abend den Kaiser aufsuchen!«

Kolja begann, im Zimmer auf- und abzugehen. Seine Stimme
klang abgehackt, so als hätte er Atemschwierigkeiten.

»Für mich ist das eine Frage von... Leben oder... Tod. Du
kennst mein Gebrechen, oder?«

Ich wußte, daß der arme Kolja ohne Zehen an den Füßen geboren worden war, fragte mich aber, was diese Laune der Natur mit
dem Kaiser zu tun hatte. Nun dachte ich, Dimitris Freund wolle
den Kaiser von einem bedeutenden Ereignis, vielleicht von einem Spionagefall unterrichten!

»Ich muß zur Armee!« fuhr Kolja in seiner abgehackten Sprache
fort. »Es muß schnell gehen, es gibt schon so viele Verwundete,
so viele Tote. Ich hatte mich bei der Musterungskommission
gemeldet. Als ich aber vor dem Arzt stand, meinte er sofort zu
mir: ›Aha, Sie sind also Graf Petrowo-Solowowo. Nun, zeigen
Sie mir mal Ihre Füße. Ihr Vater hat mich schon verständigt.‹
Dann wurde ich als nicht tauglich zurückgestellt! Das ist einfach
zu grausam. Mein Vater hat mich verraten! Ich bin sicher, der
Kaiser kann noch alles ins Lot bringen. Besonders, wenn dein
Vater für mich ein gutes Wort einlegt. Sag mir doch, würde denn
Jewgeni Sergejewitsch noch heute zu ihm gehen?«

Kolja stand wie unter einem Schock. Er wiederholte einige
Male seinen Bericht, der, von Mal zu Mal, immer unverständlicher wurde. Zum Glück erschien unsere Aufwärterin, um den
Tisch zu decken und auch Vater kam kurz darauf an. Kolja legte
ihm sein Anliegen etwas ruhiger dar. Vater hörte ihm geduldig
zu.

»Ich verstehe dich vollkommen, mein lieber Junge«, sagte er
ihm, »aber ich kann unmöglich den Kaiser heute noch behelligen.
Du weißt, daß unsere Truppen im Augenblick durch eine schwierige Kampfphase gehen. Der deutsche Kaiser hat die französische Front ausgedünnt, Rennenkampf ist wie an den Boden
genagelt, und Samsonow muß die ganze Wucht der deutschen
Gegenoffensive tragen. Der Krieg wird im Gegensatz zu dem,
was viele dachten, länger dauern als nur drei Monate, und es wird
hohe Verluste geben, besonders unter den Offizieren. Du solltest
in eine Offiziersschule eintreten und die beschleunigten Lehrgän-

ge mitmachen. Wenn du willst, werde ich den Leiter des Pagenkorps und den Korpsarzt aufsuchen.«

Kolja schien im siebten Himmel und war wieder vollkommen
ruhig. Liebevoll blickte er Vater an.

»Weißt du«, fuhr Vater fort, »jeder zusätzliche Offizier wird in
der Armee hoch willkommen sein. Ich habe heute die traurige
Nachricht vom Tode des Fürsten Oleg Konstantinowitsch be-
kommen. Er war schwer verwundet und mußte sterben, weil der
Sanitätsabtransport schlecht organisiert war. Er blieb eine ganze
Nacht ohne Pflege. Am nächsten Morgen war es zu spät.«

Ich wußte damals noch nicht, daß Vater den Kaiser gebeten
hatte, zwecks Reorganisierung des Sanitätsdienstes an die Front
gehen zu dürfen. Doch die Gesundheit des Zarewitsch blieb nach
wie vor prekär, und Nikolaus II. hatte abgelehnt.

Etwa zehn Tage später erschien ein strahlender Kolja in der
Pagenuniform bei mir. Ein blonder junger Mann von seltener
Eleganz hielt sich hinter ihm.

Trotz der Sorge und Unruhe, die ich besonders in bezug auf Juri
empfand, von dem wir noch keinerlei Nachricht hatten, fühlte ich
mich plötzlich fröhlich und voller Lebenslust. Koljas gute Laune
war ansteckend, und der blonde Junge bei ihm war charmant und
geistreich.

Seit dem Weggang meines ältesten Bruders hatte ich keine Gelegenheit mehr gehabt, mit jungen Offizieren zu plaudern. Mit
großem Vergnügen erlebte ich ihre Redseligkeit und ihren etwas
sonderbaren militärischen Jargon, so daß der Krieg für die Dauer
eines Abends vergessen war.

Kolja und sein Freund kamen noch ein- oder zweimal ins Haus.
Mir gefiel es immer, wenn sie da waren, doch büßte ich etwas von
meiner Lebenslust bald wieder ein. In Gedanken an Juri erlebten
wir Tage der Angst: Nach einem bemerkenswerten Vorstoß nach
Galizien hatten unsere Streitkräfte begonnen, an der österreichisch-ungarischen Front zurückzuweichen.

In Ostpreußen kam Rennenkampf keinen Schritt vorwärts, während Samsonows Armee jeden Tag etwas mehr in einem immer
ungleicher werdenden Kampf dezimiert wurde. Nach fürchterli-

chen Verlusten wurde Samsonow bei Tannenberg eingekreist und mußte kapitulieren. Er mochte seine Schmach nicht überleben und beging kurz darauf Selbstmord.

Am nächsten Tag erfuhren wir, daß Petja Gudowitsch, der gleichzeitig mit Juri eingerückt war, bei einem Stoßtruppunternehmen getötet worden war.

Von den drei Kameraden, die sich bei Kriegsausbruch freiwillig gemeldet hatten, war Juri allein noch am Leben...

Eines Tages, als ich von der Schule zu Mittag nach Hause kam, sah ich Vaters Mantel im Vestibül hängen. Es war für ihn nicht üblich, zu dieser Tageszeit zu Hause zu sein. Ohne meine Bücher abzulegen, rannte ich in sein Arbeitszimmer. Er wartete hinter seinem Schreibtisch, völlig bewegungslos. Ohne ein Wort zu sagen, reichte er mir eine Postkarte. Sofort erkannte ich Juris Schrift. Endlich Nachrichten, die ersten seit so langer Zeit!

Meine Freude war aber nur von kurzer Dauer. Da standen ein paar Worte in deutscher Sprache, die mit einem Bleistift hingekritzelt worden waren. Ich schaute Vater an, die Angst drückte mir das Herz ab.

»Juri hat in deutsch geschrieben, weil er gefangen ist«, erklärte mir Vater. »Schau doch auf die Adresse: Um seine Identität zu beweisen, hat er meinen vollständigen Titel aufschreiben müssen: ›An Seine Exzellenz Eugen Botkin, Leibarzt Seiner Majestät Nikolaus II. von Rußland‹«

Juri teilte uns mit, daß er in Gefangenschaft geraten und an der Ruhr erkrankt sei.

»Gott sei gelobt«, fuhr Vater fort, »er ist nicht tot! Ich gehe morgen zum Hauptquartier. Vielleicht haben sie da mehr Informationen über unsere Gefangenen? Es muß doch ein Mittel geben, mit ihnen in brieflichen Kontakt zu treten und Pakete zu schicken.«

Vater sprach im üblichen Tonfall, aber ich kannte ihn zu gut, um die Angst, die ihn ergriffen hatte, nicht zu spüren.

Mit einem Passierschein aus dem Hauptquartier versehen begab sich Vater an die österreichische Front. Beim Schützenstabsquartier erklärte man ihm, daß tatsächlich in der Gegend um Sandomir ein russisches Feldlazarett mit den Verwundeten und dem gesamten Sanitätspersonal in Feindeshand geraten war. Aber das Rote Kreuz hatte noch keine Vertreter dorthin entsandt, und wir blieben ohne Nachricht von den Gefangenen.

Nach Planung des Hauptquartiers bereitete sich die russische Armee darauf vor, die Geländeverluste wieder wettzumachen. Vater konnte keine weiteren Auskünfte erhalten, und der einzige tröstende Gedanke war, Juri in österreichischen Händen zu wissen, da die Österreicher in der Behandlung von Gefangenen als humaner als die Deutschen galten. Aber dieser Trost blieb mager.

Im Hauptquartier bekam Vater die Gelegenheit, mit Dimitri zusammenzukommen. Er fand ihn seltsam, abwesend, wie von einem bizarren Traum gefangengehalten. Manchmal, mitten in der Unterhaltung, sprach mein Bruder von seinem Leben jetzt, als gehöre es bereits der Vergangenheit an.

»Als ich mit meinem Regiment im Hauptquartier war...«

»Warum sagst du ›war‹, unterbrach ihn Vater. »Du *bist* hier.«

»Ach ja, stimmt...«

Aber er fuhr in der gleichen Weise fort.

»Ich wurde zum Fronteinsatz bestimmt...«

Und wieder verbesserte ihn Vater:

»Aber du bist doch noch gar nicht bestimmt worden!«

»Oh, das kommt irgendwann bald... Das ist unwichtig.«Vater machte sich Sorgen; er erblickte in diesen seltsamen Worten Dimitris die Folgen seines Sturzes vom Pferd, damals. Aber wie sollte mein Bruder behandelt werden? Die Symptome waren nicht ganz klar, und Dimitri hätte ohnehin niemals einer Versetzung zum rückwärtigen Dienst zugestimmt.

In Zarskoe Selo nahm die Pflegetätigkeit zugunsten der Verwundeten und der Kriegsopfer ständig zu. Trotz der Erfolglosigkeit unserer Truppen blieb mein Glaube an einen baldigen Sieg unantastbar.

Die Kaiserin und die beiden älteren Großfürstinnen arbeiteten

als Krankenschwestern im Militärkrankenhaus, das den Namen
Ihrer Majestät trug. Wir sahen sie nicht mehr in ihrer Kalesche
an unserem Haus vorbeifahren und auf meine Reverenz oder auf
Glebs militärische Ehrbezeigung mit einem freundlichen Lächeln
antworten. Die Zeit der Spazierfahrten war vorbei. Die Kaiserin
und ihre Töchter verließen das Palais gegen zehn Uhr früh in
einem Automobil, das sie schnell in ihr Krankenhaus brachte. Sie
waren in Tracht: grauer Rock, weiße Schürze und ein großes
Tuch, das ihnen das Haar und einen Teil der Stirn völlig verdeckte. Das Automobil fuhr immer an unserem Haus vorbei, aber so
schnell, daß man die Insassinnen kaum erblicken konnte.
Die Zarin und die Großfürstin Tatjana arbeiteten in der Chirur-
gie und assistierten bei Operationen. Tatjana zeigte sich dabei
trotz ihrer Jugend besonders geschickt und flink, auch wenn es
sich um Schwerverwundete oder um komplizierte Operationen
handelte.
Olga Nikolajewna war von zarterer Gesundheit und fühlte sich in
Operationssälen immer unwohl, aber sie räumte die Krankenzimmer auf, hielt Nachtwache bei sehr schwachen Patienten oder
brachte durch ihre Anwesenheit den Genesenden etwas Zer-
streuung, besonders denjenigen, die nie Besuch bekamen.
Die Kaiserin hatte ihre eigenen Leiden vergessen. Nachmittags,
wenn keine dringende Operation anstand, begab sie sich ans Bett
der Schwerverletzten, tröstete sie und unterhielt sich mit ihnen;
dabei häkelte oder strickte sie immer irgend etwas für bedürftige
Kinder. Sogar abends ging sie noch einmal zu den Schwerverwundeten, wenn sie nach ihr riefen.
Die beiden jüngeren Großfürstinnen, Maria und Anastasia, waren noch nicht alt genug, um als Krankenschwestern zu dienen.
Doch richtete die Kaiserin ein drittes Militärkrankenhaus, das
ihren Namen tragen sollte, in einem Neubau unweit vom Alexanderpalais ein. Wenn ihre Studien es erlaubten, begaben sich
Maria und Anastasia dorthin, um sich mit den Verwundeten zu
unterhalten. Sie waren so hübsch und reizend, daß ihre bloße
Anwesenheit die tristen Krankenhaussäle heller erscheinen ließ.
Manchmal nahmen sie den Zarewitsch mit, der gern Geschichten

von den Kriegsschauplätzen hörte. Da er erst zehn Jahre alt war, erlaubte ihm das Krankenpersonal den Zutritt zu den Schwerverwundeten nicht, doch fand sich immer ein genesender Offizier, der ihm Schlachtengeschichten erzählte.

In den zur Verfügung stehenden Räumen verschiedener Paläste in Sankt-Petersburg sowie im Großen Katharinenpalais in Zarskoe Selo wurden große Werkstätten eingerichtet. In diesen wohltätigen Einrichtungen arbeiteten junge Männer und junge Mädchen, die noch die Oberschule oder die Universität besuchten, freiwillig und fertigten Verbandsrollen, Kompressen und Verbandspakete, die in die Sanitätsbeutel der Soldaten gepackt wurden.

»Kommen Sie schnell herunter, Ihre Majestät die Kaiserin ist hier bei uns!«

Diese Nachricht traf uns wie der Blitz. Die Aufwärterin wiederholte zwar ihren Satz, doch blieben wir wie versteinert. Ich war mit Gleb allein zu Hause; Fräulein Dochturow hatte ausnahmsweise Vater ins Krankenhaus begleitet. Ich hatte also die Ehre des Empfangs, aber ein peinliches Gefühl von Schüchternheit saß mir wie ein Kloß im Hals.

Die Zarin wurde von den Großfürstinnen Olga und Tatjana begleitet; sie trugen alle drei dunkelfarbige Mäntel und kleine Hüte und waren bereits ins Verwundetenzimmer eingetreten. Die Zarin stellte mir einige Fragen, scheinbar ohne zu bemerken, wie verlegen ich war. Gleb schwieg, und ich stammelte unverständliche Antworten, unfähig, über den Zustand unserer Kranken klar Auskunft zu geben. Die Soldaten standen aufrecht am Kopfende ihres Bettes und waren genauso überrascht wie wir. Die Großfürstinnen lächelten wie immer alle Anwesenden charmant an. Tatjana bewegte sich zwischen den Betten mit großer Gelassenheit; sie schien sehr selbstsicher und strahlte Eleganz und Freundlichkeit aus. Ihre Schwester, Olga, war zwar älter als sie, stand jedoch hinter ihr zurück; mich frappierte allerdings ihr sanfter, etwas melancholischer Blick, dem ihres Vaters ganz ähnlich.

Als sie wieder durch das Vestibül ging, bemerkte Ihre Majestät eine Reihe von Filzstiefeln, die »walenki« genannt wurden. Lächelnd sprach sie mich an: »Ich sehe, Sie haben schon für den Winter vorgesorgt.« Kaum hörbar antwortete ich: »Ja, Majestät.« Im Garten saß ein Mann auf einer Bank und war in die Lektüre des Evangeliums vertieft. Es war ein Reservist, der am Bein verletzt und zudem fast völlig taub war. Die Zarin ging auf ihn zu und fragte ihn, was er lese. Der Mann antwortete, ihm täte das Knie zunehmend weh. Er war offenbar nicht gesprächsfreudiger als ich, und Ihre Majestät verließ uns endgültig, lächelnd, aber ohne sonst ein Wort mit irgend jemandem in unserem kleinen Krankenhaus gewechselt zu haben.

Blaß schien die Sonne durch die blauen Vorhänge meines Zimmers. Beklommen stand ich auf. Dieser Tag würde ein Tag wie alle anderen werden, ein Tag der Angst und der Arbeit im Krankenhaus. Es war aber mein sechzehnter Geburtstag. Sicher, heute würde es keinen Ball bei Onkel Peter, keine Feier, kein frohes Lachen geben, aber das bedauerte ich nicht einmal.

Als ich von der Schule zurückkam, wartete Vater auf mich. Trotz der Umstände hatte er es nicht vergessen und überreichte mir zwei Geschenke: ein eingerahmtes Photo, auf dem er zusammen mit meinen beiden Brüdern am Tag von Dimitris Abfahrt an die Front zu sehen war, und einen kleinen, aus drei Brillanten bestehenden Ring, die er aus dem Orden gebrochen hatte, den ihm Seid Alim, der Emir von Buchara, vor dem Krieg verliehen hatte. In seinem unermeßlichen Reichtum verteilte der Emir Ehrenzeichen, die mit echten Diamanten besetzt waren, an russische Generale. Diese ihrerseits ließen die Steine wieder ausbauen und schenkten sie ihren Frauen oder Töchtern. Zusammen mit dem Ring streifte mir Vater ein Armband aus feinstem Gold um das Handgelenk, das früher Mutter gehört hatte. Der Verschluß bestand aus drei kleinen Brillanten und zwei Rubinen. In Rußland war es damals Sitte, den sechzehnten Geburtstag eines jungen Mädchens mit besonderem Pomp zu feiern, und ich begriff, daß Vater einmal mehr das Unmögliche versucht hatte, um die Unbilden der Zeit, in der wir lebten, ein wenig abzumildern.

Kolja und der hübsche blonde Page, den er mir unbedingt hatte vorstellen wollen, besuchten mich in Offiziersuniform. Sie waren gerade befördert worden und sahen plötzlich mit ihren langen Mänteln, ihren glänzend betreßten Schulterstücken und ihren Sporenstiefeln ganz anders aus.

Nach ihrer Abreise fühlte ich mich merkwürdig traurig. Ich dachte, Kolja hätte bei seinem ersten Besuch eigentlich merken müssen, daß ich nicht mehr das etwas dümmliche Mädchen von früher war und daß mir der Chignon im Haar genausogut stand wie mein langes Kleid. Ich träumte vor mich hin. Und wenn ich es war, die er seinem Freund hatte zeigen wollen?

Ich nahm mich augenblicklich wieder zusammen. Wie konnte ich derart leichtfertige Gefühle empfinden, wenn meine Brüder und alle ihre Kameraden Kämpfe zu bestehen hatten, die mir von Tag zu Tag schrecklicher vorkamen?

XV
Der Gefangene

An der österreichischen Front hatte die russische Armee wieder die Initiative ergriffen. Durch eine Reihe von Erfolgen hatten wir verlorene Gebiete wiedererobert und uns die Möglichkeit verschafft, unsere Offensive bis nach Lemberg vorzutragen, das auch eingenommen wurde. Kaum hatte Vater die letzten Nachrichten erfahren, da bekam er ein Telegramm: »Ihr Sohn befreit. Standort Lazarett Lemberg. Gesundheit angegriffen. Kommen Sie sofort.«

Vater fuhr noch am gleichen Tag ab.

Schon Anfang August 1914 war eine Ruhr-Epidemie unter den Soldaten der Galizien-Front ausgebrochen, und Juri war eines der ersten Opfer gewesen. Man schickte ihn sofort in ein kleines Militärkrankenhaus ganz in der Nähe der Hauptkampflinie.

Einige Tage später, zur Zeit der üblichen Frühvisite, trat der Arzt ins Zimmer und erklärte mit unheilverkündender Stimme: »Gratuliere, meine Herren, wir sind alle gefangen.«

Da die Front ständig wechselte, entschloß sich das österreichische Oberkommando, die Gefangenen nach rückwärts zu verlegen. Der Exodus begann. Die Kranken wurden gezwungen, aufzustehen und zu Fuß durch die Stadt bis zum Bahnhof zu marschieren. Als er aufstand, bemerkte Juri, daß man ihm seine ganze Wäsche, seine Uniform und seine Stiefel gestohlen hatte. Als einzige Kleidungsstücke verblieben ihm lediglich sein Militärmantel, sein Krankenhaus-Pyjama und an den Füßen ein Paar schlechter Hausschuhe. Am Bahnhof wurden die Gefangenen in Viehwagen verladen. Für die Ruhrkranken wurde diese Reise ein wahrer Alptraum. Sehr rasch war das Stroh unter ihnen völlig besudelt. Die Kranken mochten sich drehen und wenden, wohin sie wollten, nirgends fanden sie noch ein sauberes Plätzchen. In ihren beschmutzten Kleidern zitterten sie vor Fieber.

Nach vierundzwanzig Stunden Fahrt kam der Zug in Sandomir an; die Kranken wurden in das letzte Krankenhaus geschickt, in dem noch einige vor Dreck starrende Liegestätten übriggeblieben waren. Es fehlte an Personal; in Ermangelung seltener Medikamente konnten die Ärzte ihrer Aufgabe nicht mehr gerecht werden, so daß von einer Krankenpflege nicht mehr die Rede sein konnte. Die Patienten wurden vom Liegen wund und überlebten, so gut es eben ging.

Einer unter Juris Kameraden hatte es geschafft, eine kleine Geldsumme bei sich zu verstecken, mit der er den österreichischen Soldaten einen Teil der Liebesgaben abkaufte, die sie von ihren Familien bekamen. Er teilte die wenigen Lebensmittel – ein wenig Schnaps und ein paar Dauerwürste – mit meinem Bruder. Das reichte zwar, um nicht Hungers zu sterben, aber bei dieser Diät wurde die Ruhr nur noch schlimmer.

Nach einer Spritze mit einer schlecht desinfizierten Kanüle bekam Juri am Unterarm einen riesigen Abzeß voller Blut und Eiter, der jedoch nicht aufging. Die Schmerzen und das Fieber stießen ihn in einen Zustand permanenter Stumpfsinnigkeit, aus dem er, so schien es, kaum wieder herauskommen würde. Um ihn herum starben die Kranken einer nach dem anderen; er sah, wie nach jedem Exitus die österreichischen Sanitäter die Leiche an Kopf und Beinen faßten und sie aus dem Zimmer brachten. Im Vorübergehen gaben sie einem Verletzten, der im Flur direkt auf dem Boden lag, ein Zeichen, den freigewordenen Platz einzunehmen.

Eines Morgens geriet das ganze Krankenhaus in ein unbeschreibliches Durcheinander: Die Russen hatten eine Großoffensive gestartet, die österreichischen Truppen zogen sich zurück. Die Kranken wurden gezwungen, aufzustehen und sich anzuziehen. Trotz der Befehle der Sanitäter blieb Juri auf seinem Strohsack liegen, er war zu schwach, um auch nur eine Bewegung zu machen, und fühlte sich unfähig, die geringste Anstrengung zu unternehmen.

»Raus, Mensch, raus!«[1] schrien die Sanitäter.

Juri bewegte sich immer noch nicht.

---

[1] Deutsch im Original (Anm. d. Übers.)

»Na dann bleib liegen und krepiere hier allein!«

Im verwaisten Krankenhaus allein, ohne Pflege, ohne Nahrung zurückgelassen, fiel Juri in Ohnmacht.

»Bist du Gefangener?«

Der Schatten vor Juri sprach russisch! Juri hob mit einer schmerzhaften Bewegung den Kopf und stellte fest, daß er einen Offizier aus einem Kosaken-Regiment vor sich hatte. Instinktiv fand Juri die Höflichkeitsanreden wieder, die für einfache Soldaten gegenüber Offizieren vorgeschrieben waren. »Das stimmt, Hohe Exzellenz!«

»Welches Regiment, und wie heißt du?«

»Kaiserliches Schützenkorps, viertes Regiment, Unteroffizier Botkin.«

»Botkin? Der Sohn des Leibarztes Seiner Majestät?«

»Das stimmt, Hohe Exzellenz!«

»Ich habe deinen Vater während des russisch-japanischen Krieges gut gekannt. Ich werde ihm ein Telegramm schicken. Du hast dich also freiwillig gemeldet? Ganz schön mutig, mein Junge. Ich werde mich um dich kümmern.«

Juri wurde sofort ins größte russische Lazarett nach Lemberg verlegt. Doch bei aller Pflege, die ihm dort zuteil wurde, machte seine Krankheit leider rasche Fortschritte, der Abzeß ging nicht zurück, und im Fieber phantasierte er nur noch.

Eines Morgens sah er eine wohlbekannte Gestalt durch das Krankenzimmer gehen. Er erkannte Vater, aber die Szene spielte sich wie im Traum ab. Er hatte nicht mehr die Kraft, zu sprechen oder auch nur eine Bewegung zu machen... Statt auf ihn zuzukommen, ging die massige und doch zarte Gestalt zum nächsten Bett weiter, in dem ein alter, rotbärtiger Soldat lag. Dann entfernte sie sich wieder und ging hinaus...

Vater hatte Juri nicht erkannt! Er ging ein zweites Mal zur Aufnahme hinunter und erklärte, er habe seinen Sohn im angegebenen Zimmer nicht gefunden.

»Ihr Sohn«, antwortete die Krankenschwester wenig freundlich, »liegt im Zweibettzimmer im dritten Stock, linke Tür. Ich habe es

Ihnen schon mal gesagt, Sie können sich gar nicht irren! Sein Nachbar ist ein schon älterer Militär mit Bart...«

Mein Vater kehrte zurück, und diesmal beobachtete er intensiv den Kranken, der neben dem bärtigen Soldaten lag. Er konnte einfach nicht glauben, daß dieses abgemagerte Gesicht, dieser große, völlig vom Fleisch gefallene Körper... Nein, das war nicht möglich! Und doch, seine Augen! Diesmal irrte er sich nicht, es waren die Augen seines Sohnes, die ihn baten, ihn endlich wiederzuerkennen.

Während Vaters langer Abwesenheit widmete ich mich erneut meiner Rolle als Hausherrin. Der Krieg verursachte indirekt eine Reihe von Störungen im Haushalt. Ich mußte mit häufigem Personalwechsel zurechtkommen und allein eine neue Köchin und eine neue Aufwärterin finden. Das war für mich eine vorzügliche Prüfung, denn ich hatte, nach meiner katastrophalen Vorstellung beim Besuch der Kaiserin, beschlossen, ein für allemal meine Schüchternheit zu überwinden.

Hinter meinem Pult im Arbeitszimmer empfing ich die Kandidatinnen, und mit ernster Miene las ich Empfehlungen, die sie mitbrachten; dann stellte ich ihnen ein paar Fragen über ihre Familie. Da ich in dieser Hinsicht keinerlei Erfahrung besaß, vertraute ich bei der Entscheidung ganz meiner Intuition. Meine Wahl fiel auf zwei junge Mädchen, kaum älter als ich, die mir passend vorkamen. Zum Glück waren sie es auch wirklich; die Köchin war eine absolute Meisterin, ordentlich und immer sauber angezogen. Leider stiegen gleich nach ihrer Einstellung die Rechnungen des Kaufmannes und des Fleischers erheblich in die Höhe. Sie legte sie mir mit einer etwas zu respektvollen Miene vor, die mich zwar nicht täuschte, doch wußte ich nicht, wie ich ihr meine Ansicht beibringen sollte.

Das andere junge Mädchen, das unsere alte Aufwartefrau ersetzen sollte, hieß Pascha. Sie erwies sich als überaus reizend, ehrlich und hübsch. Sie war bei einer alten Dame in Stellung gewesen, die sie im Alter von zwölf Jahren aus einem Waisenhaus geholt hatte. Damals wußte ich nicht, daß es so etwas wie uneheliche Kinder gab. So wunderte ich mich, daß ein Mädchen aus dem Elend so zart, so artig und so hübsch hervorgehen konnte wie Pascha. Ihre Stimme war tief, aber angenehm, und ich hatte viel Freude, sie im Hause an der Arbeit zu sehen; jede ihrer Bewegungen, und war sie noch so banal, war von vollendeter Grazie.

Ich war sehr stolz, daß ich allein neue Bediente eingestellt hatte. Trotz meiner sechzehn Jahre begann ich, eine perfekte Hausfrau zu werden.

Endlich bekamen wir die telegraphische Nachricht, daß Vater und Juri mit einem Sanitätszug unterwegs hierher seien.

Zusammen mit Fräulein Dochturow und Gleb wartete ich im blauen Zimmer auf sie, als es draußen klingelte. Wir rannten ins Vestibül, doch Wassili hatte schon beide Flügel der Haustür aufgerissen, um die Tragbahre, auf der Juri lag, hindurchzulassen.

Seine schreckliche Magerkeit ließ Juri noch größer erscheinen. Seine Augen blickten freundlich auf uns, doch sein Gesicht drückte eine solche Traurigkeit aus, daß ich Schwierigkeiten hatte, den unternehmungsfreudigen, lustigen Gefährten früherer Spiele, den fröhlichen Riesen wiederzuerkennen, der vor kaum zehn Monaten eine Troika im vollen Galopp aufrechtstehend gelenkt hatte. Als die Bahre auf den Boden gestellt wurde, wandte sich Vater an Fräulein Dochturow und sagte feierlich: »Ich darf Ihnen meinen Sohn Juri vorstellen.« Dann sahen wir, wie etwas Bewegung in diesen langen, abgemagerten Körper kam, so, als hätte Juri aufstehen wollen. Wir begriffen, daß er trotz seiner extremen Schwäche dennoch nach allen Regeln des Anstandes grüßen wollte. Da er dazu nicht die Kraft hatte, gab er Wassili ein Zeichen, er möge ihn doch unter den Achseln hochheben, so daß er, wankend, totenblaß und kaum bei Bewußtsein, sich doch vor Fräulein Dochturow verbeugen konnte.

Juri wurde, genau wie Dimitri damals nach seinem Unfall, in Vaters Zimmer gelegt. Er war sehr schwach, konnte nicht aufstehen, und seine Augen waren zu geschwächt, um lesen zu können. Wir ließen ihn nie allein, doch vermieden wir, zu lange mit ihm zu sprechen, denn er war offensichtlich noch nicht fähig, einer Unterhaltung zu folgen. Er litt sehr stark an seinem Ausschlag und vor allem an dem riesigen Abzeß, der den ganzen Unterarm anschwellen ließ.

Nach einer Woche begann er, wieder zu Kräften zu kommen; Vater erlaubte ihm ein wenig Besuch. Der erste war sein Regimentskommandeur, der eigens gekommen war, um ihm das Georgskreuz zu überreichen und seine Beförderung zum Feldwebel mitzuteilen.

Als Juri etwas stabiler geworden war, durfte er den Vormittag in einem Rollsessel verbringen. Beim Mittagessen legte er sich im Arbeitszimmer auf eine große Couch und konnte so an der Unterhaltung teilnehmen. So nahm das Familienleben nach und nach wieder seinen Gang.

Mit viel Rücksicht brachten wir ihm schließlich bei, daß Nikolaj Schuwalow und Petja Gudowitsch gefallen waren. Als er den Tod seiner Kameraden erfuhr, wurde er schrecklich blaß, und sein Gesicht verkrampfte sich. Ich dachte, daß er gleich in Ohnmacht fallen würde, doch lachte er plötzlich so laut und so falsch auf, daß sein ganzer Körper davon geschüttelt wurde.

»Aber ich, ich habe wohl Schwein gehabt«, wiederholte er immer wieder, »viel Schwein gehabt. Der Tod will mich nicht!«

Doch ebenso überraschend beruhigte er sich wieder und blieb regungslos in seinem Sessel sitzen, den ganzen Tag lang, ohne ein Wort.

Am nächsten Tag kamen Nikolajs ältere Schwestern alle zu ihm zu Besuch. Sie sahen sehr hübsch aus, trugen Trauerkleider und lange schwarze Schleier, die von ihren kleinen Hüten herabfielen.

Juri empfing sie sehr natürlich und freundlich und blieb dabei Herr seiner traurigen Stimmung.

An einem anderen Abend kam ein Kamerad aus seiner berittenen Aufklärungseinheit zu uns ins Haus. Ich stand bei seinem Anblick wie angewurzelt: Er sah schokoladenbraun aus! Nachdem er uns wieder verlassen hatte, nannte mir Juri seinen Vornamen: Apti.

»Apti?« wiederholte ich staunend. »Ist das der Sohn dieses schwarzen Lakais, der im Alexanderpalais die Türen auf- und zumacht?«

»So ist es. Seine Mutter ist Russin, und er hat eine ausgezeichnete Bildung. Unter allen Soldaten, mit denen ich zusammenlag, war Apti der einzige, der eine ordentliche Erziehung hatte und sich manierlich benahm. Ich wurde mit ihm sehr schnell warm, wir fühlten uns irgendwie ähnlich.«

An den Vater von Juris Kameraden konnte ich mich gut erinnern. Eines Abends war er zu uns gekommen, um Vater um ein Rezept zu bitten. Der Mann war wirklich tiefschwarz, riesig groß und hatte schöne, regelmäßige Gesichtszüge.

Diese schwarzen Bediensteten waren unter der Großen Katharina an den russischen Hof gebracht worden. Man hatte sie aus Afrika kommen lassen. Es waren drei, und sie waren prächtig angezogen: Sie trugen knappe bunte Westen, Pumphosen und einen riesigen, mit Straußenfedern geschmückten weißen Turban. Ihre Aufgabe bestand darin, die Türen auf- und zuzumachen und Mitteilungen von einer Etage in die andere zu bringen. Wahrscheinlich deswegen wurden sie russisch »skorochod«, das heißt »Schnell-Läufer«, genannt.

Leider stellte ich bald fest, daß Juri sich das Trinken angewöhnt hatte. Er betrank sich jeden Abend, und da er den Alkohol schlecht vertrug, war er schnell aggressiv und streitsüchtig. Dadurch geriet er immer wieder in peinliche Situationen. Doch nahm er aus Rücksicht Vater gegenüber zu Hause keinen Alkohol zu sich.

Ausgänge und Zusammenkünfte unter Freunden waren selten geworden. Ich verbrachte meine Mußestunden beim Musizieren, um Juri etwas aufzuheitern, während Gleb im Arbeitszimmer in großen Alben zeichnete. Nachdem er Fabeln illustriert hatte, begann er, aufgrund der vielen Erzählungen, die er zu Hause zu hören bekam, große Schlachtgemälde zu entwerfen.

Vater hatte sich angewöhnt, diese Zeichnungen ins Palais mitzunehmen und sie dem Zarewitsch zu zeigen, der sie sehr bewunderte. Eines Tages nahm das Kind Vater beiseite: »Bitte fragen

Sie Gleb, ob er nicht ein paar Zeichnungen nur für mich machen würde?«

Gleb war sehr froh, von dem Thronerben persönlich eine Bestellung bekommen zu haben. Er machte sich sofort an die Arbeit und zeichnete ein sehr schönes Album, bestehend aus sechs großformatigen Bildern. Auf der ersten Seite schrieb er in hübsch verzierten Lettern: »Seiner Kaiserlichen Hoheit dem Thronfolger, Zarewitsch Alexej Nikolajewitsch. Gleb Botkin.«

Als Vater ihm das Album überbrachte, nahm es der Zarewitsch eifrig an sich und bewunderte die Serie von Zeichnungen, die wirklich gut gelungen war. Doch bevor er das Album wieder zuschlug, blieb er bei der ersten Seite stehen und las leise, aber deutlich die Widmung vor: »Seiner Kaiserlichen Hoheit dem Thronfolger, Zarewitsch ...«, bei diesem Wort hielt er an, überlegte einen Augenblick und fuhr fort: »Seiner Kaiserlichen Hoheit dem Thronfolger, Zarewitsch, Selbstherrscher und Großfürst Alexej Nikolajewitsch«, dabei betonte er die Worte: »Selbstherrscher und Großfürst«, die Gleb zu schreiben vergessen hatte. Ohne weitere Bemerkung bedankte er sich sehr freundlich bei meinem Vater und fügte hinzu:

»Bitten Sie doch Gleb, mir ein zweites Album zu zeichnen.«

Gleb kam dieser Bitte mit dem größten Vergnügen nach. Doch diesmal, von Vater vorgewarnt, legte er großen Wert auf die volle Titulatur. Als der Zarewitsch dann bei den Worten: »Selbstherrscher und Großfürst« stehenblieb, erhellte ein schönes Lächeln sein Gesicht. Vater war zutiefst gerührt. Er liebte es, in der Nähe dieses Knaben zu weilen, über dem ständig der Schatten des Todes schwebte. Ihm ein wenig Lebensfreude bei allem Leiden zu verschaffen, das war in seinen Augen ein unvergleichlicher Sieg.

Als er mit dem Anschauen des zweiten Albums fertig war, bat der Zarewitsch wieder: »Ich möchte, daß Gleb mir jetzt ein Krankenhaus zeichnet, ein richtiges wie das, wo meine Mutter und meine Schwestern arbeiten. Das kann er doch, oder?«

»Aber natürlich. Wenn er mit seinen Schularbeiten fertig ist, verbringt Gleb seine Freizeit beim Zeichnen.«

Das Krankenhaus-Zeichenalbum wurde ein wahres Meisterwerk. Gleb hatte sich übertroffen. Ihm war es vor allem gelungen, die blaue, wechselhafte Dämmerung in einem Krankenzimmer wiederzugeben, in dem Nachtlämpchen brennen und verwundete Soldaten im Halbdunkel unter der Aufsicht der Schwestern und eines Arztes schlafen, der ziemlich stark unserem Vater ähnlich sah.

Nachdem er das Album in der Familie und im Freundeskreis herumgereicht hatte, entschloß sich Vater, es dem Zarewitsch zu zeigen.

»Ich möchte dieses Album für mich behalten«, sagte Vater zum Thronfolger. »Es ist ganz dem ärztlichen Betrieb gewidmet. Gleb wird Ihnen ein anderes malen. Sie werden sehen, er zeichnet recht schnell.«

»Glauben Sie, daß er ein zweites wie dieses hier zustande kriegt?«

»Aber natürlich. Bis auf ein paar Einzelheiten. Aber ein Krankenhaus wird es darin auch geben.«

Mein Vater verabschiedete sich von Alexej Nikolajewitsch und ging mit dem Album unter dem Arm zur Tür, doch ließ ihn der Zarewitsch nicht aus den Augen. Plötzlich sprang er von seinem Stuhl, rannte ihm nach und faßte ihn am Arm:

»Jewgeni Sergejewitsch«, rief er mit kläglicher Stimme, »ich möchte dieses da so gern behalten! Gleb kann doch ein anderes für Sie machen. Bitte, bitte...«

Sein Blick war so flehend, daß mein Vater ihm das Album doch noch gab. Ihn bewegte es, daß dieser Junge, der künftige Zar aller Reußen, schüchtern um etwas bat, wo ein anderer sich begnügt hätte, zu fordern.

Kummer und Sorgen sollten uns fortan nicht mehr erspart bleiben. Kaum hatte sich Juri von seiner Krankheit erholt, bekamen wir einen Brief von Dimitri, in dem er uns mitteilte, nun würde er an vorderster Front zum Einsatz kommen.

Unsere Armeen hatten das Heft wieder in der Hand. Einige unserer Regimenter bedeckten sich mit Ruhm, und man sprach viel von den Waffentaten der sibirischen Schützen, jener phantastischen Soldaten, die, wie zur Zeit des russisch-japanischen

Krieges, riesige schwarze, langhaarige Pelzmützen trugen. Ihr Ruhm war fast legendär. Zum Beispiel hatten sie nach einer langen Eisenbahnfahrt und einem Gewaltmarsch von mehreren Tagen den Gegner aus der Bewegung mit gefälltem Bajonett angegriffen. Die deutsche Infanterie war zurückgeworfen worden. Auf der Flucht schrien die entsetzten Deutschen: »Die Kosaken sind hier, die Kosaken sind hier!« so, als könnte ihnen nichts Schlimmeres passieren.

Über diese Erfolge freuten wir uns zu Hause, aber Juris Tragödie hatte uns den Sinn für die Schrecken des Krieges geschärft. Unsere Begeisterung war längst nicht mehr so groß. Wenn wir in den Zeitungen den Vormarsch unserer Armeen verfolgten, mußten wir doch immer an Dimitri denken.

XVI
Der Tod eines Offiziers

»Ihr Sohn Dimitri am 3. Dezember 1914 während einer Aufklä-
rungsoperation in einen Hinterhalt geraten. Gilt als vermißt.
Hoffen, ihn lebend wiederzufinden.«
Das Telegramm trug die Unterschrift des Kommandeurs des
kaiserlichen Kosakenregiments. Es gehörte nicht zu Vaters Gewohnheiten, uns die Wahrheit zu verschweigen: Er legte das
große beigefarbene, handgeschriebene Blatt Papier offen auf den
Tisch.
Wir schauten uns gegenseitig an, von der schrecklichen Nachricht
schier entsetzt. Das konnte doch nicht sein! Nicht mit Dimitri!
Aber was tun, wenn nicht sich verzweifelt an die letzte Chance,
an die letzten Worte des Telegramms zu halten: »Hoffen, ihn
lebend wiederzufinden«? Dann begannen wir zu reden und weniger tragische Ausgangslagen zu erörtern, um uns unsere eigene
Angst auszureden. Juri erklärte uns, daß auch er bei einem
Aufklärungseinsatz unter feindlichem Feuer gestanden hätte und
dank seinem Pferd doch davongekommen sei. Dimitris Pferd war
ausgezeichnet, ein wundervolles Reittier, das wir kurz vor seiner
Abfahrt an die Front für ihn gekauft hatten . . . Um das Schicksal
zu beschwören, beschlossen wir, niemandem von dieser schrecklichen Nachricht auch nur ein Sterbenswörtchen zu erzählen.
Aber wir konnten uns selber am wenigsten überzeugen. Hatte
der Kommandeur nicht geschrieben: »Gilt als vermißt«? Und
was solche Wörter bedeuten konnten, wußten wir seit dem Tode
von Nikolaj Schuwalow oder Petja Gudowitsch nur allzugut.
Drei Tage später waren wir mit einigen Freunden beim traditionellen Zehn-Uhr-Abend-Tee versammelt. Juri hatte sich gerade
auf das große Bett im Schlafzimmer gelegt, als der Kammerdiener meinem Vater ein neues Telegramm überbrachte.
Vater überlas es, faltete es und steckte es in seine Tasche, dann
beteiligte er sich weiter an der allgemeinen Unterhaltung, so, als
wäre nichts geschehen. Allmählich nahmen unsere Gäste Ab-

schied, nur Senator Lopuchin blieb als letzter zurück. Vater begleitete ihn ins Vestibül, und im Augenblick des Auf-Wiedersehen-Sagens faltete er die Mitteilung auseinander und las mit dumpfer Stimme vor:

»Nach Aussagen von Gefangenen Ihr Sohn Dimitri beim Angriff gefallen. Wegen der Gefechtslage Leiche nicht geborgen, Brief durch Offizier folgt mit Einzelheiten und persönlichen Sachen.«

»Das konnte ich doch nicht vor allen Leuten mitteilen«, meinte Vater einfach.

Während des ganzen Abends hatte er keinerlei Emotionen verraten. Sein Gesicht blieb unbewegt, seine Stimme völlig sachlich. Lopuchin war von so viel Mut erschüttert.

»Du bist wunderbar«, sagte er mit vor Rührung zitternder Stimme. »Ich möchte vor dir niederknien.«

Nie wieder werde ich diese Nacht vergessen. Vater stieg hinauf ins Arbeitszimmer und bat mich, ihm zusammen mit Gleb in Juris Zimmer zu folgen, der noch nicht schlief. Er setzte sich neben sein Bett und zeigte ihm das Telegramm, dann gab er es uns, Gleb und mir.

»Es ist zu Ende«, sagte er leise. »Er ist tot.«

Unfähig, es länger auszuhalten, brach Vater in Schluchzen aus. Dicke Tränen rannen auch über Juris noch sehr mitgenommenes Gesicht. Trotz meiner eigenen Tränen, trotz Glebs Weinkrämpfen, der allein, den Kopf in die Armbeuge gelegt, vor seinem Schreibtisch saß, hatte ich nur noch Augen für den Schmerz der beiden Männer. Vater hielt Juri sehr fest in seinen Armen, so als wolle er ihn vor dem Schicksal seines Bruders bewahren, denn er wußte, daß sein Sohn eines Tages wieder an die Front, vielleicht zu einem gleichen Ende würde gehen müssen . . .

Die Trauerfeier fand ein paar Tage später in einer Kirche nahe eines Hauses statt, in dem Dimitri häufig zu Gast gewesen war. Vater stand sehr gerade neben der Ikonostase. Sein Gesicht war verschlossen und streng, seine Hände hielten die Lehne von Juris Rollstuhl krampfhaft umfaßt. Unter meinen langen dunklen Schleiern hielt ich mich neben ihm und konnte meinen Schmerz nur schwer ertragen. Gleb hatte hinter einem Pfeiler Schutz gesucht und weinte in aller Offenheit. Ich beneidete ihn darum, sich so dem Schmerz hingeben zu können, und kämpfte gegen die Tränen an, die unter meinen Augenlidern hervorbrachen. Doch die Zeit für Tränen war für mich vorbei. Ich mußte mich der Seelengröße Dimitris als würdig erweisen. Hatte er nicht an Nikolaj Schuwalows Mutter geschrieben: »Wäre froh, solchen Heldentod zu sterben wie Ihr Sohn . . .«?

Ein junger Offizier vom kaiserlichen Kosakenregiment brachte uns Dimitris Sachen und einen Brief des Regimentskommandeurs mit; der Oberst gab darin den Bericht eines deutschen Gefangenen wieder, der die Szene miterlebt hatte:

»Unser Bataillon bereitete sich auf einen Angriff auf eure Stellung vor, da schicktet ihr eine Patrouille Kosaken unter der Führung eines jungen Offiziers auf Erkundung. Als sie uns entdeckten, gab dieser Offizier den Befehl zum Rückzug, den seine Leute auch sofort befolgten. Er blieb als letzter zurück, um ihren Rückzug zu decken. Eine unserer Kugeln traf ihn. Er fiel vom Pferd, stand aber gleich wieder auf. Unser Hauptmann schrie: ›Ergeben Sie sich, werfen Sie Ihre Waffe weg!‹ Doch er antwortete laut: ›Ein russischer Offizier ergibt sich nie!‹, feuerte und traf unseren Hauptmann tödlich . . . Wir machten dann einen Bajonettausfall gegen ihn . . . Meine Herren, Ihre Offiziere verstehen zu sterben . . .«

Der Anfang der Geschichte deckte sich mit dem, was die Kosaken selbst erzählt hatten: Die Erkundungspatrouille fiel unter den heftigen Beschuß eines deutschen Infanteriebataillons. Dimitri hatte seinen Männern befohlen, sich zurückzuziehen, und war als letzter zurückgeblieben . . . Später wußte niemand mehr, was aus ihm geworden war. Sein Pferd kam ohne Reiter mit durchschossenem Sattel zurück . . .

Diesen Sattel hatten wir jetzt in den Händen. Nach dem Geschoßkanal zu urteilen, muß Dimitri im Bauch oder in der Leistengegend getroffen worden sein.

Seine Leiche wurde nie gefunden.

Als ich seine Sachen auspackte, suchte ich nach der Decke, die ich für ihn gehäkelt hatte und die er so liebte. Ich wollte sie

217

behalten, mich darin einrollen, wie er es immer tat, in der Hoffnung, in der Wärme dieses vertrauten Gegenstandes etwas von seiner Präsenz wiederzufinden, ein letztes Mal die Illusion zu haben, bei ihm zu sein. Doch wurde mir dieser armselige Trost nicht gewährt: Die Decke war in dem schweren Lederkoffer nicht enthalten.

Pater Schawelski schrieb uns als oberster Armeegeistlicher einen Beileidsbrief, der uns zutiefst erschütterte.

Dieser Mann war Dimitris Beichtvater zu der Zeit gewesen, als unser Bruder sich noch im Hauptquartier befand. Er sagte uns, daß er von der Front einen Brief mit Dimitris Sündenbekenntnis bekommen hatte, der vom 2. Dezember 1914, dem Vortag seines Todes, datiert war.

In diesem Brief erklärte Dimitri, er habe das Gefühl seines nahenden Todes und empfinde daher die Notwendigkeit, Sünden zu beichten, die er bis zu diesem Tage geheimgehalten hatte.

Wir waren niedergeschmettert. Seit seinem Unfall war Dimitri häufig das Opfer von unglücklichen Ahnungen, und trotz seiner lustigen und charmanten Art kannte ich seine Besessenheit, seine Todessehnsucht. Hat er ihn provozieren wollen, hat er sich dem Tode willentlich entgegengeworfen? Sollte die Vergebung, die er von der Kirche erfleht hatte, auch für den eigentlichen Selbstmord gelten, den er zu begehen sich anschickte? Ich wagte nicht, es mir vorzustellen. In meinen Augen hatte Dimitri lediglich seine Pflicht als russischer Offizier, als Held und als Ehrenmann bis zum Schluß getan.

Als Dimitris Photo in den Zeitungen zusammen mit einem knappen Bericht über seinen heroischen Tod erschien, bekam Vater wiederholt Briefe voller Bewunderung von jungen, ihm unbekannten Offizieren.

Der Kaiser beschloß, Dimitri posthum zum Ritter des Georgskreuzes zu ernennen. Er legte sogar Wert darauf, Vater selbst diese Auszeichnung mit den einfachen Worten zu überreichen:

»Ich habe den glorreichen Tod Ihres Sohnes meinen Kindern erzählt.«

Eine Woche später unterhielten wir uns, Gleb und ich, mit den

Verwundeten unseres kleinen Krankenhauses, als wir plötzlich Vaters Stimme hörten. Wir liefen ins Vestibül und erkannten den Zarewitsch, der neben Vater stand. Der kleine Thronfolger, der jetzt zehn Jahre alt war, kam auf uns zu, und schüchtern reichte er uns die Hand. Vater stellte ihm die Verwundeten vor und bat diejenigen, die korrekt russisch sprachen, von ihren Kriegserlebnissen zu erzählen. Der Zarewitsch hörte sich die Berichte voller Leidenschaft an. Bei seiner Abfahrt setzte Wassili das Grammophon in Gang, und es erklang die wundervolle russische Hymne »Gott schütze den Zaren ...« Ein leuchtendes Lächeln überstrahlte das kleine, blasse Gesicht des Zarewitsch ...

Als ich zehn Jahre später, nach dem blutigen Tod der meisten Protagonisten dieser Erzählung, im Exil war, übergab mir mein Onkel Peter Botkin alles, was von meinem Vater übriggeblieben war: ein Bündel vergilbter Briefe. Einer davon gibt hervorragend genau das wieder, was ein Mann dieser Zeit beim Tode seines Sohnes empfinden mochte:

Zarskoe Selo, den 30. November 1915
»Wenn es Dir peinlich war, mir nach meinem großen Unglück zu schreiben, kannst Du Dir vorstellen, wie sehr ich leide, wenn ich selber an diese offene Herzenswunde rühre. Vor nunmehr einem Jahr habe ich meinen Sohn verloren, und während dieser dreihundertfünfundsechzig Tage habe ich Hunderte, Tausende von Menschen gesehen und gesprochen, ich habe dasselbe Leben wie sie geführt, ich habe sie gepflegt, ich habe mit ihnen Freud und Leid geteilt; nicht an einem einzigen Tag dieses scheußlichen Jahres habe ich bei meinem Dienst, bei meiner Arbeit gefehlt, doch so lange ich wach war, hat mich das Gefühl eines großen inneren Schmerzes keinen einzigen Augenblick verlassen. Dieser Schmerz wird immer dann besonders groß, wenn ich gezwungen werde, vom Tode meines Kindes zu erzählen, oder wenn jemand oder etwas mich plötzlich an bestimmte Details oder an eine Anekdote aus seinem Leben erinnert. So wirst Du verstehen, warum ich so lange nicht geschrieben habe. Heute dagegen habe ich einen ungeheuren Wunsch, ja Bedürfnis, mit Dir zu reden ...

Ich habe gerade eine ziemlich starke Grippe hinter mir, was bei mir auch wegen meines Herzens leicht zu Kom-plikationen führt. Ich bekenne es offen, diesmal glaubte ich nicht, noch einmal ins Leben zurückzukehren, und ich erwartete das Ende fast mit Freude und in der Hoffnung, bald bei Mima[1] zu sein und mich in seiner Nähe endlich ausruhen zu können; andererseits wäre es auch gut, wenn ich noch ein wenig auf dieser Welt bleiben würde, um Juri zu pflegen, wenn er wieder verwundet wird – wovon ich überzeugt bin –, und um meine kleine Tanja in starken, jungen und liebenden Händen zu wissen. Kurzum, ich könnte für meine Kinder noch von Nutzen sein; doch sollte mich Gott früher abberufen, so rechne ich auf Euch, meine Brüder, und auf Eure lieben Gattinnen.

Wir sollten nicht versuchen, die Beendigung des Krieges schneller als nötig herbeizuführen, kein Opfer darf uns zu groß sein. Denn trotz allem: Wir werden siegen . . . Hier zweifeln wir keinen Augenblick daran. Im übrigen schont sich unser unvergleichliches Volk auch nicht; Soldaten wie Offiziere gehen mit Begeisterung in den Tod und sterben glücklich beim Gedanken, daß dies für Zar und Vaterland geschieht. Was mich anbetrifft, so bin ich froh, einen Sohn wie Mima gehabt zu haben, ja, ich bin glücklich, denn ich bin voller heiliger Bewunderung für diesen Jungen, der, ohne zu zögern, und mit großem Elan sein ganz junges Leben für die Ehre seines Regiments, seiner Armee, seines Vaterlandes hingegeben hat.

Wenn wir, die wir zurückbleiben, unsere persönlichen Verluste beweinen, so ist dieses Unglück nur egoistisch, denn wir selbst sind lediglich Sand im Weltgetriebe. Wie viele Generationen haben in Rußland gelitten und sind gestorben, um uns dieses glückliche und friedliche Leben schenken zu können, das wir einige Zeit genossen haben. Jetzt ist das Los auf uns gefallen, uns gebührt die Ehre und der Ruhm, zu leiden und zu sterben, damit die Generationen, die uns folgen, in besseren Verhältnissen leben können . . .«

---

[1] Russische Koseform für Dimitri (Anm. d. Übers.)

XVII
Ein Land versinkt

Anfang Januar 1915 entgleiste der Zug von Zarskoe Selo nach Petrograd (Sankt-Petersburg klang allzu deutsch und wurde zu Beginn des Krieges »russifiziert«) aus unbekanntem Grunde. Sofort sprach man von einem Anschlag, denn im Zug befand sich Frau Wyrubowa, die Freundin der Zarin.

Unter den Fahrgästen gab es einige Schwerverwundete, auch Frau Wyrubowa wurde mit viel Mühe aus den Trümmern ihres Eisenbahnwagens befreit. Sie wurde ohnmächtig auf eine Bank im kleinen Wartesaal des nächstgelegenen Bahnhofs gelegt. Sie hatte einen Beckenbruch und zahlreiche Prellungen am ganzen Körper. Als Stunden später ein Sonderzug sie nach Zarskoe Selo zurückbrachte, hatte sie immer noch nicht das Bewußtsein wiedererlangt, und es wurde das Schlimmste befürchtet. Am Bahnhof warteten die Kaiserin und die Großfürstinnen, um sie ins Militärkrankenhaus Ihrer Majestät zu bringen, an dessen Spitze als Chefärztin Fürstin Gedroitz stand. Sie hatte bereits Dimitri nach seinem Reitunfall behandelt.

Die Anwesenheit einer Frau, und sei sie noch so sehr mit der Kaiserin persönlich befreundet, wurde in einem Krankenhaus, in dem kriegsverletzte Frontoffiziere gepflegt wurden, nur schwer geduldet. Doch als am nächsten Morgen Rasputin sich höchstpersönlich die Freiheit herausnahm, sie zu besuchen, brach fast ein Skandal aus. Offiziere, die ihr Leben an der Front riskiert hatten, ertrugen es schwer, in seiner Gesellschaft zu sein.

Da Frau Doktor Gedroitz Chirurg war, begnügte sich mein Vater, Frau Wyrubowa nur in allgemein medizinischer Hinsicht zu behandeln. Eines Tages traten sie gemeinsam in ihr Zimmer und fanden Rasputin an ihrem Bett.

»Du bist also noch hier!« rief die Fürstin aus. »Ich hatte dir doch gesagt, nicht zu lange zu bleiben.«

Frau Gedroitz sah nicht sehr weiblich aus, und ihre Körpergröße machte aus ihr eine imposante Erscheinung. Da Rasputin sich nicht zu rühren schien, ging sie zu ihm, packte ihn an der Schulter und brachte ihn zur Tür.

»Aber ich will nicht weg!« protestierte er.

Mit ungewöhnlicher Energie beförderte Frau Gedroitz Rasputin hinaus auf den Flur.

»Ich warne dich, ich werde mich beschweren«, brüllte der »starez«. »Ich werde sagen, wie ich hier behandelt werde. Nimm dich in acht!«

»Hau bloß ab, und beschwere dich, wo es dir beliebt!«

Und sie schlug ihm die Tür vor der Nase zu. Vater, der die Szene genossen hatte, fragte sie im Scherz:

»Seit wann duzen Sie sich mit dem Kerl?«

»Er ist es, der jeden und alle mit Du anredet. Sie denken doch nicht, daß ich anders mit ihm verfahre werde!«

Wenn man den Gerüchten Glauben schenken wollte, hatte die Ärztin ihre Stellung riskiert. Es war, so hieß es, gefährlich, sich mit Rasputin anzulegen. Doch nichts passierte, und die Kaiserin behielt sie auf ihrem Posten, denn Ihre Majestät hegte die größte Hochachtung für die Arbeit, die die Fürstin im Krankenhaus in dieser schweren Kriegszeit leistete.

Am Krankenbett ihrer einzigen Freundin traf die Zarin doch wieder Rasputin an.

»Gott wird sie dir wieder nehmen«, hatte ihr der »starez« gesagt, »wenn ihr Tun für dich und das Land schädlich ist! Wenn sie dagegen nützlich ist, wird Gott sie dir lassen . . .«

Anna Wyrubowa genas, aber weder ihr Einfluß noch der Rasputins stieg deswegen an.

In einer Folge von Erfolgen und Niederlagen hatte Rußland den Schock der ersten Kriegsmonate ausgehalten: Das Desaster in Ostpreußen hatte den Sieg an der Marne ermöglicht, und im Süden zogen sich die österreichischen Armeen über die Karpaten zurück.

»Der Kaiser und die Kaiserin«, bemerkt Gilliard, »ganz von der Größe ihrer Pflicht durchdrungen, hatten ergreifende Stunden erlebt . . . Sie hatten das Gefühl, nun wirklich das Zentrum einer großen nationalen Bewegung zu sein, die ganz Rußland erfaßt hatte.«[1]

Die Stunde des »Gottesmannes«, der den Zaren und Rußland retten wollte, hatte noch nicht geschlagen.

Zu Hause mußten wir ohne Dimitri leben lernen. Um seinen Kummer zu vergessen, lud Vater junge Offiziere aus der Provinz zu uns ein, bis sie einer Einheit zugeteilt wurden. Sie schliefen, wo es gerade ging, auf Couches, die im Salon aufgestellt wurden, auf den Fluren und in den Gästezimmern. Das verursachte ein ständiges Hin und Her, das uns daran hinderte, allzu lange bei traurigen Gedanken zu verweilen, obwohl sie sofort und übermächtig wieder da waren, wenn wir allein blieben.

Dimitris Freunde besuchten uns weiter wie früher, besonders Michael Besobrasow und Lew Korbé. Diese beiden Jungen waren von überaus großer Freundlichkeit und großem Zartgefühl; in meiner Anwesenheit blieben sie stets bedacht, nicht der Nostalgie zu verfallen. Aber ich wußte, daß auch sie vom Tode Dimitris stark betroffen waren, doch ihre Erziehung, ihr Charakter gaben ihnen die Kraft, die Prüfungen des Krieges und die Trauerfälle mit einer Festigkeit zu bestehen, die meine Hochachtung herausforderte und mir wieder Mut machte.

Lew Korbé war am häufigsten bei uns. Es war ein sehr ruhiger Junge, voller Mäßigkeit in seinem Tun und Sagen. Aus seiner ganzen Persönlichkeit strahlte Friedfertigkeit und heiterer Gleichmut, was ihn sehr anziehend machte. Als Offizier bei einem Regiment der Kuban-Kosaken hatte er nur einen Wunsch: an vorderster Front zu kämpfen. Jedesmal, wenn die Einheit, der er zugeordnet war, nach rückwärts verlegt wurde, bat er um Versetzung in ein anderes Regiment, das wieder an die Front ging. Ich weiß nicht, wie oft er die Einheit wechselte. Während der kurzen Urlaubsphasen kam er jeden Tag nach Hause, mal zum Mittag-, mal zum Abendessen. Mein Vater schätzte seine

---

[1] Gilliard op. cit.

Gesellschaft sehr; beide setzten sich vor den Kamin, zündeten ihre langen gebogenen Pfeifen an und unterhielten sich stundenlang in ruhigem, freundlichem Ton. Trotz des Generationsunterschiedes stimmten sie völlig überein.

Manchmal empfanden beide kein Bedürfnis mehr nach Unterhaltung. Sie blieben nebeneinander sitzen, bliesen schweigend aus ihren Pfeifen blaue Rauchwölkchen, denen sie mit träumerischem Blick nachhingen. Ich glaube, daß diese Augenblicke für Vater die letzten wurden, in denen er noch einmal so etwas wie Glück erlebte.

Für Juri kam eine Rückkehr an die Front noch nicht in Frage. Auf Vaters Anraten beschloß er, sich zu Hause auf die erforderlichen Prüfungen vorzubereiten, um Offizier werden zu können. Ein intelligenter und sehr gebildeter junger Hauptmann erklärte sich einverstanden, ihm als Lehrer zu dienen.

Michael Suchotin war als knapp dreißigjähriger Kavallerieoffizier gleich zu Beginn des Krieges verwundet worden und verlebte seine Genesung in Zarskoe Selo mit seinem Vater, seiner Frau und seinem kleinen Sohn. Bevor er wieder zurück an die Front ging, hatte er – ein hervorragender Kopf – einen Lehrgang bei der Generalstabsakademie belegt. Er liebte Diskussionen und Kontroversen über alles, schlug seine Zuhörer mit seiner großen Bildung, seiner Schlagfertigkeit und vor allem seinem etwas sarkastischen Humor in den Bann. Leider machte er dabei die Monarchie und die bestehende Ordnung für meinen Geschmack etwas zu sehr verächtlich. Oft ging mir der ironische, ja beißendspöttische Ton seiner Unterhaltung auf die Nerven, und dies um so mehr, als in den ersten Monaten des Jahres 1915 die Zeitungen ihre Leser immer ratloser machten. An der ostpreußischen Front erlitten unsere Truppen eine Niederlage nach der anderen. Im Februar hatten die Deutschen einen Überraschungsangriff gestartet, bei dem ein Großteil unserer Kräfte im Wald von Augustowo eingeschlossen und gezwungen wurde, sich zu ergeben. Nach diesem Desaster beschloß das Oberkommando den Rückzug. So ging Ostpreußen, das wir mit so großen Opfern und so viel Heldenmut erobert hatten, für uns wieder verloren!

Zum Glück waren unsere Truppen an der anderen Front gegen die Österreicher wieder im Vorteil. Ab März 1915 blieben die russischen Truppen unter General Brussilow ständig auf dem Vormarsch. Die starke Festung Przemysl fiel in unsere Hände. Im April wurde ganz Galizien besetzt, unsere Truppen bezogen an den Karpaten-Pässen Stellung und nutzten ihren Sieg aus, indem sie noch die Stadt Tarnów einnahmen.

Der Kaiser bereiste die ganze Gegend. Die größtenteils slawische Bevölkerung bereitete ihm einen herzlichen Empfang. Ihm wurden die verschiedenen Regimenter vorgestellt, die an diesen glorreichen Schlachten teilgenommen hatten. Das erste, das er besuchte, war das 16. Schützenregiment, dessen neue Ausrüstung er vor dem Krieg bei einem langen Marsch auf seinem Landsitz bei Liwadia selbst getestet hatte.

Etwa hundert Mann nur unter dem Kommando eines Sergeanten empfingen ihn, alle Offiziere waren entweder tot oder verwundet. Bei seiner Ankunft begannen diese Soldaten, die gerade aus dem Inferno an der Front gekommen und vor Müdigkeit völlig erschöpft waren, den Marsch zu singen, der sie bis zum Sieg mitgerissen hatte.

Eines Sonntags nahm mich Vater zum Gottesdienst in die Große Fjodorowski-Kathedrale mit, die knapp ein Jahr vor Kriegsbeginn fertiggebaut worden war. Wie jede Woche nahm die kaiserliche Familie mit allen ihren Mitgliedern an der Liturgie teil; im übrigen hatten nur die Angehörigen des Hofes Zugang zur Kathedrale, so daß wir doch recht erstaunt waren, dort Suchotin zu erblicken. Tief in seine Meditation versunken, stand er wenige Meter von uns entfernt.

»Wie konntest du in die Kathedrale hineingelangen?« fragte ihn Vater am Ausgang.

»Damit!«

Suchotin zeigte uns triumphierend den Mantel, den er unter dem linken Arm hielt. Es war Vaters Mantel mit den Generalsepauletten und den roten Aufschlägen.

»Ich ging bei Ihnen vorbei, und Wassili sagte mir, man würde mich ohne Einladungskarte nicht in die Kathedrale einlassen. Daraufhin habe ich Ihren Mantel und die nächstbeste Droschke genommen. Als mich ein Polizist an der Tür aufhalten wollte, habe ich ihm den Mantel gezeigt und bin hereingekommen. So einfach ist das, nicht wahr?«

Besorgt nickte Vater mit dem Kopf. In der Nähe der Kathedrale befand sich ein Lazarett, wo er einen jungen verwundeten Offizier besuchen wollte.

»Es ist der Sohn eines ehemaligen Freundes«, erklärte er uns. »Seine Familie lebt in Moskau, ich habe versprochen, ihn zu besuchen. Ich bleibe nicht lange weg, wartet auf mich im Garten.«

Als er mit mir allein war, kam Suchotin auf mich zu.

»Machen wir ein paar Schritte, einverstanden? Es geht um Ihren Bruder Juri. Er ist begabt, aber unglaublich faul. Er mag Sie sehr; ich glaube, Sie könnten ihn motivieren, etwas mehr zu büffeln.«

Er war mit der Nase bis unter meinen breitkrempigen weißen Hut gekommen und schaute mir mit seinem kurzsichtigen Blick direkt in die Augen. Ich empfand diese Nähe fast als unanständig. Ich wollte es ihm sagen, als Vater wieder zurückkam.

»Möchtest du mit mir hinaufgehen? Ich werde dir unseren Verletzten vorstellen. Er gehört den berühmten sibirischen Schützen an.«

In einem sonnigen Zimmer lag auf einem großen Kopfkissen in einem sauberen Bett ein kleiner, fast kahler Kopf mit tiefliegenden Augen, die mich amüsiert-freundlich betrachteten.

»Nikolaj Wassiliew . . .«

Ich ging ans Bett und reichte dem Unbekannten erstaunt meine Hand. Er sah nicht nach einem jener furchterregenden Kämpfer aus, die, wie die Zeitungen immer berichteten, die Deutschen durch ihren bloßen Anblick in die Flucht schlugen.

Als wir wieder hinausgingen, sagte mir Vater:

»Im Zimmer nebenan liegt ein sehr schwer verwundeter Offizier aus demselben Regiment. Nikolaj Wassiliew hat mir gesagt, es sei ein Junge von ausnehmender Kühnheit und Intelligenz. Er heißt Konstantin Melnik.«

Ich fand diesen Namen eher seltsam. Im Russischen bedeutet »melnik« Müller.

»Das ist ein Ukrainer«, erklärte mir Vater. »Sie haben manchmal etwas komische Familiennamen. Um bei den sibirischen Schützen zu sein, muß er wirklich ungewöhnlich gut sein.«

»Was machst du denn da?«
Juri beugte sich über mein auf dem großen Tisch ausgebreitetes Werk. Da lag Zucker, ein Ei, Butter und eine große Schachtel Haferflocken.

»Tante Katische hat mir beigebracht, wie Kekse mit Butter und rohen Haferflocken gemacht werden. Sie sollen sehr nahrhaft sein und sich lange halten. Ich werde eine Büchse damit füllen und sie an die Front schicken.«

»Dann mußt du mit einer formellen Liebeserklärung vom glücklichen Empfänger rechnen. Als würden dir die zärtlichen Blicke von Andrej Dietrich und Mischa Besobrasow nicht genügen!«

»Aber was schwatzt du denn da! Das sind doch Dimitris Freunde. Wenn sie mich freundlich angucken, so doch nur aus Sympathie.«

»Denkst du! Ich glaube, Mischa Besobrasow ist stark verliebt. Wenn du erscheinst, ist es so, als ginge für ihn die Sonne zu Mitternacht im Dezember auf.«

»Er mag mich, aber nur, weil ich zu unseren Urlaubern freundlich bin. Mit Lew Korbé ist es das gleiche. Aber was tust du da? Du ißt meine Kekse roh auf!«

»Pech, das macht einen weniger. Weißt du, etwas macht mir Sorge. Es ist ziemlich schlimm, und ich hätte ganz gern deinen Rat.«

Es gehörte nicht zu Juris Gewohnheiten, mit mir Vertrauliches zu besprechen, und noch weniger, mich um meine Meinung zu bitten. Ich war ratlos. Vielleicht hatte Suchotin recht, und Juri machte sich Sorgen wegen seiner Prüfungen.

»Hör zu, ich habe die Nacht damit verbracht, mit einem jungen Mädchen querfeldein zu reiten. Sie ist ein paar Jahre älter als ich. Wir haben sogar in einer Dorfschenke geschlafen. Wir sind sehr früh wieder aufgestanden. Es ist frühmorgens so schön auf dem

Land. Ich versichere dir, wir haben nichts Böses getan . . . Aber vielleicht ist es für sie kompromittierend. Eine ganze Nacht mit einem Mann . . . Mir scheint, daß ich um ihre Hand anhalten sollte, um ihren Ruf zu retten. Was denkst du darüber?«

Ich fiel aus allen Wolken. Juri war wirklich weit davon entfernt, sich auf seine Prüfungen vorzubereiten. Und dann: Warum mußte er mir sagen, daß er nichts Böses in dieser Schenke getrieben hätte? Was hätten beide wohl Böses zusammen treiben können? Sie hatten sich wahrscheinlich geküßt, wie in den Romanen. Aber warum sollte das für ein Mädchen entehrend sein? Ich konnte meine Ahnungslosigkeit nicht eingestehen. Mit meinen sechzehn Jahren konnte ich nur antworten:

»Findest du nicht, daß sie ein wenig zu alt ist, um deine Frau zu werden? . . .«

»Möglich! Im Grunde habe ich keine Wahl. Noblesse oblige. Ich habe zwar überhaupt keine Lust zu heiraten. Aber wenn es um die Ehre geht, bin ich bereit. Erst die Prinzipien, dann das Glück.«

Noch am gleichen Tag schickte er ihr einen brieflichen Heiratsantrag. Zwei Tage später fragte ich ihn, ob er schon eine Antwort bekommen hätte.

»Ich habe sie aufgesucht und bin doch sehr erleichtert. Auch sie hält sich für zu alt, um meine Frau zu werden.«

Sie waren zwanzig bzw. vierundzwanzig Jahre alt . . .

Im April 1915 legte ich die Schulabschlußprüfung ab. Ich war ein wenig ängstlich, denn alle schmerzlichen Ereignisse, die zu Hause geschehen waren, hatten mich beim Lernen etwas zurückgeworfen. Ich bestand die Prüfung, doch kam ich nur auf den fünften Platz. Meine Lehrer, die für mich zumindest eine Silbermedaille erhofft hatten, machten mir daraus einen Vorwurf, den ich völlig gelten ließ, denn es schien mir gänzlich deplaziert, mit dem Tod meines Bruders und meinen Verpflichtungen im Krankenhaus zu argumentieren.

Nach der Bekanntgabe der Resultate spielte sich, wie jedes Jahr, die Vorstellung bei der Kaiserinmutter ab. Die Mutter Kaiser

Nikolaus' II. empfing jedes Jahr eine Abordnung der Mädchen, die gerade die Schule hinter sich hatten. Die Vorstellung sollte in Petrograd im Anitschkow-Palais stattfinden, und Vater brachte mich in einer Equipage des Hofes selbst hin. Wir waren etwa fünfzig Mädchen, fünf aus jeder Schule. Wir trugen lange weiße Kleider und aufgestecktes Haar. Feierlich wurden wir in einen großen Saal gebracht, wo man uns aufforderte, um unsere Direktorin und um die Aufseherinnen herum Platz zu nehmen.

Ich konnte mich einer leisen Angst nicht erwehren. Die Kaiserin Maria hatte meinem Vater nicht verziehen, daß er eine Stelle als Arzt bei ihrem Sohn, dem Großfürsten Georg, abgelehnt hatte. Ich fürchtete, daß sie sich unfreundlich zu mir verhalten würde. Als die Kaiserinmutter in Begleitung ihrer Ehrendamen erschien, erstaunte mich ihre scheinbare Jugend. Sie war klein, schlank und anmutig und hatte keine Falten im Gesicht. War es also doch wahr, wie man in Zarskoe Selo munkelte, daß die Zarin sich die Gesichtshaut hatte straffen lassen? Eine nach der anderen defilierten die Schülerinnen an ihr vorbei und wurden von der Direktorin vorgestellt. Als ich dran war, schritt ich vor, gab ihr einen Handkuß und verbeugte mich mit einem tiefen Hofknicks. Als sie mir ihre Photographie und die traditionelle Gedenkmedaille überreichte, bat mich Maria Fjodorowna in betont freundlicher Weise um Nachrichten über Vaters Gesundheitszustand.

Als ich Vater von diesem Tag erzählte, war er gerührt, daß die Zarin ihm nicht nachtrug, ihr den »neuen Hof«, wie man die Suite Nikolaus' II. in der Umgebung der alten Kaiserin nannte, vorgezogen zu haben.

Einige Tage später ließ ich mich in eine Pädagogikklasse, die am Gymnasium neu eingerichtet worden war, einschreiben. Dieses neue Diplom eröffnete die Möglichkeit, schon nach einjährigem Studium in den Anfangsklassen der Schule unterrichten zu können. Meine Freundinnen wunderten sich:

»Du hast es doch nicht nötig zu arbeiten. Warum willst du noch ein Jahr auf der Schule verbringen?«

Darauf wußte ich nichts zu antworten. Wie sollte ich ihnen erklären, daß ich im Innersten die Notwendigkeit empfand, einen

Beruf zu erlernen? Der Krieg hatte den normalen Gang der Dinge unterbrochen. Die Zukunft war ungewiß und voller Bedrohungen. Ich wollte nicht hilflos im Leben stehen, wie viele Mädchen aus meinem Milieu, die ohne den Schutz ihrer Familie unfähig zum Leben waren. Unsere schönen Jahre waren längst vorbei, und wir versanken zusehends in diesem Krieg, der nur drei Monate dauern sollte . . .

Keine Miene verziehen, der Mutlosigkeit, Traurigkeit, Müdigkeit nicht zum Opfer fallen! Das war die fixe Idee, die von mir in diesem ersten Kriegsjahr Besitz ergriffen hatte. Ich wollte mich der Opferfreudigkeit unserer jungen Männer würdig erweisen, die so selbstlos ihr Leben an unseren Grenzen riskierten. Auf jede neue Prüfung antwortete ich mit einer verstärkten Tätigkeit. Mit größtem Ernst bemühte ich mich, all die Aufgaben zu bewältigen, die mir zugefallen waren: meine Rolle als Hausherrin, die Leitung des privaten Krankenhauses und schließlich mein Studium. Ich wußte genau, daß mich die Traurigkeit, sollte ich auch nur einen Augenblick melancholisch werden, sofort übermannen und daß ich keine Kraft mehr haben würde, zu reagieren.
Es ist jedoch schwer, die Symptome einer tiefen Erschöpfung vor den Menschen zu verbergen, die man liebt. Allmählich verlor ich Schlaf und Appetit, meine Gesundheit war angegriffen. Recht besorgt, nötigte mich Vater, einen kurzen Urlaub in Finnland bei Onkel Sascha zu nehmen. Tante Raha, die der Krieg um ihre Lieblingsbeschäftigung, das Reisen, gebracht hatte, nahm die Gelegenheit wahr und begleitete mich.
Leider konnten wir nicht auf ihr Gut nach Ino fahren. Onkel Sascha befürchtete eine Beschießung durch die Deutschen, was wegen der Nähe einer militärischen Festung nicht unwahrscheinlich war. Dieser Gedanke schreckte mich; zum ersten Mal hatte ich das Gefühl, daß das 20. Jahrhundert keineswegs jene Friedens- und Glücksperiode werden würde, von der Mutter noch im Jahr 1908 geschwärmt hatte, sondern daß wir in eine Zeit hineingekommen waren, die noch barbarischer werden sollte als die alte, die mir als Kind immer so viel Angst eingeflößt hatte.

Wir fuhren auf ein anderes Gut, das Onkel Sascha mitten in den finnischen Wäldern besaß, weit von jeder Stadt, am Ufer eines Sees voller Wasservögel. Das Gut hieß Murilo und bestand aus zwei kleinen Häuschen, teils aus Stein, teils aus Holzstämmen, mit schmalen Fenstern und einem langen, spitzen Dach, damit der Schnee herunterrutschen konnte; im Winter diente es als Stützpunkt während der Hirsch- oder Bärenjagd.

Tante Maria war entzückt, uns empfangen zu können, aber aus Platzmangel mußte sie mich im selben Zimmer wie Tante Raha unterbringen. Mutters Cousine schien meine Nachbarschaft nicht sonderlich zu schätzen, aber aus Höflichkeit sagte sie nichts. Beim Schlafengehen wünschte sie mir freundlich eine gute Nacht. Im Halbschlaf meinte ich zu hören, wie sie sich im Bett wälzte, doch war ich zu müde, um darauf wirklich achtzugeben.

Am nächsten Morgen war Tante Raha vor allen anderen aufgestanden und wartete auf der Terrasse auf uns und auf das Frühstück. Onkel Sascha kam als letzter, weil er, wie es seine Gewohnheit war, nachts auf dem Gut herumspaziert war. Er sah ganz vergnügt aus und warf amüsierte Blicke in Richtung auf Tante Raha. Dann nützte er einen stillen Augenblick aus und verkündete todernst:

»Heute nacht habe ich auf dem Grundstück eine Leiche gefunden.«

»Wie bitte? Aber das ist doch entsetzlich! Du teilst uns solche Scheußlichkeiten ohne jede Rücksicht mit«, rief Tante Maria.

»Aber ich bitte dich, laß mich ausreden«, unterbrach mein Onkel. »Ich machte also meine Runde. Es war schon spät in der Nacht, ich war am Ufer des Sees, und plötzlich sehe ich von weit her ein großes schwarzes Paket, das vage die Form eines menschlichen Körpers hat. Ich komme näher . . . Kein Zweifel . . . es war ein Toter. Aber der Tote liebte den Komfort und schlief auf einem Kopfkissen. Ich lupfte ein wenig die Decke und was sehe ich? Tante Raha, noch voll am Leben, die, in ihre Plaiddecke eingerollt, friedlich vor sich hinschnarchte. So benehmen wir uns zu unseren Gästen! Sie sind so schlecht untergebracht, daß sie lieber in die freie Natur schlafen gehen.«

Danach fanden die unausrottbar eigenbrötlerischen Gewohnheiten von Tante Raha ein wenig mehr Rücksicht. Ihr Bett wurde im Speisezimmer aufgestellt, das im Sommer nie benutzt wurde, und der Rest unseres Aufenthalts verlief ohne weitere Nachtwanderungen.

Ein leichter Wind ließ die Nadeln der Fichten erzittern, die die Terrasse umstanden; um den großen Samowar versammelt, tranken wir Tee und beobachteten die dreieckige Flugformation der Wildenten über dem See. Wir hatten kaum noch Lust, uns zu unterhalten. Unter der schrägen Sonne schienen die rötlichen Baumstämme im Wald förmlich zu brennen. Wie mild war doch dieser zu Ende gehende Sommernachmittag, wie weit von jedem Kriegsgeschrei entfernt!
»Nanu, wir haben Besuch«, meinte Onkel Sascha leichthin.
Hupsignale und Motorgeräusche drangen plötzlich an unsere Ohren. Einen Moment später hielten zwei Autos vor der Treppe: ein elegantes kleines Mercedes-Kabriolett und ein anderes, größeres, das von einem Chauffeur des Hofes gefahren wurde, vermutlich einem Mitglied der vegetarischen und pazifistischen Sekte der »Molokane«, deren Anhänger nicht eingezogen worden waren. Aus beiden Autos sprangen drei junge Männer heraus. Zwei weitere stiegen mit einigen Schwierigkeiten aus, denn sie waren an den Beinen verletzt. Endlich, sehr würdig, erschien Vater. Er sprach mich an:
»Wir sind gekommen, um dich abzuholen. Ohne dich ist das Haus so leer.«
Da waren meine beiden Brüder, ferner Andrej Dietrich, Suchotin sowie Lew Korbé, der in der Uniform eines Kuban-Kosaken immer noch so gut und elegant aussah.
Trotz seiner tiefen Abneigung gegen Gäste allgemein, zeigte sich Onkel Sascha als charmanter Gastgeber. Die Diener stellten rasch Gartentische auf und brachten »zakuski«, Käse, »piroschki«, kalten Braten, Fisch in Aspik, Kartoffelsalat, harte Eier, Gurken, Erdbeeren ... Tante Maria hatte immer so viel Vorrat in ihren Eisschränken!

232

Während des Essens kamen wir sehr rasch auf den Krieg zu sprechen. Unsere Truppen hatten Galizien, das so teuer erobert worden war, wieder preisgeben müssen. So viele Opfer vergeblich! Es war unbegreiflich. Onkel Sascha schimpfte auf das Hauptquartier.

»Entweder es sind Verräter oder Unfähige. In beiden Fällen müßten sie an die Wand gestellt werden.«

Der Gedanke, daß gewisse Leute im Oberkommando Verrat begehen könnten, verwirrte die jungen Offiziere. Doch der Kriegsminister, General Suchomlinow, war abgesetzt worden. Onkel Vikar hatte sich nicht geirrt: Einer der engsten Mitarbeiter des Ministers, Mjasojedow, war als Spion im Solde Deutschlands zum Tod verurteilt worden. Onkel Sascha zitierte andere Namen, die Suchotin bestätigte. In ihren Augen war die Situation kritisch geworden. Wenn die Katastrophe noch vermieden werden sollte, mußten höheren Ortes energische Maßnahmen ergriffen werden.

»Es sind ohne Zweifel Fehler gemacht worden«, bemerkte Lew Korbé. »Das kommt in solchen schwierigen Perioden oft vor. Aber uns jungen Leutnanten steht es nicht zu, über sie zu urteilen. Wenn wir den Geist der Kritik zulassen, sind wir verloren. Wenn man gut kämpfen will, muß man alle Zweifel zum Schweigen bringen. Unsere Soldaten schlagen sich hervorragend, sie brauchen unser Vertrauen, unseren Glauben an den Sieg.«

Lew Korbé sprach mit ruhiger, fast überdeutlicher Stimme. Im allgemeinen mochte er sich nicht an der Unterhaltung beteiligen und begnügte sich damit, mit aufmerksamem Lächeln zuzuhören, ohne Partei zu ergreifen. Ich bewunderte seine ruhige Entschlossenheit sehr. Wenn ich mich getraut hätte, hätte ich ihm gern zu verstehen gegeben, wie sehr seine Anwesenheit mir guttat, aber seine Zurückhaltung schüchterte mich ein, und er selbst schien vor dem Alleinsein mit mir Angst zu haben.

Vater erklärte sich mit Lews Worten einverstanden und bemühte sich um einen Themawechsel. Schnell geriet der Krieg in Vergessenheit, die fröhliche Stimmung kam wieder auf. Wir verließen Murilo erst spät am Abend. Onkel Sascha, Tante Maria und Tante Raha, die dableiben wollte, sahen oben auf der Treppe beim Schein eines Leuchters, den ein Diener trug, zu, wie wir in der Nacht verschwanden.

Die Hitze des Tages war noch spürbar. Das Mercedes-Kabriolett fuhr in flottem Tempo durch majestätische Reihen großer, regloser Fichten. Vater saß neben mir auf dem Rücksitz; Gleb und Lew saßen uns auf den Notsitzen gegenüber.

Diese Rückreise fand in der Atmosphäre eines Zaubermärchens statt, die ich nie vergessen werde. Es war eine weiße Nacht, eine dieser wundervollen nördlichen Sommernächte, in denen die Helligkeit des Tages wie ein bleicher Schatten in der Finsternis fortdauert. Ein sanfter, schneeweißer Nebel schien in der Luft zu schweben, ungreifbar, durchsichtig. Der Wald raste an unseren Augen vorbei, in einen diffusen Lichtkreis gehüllt, der eigentlich weder Tages- noch Dämmerlicht war. Ein mir bisher unbekanntes Gefühl der Glückseligkeit übermannte mich. Ich hatte den Eindruck, hier und zugleich ganz weit weg zu sein, so, als hätte sich mein Geist von meinem Körper getrennt. Mir gegenüber saß Lew, dessen unbewegliches Gesicht unter der hohen Astrachan-Mütze lächelte. Ich fühlte ihn ganz nahe, wie einen Komplizen im Zauberbann dieser weißen Nacht, die mich in ihren Fesseln hielt. Noch nie in meinem Leben hatte ich so sanfte, so heitere Empfindungen gehabt wie heute. Ich wünschte, daß diese Entrückung nie aufhören möge, aber sie hörte mit der Reise doch auf, wie ein Traum beim Erwachen aufhört.

Als ich mein Zimmer in Zarskoe Selo betrat, um mich endlich hinzulegen, bemerkte ich auf meinem Sekretär einen langen Dolch in seiner Scheide, der in einer silberziselierten Dose lag. Auf dem Bettvorleger standen ein Paar weiche Lederstiefel, wie sie die kaukasischen Kosaken zu tragen pflegen. Ein wenig weiter auf dem Sessel lag eine Reithose. In der Zeit meines Aufenthalts in Finnland hatte Vater Lew erlaubt, in meinem Zimmer zu schlafen. Ich sammelte seine Sachen ein, um sie ihm zu bringen, als er an der Tür klopfte. Ein wenig bewegt reichte ich ihm sein Eigentum zurück. Er bedankte sich mit einem einfachen Lächeln und machte kehrt. Wir hatten uns kein einziges Wort gesagt, nicht einmal als Guten-Abend-Gruß die Hand gegeben . . .

Lew blieb noch fast eine Woche zu Hause. Vater schlug ihm vor, Dimitris Bett zu benutzen. Seit dessen Tode hatte niemand mehr darin geschlafen.

Der Sommer war noch warm. Wir verbrachten unsere Tage beim Schwatzen im ersten Stock auf der Terrasse oder auf den Gartenwegen beim Spazierengehen.

Plötzlich und ohne daß irgend etwas einen solchen Einfall hätte begründen können, entledigte sich Lew seines langen kaukasischen Militärrocks, den er auf den Rasen legte. Sein enganliegendes schwarz-seidenes Hemd, das »Beschmet«, wie die Kosaken sagen, glänzte in der hellen Frühsonne.

Mit der ganzen Kraft seiner zwanzig Jahre sprang er hoch und hielt sich an der Regenrinne fest, an der er sich langsam bis zur Dachkante hinaufzog. Wie ein Seiltänzer, die Arme im Gleichgewicht weit ausgebreitet, schritt er hoch über der Sadowaja-Straße. Dann ließ er sich mit der gleichen Behendigkeit, wie er hinaufgekommen war, auch wieder hinuntergleiten. Wir vergaßen zu atmen.

»Beim Pagenkorps war er der ausgelassenste von uns allen«, vertraute mir Andrej Dietrich an. »Es ging kein Tag vorbei, an dem er nicht so ein Ding drehte!«

Ich blieb nachdenklich. Lew benahm sich mir gegenüber immer so bedächtig, so korrekt! Heute hatte er die Regel verletzt, so als könnte er sich nicht mehr zurückhalten, mich eine andere Seite der Persönlichkeit entdecken zu lassen, die mir bislang verborgen geblieben war.

Am nächsten Tag sollte er an die Front fahren. Wir begleiteten ihn alle zum Bahnhof. Vater versuchte, sehr lustig zu sein, als wollte er uns Mut machen, doch fühlte ich, daß er tief erschüttert war. Beim Abschiednehmen drückte er Lew an seine Brust. Diese Geste einer großen Zuneigung war für ihn ganz unüblich, und ich meinte sogar, in diesem Augenblick Tränen in seinen Augen sehen zu können.

Auf dem Rückweg nahm er mich zur Seite:

»Lew ist überzeugt, daß das sein letzter Aufenthalt bei uns war. Er erwartet seinen baldigen Tod wie eine absolute Gewißheit.

Letzte Nacht hatte er einen ungewöhnlichen Traum, den er mir erzählt hat: Er stand am Ufer eines Flusses, Dimitri war auf der anderen Seite und rief mit leiser Stimme:

›Komm zu mir herüber, ich warte auf dich.‹ Wie magnetisch von diesem Ruf angezogen, sprang Lew in den Fluß, schwamm ans andere Ufer, wo Dimitri ihm die Hand gab. Beide entfernten sich in der Nacht.

Als Lew zu Ende erzählt hatte, fügte er hinzu:

›Dimitri hat mich gerufen, ich gehe jetzt zu ihm. Das ist gut so.‹«

Lew Korbé hatte sich nicht geirrt. Einen Monat später fiel er in einem Hinterhalt unter deutschen Kugeln. Wie bei Dimitri wurde auch seine Leiche nie geborgen.

Die Trauerfeierlichkeiten fanden spät an einem grauen und regnerischen Herbstnachmittag statt. Lews Familie war nicht sehr groß, und seine besten Freunde waren entweder verwundet oder an der Front. In der fast leeren Kirche konnte das Licht der Kerzen um die Ikonen die Halbfinsternis nicht überwinden, aus der die feierliche Traurigkeit der religiösen Gesänge hervorkam. Plötzlich brach mir das Herz; vom Kummer überwältigt und unfähig, meine Tränen länger zurückzuhalten, bekam ich einen Weinkrampf; bei Dimitris Tod hatte ich nicht geweint. Am Ausgang machte mir Vater sehr strenge Vorhaltungen über mein unerhörtes Verhalten. Es war unmöglich, derart in der Öffentlichkeit zu weinen, besonders wenn man nicht einmal zur Familie des Verstorbenen gehörte.

Als ich wieder allein in meinem Zimmer war, warf ich mich auf das Bett, in dem damals Lew geschlafen hatte. Die Erinnerung an die wundervolle weiße Nacht in Finnland kam wieder zurück, und ich weinte hemmungslos: Dimitri, Nikolaj Schuwalow, Petja Gudowitsch und nun Lew Korbé . . .

Alle diese Toten um mich, diese jugendlichen, begeisterten Gesichter, die ich nie wiedersehen würde . . .

Mischa Besobrasow und Andrej Dietrich wurden auch an die Front geschickt. Ohne Dimitris alte Freunde kam mir das Haus doch sehr leer vor. Zum Glück kam Nikolaj Wassiliew, der junge verwundete sibirische Schütze, den ich im Krankenhaus mit Vater besuchte hatte, zu uns nach Hause zu Besuch, wie er es versprochen hatte. Er hatte zwar Ausgang bis zum Abend, durfte jedoch wegen Komplikationen bei der Verletzung das Lazarett nicht endgültig verlassen.

Es war ein junger Mann um die Dreißig, klug, lustig und quicklebendig. Wir waren uns auf Anhieb sympathisch, und sehr schnell nahm er die Gewohnheit an, fast jeden Tag zu uns zu kommen, um sich zu unterhalten. Nach flüchtigen genealogischen Forschungen hatte er willkürlich eine Verwandtschaft zwischen unseren beiden Familien festgestellt und bewies jedem, der es hören wollte, daß ich seine Tante sei. Obwohl er doppelt so alt war wie ich, verbeugte er sich immer feierlich vor mir, küßte mir die Hand[2] und nannte mich »Tjotuschka«, also Tantchen.

Mir machten seine Besuche viel Spaß. Von Natur zum Dilettanten veranlagt, hatte er nie ernsthafte Studien getrieben, hatte sich aber eine breite und originelle Bildung angeeignet. Sein Repertoire an Witzen war unerschöpflich, und er erzählte sie mit einem unwiderstehlichen kalten Humor. Bei ihm wußte man nie, ob man lachen oder ernst bleiben sollte.

Wassiliew wurde im Maria-Anastasia-Krankenhaus gepflegt, und beide Großfürstinnen verpaßten nie eine Gelegenheit, ihn aufzusuchen. Nicht ein bißchen schüchtern, gab er sich viel Mühe, um sie mit witzigen Geschichten zu unterhalten, die für sie eine Abwechslung von der etwas strengen Atmosphäre am Hof bedeuteten. Später verstand ich, daß Nikolaj Wassiliew unter seiner lustigen Art ein sensibles, ja fast verletzliches Wesen verbarg.

Einmal, gegen Ende des Sommers, war ich mit Gleb im Arbeitszimmer, als Nikolaj mit entsetzter Miene hereinkam und in tragischem Tonfall sagte:

»Ich bin ein Mörder. Ich habe ihn umgebracht. Ja, ich bin ein Mörder.«

Meine erste Reaktion war, anzunehmen, er mache wieder einen

---

[2] Der Sitte entsprechend ist der Handkuß in Rußland nur bei verheirateten Frauen statthaft.

Scherz; so komisch fand ich seinen von einer Schmerzensgrimasse entstellten Gesichtsausdruck.

»Ich bitte Sie, lachen Sie nicht!« betonte er. »Ich glaube, ich habe Konstantin Melnik umgebracht!«

»Ihren ukrainischen Zimmernachbarn? Das ist doch nicht möglich!«

»Doch, leider. Ich habe den ganzen Vormittag beim Witzeerzählen mit ihm verbracht, um ihn wieder etwas aufzumöbeln. Er mußte so lachen, daß eine innere Blutung in der Lebergegend eingetreten ist. Sie wissen, daß er schwer verletzt wurde: Er hat einen Maschinengewehrposten erobert, aber eine MG-Kugel hat ihm Leber und Lunge durchschlagen. Und ich, ich habe darauf nicht mehr geachtet: Ich habe mich von meinem Erzähldrang mitreißen lassen. Ich bin ein armer Narr. Ein Elender . . .«

Vater nahm sich Konstantin Melniks persönlich an, der tatsächlich wieder in Lebensgefahr schwebte. Aber dieser junge Mann war von ausnehmend guter Konstitution und trug die Schmerzen mit einer Geduld und einem Mut, die das gesamte Personal des Krankenhauses in Bewunderung versetzten. Im Nachbarzimmer konnte Nikolaj Wassiliew keinen Schlaf mehr finden. Von Gewissensbissen geplagt, traute er sich nicht einmal mehr, zu uns zu Besuch zu kommen.

Für Gleb und mich fing die Schule, wie jedes Jahr, auch diesmal Ende August 1915 wieder an.

Ich war jetzt in einer neuen Klasse, die sich »pädagogisch« nannte, und da gefiel es mir gut. Ein Teil meiner Arbeit bestand darin, daß ich in den kleinen Klassen in Anwesenheit eines Lehrers selbst den Unterricht gab. Ich hatte das Gefühl, einen wirklichen Beruf zu lernen und mich nützlich zu machen. Die Klassen-Aufseherin war niemand anders als Fräulein Bitner, die ich seit meinem Eintritt in die Oberschule kannte. Bei Kriegsbeginn hatte sie einen Krankenschwesterlehrgang absolviert, und nach ihrer Arbeit kümmerte sie sich um die Verwundeten in einem der größten Krankenhäuser in Zarskoe Selo. Manchmal begegnete ich ihr, wenn ich Vater bei der Visite begleitete, und begann ein tiefes Freundschaftsgefühl für sie zu empfinden.

Zu Beginn dieses Schuljahres meldete sich Juri zur Prüfung. Trotz der immer etwas pessimistischen Voraussagen von Hauptmann Suchotin kam er soweit gut durch und wurde zum Leutnant befördert.

Anschließend kam er ins Kaiserliche Schützenregiment.

Da er nicht mehr krank war, mußte er alsbald wieder an die Front. Für Vater und mich war das eine schwere Prüfung, aber wir mußten uns beugen: Mehr denn je brauchte Rußland jeden tauglichen Mann, um seine Grenzen zu verteidigen.

Die Kaiserin, die sich immer in rührender Weise für uns interessierte, gab Juri noch vor seiner Abfahrt eine Audienz, so wie sie es für alle jungen Offiziere, die an die Front gingen, zu tun pflegte. Ihre Majestät empfing ihn sehr einfach in ihrem kleinen Salon, in Begleitung der beiden älteren Großfürstinnen. Sie überreichte ihm als Segenszeichen ein kleines Gebetbüchlein und stellte ihm einige Fragen über sein Studium und seine Gefangenschaft. Juri war von dem Interesse, das die Zarin für ihn zeigte, sehr geschmeichelt, aber ebensosehr eingeschüchtert. Als er den Raum verließ, stolperte er über den Teppich und wäre beinah der Länge nach hingeschlagen.

Natürlich taten die Kaiserin und die Großfürstinnen so, als hätten sie nichts gemerkt.

Der Monat September 1915 wurde für unsere Armeen zur Katastrophe. Um die russische Offensive zu stoppen, war Deutschland seinem österreichisch-ungarischen Verbündeten zu Hilfe geeilt, und wir wichen an allen Fronten zurück. Galizien, das wir so glänzend in unseren Besitz gebracht hatten, mußten wir wieder vollständig räumen. Polen war erobert, so daß von nun an unsere eigenen Grenzen bedroht waren. In einer derart ernsten Situation entschloß sich der Kaiser, sich selbst an die Spitze unserer Streitkräfte zu stellen.

»Sie können sich nicht vorstellen«, hatte er Gilliard anvertraut, »wie sehr mich dieses Herumstehen weit hinter der Front belastet . . . Hier kümmert man sich nur um Intrigen und Kabalen; da vorn kämpft und stirbt man fürs Vaterland. An der Front ist ein Gefühl stärker als alles andere: der Wille zum Sieg.«[3]

In ihrer größten Mehrheit nahm die Armee die Entschließung des Zaren mit Begeisterung auf. Die Regierung dagegen war besorgt. Die Entfernung des Zaren von der Hauptstadt würde die Kaiserin nötigen, einen Teil der Staatsgeschäfte selbst in die Hand zu nehmen. Das würde Rasputins Einfluß Tür und Tor öffnen.

»Die Kaiserin«, schrieb Gilliard, »mußte in diesen schwierigen Stunden nach einer moralischen Unterstützung Ausschau halten, und zwar bei dem, den sie nicht nur als den Retter ihres Sohnes, sondern als den Vertreter des Volkes ansah, den Gott zur Errettung Rußlands und seines Zaren gesandt hatte.«[4]

Der junge Zarewitsch begleitete den Kaiser nach Mohilew, wo sich nunmehr die »Stawka« befand (so heißt in Rußland der Generalstab). Sie schliefen beide im selben Zimmer auf Feldbetten. Mein Vater suchte sie beide mehrfach auf, um bei Abwesenheit von Professor Fjodorow einzuspringen. Der junge Thronerbe war immer in Begleitung von Pierre Gilliard, der ihm weiterhin täglich Unterricht gab.

Die freundliche Wesensart des Kaisers, seine Ruhe und seine Verbindlichkeit erhellten ein wenig das strenge Leben in der »Stawka«. Nach dem Abendessen, bevor er wieder in sein Kabinett an die Arbeit ging, gönnte sich der Zar eine Partie Domino mit den Mitgliedern seiner Suite und nahm dabei den traditionellen Abendtee ein, den er selbst in silberbeschlagenen Gläsern servierte.

Am selben Abend, als der Kaiser seine Funktion als Oberster Befehlshaber aller Streitkräfte antrat, bekam er ein Siegestelegramm von General Tscherbatschew, der in Galizien wieder zur Offensive übergegangen war. Zwei deutsche Divisionen waren vernichtet worden: fünfzig Offiziere und siebentausend Soldaten waren gefangen. Nach einigen unvermeidlichen Rückschlägen

---

[3] Pierre Gilliard, op. cit.
[4] Ebenda

war es der russischen Armee gelungen, die Front wieder zu stabilisieren; damit brachte sie die Deutschen um den raschen Sieg, mit dem sie gerechnet hatten. Unter dem Oberbefehl des Zaren hatten unsere Truppen wieder Vertrauen geschöpft.

»War es ein Trugschluß?« fragte Gilliards westlich-kritischer Geist. »Man würde das russische Volk schwer verkennen und dabei völlig übersehen, wie tief das monarchistische Gefühl im Muschik verankert ist, würde man nicht annehmen, daß es vielmehr die Wirklichkeit war.«[5]

»Leider«, sagte mir Vater dazu im Vertrauen, »wird man künftighin den Zaren persönlich für den kleinsten Rückschlag sofort verantwortlich machen . . .«

[5] Pierre Gilliard, op. cit.

XVIII
Die Heiligkeit Rasputins

Michail Besobrasow sah in seiner Uniform der Chevalier-Garde wirklich hinreißend aus. Er stand vor mir und überragte mich mit der ganzen Größe seiner Gestalt. Seine großen dunklen, goldgesprenkelten Augen blickten mich mit sanftem Nachdruck an. Ich war unfähig, eine Bewegung zu machen, ein Wort zu sagen. Sein Gesicht kam näher an meines, er nahm mich in die Arme und sehr zart berührte sein Mund meine Lippen. Mein erster Kuß . . . Ich erinnere mich, wie die Tresse seines rauhen silbernen Schulterstückes mir die rechte Wange etwas zerkratzte, aber es war unwichtig; wir hatten uns soeben das Versprechen ewiger Liebe gegeben . . .

Kurz nach Wassiliews Abfahrt an die Front hatte Vater Mischa Besobrasow eingeladen, sich in unserem kleinen Krankenhaus von den Folgen einer Operation zu erholen, die er gerade hinter sich hatte. Gleb und ich waren sehr froh, ihn bei uns zu haben. Seine Anwesenheit erinnerte uns an unsere lieben Toten und brachte etwas von Lews und Dimitris Lebensfreude mit ins Haus. Von Anfang an gab ich mir Mühe, Mischa nicht zu bevorzugen, und machte mir zur Pflicht, ihn wie die anderen Verwundeten zu behandeln, doch fiel mir das recht schwer.

Nach dem Unterricht in der Schule blieb ich mit Gleb in Mischas Zimmer; wir unterhielten uns oder spielten mit Puzzles, die wir auf ein großes Zeichenbrett auf seinem Bett legten. Allmählich gestattete ihm Vater das Aufstehen, erst früh morgens, dann den ganzen Tag. Da er immer noch nicht das Haus verlassen durfte, verbrachte er seine Zeit mit langen Gedichten von Puschkin oder Lermontow, die er auswendig lernte und mir vortrug, wenn ich wieder zu Hause war. Trotz Glebs Anwesenheit erriet ich an Mischas innerer Bewegung bei lyrischen Passagen, daß er immer leidenschaftlicher werdende Gefühle für mich entwickelte. Meinerseits stellte ich fest, daß ich den Augenblick des Wiedersehens immer sehnsüchtiger erwartete. Ich glaube, wir hatten uns nach knapp zwei Wochen ineinander verliebt.

Vater entdeckte bald die Gefühle, die uns verbanden. Er nahm daran keinen Anstoß, wünschte aber eine Klärung der Situation. Da Mischas Gesundheit seine Anwesenheit bei uns nicht mehr erforderlich machte, empfahl er ihm, nach Hause zurückzufahren, um dort entgültig wieder auf die Beine zu kommen. Zwischen uns gab es jedoch weder Erklärungen noch sonstige Versprechungen, so daß unsere Verabschiedung einfach melancholisch war, doch ohne allzuviel Kummer und Herzeleid stattfand.

Drei Tage nach Besobrasows Abfahrt kam Vater nach seiner Arbeit wie üblich in mein Zimmer. Mit ruhiger, unbewegter Stimme teilte er mir mit, daß er eben einen Anruf von Mischa bekommen habe. »Er hat mir gesagt, daß er sich nicht daran gewöhnen könne, fern von uns, vor allem fern von dir zu leben. Ich habe ihm erwidert, daß ich seine Gefühle begreife, aber auf einer Verlobung bestehe, wenn er wieder wie früher hierherkommen wolle. Da hat er mich sofort um die Ehre gebeten, um deine Hand anhalten zu dürfen. Alles hängt nun von dir ab. Also . . .«

»Also ja.«

Ich hatte ohne Zögern geantwortet, so als wäre ich von aller Ewigkeit her bestimmt gewesen, Mischa Besobrasows Frau zu werden. Dimitri, so dachte ich, hätte meine Wahl gutgeheißen.

Vater schien sehr glücklich zu sein:

»Auch ich sehe keinen besseren Bräutigam für dich«, sagte er. »Der junge Mann ist intelligent, nicht leichtsinnig, und ich glaube, daß er ernste Absichten hat. Natürlich muß er mit seiner Mutter darüber sprechen und an seinen Vater schreiben, und der ist an der Front. Bis dahin kann nichts offiziell bekanntgegeben werden. In Gegenwart von Gästen müßt ihr euch so benehmen, als wäret ihr nicht versprochen.«

Gleich am nächsten Tag kam Mischa zum Tee. Vater war zu Hause, und auch Gleb und Fräulein Dochturow. Wir begrüßten uns sehr steif und gaben uns Mühe, das Geheimnis, das uns fortan verband, vor den anderen zu verbergen. Mischa strahlte; fast eingeschüchtert, betrachtete ich ihn verstohlen und hatte das seltsame Gefühl, ihn dabei zum ersten Mal zu sehen. Als die Teestunde beendet war, verabschiedete sich Vater und begab sich ins Palais. Fräulein Dochturow ging hinunter ins Verwundetenzimmer, und Gleb verschwand einfach. Zum ersten Mal blieb ich mit Mischa allein.

Mischa kam jeden Tag regelmäßig zur Teestunde. Danach hatte ich das Recht, mit ihm bis zum Abendessen in meinem Zimmer zu bleiben. Wir tauschten überaus züchtige Küsse, dann unterhielten wir uns lange. Wir sprachen von der Vergangenheit, von der glücklichen Zeit, als Dimitri und Lew noch am Leben waren.

Seitdem unsere Hausdiener eingezogen waren, mußte Wassili auch den Telephondienst versehen. Mit wahrer Begeisterung stürzte er sich beim ersten Klingelzeichen auf den Apparat und brüllte unüberhörbar in die Sprechmuschel:
»Hier ist die gute Seele von Diener. Wen wollen Sie sprechen?«
Zu meiner größten Verzweiflung war es mir nicht gelungen, ihm etwas mehr Stil beizubringen.

Eines Nachmittags, während ich ungeduldig auf Mischas Kommen wartete, fühlte ich, wie mir das Herz in der Brust wehtat. Vom Flur unten stieg Wassilis Stimme herauf:
»Eine Gräfin Besobrasow ist am Apparat, die Seine Exzellenz sprechen möchte.«
Als Vater das Gespräch abnahm, ergriffen Scham und Furcht von mir Besitz. Wie sollte mich nun Frau Besobrasow beurteilen, nachdem sie die Unarten des Hauspersonals im Botkinschen Haus kennengelernt hatte? Ich war derart verwirrt, daß ich Vater kaum hörte, wie er mit der Gräfin ein Treffen vereinbarte.
Als Mischas Mutter zu uns kam, beobachtete ich sie insgeheim, ohne mich selbst zu zeigen, und hatte Angst beim Gedanken, ihr bald vorgestellt zu werden. Es war eine sehr schöne Frau von ausgesuchter Eleganz, deren hochmütiger Gesichtsausdruck mich beeindruckte. Vater hatte eine lange Unterhaltung mit ihr allein, dann bat er mich herein, um mich vorzustellen. Beim Anblick ihres Gesichts verstand ich sofort, daß ich mich auf eine böse Enttäuschung gefaßt machen mußte. Frau Besobrasow be-

grüßte mich mit kalter Höflichkeit, richtete in der Folge kaum ein Wort an mich und verabschiedete sich bald darauf. Vater legte sanft seine Hand auf meine Schulter.

»Frau Besobrasow ist der Meinung, daß die Absichten ihres Sohnes verfrüht sind. Du bist erst siebzehn, er neunzehn. Sie meint, es wäre besser zu warten. Sie ist dagegen, daß Mischa offiziell als dein Verlobter betrachtet wird.«

Am nächsten Tag kam mir Mischa sehr besorgt vor. Sobald wir allein waren, nahm er meine Hand und teilte mir mit, er habe einen Brief von seinem Vater bekommen. Verlegen reichte er mir ein Blatt Papier, das er aus seiner Uniformtasche nahm. Darin warnte General Besobrasow seinen Sohn eindringlich, empfahl ihm, sich sehr zurückhaltend mir gegenüber zu verhalten und jegliche Intimitäten zu vermeiden. Er erinnerte Mischa daran, daß ein Offizier der Chevalier-Garde seine Verlobte im eigenen Stand zu suchen hatte. Die Botkins dagegen waren adlig erst in der dritten Generation! Wenn er an seiner Heiratsabsicht festhalten sollte, die in jedem Fall wegen unserer Jugend nicht so schnell zu verwirklichen sei, würde er sein Regiment verlassen müssen.

Dieser Brief stürzte mich in eine tiefe Niedergeschlagenheit, doch Mischa beeilte sich, mich wieder umzustimmen. Nie würde er auf mich verzichten, auch wenn er sein Regiment verlassen sollte. Die Chevalier-Garde sei unwichtig im Vergleich zu dem, was ich für ihn bedeute.

Aus Ehrlichkeit beschloß Mischa, auch Vater diesen Brief zu zeigen, und bat ihn um die Erlaubnis, uns wie bisher besuchen zu dürfen. Er wollte weiterhin als mein Verlobter angesehen werden. Vater sagte dazu nichts, erlaubte aber Mischa, uns zu Hause unter der Bedingung zu besuchen, daß unsere Verlobung geheim bliebe.

Trotz meiner Enttäuschung hoffte ich weiter. Nach wie vor empfing ich Mischa in meinem Zimmer in der Zeit zwischen Tee und Abendessen. Jedesmal wenn ich ihn ins Vestibül zurückbrachte, erschien ich mit leicht zerzaustem Haar und heißen Wangen im kleinen Salon, in dem sich Fräulein Dochturow aufhielt. Sie schaute mich mit ihrem gütigen, kurzsichtigen Blick aufmerksam an und sagte freundlich im Vorbeigehen:

»Liebes Kind, seien Sie vorsichtig!«

Mir blieben diese Worte ein Rätsel. Ein paar Tage später fuhr Mischa an die Front und hinterließ mir als Liebespfand ein Armband aus schwerem Gold.

»Dimitri ist heute ein Jahr tot.«

An diesem schrecklichen Gedenktag hatte Vater sehr viel Mühe, seinen Kummer zu verbergen. Er versuchte, den Anstand zu wahren, aber ich fühlte, wie müde und erschöpft er war, und sein resignierter Gesichtsausdruck machte mich krank. Wie alt war er in diesem Jahr geworden!

Der Brief, den wir von Juri bekamen, war auch nicht dazu angetan, uns viel Trost zu bringen. Er teilte uns mit, daß er beim ewigen Stehen in Schützengräben eine Lungenentzündung bekommen hatte. Der Militärarzt hatte ihn nach rückwärts verlegen lassen, bald würde er zu Hause sein, um sich behandeln zu lassen.

Juri kam sogar etwas früher als erwartet. Ich war allein zu Haus, um ihn zu empfangen. Er hatte wieder stark abgenommen, konnte sich aber ohne fremde Hilfe selbst bewegen.

»Vor allen Dingen«, verkündete mein Bruder, »will ich ein schönes Bad.«

Es stimmte, er war entsetzlich schmutzig; er, der immer viel Wert darauf legte, einwandfrei angezogen zu sein, trug nun eine völlig verschmutzte, teilweise zerrissene Kleidung.

Wassili frohlockte. Wie üblich öffnete er die Tür und stieß den gellenden Schrei aus, den er jeden Morgen für die Verwundeten unseres kleinen Krankenhauses bereithielt.

»Rasieren, Haare schneiden und waschen, Brüderchen!« Rasch lief er, ihm ein Bad einzulassen und half Juri noch beim Auskleiden. Er trug seine Sachen in die Waschstube mit angeekelter Miene und rief lachend aus:

»Sogar ein Muschik würde das nicht anziehen wollen!«

Ich ging zu Juri ins Zimmer. Er lag schon; ich trat an sein Bett, und er nahm meine Hand.

»Ich habe gehört, daß du Mischa heiraten wirst. Ich gratuliere. Er ist schon ein bemerkenswerter Typ. Ich glaube, ihr werdet glücklich sein.«

Ich begann, ihm das Auf und Ab unserer Verlobung und die Reaktion von Mischas Eltern zu erzählen, bis ich feststellte, daß er die Augen zugemacht hatte, und, meine Hand in seiner, friedlich eingeschlafen war.

Die Katastrophen brachen weiterhin über uns herein. Am Morgen nach Dimitris traurigem Todestag erfuhr Vater, daß der Tod den jungen Thronfolger, den er so liebte, abermals bedrohte. Während des Winters 1915 war die Gesundheit des Zarewitsch zufriedenstellend gewesen, und der Kaiser hatte Wert darauf gelegt, seinen elfjährigen Sohn den Truppen zu zeigen, deren Oberbefehl er übernommen hatte. Vom 11. Oktober bis zum 3. Dezember bereisten sie gemeinsam das Frontgebiet von Süden nach Norden, inspizierten die Regimenter, machten Abstecher in die vordersten Linien und besuchten die Verwundetensammelstellen. Wie Pierre Gilliard es bezeugt hat, war die Begeisterung riesig, »nicht nur bei den Soldaten, sondern auch bei den Bauern, die bei jedem Halt des kaiserlichen Zuges in Massen aus der ganzen Umgegend herbeikamen, um ihren Herrscher zu sehen ... Doch am Donnerstag, dem 14. Dezember, begann Alexej Nikolajewitsch, der sich am Vortag erkältet hatte und einen ordentlichen Schnupfen hatte, nach einem heftigen Niesanfall aus der Nase zu bluten ... In der Nacht wurde es schlimmer; die Temperatur war gestiegen, und der Patient wurde zusehends schwächer.«[1]

Professor Fjodorow beschloß, den kleinen Patienten nach Zarskoe Selo zu verlegen. Trotz intensiver Behandlung verlor der Knabe weiterhin Blut, und der Zug mußte mehrfach angehalten werden. In dieser Nacht der Angst stützte der treue Matrose Nagorny, der den Zarewitsch nicht einen Augenblick allein ließ,

---

[1] Pierre Gilliard, op. cit.

ständig dessen Kopf auf den Kissen, doch die Kräfte des Thronfolgers nahmen zusehends ab, und er fiel schließlich in Ohnmacht. Der Blutfluß hörte erst gegen Morgen auf.

Bei Ankunft des Patienten in Zarskoe Selo spielte sich ein Zwischenfall ab, der schlaglichtartig das Problem beleuchtet, das Rasputin für Rußland darstellte.

In dem ihr eigentümlichen exaltierten Ton erzählt Anna Wyrabowa:

»Ich war bei der Zarin, als das Telegramm mit der Nachricht von der bevorstehenden Rückkehr des Zaren und des Zarewitsch nach Zarskoe Selo eintraf, und ich werde nie die Angst und Not vergessen, mit der die arme Mutter ihr krankes, vielleicht sterbendes Kind erwartete. Auch ich kann die wächserne Blässe des kleinen, spitzen Gesichts des Jungen nicht vergessen, als er ganz behutsam ins Palais getragen und auf sein kleines, weißes Bett gelegt wurde. Über die blutigen Bandagen hinweg starrten uns die Augen mit einem unsäglich flehenden Blick an, und alle, die um das Bett herumstanden, glaubten, die letzte Stunde des unglücklichen Kindes sei gekommen. Die Ärzte taten, was sie konnten, versuchten, mit allen der Wissenschaft bekannten Mitteln die Blutung zum Stillstand zu bringen. In ihrer Verzweiflung ließ die Zarin Rasputin rufen. Er kam in das Zimmer herein, schlug das Kreuz über dem Bett und sagte, das todkranke Kind fest anblickend: ›Beunruhigt euch nicht. Es wird nichts geschehen.‹ Dann verließ er das Zimmer und sogar das Palais. Das war alles. Das Kind schlief ein und war am nächsten Tag so wohl, daß der Zar sich ins Hauptquartier begab.«[2]

Pierre Gilliard gibt seinerseits eine wesentlich nüchternere Version des Vorfalls wieder:

»Unendlich behutsam wurde der Patient ins Palais getragen. Es gelang endlich, die Wunde, die sich an der Stelle gebildet hatte, wo das Blutgefäß geplatzt war, zu kauterisieren.«[3]

---

[2] Anna Wyrubowa, op. cit., in Robert K. Massie, Nikolaus und Alexandra, a. a. O., S. 361.

[3] Gilliard, op. cit.

Ich selbst bin in der Lage, in diesem Punkt das klare Zeugnis meines Vaters beizubringen: Rasputin wurde ins Zimmer des Zarewitsch *erst am Tage nach* der Kauterisierung zugelassen, mit deren Hilfe die Hämorrhagie endgültig gestoppt werden konnte. Der Patient, der im übrigen nur langsam wieder zu Kräften kam, war zu diesem Zeitpunkt bereits außer Lebensgefahr.[4]

»Die Kaiserin«, notiert Gilliard, »schrieb nichtsdestoweniger die am Morgen eingetretene Besserung des Zustandes des Zarewitsch den Gebeten Rasputins zu.«[5] Der »starez« seinerseits kehrte im Triumph nach Hause zurück, und wie die Untersuchungskommission der Provisorischen Regierung später feststellen sollte, verkündete er: »Jetzt wird der Kaiser auf meinen Rat hören.«

Die erneute Erkrankung des Zarewitsch geschah an einer Wende in der Geschichte Rußlands. »Das Leid hatte den Herrscher endgültig gebrochen . . .«, bemerkt Gilliard, »und er erlebte mystische Perioden, in denen er sein klares Urteil über Menschen und Dinge einfach verlor. Sein Glaube an Rasputins Heiligkeit beweist es nur zur Genüge. Andererseits nahm die Kaiserin immer stärker Anteil an den Staatsgeschäften, um ihrem Gemahl zu helfen, den sie immer mehr unter der Last einer erdrückenden Verantwortung zusammenbrechen sah.«[6]

Die Würfel waren gefallen, und die Untersuchungskommission der Provisorischen Regierung sollte einmal abschließend feststellen: »Die außergewöhnliche Natur dieses außer sich geratenen Bauern . . . offenbart sich wohl am klarsten in der Tatsache, daß jene Kugel, die sein Ende war, zugleich eine herrschende Dynastie ins Herz traf.«[7]

---

[4] Dieser Vorfall scheint die Annahme des Untersuchungsrichters Sokolow zu bestätigen: Rasputin intervenierte immer nur in völliger Kenntnis der Sachlage und verfügte sowohl durch die Wyrubowa über genaue Informationen zum Krankenzustand als auch über eine qualifizierte Einschätzung des Krankheitsverlaufs, die ihm Dr. Badmajew verschaffte.

[5] Gilliard, op. cit.

[6] Gilliard, op. cit.

[7] Alexander Block, op. cit., S. 13.

Das Weihnachtsfest war zu nah an Dimitris Todestag, um für uns eine rechte Gelegenheit zu sein, uns zu amüsieren oder auf Empfänge zu gehen.

Am Vorabend des Neujahrstages, nach der Schule, widmete ich mich den Verwundeten, um sie ihr trauriges Los, von ihren Familien getrennt zu sein, ein wenig vergessen zu lassen. Vater hatte, wie üblich, den ganzen Nachmittag beim Roten Kreuz verbracht. Vor seiner Rückkehr nach Hause rief er noch an, um mir mitzuteilen, er habe Wassiliews ukrainischen Freund zum Abendessen eingeladen.

»Den Müller?« wunderte ich mich. »Konstantin Melnik?«

»Ja«, antwortete er. »Er ist gerade aus dem Lazarett entlassen worden. Da er in Petrograd keinen kennt, dachte ich, es würde ihm Freude machen, das neue Jahr in unserer Gesellschaft zu beginnen. Du wirst sehen, es ist ein sehr liebenswerter junger Mann.«

Als die Haustür aufging und Vater hereintrat, erblickten wir hinter ihm einen braunhaarigen Riesen mit markanten Zügen, der sich gerade in einer sehr gut geschnittenen Uniform hielt und nichts von dem allzu nachlässigen Gehabe vieler seiner Landsleute an sich hatte. Ohne freilich den Schliff eines Pagen zu haben, fehlte es ihm sogar nicht an einer gewissen Eleganz. Im Profil erinnerte er mich, mit seiner leicht gekrümmten Nase und seinem scharfen Blick, an einen Raubvogel. Trotz seiner provinziellen Herkunft sprach er einwandfrei russisch, ohne jede Spur von ukrainischem Akzent.

Suchotin, der offensichtlich unser Familienleben dem eigenen vorzog, war auch anwesend. Mit seinen etwas schlaffen Gesichtszügen, seiner kleinen ovalen, silbergefaßten Brille und der Miene eines nervösen Intellektuellen stand er in völligem Kontrast zu unserem neuen Gast.

»Ich kann für das Jahr, das uns bevorsteht, nichts Gutes voraussagen«, sagte er gegen Ende der Mahlzeit. »Seit der Abfahrt des Kaisers zurück zur ›Stawka‹ ist Rasputin am Hof allmächtig geworden. Er diktiert der Zarin die Ernennung der neuen Minister.«

Im Verlauf des Abendessens hatte Suchotin stark dem Alkohol zugesprochen; er leerte sein Weinglas stets mit einem Zug, als wollte er sich selbst Mut machen. Ich bemerkte, daß er darauf brannte, uns seine Meinung über die Lage mitzuteilen. Kaum war die Tafel aufgehoben, hatte er das Gespräch auf Rasputin gelenkt. Melnik hörte ihm vorsichtig zu, aufmerksam und zurückhaltend zugleich.

»Das Leben dieses Mannes ist ein permanenter Skandal«, fuhr Suchotin fort. »In Petrograd spricht man nur noch davon. Er versucht gar nicht mehr, sich zu verstecken, so als wäre er sicher, immer straflos auszugehen. Zu seinem Namenstag hatte er einige Damen aus der besten Gesellschaft eingeladen. Der Alkohol floß in Strömen. Schon von der Straße her war sein donnerndes Lachen inmitten von lauten, mehr oder weniger alkoholisierten Gesprächsfetzen zu hören. Um den Abend etwas pikanter zu gestalten, hatte er junge Mädchen vom Lande kommen lassen, die ihm völlig zu Willen waren. Denn der ›heilige Mann‹ schätzt Unzucht und Orgien über alles! Statt daran Anstoß zu nehmen, machten die feinen Damen hemmungslos mit. Von diesem Spektakel entsetzt, weigerten sich die Zigeuner-Musikanten zu spielen und gingen nach Hause. Im Flur standen Polizisten auf Wache. Schließlich wurden die Ehemänner dieser jungen Damen verständigt, zumeist Offiziere. Im Morgengrauen stürmten sie mit gezogenem Degen ins Haus und wollten Rasputin erledigen. Doch widersetzten sich die Polizisten. Der Gastgeber nutzte die Gelegenheit, um über eine Dienstbotentreppe mit seinen Gespielinnen zu entkommen. Die Offiziere fanden in der Wohnung nur ein paar Lakaien und einige »junge Mädchen« in einem bedauernswerten Zustand. Und dieser Mensch wird bei Hofe empfangen! Die Kaiserin macht alles, was er will! Er sucht sich die Minister aus! Das ist doch zum Auswachsen! . . .«

Vater versuchte, Suchotin ein wenig zu bremsen.

»Früher oder später wird der Zar die Wahrheit entdecken.«

»Aber nicht doch, der Kaiser kann niemandem mehr vertrauen! Er hat keinen einzigen zuverlässigen Freund mehr. Alles um ihn konspiriert.«

Suchotin sprach mit einer Art Schadenfreude und schien am Desaster noch Gefallen zu finden. Mit einem sehr unangenehmen zynischen Ton fügte er hinzu: »Nun soll selbst die Kaiserin von Rasputins Heiligkeit überzeugt sein!«

»Das ist doch die ganze Tragödie«, meinte Vater. »Die Wiederherstellung des Zarewitsch hat sie stark beeindruckt. Viele andere Damen am Hof denken wie sie darüber, insbesondere die Wyrubowa.«

»Aber die Wyrubowa und Rasputin sind Spione in deutschem Sold!« erwiderte Suchotin.

»Verzeihen Sie, Herr Hauptmann«, sagte plötzlich Leutnant Melnik und schaute Suchotin mit einer eindrucksvollen, ruhigen Besonnenheit gerade in die Augen. »Was Sie hier behaupten, ist sehr schwerwiegend. Wenn die Wyrubowa eine Spionin ist, müssen Sie das beweisen.«

Suchotin blieb sprachlos. Bis jetzt hatte er Melnik, der jünger war und hierarchisch niedriger stand als er, völlig übersehen. Er bemühte sich, in leicht verachtendem Tonfall zu sprechen.

»Aber alles läßt doch darauf schließen, oder? Vor allem ihre Umtriebe mit diesem elenden Grigori!«

»Was für Umtriebe?« erlaubte sich Melnik zu insistieren. »Ich begreife, daß man Rasputin und die Menschen um ihn herum kritisiert, aber sie zu Spionen zu erklären, ist ein anderes Paar Schuhe. Wenn Sie Beweise haben, teilen Sie sie der Polizei mit. Aber grundlose Gerüchte in die Welt zu setzen, ist nutzlos und gefährlich, besonders wenn damit den Majestäten geschadet wird.«

»Finden Sie es nicht seltsam, Leutnant, daß man mitten im Krieg einen Herrn Stürmer, der deutscher Herkunft ist, zum Ministerpräsidenten macht, oder sehen Sie darin einen reinen Zufall?«

Suchotins Ton war schneidend geworden, doch ließ sich unser sibirischer Schützenleutnant nicht beeindrucken.

»Hierzu darf ich erwidern, daß es in Rußland viele Offiziere gibt, die einen deutschen Namen tragen. Sie sind nichtsdestoweniger tapfer fürs Vaterland gefallen. Dennoch kann dieser Stürmer durchaus eine Null sein.«

39. Die Zarin und ihre Töchter Olga und Tatjana 1914 in Schwesterntracht

38. Die Großfürstinnen Maria und Anastasia 1915 auf Visite bei den Verwundeten in dem Krankenhaus, das ihren Namen trägt

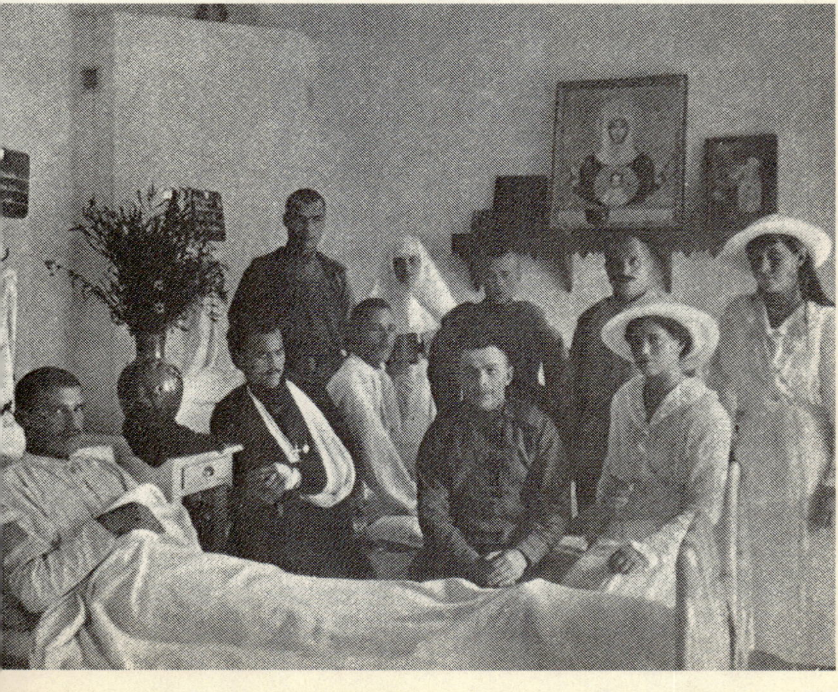

40. Leutnant Konstantin Melnik in der Felduniform der Sibirischen Schützen

41. Offizielles Porträt des Zarewitsch von 1916, welches den Soldaten geschickt wurde

42. Der Zarewitsch 1916 in Mohilew

43. Die überlebenden Offiziere (12 von 82) des 5. Sibirischen Schützen-Regiments nach den Schlachten bei Warschau und Stochod. Zweite Reihe rechts: Leutnant Konstantin Melnik. Hinter dem Kommandanten: Leutnant Wassiliew

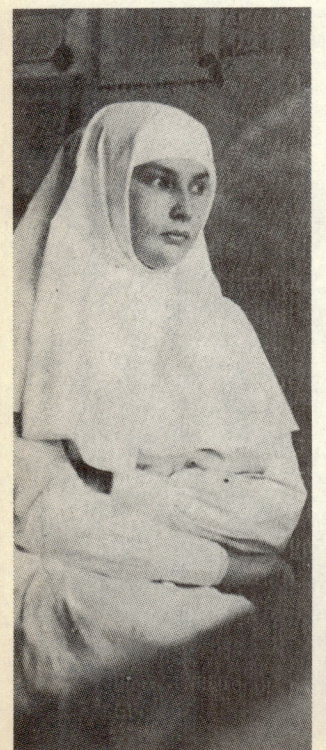

44. *Tatjana Botkin und Gleb Botkin hinter den Verwundeten stehend, die sie in ihrem Haus in Zarskoe Selo 1916 beherbergten*

45. *Tatjana Botkin in der Tracht einer Schwester des Lazaretts im Katharinenpalais*

46. *Das Katharinenpalais, 1916 in ein Lazarett umgewandelt*

»Oder ein Verräter«, warf Suchotin wütend ein.

»Ich bin derselben Meinung wie Melnik«, meinte Vater, der dem Gespräch ein Ende machen wollte. »So etwas kann man nicht ohne Beweise behaupten. In jedem Fall müssen wir unserem Zaren vertrauen, ganz gleich unter welchen Umständen . . .«

»Dem Zaren vertrauen, ganz gleich unter welchen Umständen . . .« Von der Nacht zum 1. Januar 1916 an bis heute habe ich mehr als sechzig Jahre Zeit im Exil zur Verfügung gehabt, um über diesen Ausspruch aus dem Munde meines Vaters nachzudenken. Wenn das russische Volk und die russische Gesellschaft einer solchen ihren Traditionen und ihrer Geschichte gemäßen Handlungsmaxime gefolgt wären, wäre das Antlitz des 20. Jahrhunderts ein anderes geworden. Dank den vereinten Bemühungen Frankreichs und des kaiserlichen Rußland wäre das Blutbad von 1914 viel früher zu Ende gegangen; was auch immer die unvermeidlichen politischen Umwälzungen gebracht hätten – es ist kaum wahrscheinlich, daß Lenin, den die Kriegsmüdigkeit und das Scheitern eines kurzatmigen Parlamentarismus-Versuches an die Macht spülten, je die geringste Chance gehabt hätte, mit seinen blutigen Utopien zu experimentieren. Wäre dann wieder Frieden geworden, hätte Rußland, das damals schon Europas Kornkammer war, seine unglaubliche industrielle und wirtschaftliche Entwicklung, die unter Nikolaus II. begonnen hatte, weiter fortgesetzt. Was Deutschland anbetrifft, so beweisen die von russischen Diplomaten ins Exil mitgenommenen Archivalien mehr als deutlich, daß die kaiserliche Diplomatie eine Eindämmung des preußischen Imperialismus beabsichtigte, aber nicht bis zur Demütigung des deutschen Volkes in der Art etwa des Versailler Vertrages, sondern vielmehr, wie schon 1814, zum Aufbau eines neuen europäischen Gleichgewichts. Es hätte weder Stalin noch Hitler gegeben, und Rußland hätte sich sechzig Millionen Tote und die unauslöschliche Schande des »Archipels Gulag« erspart, die im Keim schon in den Revolutionen vom Februar und Oktober 1917 enthalten waren.

Jeder vernunftbegabte Mensch, sagt ein zeitgenössisches russisches Sprichwort, hat den Zaren im Sinn. Von einem schlecht verdauten Westlertum in die Irre geführt, haben die russischen Eliten geglaubt, unter dem Beifall der bewundernden, aber einer wahrhaften Kenntnis Rußlands völlig baren europäischen Demokratien, diese Grundtatsache bei der von den Merkmalen des Mittelalters noch stark gezeichneten russischen Gesellschaft ignorieren zu können. Mit Hilfe des preußischen Imperialismus, der auf diese Weise seine Kriegslasten im Osten verringern wollte, haben sie unser armes Volk in die Arme »roter Zaren« getrieben, welche, von einer nach Karl Marx selbst auf Rußland nicht anwendbaren ökonomistischen Ideologie beseelt, ihrerseits keinerlei ethische oder geistliche Werte beherzigt und jede Achtung vor dem Menschen und vor Gott mit Füßen getreten haben.

XIX
Der Bruch

Zu Beginn der großen Fastenzeit nahm uns Vater zum Abendgottesdienst in die Fjodorowski-Kathedrale mit, der in der
Krypta stattfand. Als wir hereintraten, konnten wir keine Besucher erblicken, doch vor der Ikonostase, etwas weiter zurück,
stand die Kaiserin und ihre beiden ältesten Töchter. In der Kirche war es recht dunkel, wir blieben diskret am Eingang stehen
und bewunderten das Profil der drei Krankenschwestern im weißen Kleid mit ihren weißen Schleiern. Sie waren ins Gebet vertieft, und noch vor Beendigung des Gottesdienstes zogen wir uns
unbemerkt zurück. Am nächsten Tag bat die Kaiserin unseren
Vater, während des Abendgottesdienstes nicht in die Krypta zu
gehen: Von der Sorge um die Gesundheit ihres Sohnes und den
Verlauf des Krieges getragen, wollte sie allein mit ihren Kindern
beten, doch, wie immer für die Gefühle der anderen zugänglich,
schickte sie uns zu Ostern besonders herzliche Segenswünsche.
Zum ersten Mal seit Beginn des Krieges fuhren wir in den Feiertagen auf die Krim: Die Kaiserin hatte Vater mit der Organisie-
rung eines Sanitätszuges beauftragt, mit dem genesende Verwundete dorthin gebracht werden sollten. Vater sollte sich einige
Tage in Liwadia aufhalten, um der Zarin Bericht über den Zustand der Krankenanstalten auf der Krim zu erstatten, und vor
allen Dingen, um die Einweihung eines neuen Sanatoriums zu
beschleunigen, das die Zarin unweit von Jalta hatte errichten
lassen. Ich erfuhr voller Freude, daß ich als Doktor Botkins
Assistentin mitfahren durfte – dieser offizielle Titel beeindruckte
mich sehr – und daß Juri und Konstantin Melnik es geschafft
hatten, sich auf die Krankenliste setzen zu lassen.
Nach Petrograd, der kalten Jahreszeit und dem Tauwetter war
ich von der Krim hingerissen, die ich zu dieser Zeit noch nie
erlebt hatte. In dem offenen Wagen, der uns ins kaiserliche Palais
nach Liwadia brachte, ließ ich mich von dem Duft tausender
Blumen am Rande der kleinen hellen Straße berauschen, die sich

durch die Hügel hinunter zur Küste schlängelte. Es empfing uns der Oberintendant in Liwadia, General Janow, in Begleitung seiner drei Töchter, die in ihren leichten, rosa-weißen Perkalkleidern anmutig wie Schmetterlinge waren. Er brachte uns bis zum Haus der kaiserlichen Suite, wo Vater abzusteigen pflegte. Wir quartierten uns dort mit Juri ein, während Konstantin Melnik weiter in Richtung Sanatorium nach Massandra fuhr. Vater hatte mir eine glückliche Überraschung mitgeteilt: dort befand sich auch Mischa Besobrasow auf Genesungsurlaub.

Vater gönnte sich nicht die geringste Ruhe. Regelmäßig hatte er der Kaiserin Bericht zu erstatten über den Gesundheitszustand der in den Krankenhäusern Ihrer Majestät behandelten Verwundeten sowie über die Reformen, die er in der Gesundheitsverwaltung durchführte. Ein Sonderkurier war mit der Beförderung dieser umfangreichen Korrespondenz beauftragt, die Vater immer in deutscher Sprache abfaßte. Gleichzeitig ließ Vater alle Auskünfte, die er über Soldatenfamilien auf der Krim bekommen hatte, an die Großfürstin Olga Nikolajewna, der Präsidentin des Hilfskomitees für Reservistenfamilien, weiterleiten.

Seine größte Sorge war jedoch das Sanatorium in Liwadia, das immer noch nicht fertig war. Dieses prachtvolle Gebäude, dessen Pläne noch vor dem Krieg entworfen waren, verband modernsten Komfort mit architektonischer Harmonie. Aber die Arbeiten gingen mit einer Langsamkeit weiter, die zum Verzweifeln war; Vater mußte sich ständig mit den Klagen der Architekten auseinandersetzen, die sich mal auf Schwierigkeiten bei der Arbeitskraftbeschaffung beriefen, seitdem die letzten Reservisten eingezogen waren, mal auf die Unmöglichkeit, die notwendigsten Bauteile bis hin zu Türriegeln und Türklinken zu bekommen. Doch allmählich schritt die Arbeit voran und das Sanatorium war fast fertig, als Vater mich eines Tages mit auf die Baustelle nahm; dort standen die Arbeiter ohne Beschäftigung umher. Außer sich ließ Vater den Architekten kommen, und ich habe ihn nie so zornig erlebt wie diesmal, als er erfuhr, daß die Arbeit wieder unterbrochen worden war, weil die Scheiben für die Glastüren nicht nach Liwadia transportiert werden konnten.

»Ihre Fahrlässigkeit ist unentschuldbar«, explodierte er. »In zwei Tagen bringe ich einen Priester zur Einsegnung der Räumlichkeiten hierher und noch am selben Nachmittag werden die ersten Verwundeten und das Sanitätspersonal hier eintreffen.«

Zwei Tage später war alles bereit, um Konstantin Melnik und Mischa Besobrasow als allererste Genesende zu empfangen.

Mischa hatte nur eine leichte Operation hinter sich, trotzdem durfte er sein Zimmer nicht verlassen. Wenn ich ihn besuchte, lag er auf seinem Bett in einem prachtvoll betreßten Morgenmantel aus purpurroter Seide. Ein Kaschmir-Tuch um seinen Hals betonte noch die Blässe seines Teints. Durch die Krankheit war sein Gesicht spitzer geworden, und seine blendend weißen Zähne verliehen seinem Lächeln einen fast grausamen Ausdruck. Nie hatte ich ihn so verführerisch gutaussehend erlebt.

»Die Tage sind lang in diesem Sanatorium, liebe Tatjana. Zum Glück kommt manchmal Melnik, um mit mir Schach zu spielen. Das ist mein einziger Zeitvertreib. Du kannst dir nicht vorstellen, wie ich dich um deine Bewegungsfreiheit beneide . . .«

Beim Reden schaute er mir gerade in die Augen, und dieser forschende Blick ohne jede Wärme stimmte mich unbehaglich. Ich vermochte nicht, die Stimmung unserer harmlosen allabendlichen Komplizenschaft von damals in Zarskoe Salo wiederzufinden. War sie denn schon zu Ende, die Zeit, wo man sich Gedichte auswendig rezitierte? Ich wollte es nicht glauben. Vielleicht unterwarf er sich der Warnung seiner Eltern? Nicht ein einziges Mal erwähnte er unsere geheime Verlobung. Wenn er mich gegen Ende meines Besuches zum Abschied küßte, schien er nicht sehr traurig zu sein, von mir getrennt zu sein. Ich spürte lediglich, daß er sich ungern allein in seinem Krankenzimmer wiederfand, ohne Gesellschaft, ohne Unterhaltung.

Unterwegs nach Liwadia wußte ich nicht mehr so recht, ob ich noch wirklich glücklich war . . .

Die Luft auf der Krim bekam Juri gut. Gebräunt, wundervoll aussehend in seiner modisch geschnittenen weißen Sommeruniform, amüsierte er sich wie verrückt mit der vornehmen Jugend aus Petrograd: Reitspiele, Tennismatches, Bootsfahrten lösten einander ab, gelegentlich nur von Parties im Tea-Room »Florian«, im Hotel »Rossija« oder an Bord einer im Hafen liegenden Jacht unterbrochen.

Eines Morgens bat mein Bruder Vater um eine halbstündige Unterredung. Knapp zehn Minuten später stürmte er mit strahlendem Gesicht in den kleinen Salon.

»Vater ist einverstanden«, verkündete er voller Freude.

»Einverstanden? Womit?«

»Aber . . . mit meiner Hochzeit!«

Ich fiel aus allen Wolken. Seit dem Beginn unseres Aufenthaltes in Liwadia hatte ich ihn zwar häufig mit zahlreichen Mädchen zusammen gesehen, aber er schien nicht einer mehr zugetan zu sein als der anderen.

»Darf ich den Namen der glücklichen Auserwählten erfahren?«

Er nahm mich in seine Arme und hob mich lachend in die Luft.

»Nelly. Nelly Abasa, die Tochter des Admirals. Du bist ihr schon mal beim Wohltätigkeitsfest der Kaiserin begegnet. Heute nachmittag gehen wir alle gemeinsam ins ›Rossija‹ zum Tee. Im ›Florian‹ ist einfach zu viel Volk. Ich möchte sie Papa unter möglichst günstigen Bedingungen vorstellen.«

Vor lauter Ungeduld war Juri nicht mehr zu halten. Doch hatte ich Schwierigkeiten, ihn mir verheiratet vorzustellen. Wahrscheinlich erriet er meine Gefühle an meinem Gesichtsausdruck:

»Weißt du«, sagte er ganz ernst, »daß die Abasas mit den Besobrasows verwandt sind? Ich werde Mischas angeheirateter Vetter werden. Das wird ohne Zweifel seine Eltern zu deinen Gunsten beeinflussen.«

Ich antwortete nichts. Ich sah wieder das strenge Gesicht von Frau Besobrasow in unserem Salon in Zarskoe Selo vor mir. Sie hielt Mischa unter der Fuchtel ihres Willens, und ich fühlte, daß sie kaum zu bewegen sein würde, auf diese Macht zu verzichten.

»Komm herein, liebe Tanja.«

Ich blieb sprachlos stehen, unfähig, einen Schritt weiter ins Zimmer zu tun. An Mischas Bett saß eine junge Krankenschwester und war mit der größten Selbstverständlichkeit in einer Unterhaltung mit ihm begriffen. Ich versuchte, mir einzureden, daß das nur normal sei, daß Kranke doch Gesellschaft brauchten, um sich in der langen Zeit der Inaktivität ein wenig zu zerstreuen. Aber es war stärker als ich: Ich fühlte einen starken Druck in den Schläfen, und mein Herz schlug mir plötzlich wild in der Brust. Mein Gott, kam ich mir lächerlich vor! Ich war auf eine dumme Göre von banalem Äußeren eifersüchtig, fand aber Mischas Verhalten besonders gemein. Mit einer kleinen lässigen Bewegung hatte er mir ein Zeichen gegeben, doch endlich einzutreten, und hatte eine nichtssagende Unterhaltung begonnen, doch war der Ton seiner Stimme übertrieben affektiert und mondän. Kaum war ich draußen, schlug meine Wut gegen mich selbst um. Ich sagte mir, daß ich hätte bleiben und gute Miene zum bösen Spiel machen sollen. Ein Mann wie Mischa aus dem Hochadel konnte sich doch nicht in eine einfache Krankenschwester verlieben! Sie war zu gewöhnlich und, ehrlich gesagt, ich fand sie nicht hübsch. Ich wunderte mich also über meine Reaktion. Doch als ich sie beide sah, hatte ich die Gewißheit, verraten worden zu sein.

Mein Stolz verbot mir, mich mit meinen Zweifeln Mischa anzuvertrauen. Ich besuchte ihn gelegentlich in seinem Zimmer, aber unsere Gespräche waren völlig unbedeutend geworden. Ich hatte immer den peinlichen Eindruck, ihm seine Zeit zu stehlen. Er gab sich seinerseits nicht die geringste Mühe, mich wieder zu beruhigen. Ich wußte, daß diese Krankenschwester ihn abends wieder im Zimmer besuchen würde, und sie selbst machte auch gar kein Hehl daraus.

Als der Augenblick gekommen war, auf dem Gut der Abasas in der Ukraine an Juris Hochzeit teilzunehmen, ging ich zu Mischa, um mich zu verabschieden. Er war allein in seinem Zimmer, und wir gaben uns einen Kuß ohne jede Wärme. Er hatte einen harten, starren Ausdruck im Gesicht, den ich bei ihm früher nicht gekannt hatte. Er schien mir böse zu sein, daß ich ihn anscheinend noch liebte.

Die rote Laterne am Zugende verschwand langsam in der endlosen Steppennacht. Es war zwei Uhr morgens. Auf dem menschenleeren Bahnsteig des kleinen Kreisbahnhofs von Podolsk suchten Vater und meine Brüder ihr Gepäck zusammen. Niemand, um uns in Empfang zu nehmen! Die Kutsche, die uns zu Juris Hochzeit auf das Gut der Abasas fahren sollte, war nicht da. Das flackernde Licht einer Laterne kam auf uns zu. Es war der Bahnhofsvorsteher, der über sein Nachthemd einen langen, bis zum Boden hängenden Mantel trug. Er hatte vorschriftsmäßig seine Dienstmütze auf dem Kopf und hielt einen roten Stofflappen in der Hand. Ohne sich unsere Erklärungen anzuhören, brachte er uns in ein kleines Holzhaus direkt am Bahngleis. Beim Hineingehen setzte er seine Laterne auf den nackten Erdboden und machte uns ein Zeichen, auf der einzigen Bank im Raum doch Platz zu nehmen. In einer Ecke bemerkte ich eine Schlafstelle und ein paar Decken. Der arme Kerl wohnte demnach hier! Der Ofen war ausgegangen, und im Zimmer hing ein Geruch von kaltem Rauch, der einem an die Kehle ging.

»Wir brauchen einen Wagen und Pferde. Wir haben noch einen ziemlich weiten Weg vor uns.«

Der Bahnhofsvorsteher betrachtete meinen Vater verständnislos. Er sprach zwar einige Worte, aber im Unterschied zu Konstantin Melnik war sein ukrainischer Akzent so entsetzlich, daß wir nichts verstanden. Er wackelte mit dem Kopf und schaukelte seltsamerweise auch noch mit dem Oberkörper vor und zurück. Man hätte ohne weiteres auf einen leicht Schwachsinnigen schließen können. Der eisige Steppenwind blies durch die schlecht zusammengefügten Wandbretter. In unsere Reisepelerinen eingemummt, schlotterten wir vor Kälte und Erschöpfung. Am Ende seiner Geduld, zog mein Vater ein paar Kopeken aus seiner Tasche.

»Wir brauchen einen Wagen. Verstanden? Es muß doch ein Dorf in der Nähe dieses Bahnhofs sein, oder?«

Der Mann kam näher an Vater heran, nahm die Geldstücke und steckte sie verstohlen unter seinen Mantel. Der Anblick des Geldes schien seine Lebensgeister wieder geweckt zu haben.

»Ein Wagen. Ja, Euer Gnaden. Ganz gewiß.«

Ohne ein Wort mehr zu sagen, hob er seine Laterne, öffnete die Tür und verschwand mit schwerfälligem Schritt in der Nacht.

Fast eine Stunde später zog ein Glöckchengeläut unsere Aufmerksamkeit auf sich. Ein alter Jude erschien an der Schwelle der Hütte, dreifach eingepackt in warme Mäntel und Decken. Unter seiner Pelzmütze sah man nur eine lange krumme Nase und leicht vorstehende Augen, die im Lichte der Laterne flackerten wie die eines vom Tageslicht plötzlich überraschten Nachtvogels.

Der Bahnhofsvorsteher schob ihn, offensichtlich recht stolz über das Ergebnis seiner Expedition, zu uns hinein. Der arme Kerl verbeugte sich ehrfürchtig und zeigte mit der Spitze seiner Peitsche durch den Türrahmen auf das Gefährt, das draußen auf uns wartete. Juri ging näher heran und brach in schallendes Gelächter aus, das unser Kutscher völlig konsterniert zur Kenntnis nahm. Der Anblick war eher komisch: eine erbarmungswürdige Schindmähre mit riesigen Augenklappen und einem roten Bommel auf dem Schädel kratzte friedlich mit dem Fuß und rupfte das wenige Gras aus, das noch in der Nähe stand. Schweif und Mähne waren zu Zöpfen geflochten, das rote Ledergeschirr war mit kupfernen Glöckchen verziert: es sah wie ein altes Zirkuspferd aus, das vor einen Leichenwagen gespannt worden war. Denn dieses Gefährt, ganz schwarz gestrichen, war normalerweise ohne Zweifel zu diesem Zweck bestimmt. Das war zwar nicht das Traumgefährt, mit dem ein Bräutigam zur Hochzeitszeremonie geführt wird, aber wir hatten keine Wahl: Das Gut der Abasas befand sich ungefähr zwanzig Kilometer vom Bahnhof entfernt. Mit Glöckchengeläut und Achsengequietsche zog die Kalesche auf dem Sandweg los, der schnurgerade nach Osten verlief. Die Steppe erstreckte sich vor uns, majestätisch und monoton wie ein versteinerter Ozean auf einem toten Planeten. Als sie die Aufregung bei der Abfahrt einmal vergessen hatten, wickelten sich Vater und meine Brüder in ihre Reisedecken ein und waren bald eingeschlafen. Im Halbdunkel sah ich ihre Köpfe sich sanft zwischen den schwarz angestrichenen Holzlehnen hin- und herbewegen. Wie ich sie um ihren Schlaf beneidete! Trotz meiner Müdigkeit konnte ich kein Auge zutun. Unheimliche Gedanken bestürmten mich. Ich sah Mischa in seinem Krankenhausbett liegen, sein schönes Gesicht von der Krankheit gezeichnet, wie er die kleine Krankenschwester, die bei ihm am Kopfende saß, anlächelte. Ich erlebte die Szene in allen Einzelheiten wieder: Das Zimmer voll sanften, durch die Tüllgardinen filtrierten Sonnenlichts, die junge Krankenschwester und den Ansatz ihrer Bewegung wegzugehen, dann Mischas Geste, sie zurückzuhalten, und schließlich mich, die krampfende Hand an der Türklinke mit dem Gefühl, ins Bodenlose zu fallen. Wie allein, wie verlassen fühlte ich mich in dieser Kalesche, die mich in ihrer absurden Fahrt bis ans Ende der Steppe immer weiter fortriß!

Am Horizont begann der Himmel blau zu werden. Plötzlich, in einem Aufflammen von Gold und Purpur, zerriß ein Feuerstrich das Himmelszelt. Eine Lichtwoge rollte über die Steppe, während die Sonnenscheibe sich mit majestätischer Langsamkeit über die dunkle Linie des Horizonts erhob. Alle Farben in der Natur begannen mit zauberischem Glanz zu flirren. Auf dem tiefgrünen Wiesengrund funkelten Unmengen von wilden Blumen. Über uns, unbeweglich in ihrem Rüttelflug, pfiff eine Lerche zur Feier dieses Tages ihren hellen Gesang in den Himmel. Auf den Holzbänken zusammengekauert, schliefen Vater und meine Brüder immer noch.

Die Abasas gehörten zu einer alten Familie des russischen Provinzadels. Sehr prinzipienstreng führten sie auf ihren ukrainischen Ländereien ein einfaches, zuweilen einfallsloses Dasein und bekamen nur ein sehr abgeschwächtes Echo von den Sitten und Gebräuchen am Hof zu hören, die sie auch ohne jede Nachsicht verurteilten.

Nellys Vater, Admiral Abasa, war ein schon älterer Herr von robuster Konstitution. An jedem Tag im Jahr, ganz gleich bei welchem Wetter, stand er kurz vor Sonnenaufgang auf, um zu Pferd einen Teil seines Gutes abzureiten. Dieser Mensch aus einer vergangenen Zeit, der während des russisch-japanischen Krieges eine wichtige Rolle gespielt hatte, interessierte sich leidenschaftlich für die Entdeckungen der modernen Landwirtschaft. Er versuchte, seinen Bauern die neuesten, aus Westeuropa oder gar Amerika importierten Kulturtechniken beizubringen. In einem besonders dafür eingerichteten Treibhaus gab er sich alle erdenkliche Mühe, um noch nie gesehene Obst- oder Gemüsearten zum Wachsen zu bringen, die er dann seinen Gästen oder den Familienmitgliedern vorsetzte. Es gehörte zum guten Ton, daß man die Ergebnisse dieser Experimente über den grünen Klee lobte, auch wenn man sie insgeheim für ungeeignet zum Verzehr hielt.

Zur Hochzeit ihrer Tochter wollten die Abasas ein großes Fest veranstalten. Alle Notabeln der Umgegend waren eingeladen worden. Leider waren die fünf Söhne der Familie zum Militär eingezogen worden, so daß manches Mädchen ohne Kavalier blieb. Das alles stellte eine etwas farblose und zugleich geschraubte Gesellschaft dar, die mich verlegen machte. Juri dagegen schien sich wie ein Fisch im Wasser zu fühlen. In seiner enganliegenden Paradeuniform überragte er, allein von seiner Körpergröße her, alle Anwesenden. Locker ging er von einer Gruppe zur anderen, machte Scherze, küßte Hände, bekam Komplimente. Die kleine Nelly, eine Augenweide in ihrem langen weißen Kleid, bescheiden bei ihm eingehängt, folgte ihm überall.

Wie schwer ist einem zumute, der sich inmitten solcher Festlichkeiten selbst fremd fühlt! Gegen Ende des Nachmittags schützte ich Müdigkeit vor und flüchtete mich allein in eine Gartenlaube, die irgendwo abseits im Park stand. Ich saß dann auf einer Parkbank und hörte hinter mir das Lachen und den Gesang der Bauern, die unter sich die Hochzeit der Tochter ihres Herrn feierten. Der georgische Wein war den ganzen Tag mit Genehmigung des Admirals in Strömen geflossen, der darauf bestanden hatte, mehrere Fässer davon aus seiner Reserve zur Verfügung zu stellen. Die Frauenstimmen hörten sich, zusammen mit dem Klang der Gitarren und der Akkordeone, seltsam moduliert an, so, als wären sie von einer übermäßigen, ja fast wilden Fröhlichkeit beherrscht. Ich nahm den Kopf in die Hände und begriff plötzlich, daß ich Mischa Besobrasow nie wiedersehen würde.

Kurz nach ihrer Hochzeit ließen sich Juri und Nelly in Zarskoe Selo nieder, und auch Tante Raha nahm das Risiko des gemeinsamen Lebens mit uns auf sich. Angesichts des Platzmangels mußten wir nun auf unser kleines Krankenhaus verzichten.

Diskret, fast schüchtern, achtete Juris junge Ehefrau darauf, niemanden zu verdrängen. Wie alle in der guten Tradition des russischen Adels erzogenen Mädchen war sie völlig ihrem Mann untertan. Sie lebte nur für ihn und schien im Leben keine anderweitigen Interessen zu haben. Ihr Glück war rührend anzusehen, so daß sie sehr rasch von der ganzen Familie akzeptiert wurde.

Zu meiner größten Überraschung benahm sich Juri wie das, was man einen »Mustergatten« nennt. Von einem Tag zum anderen verzichtete er auf den Alkohol und auf seinen nächtlichen Ausgang. Aber ein Schatten schwebte über diesem milden Eheglück. Juri mußte bald wieder zu seiner Einheit zurück. Seine anfängliche Begeisterung machte der Resignation Platz, der Krieg zog sich in die Länge und forderte jeden Tag neue Opfer. Kaum wagte man noch vom Sieg zu sprechen.

Die Wochen gingen ins Land, und ich bekam keinerlei Nachricht von Mischa.

Sein Schweigen bestätigte meine Befürchtungen. Er dachte nicht einmal mehr daran, den Anschein zu wahren! Manchmal, in einer Anwandlung von Stolz, wollte ich selbst die Initiative für den Bruch mit ihm ergreifen. Ich erwog einen hübschen, unterkühlten und hochmütigen Brief voller überaus höflicher Formulierungen, die ihn verletzen und kränken sollten. Aber ich konnte mich nicht aufraffen, ihm zu schreiben. Ganz tief in mir behielt ich eine letzte und, wie ich wußte, absurde Hoffnung, ihn eines Tages zärtlich und verliebt wie ehedem zurückzubekommen.

Zum Glück hatte ich mein Studium, um mich etwas von meinem Kummer abzulenken. Wie in der Vergangenheit, lernte ich im Arbeitszimmer. Ich liebte es, meine Bücher auf den Regalen wohlgeordnet wiederzufinden: die hübsch mit einem rot-weiß geblümten Stoff eingeschlagenen Wörterbücher, der große französische Geographie-Atlas, den mir Onkel Sascha geschenkt hatte, die Bücher aus den Ehrenpreisverteilungen vergangener Jahre, mit ihrem Goldschnitt und ihrem etwas protzig mit dem Wappen der Schule verzierten Einband.

Seitdem Gleb einen eigenen Raum hatte, kam er zum Arbeiten kaum noch in dieses Zimmer, in dem ich mich nunmehr ganz zu Hause fühlte. Wenn er mal vorbeiging, fand er mich immer in einer derart fleißigen Haltung über Hefte und Bücher gebeugt, daß er sich den Spott nicht verbeißen konnte:

»Meine arme Tanjetschka, du wirst dich noch bei der Arbeit umbringen. Wenn du damit Gouvernante bei irgendwelchen stupiden Rotznasen von Kindern werden willst, ist das zu viel Aufwand.«

Ich hatte keine Lust, auf Glebs Witzeleien zu antworten und blieb in meine Hefte versunken.

»Früher hattest du eine schärfere Zunge. Stimmt etwas nicht?«

Das war wohl das erste Mal, daß Gleb etwas wie Fürsorge für mich an den Tag legte. Ich erwartete erneut Sticheleien, aber statt dessen kam er zu mir und legte ohne ein Wort seine Hand auf meine Schulter. Etwas überrascht schaute ich auf. Wie er sich verändert hatte! Zum ersten Mal bemerkte ich es. Ich war so sehr daran gewöhnt, in ihm den rundlichen und tolpatschigen, für sein Alter eher zu klein geratenen Jungen zu sehen, daß ich jetzt Schwierigkeiten hatte einzuräumen, daß aus ihm ein hochgewachsener, etwas magerer, intelligenter junger Mann voller Charme geworden war.

»Bitte verzeih mir. Ich lasse dich allein.«

Ich fühlte, wie seine Hand mir in einer zärtlichen Bewegung von der Schulter auf den Nacken glitt. Das war nicht mehr die Geste eines Kindes. In den Tagen darauf hatte ich genügend Muße, um das Ausmaß der Verwandlung festzustellen. Gleb war ein hübscher junger Mann mit dem feinen Gesicht eines Intellektuellen. Es war schwer, sich gegen den verführerischen Blick seiner grünen, tiefen und zugleich heiteren Augen mit den langen biegsamen Wimpern zur Wehr zu setzen, die Augen unserer Mutter übrigens. Er hatte lange, schlanke, sehr ausdrucksvolle Hände, Künstlerhände, auf die er sehr stolz war. Er spielte sehr hübsch

Geige, und sein Zeichentalent war immer noch bewundernswert. Seit einem Jahr stand er in freundschaftlichen Beziehungen zu dem um ein Jahr jüngeren Alexander Kasem-Bek, dessen Familie aus altem persischen Adel stammte. Beide begaben sich immer gemeinsam zu religiösen Versammlungen, die von dem Schulgeistlichen veranstaltet wurden. Der Priester erklärte die Liturgie in ihren verschiedenen Teilen, diskutierte mit ihnen über die Texte des Evangeliums, und sie gaben sich sogar unter seiner Aufsicht regelrechten geistlichen Exerzitien hin.

Sehr schnell waren Gleb und Alexander unzertrennlich geworden. Sie tauschten Bücher über Mystik miteinander aus und kommentierten sie zusammen stundenlang mit großer Inbrunst. Ich konnte mir nicht helfen und fand, daß sie für Jungen ihres Alters ein allzu vergeistigtes Leben führten. Der überschäumende Frohsinn der kaiserlichen Schützen und der Pagen fehlte mir immer noch. Wie viele von ihnen waren wohl noch am Leben geblieben?

»Ein Brief für dich. Aus der Krim . . .«

Nelly sah wie die entzückende Mitwisserin einer guten Nachricht aus. Sie reichte mir einen blauen Umschlag mit dem Stempel »Jalta« und verschwand unbemerkt. Die arme, sie konnte nicht ahnen!

Ich brauchte den Brief nicht aufzumachen, um seinen Inhalt zu erraten. Ich hatte ihn schon zu lange erwartet. Lautlose Tränen rollten mir über das Gesicht. Diesmal war es das Ende. Ohne Eile riß ich den Umschlag auf.

»Meine liebe Tatjana . . .« Ich hatte mich nicht geirrt: ein gewöhnlicher Abschiedsbrief. Der arme Mischa hatte sich nicht viel einfallen lassen. Seine Sätze kamen mir so vor, als hätte ich sie schon tausendmal gelesen, vom ersten bis zum letzten. »Ich hoffe, daß wir trotzdem noch Freunde bleiben werden . . .« Er hatte kein einziges Klischee ausgelassen. Meine Tränen flossen noch reichlicher. Am nächsten Morgen schrieb ich ihm einen kühlen und distanzierten Brief, mit dem ich ihm seine Freiheit zurückgab.

XX
Die Schlacht bei Stochod

Juri nahm die Nachricht von der Auflösung meiner Verlobung sehr schlecht auf. Er war der Meinung, daß Mischa die Familienehre verletzt hatte, und wollte ihn zum Duell fordern. Vater schien auch sehr betroffen, hatte aber alle Mühe der Welt, Juri von diesem Plan abzubringen.

»Juri, das ist völlig fehl am Platze. Du weißt genau, daß diese Verlobung nie offiziell bekanntgegeben war.«

Doch Juri wollte nicht nachgeben.

»Mischa hat Tanjetschka betrogen! Er hatte ihr versprochen, sie zu heiraten. Diese Beleidigung muß gesühnt werden!«

Ich fand, daß Juri jeden Sinn für die Realität verloren hatte. Nelly, die normalerweise immer so still war, erlaubte sich, mitten in der Debatte zu intervenieren:

»In zwei Tagen gehst du an die Front! Mischa wird auch nicht mehr lange zu warten haben, ehe er dorthin zurückkehrt. Glaubst du nicht, daß du besser daran tätest, das Ende des Krieges abzuwarten, um dein Vorhaben durchzuführen?«

Ganz seiner Rache hingegeben, hatte Juri völlig vergessen, daß er wieder zu seiner Einheit zurück mußte. Zum ersten Mal in seiner Ehe und unter besonders schmerzhaften Bedingungen würde er von Nelly getrennt sein; an der Front waren die Verluste nach wie vor sehr hoch.

»Du hast recht, Nelly, aber in puncto Ehre darf man nicht nachgeben. Wir werden nach dem Krieg zusehen, was zu tun ist . . .«

Seitdem der Zar an die Spitze der »Stawka« getreten war, hatte sich die militärische Lage erheblich verbessert.

Nach fünftägigem Sturm hatte unsere Kaukasus-Armee unter General Judenitsch die türkische Festung Erzerum erobert. Dreizehntausend Soldaten und zweihundertfünfundreißig Offiziere waren gefangengenommen worden, dreihundertfünfundzwanzig Geschütze hatten wir erbeutet. Das war ein riesiger Sieg. Eine Woche später traf eine englische Delegation bei der »Stawka«

ein, um dem Zaren den britischen Marschallstab zu überreichen. Von seiten des Königs von England war das nicht nur eine Ehrenbezeigung, sondern auch das Pfand einer großen Freundschaft.

Nach der Eroberung Erzerums wurde Trapezunt besetzt. Unsere Truppen hatten ganz Armenien befreit, wo, wie ich erst jetzt erfuhr, die Türken einen wahren Völkermord an dem kleinen, aber mutigen und tapferen Volk der Armenier begangen hatten. Im Mai 1916 erlitten die Italiener katastrophale Rückschläge und erflehten unsere Hilfe. Rußland sah sich daraufhin genötigt, seine Pläne zu ändern und mit einer Offensive zu beginnen, die erst vierzehn Tage später geplant war. Doch unsere Armeen unter dem Oberkommando General Brussilows stellten an der Südwest-Front ihre Kampffreudigkeit unter Beweis. Der Überraschungseffekt wirkte hervorragend, und im Juli besetzten wir erneut einen Großteil Galiziens.

»Wozu nützen uns die Siege«, höhnte Suchotin, »wenn in der Regierung alles schief geht? Ach, dieser Stürmer! Der ist nicht nur Ministerpräsident, sondern mittlerweile auch Außenminister. Der Herr ist nicht ungeschickt! Wie kann ihm der Zar noch vertrauen? Trotz seines Alters ist er vom Ehrgeiz zerfressen und verbringt die meiste Zeit damit, Rasputins Stiefel zu lecken. Er ist auch wahrscheinlich deswegen ernannt worden!«

Vater war empört:

»Du weißt nicht, was du sagst. Muß ein Schuldiger bestraft werden, dann tut es der Zar auch. Der beste Beweis ist die Verhaftung von Suchomlinow. Er wird ihn vor ein Kriegsgericht stellen und hat sich nicht von seinem hohen Alter beeindrucken lassen.«

»Suchomlinow hätte schon längst kaltgestellt werden müssen«, gab Suchotin zur Antwort. Er hätte vor allem nie Kriegsminister werden dürfen. Und seine Überstellung an einen Militärgerichtshof mitten im Krieg ist ein grober Mißgriff. Er war immerhin kaiserlicher Generaladjutant. Ihn zu diskreditieren, heißt, den Hof mit zu diskreditieren!«

Über Vaters Gesicht zog der Anflug eines traurigen Lächelns.

»Ihr Protestierer seid alle gleich! Nichts paßt euch. Der Krieg steigt vielen zu Kopf. Er wirft immer schwer zu lösende Probleme auf, und es fehlt uns an kompetenten Persönlichkeiten in der Regierung. Wir bräuchten Leute wie Stolypin.«

»Vielleicht gibt es diese Leute, aber außerhalb der Regierung!« bemerkte Suchotin leise.

Traurig schüttelte Vater den Kopf.

»Ich wünschte«, sagte er, »sie nie im Leben am Werk zu sehen . . .«

Als der Monat August 1916 kam, war ich auf meine Schulprüfungen vorbereitet. In den Wochen davor hatte ich mir mit Arbeit den Kopf schwindlig gemacht. Es war das einzig wirksame Mittel gegen meinen Kummer, das mir eingefallen war. Allein in meinem Arbeitszimmer fand ich mein Schicksal fast erträglich. Ich bestand ohne jede Schwierigkeit. Nun war es mit der Schule endgültig vorbei. Ich hatte die Absicht, vom nächsten Jahr an eine Ausbildung als Krankenschwester zu beginnen. Vater war mit meiner Berufswahl einverstanden und versprach mir Unterstützung.

Eine Nachricht bereitete meiner vom Ende der Prüfungszeit erzwungenen Beschäftigungslosigkeit ein Ende. Juri, der mehrere Nächte hintereinander im Aufklärungseinsatz in einem sumpfigen Gebiet gestanden hatte, hatte sich ein besonders schmerzhaftes Rheuma in beiden Beinen zugezogen. Er wurde ein weiteres Mal mit einem Sanitätszug nach Zarskoe Selo verlegt.

Nelly, die Juris Abwesenheit mit großer Tapferkeit ertragen hatte, strahlte beim Gedanken, ihn bald wiederzuhaben. Aber als sie diesen großen Körper, der unfähig war, sich allein aufrechtzuhalten, als sie sein bei jeder Bewegung vor Schmerz grimassierendes Gesicht erblickte, brach sie in Tränen aus. Juri war so gut wie total verkrüppelt.

Ein paar Tage später kündigte uns Wassiliew telephonisch seinen baldigen Besuch an. Er war am Arm verwundet worden und lag erneut im Krankenhaus der beiden Großfürstinnen.

Kaum war er da, wollte er in Juris Wohnung hinaufgehen, um Nelly seine Hochachtung zu bekunden. Den rechten Arm hatte

er im Gipsverband, aber das hinderte ihn nicht, einen vollende-
ten Handkuß zu praktizieren.

»Ich komme aus Stochod«, sagte er uns einmal, als wir um den
Samowar saßen. »Dort ist die Hölle, das können Sie mir
glauben.«

Er ging auf und ab, nervös und stockend wie ehedem, aber sein
Gesicht hatte viel von seinem fröhlichen Ausdruck verloren, und
er schien älter geworden zu sein.

»Unsere Truppen verhalten sich phantastisch. Wir haben in Gali-
zien, in der Gegend von Stochod sehr schöne Erfolge errungen.
Aber unsere Verluste sind riesig. Ich habe noch nie eine so große
Kräftekonfrontation erlebt. Das ist kaum vorstellbar. Die Artil-
lerieduelle sind schrecklich: Eine wahre Sintflut aus Stahl und
Feuer . . .«

Wassiliew wandte sich an Juri, der sich, eine dicke Decke um die
Beine gewickelt, nicht aus seinem Sessel rühren konnte.

»Ihnen hat Ihr Rheuma möglicherweise das Leben gerettet. Die
Garde kämpfte unweit von unseren sibirischen Schützen, im
Zentrum des Operationsgebietes. Verwundete haben mir im Zug
erzählt, daß fast alle Offiziere getötet worden seien.«

Traurigkeit verschleierte Juris Blick. Er dachte bestimmt an seine
Freunde, die dort geblieben waren und die er wahrscheinlich nie
wiedersehen würde. Wassiliew bot ihm eine Zigarette aus einem
kleinen silbernen Etui, das er, um ein wenig abzulenken, stolz in
der Runde zeigte: »Das ist ein Geschenk meiner Abteilung.
Schaut auf die Inschrift: ›Die 16. Stoßabteilung an ihren Kommandeur, Leutnant Wassiliew.‹ Wir haben phantastische Dinge
zusammen gemacht. Beim Abrücken war sie die verachtetste
Abteilung im ganzen Regiment. Die 16.? Ach die! Sie war das
Letzte, die Abteilung für die Unfähigen, die Halbtoten und die
Drückeberger. Aber als ich mein Kommando übernahm, habe
ich denen gesagt: ›Ihr habt einen schlechten Ruf, ihr werdet wie
das Letzte vom Letzten behandelt. Ich verspreche euch, das wird
anders werden. Wir werden die 16. Sturmabteilung werden!‹«

»Und wie haben Sie es geschafft?« fragte Gleb voller Bewunderung.

»Es ist nicht an mir, Ihnen das zu sagen. Aber etwas ist sicher: All diese Männer brauchten sich fortan nicht mehr zu schämen.«
Wagengeräusche vor dem Haus ließen uns aufhorchen. Gleb stürzte ans Fenster:
»Hier kommt Melnik an! Jawohl, er ist es, mit einem Bart und auf Krücken!«
Wassiliew stand sofort auf.
»Wissen Sie«, sagte er, »dieser Mann ist nicht wie die anderen. Wie ich euch erzählt habe, hatten wir kaum noch Offiziere; das letzte Mal, als ich ihn sah, befehligte er ein ganzes Bataillon.«
»Ein Bataillon?« unterbrach ihn Gleb. »Aber er hat weder das Dienstalter noch den Rang dazu!«
»Mein lieber Junge, in solchen Fällen zählt allein das Verdienst. Weißt du, was Melnik kann? Gib ihm zehn Mann, und er wird die Arbeit einer Hundertschaft mit den minimalsten Verlusten erledigen. Er zeigt sich an den gefährlichsten Stellen, ohne vor den Kugeln den Kopf einzuziehen. Seine Männer sagen, er sei verhext, und sie haben recht. Diesmal dachte ich, ich würde ihn nie wiedersehen. Was mir Sorgen macht, das ist dieser Bart. Krükken, das kann ich verstehen, aber ein Bart . . .«
Melnik hielt sich regungslos mitten im Vestibül aufrecht. Er hatte seine Krücken gegen die Wand gelehnt, wie man sich eines lästigen Gepäckstückes entledigt. Er sah todmüde aus. In seinem abgemagerten, halb von seinem Bart verdeckten Gesicht sah man nur noch seinen vor Fieber glänzenden Blick. Trotz seiner Müdigkeit empfing er uns mit einem breiten Lächeln. Er umarmte Wassili, der ihm seine Mütze und seinen Mantel abnahm, und ging auf mich zu, um mir die Hand zu geben.
»Schlimm?« fragte er Wassiliew und deutete auf seinen vergipsten Arm.
Wassiliew zeigte seinerseits auf die Krücken:
»Schlimm?«
Und sie fielen sich gegenseitig in die Arme und lachten aus vollem Hals. Gleb reichte ihm die Krücken und ging einen Schritt zurück, um uns ins blaue Zimmer gelangen zu lassen.
»Danke, die Krücken brauche ich nicht«, sagte Konstantin Mel-

nik. »Das ist so eine Idee des Chirurgen, der meint, ich sei am Bein verletzt . . .«

Ich folgte ihm ins blaue Zimmer und bemerkte, daß er dennoch stark humpelte. Sein linkes Bein war völlig steif.

»Wenn er vom Chirurgen spricht«, meinte Wassiliew und setzte sich wieder hin, »heißt das, er hat mindestens ein Holzbein. Denken Sie an seine erste Verwundung zurück: ein ganz kleines Loch in der Brust. In Wirklichkeit waren Lunge und Leber durchschossen, nachdem er allein eine deutsche Maschinenge-wehrstellung gestürmt hatte!«

»Was erzählst du da?«

Melnik zog die Augenbrauen zusammen und setzte seine Hand wie ein Hörrohr an sein Ohr. Er tat so, als verstünde er nichts.

»Außerdem bist du offenbar taub! Was bedeuten diese Schram-men am Kopf? Erzähle. Was ist mit dir passiert?«

Wassiliew schrie fast. Melnik begriff endlich, daß wir alle unge-duldig Nachrichten von der Front erwarteten.

»Wassiliew hat es euch wahrscheinlich schon erzählt: Die Schlacht am Fluß Stochod war ein richtiges Massaker, ein Kampf von einer nie dagewesenen Grausamkeit. Ich kommandierte ein Bataillon des 5. sibirischen Schützenregiments. Ich bekam den Auftrag, über den Fluß überzusetzen, um die Verbindung mit zwei anderen Bataillonen am anderen Ufer wiederherzustellen, die zum 2. und 3. sibirischen Regiment gehörten.«

Wassiliew unterbrach:

»General Brussilow hatte gerade mit seiner großen Offensive begonnen. Die deutsche Artillerie war den österreichisch-ungari-schen Truppen zur Hilfe gekommen und beschoß unseren Be-reich Tag und Nacht. Ein wahres apokalyptisches Feuer! Tote wurden in beiden Lagern zu Tausenden gezählt . . .«

»Das war gräßlich!« fuhr Melnik fort. »Als ich am Fluß ankam, stellte ich fest, daß der vorgesehene Übergang über eine Holz-brücke stattfinden sollte, die in voller Länge unter dem Feuer der feindlichen Maschinengewehre lag. Ich entschloß mich, den Be-fehl nicht auszuführen, und bat meine sibirischen Schützen, die alle ausgezeichnete Jäger sind, irgendwo eine Furt zu finden. Das

war bald getan, aber an dieser Stelle hinüberzugehen, war schon schwieriger. Im Fluß schwammen Hunderte und Aberhunderte von Leichen, Russen und Deutsche, die von der Strömung getrieben wurden, Arme und Beine ineinander verschränkt oder grotesk verdreht, wie Baumstämme, die vom Sturm entwurzelt wurden. Das Wasser war rot und klebte vom vielen Blut. Wir mußten unter dichtem Feindfeuer übersetzen und außerdem vermeiden, uns von den Leichen rammen zu lassen, die uns fortgerissen hätten. Als ich endlich am anderen Ufer war, hatte ich die Hälfte meiner Männer verloren. Ich selber war am Knie getroffen worden, aber die Wunde störte mich nicht, ich fühlte sie kaum.«
Sprachlos hörte ich zu: Bis zum heutigen Tag bestand der Krieg für mich aus Kavallerieattacken, wie ich sie aus den epischen Bilderbögen meiner Kindheit kannte, erst jetzt entdeckte ich seine furchtbare Wirklichkeit.
»Wir mußten«, fuhr Konstantin Melnik ganz ruhig fort, »hinter den Bodenunebenheiten Deckung suchen, deutsche Schützengräben besetzen, um die Stellung auch unter dem Feuer der feindlichen Artillerie zu halten, die uns ohne Pause beharkte. Die beiden anderen Bataillone konnten sich mit uns erst im Laufe des Abends verbinden. Auch sie hatten erhebliche Verluste, alle Offiziere waren gefallen. Sie kamen in einer jammervollen Unordnung an und waren von der völligen Panik nicht mehr weit entfernt. Von den tausendzweihundert Mann unserer drei Bataillone waren nur noch hundertzwanzig übrig. Da ich der dienstälteste Offizier war, übernahm ich das Kommando. Ich organisierte die Verteidigung der Gräben, die wir gerade besetzt hatten, teilte die Wachen ein und ließ die Verwundeten mit erster Hilfe versorgen. Die Nacht kam uns sehr lange vor. Das Artilleriefeuer nahm nur wenig ab. Manchmal hörten wir ein furchtbares Brüllen, dessen Ursache aber in der Dunkelheit nicht weiter auszumachen war.«
Von Zeit zu Zeit unterbrach sich Konstantin Melnik, um einen Schluck Tee zu trinken. Er kniff die Augen zu, und ein leises Lächeln umspielte seinen Mund. Neben ihm saß Wassiliew, bleich wie der Tod, schreckliche Bilder schienen ihm ins Gedächtnis zurückzukehren.

»Kurz vor Morgengrauen«, fuhr Melnik leichthin fort, »überbrachte ein Kurier des Generalstabs den Befehl, uns wieder auf unsere alte Position zurückzuziehen. Wieder verweigerte ich den Gehorsam, denn noch einmal in der Dunkelheit inmitten der vielen treibenden Leichen über den Fluß zu setzen, wäre reiner Selbstmord gewesen. Ich blieb mit den unverwundet gebliebenen Männern im Schutz der Gräben zurück. Wir erwarteten den Feindangriff jeden Augenblick. Ich teilte den Bunker mit zwei Offizieren, davon war einer fast noch ein Knabe. Kaum war er ein wenig eingeschlafen, hörte ich eine ungeheure Explosion, und ein Teil unseres Bunkers stürzte ein. Ich glaubte, nun sei alles zu Ende. Stille. Dunkel. Ich hörte nichts und sah nichts mehr. Ein riesiges Gewicht nagelte mich am Boden fest. Keine Bewegung möglich. Träge wie ein Bleiklumpen, dachte ich, ich sei tot. Ich weiß nicht, wie lange ich so gelegen habe. Plötzlich fühlte ich meine Zehen, wie sie sich in meinen Stiefeln bewegten. Ein wirklich merkwürdiges Gefühl. Von ganz weit her hörte ich Stimmen, hörte, daß mein Name und mein Dienstgrad gerufen wurden: ›Leutnant Melnik!‹ Ich lebte also. Ganz ehrlich: Im ersten Augenblick kam mir dieser Gedanke komisch vor. Die Verstärkungen waren eingetroffen, und die Sanitäter befreiten mich aus den Bunkertrümmern. Das Gewicht, das mich drückte, waren die Leichen meiner beiden Kameraden, die sofort tot gewesen waren. Ich hatte einen Balken und viel Schutt auf den Kopf bekommen, war ansonsten unverletzt. Abschürfungen an der Kopfhaut, ein Trommelfell geplatzt, sonst nichts. Der Feldarzt setzte sich dafür ein, daß ich mit dem Sanitätszug nach Zarskoe Selo ins Lazarett verlegt wurde. Und so habe ich die Ehre und das Vergnügen, mich ein weiteres Mal in ihrer freundlichen Gesellschaft zu befinden. Es heißt von mir, ich sei ein Befehlsverweigerer und Meuterer, aber auch, ich hätte einen österreichischen Gegenangriff aufgehalten.«

Melnik verbeugte sich höflich vor seinen Zuhörern und nahm wieder seine Tasse Tee in die Hand.

»Deine Männer haben recht, wenn sie sagen, daß du den Teufel im Leibe hast«, schloß Wassiliew.

Er drückte den Arm seines Freundes an sich, als wolle er sich vergewissern, daß er noch am Leben war.

»Die Front hält«, murmelte Melnik. »Hauptsache, das Hinterland tut das gleiche . . .«[1]

---

[1] Das Photo der zwölf Überlebenden der Schlacht bei Stochod hat die Nr. 43 im Bildteil.

XXI
Das Jahr 1916 nimmt ein schreckliches Ende

Nach einem kurzen Aufenthalt im Krankenhaus richteten sich
Melnik und Wassiliew bei uns häuslich ein. Vater war sehr glücklich, sie jeden Tag nach seiner Arbeit wiederzusehen, und die
drei Männer verbrachten den Abend im Gespräch bis manchmal
spät in die Nacht. Die Übereinstimmung untereinander war trotz
des großen Altersunterschieds vollkommen.

Konstantin Melnik war schnell wiederhergestellt. Einmal geschnitten und gestutzt, stand ihm der Bart so gut, daß alle ihn
überredeten, ihn zu behalten. Er gab ihm ein recht beeindruk-
kendes, würdig-martialisches Aussehen. Trotz seiner dreiund-
zwanzig Jahre sah er schon wie ein Veteran aus. Aufgrund seines
Verhaltens im Gefecht bei Stochod war er für die Victoria Cross,
die höchste britische Auszeichnung vorgeschlagen worden, dennoch hatte er abgelehnt:

»Auszeichnungen nehme ich nur von meinem Kaiser entgegen«,
hatte er geantwortet.

Vater hatte zu ihm volles Vertrauen. Aber eigentlich wußten wir
nur wenig über ihn. Im Laufe der Unterhaltungen hatten wir in
Erfahrung gebracht, daß er einer Bauernfamilie aus der Ukraine
angehörte und daß er sich bei der Kriegserklärung als einfacher
Soldat gemeldet hatte.

Wassiliew wußte auch nicht viel mehr.

»Er hat mir nie Vertrauliches über sein Privatleben erzählt. Sogar im Krankenbett, als er so nahe am Tode war . . . Er ist
wirklich ein seltsamer Bursche. Und doch, wenn es sein müßte,
ich würde ihm bis ans Ende der Welt folgen.«

»Es wird für das Krankenhaus im Katharinenpalais eine neue
Krankenschwester gesucht. Würde dich das interessieren?«
Vater hatte mir diese Frage in bewußt unbeteiligtem Ton gestellt.
Er war offensichtlich nicht sehr erpicht darauf, mich aus dem
Hause zu sehen, doch ich antwortete ohne Zögern:

»Selbstverständlich! Wenn du meinst, daß ich das kann. Du weißt, daß ich meine Ausbildung noch nicht angefangen habe.« Ich war wie verrückt vor Freude, mochte es aber nicht allzu deutlich zeigen.

»Angesichts der Umstände«, meinte Vater, »wird die Erfahrung, die du in unserem kleinen Hauslazarett gewonnen hast, reichen müssen. Unsere Dienste sind völlig überfordert, jeden Tag kommen ganze Züge voller Verwundeter, uns fehlen die Plätze und das Personal, um sie aufnehmen zu können. Wir müssen nun an jeden Freiwilligen appellieren. Die Ausbildung geschieht am Ort. Es ist leider nicht immer einfach, aber wir haben keine Wahl.« Während er mit mir sprach, war Vater näher gekommen. Als er ganz nahe bei mir war, legte er seine Hände auf meine Schultern und hob langsam seinen Blick auf mein Gesicht.

»Überleg es dir gut, bevor du dich entscheidest. Es ist eine überaus schwierige Aufgabe für ein Mädchen von achtzehn Jahren. Der wird keine Arbeit erspart bleiben.«

»Meine Antwort heißt ja. Außerdem weißt du, daß die Tochter Doktor Botkins keine Bevorzugung dulden würde.« Ich fühlte, wie seine Lippen über meine Stirn streiften. Ich machte die Augen zu und empfand ein Gefühl unendlicher Traurigkeit, so als wäre ein sehr zartes Band, das uns seit jeher miteinander verband, plötzlich zerrissen.

»Du wirst direkt unter der Aufsicht der Oberin arbeiten. Es ist eine sehr fähige Person. Sie wird selbst deine Ausbildung in die Hand nehmen . . .« Jede Spur von Rührung war aus Vaters Gesicht gewichen. Er sprach ruhig, seine schöne Stimme klang wie ein singender Baß.

»Ich warne dich, sie hat den Ruf, mit ihren Untergebenen streng zu verfahren. Aber das ist unerläßlich, wenn man einem solchen Dienst vorsteht. Mit den jungen Krankenschwestern gibt es immer Probleme.«

»Probleme?«

Vater lächelte ein wenig.

»Ja, gewisse Krankenschwestern benehmen sich nicht immer so, wie sie es sollten. Sie suchen eher das Amüsement mit den

Verwundeten als ihre Pflege. Danach haben sie natürlich Schwierigkeiten, sich Respekt zu verschaffen. Sie finden, daß Offiziere sie allzu freizügig behandeln, aber es ist ihre Schuld. Wenn sie ihren Beruf ordentlich erfüllen würden und sonst nichts, würden sie nie solche Schwierigkeiten bekommen. Bist du jetzt beruhigt?«

Am nächsten Tag begab sich Vater nach Petrograd, um mir meine Tracht zu besorgen: ein langer grauer Rock, eine Bluse und die weißen Schleier, das war die ordnungsgemäße Schwesterntracht am Krankenhaus des Katharinenpalais.

Als ich zum ersten Mal die Tür zum Büro der Oberin öffnete, schlug mir das Herz etwas stärker als sonst. Eine Frau um die Fünfzig stand auf, um mich zu begrüßen.

»Fräulein Botkin? Ich bin sehr froh, Sie kennenzulernen. Kommen Sie mit mir, ich werde Sie unserer kleinen Mannschaft vorstellen. Danach werde ich Ihnen die verschiedenen Abteilungen des Krankenhauses zeigen.«

Ihre autoritäre, etwas trockene Stimme schüchterte mich im ersten Augenblick ein.

»Sie werden von nun an ›Schwester Botkin‹ genannt. Unsere Krankenschwestern sind keine Nonnen, aber die Sitte will, daß man sie ›Schwester‹ nennt. Sie werden sehen, man gewöhnt sich sehr schnell daran.«

Die Oberin marschierte entschlossen durch die langen Flure des Katharinenpalais. Noch etwas verkrampft, hatte ich Mühe, ihr zu folgen, doch wollte ich keine der Erklärungen versäumen, die sie mir gab.

»Wir sind insgesamt sechs Krankenschwestern. Das ist nicht viel, denn jede hat ungefähr sechzig Verwundete, um die sie sich kümmern muß. Das sind meistens Offiziere. Das hier ist das Zimmer für einfache Soldaten. Im Augenblick sind nur vier davon hier. Sie werden Ihren Dienst bei ihnen antreten.«

Ich war erst eine Viertelstunde im Krankenhaus, und schon hatte ich meine erste Nachtwache! Seltsamerweise empfand ich ein Gefühl der Erleichterung, als ich mich allein wiederfand. Ich hatte es eilig zu zeigen, was ich konnte, zu beweisen, daß ich meine Aufgabe genausogut wie jede andere erledigen konnte, auch ohne jedes Diplom.

Einer von den vier Soldaten war am selben Morgen operiert worden. Er stand weiter unter der Einwirkung der Äther-Narkose, und der arme Kerl vertrug das Zeug so schlecht, daß er sich von Zeit zu Zeit im Schlaf erbrach. Ich saß am Bettende und tupfte mit einem nassen Tuch sein beschmutztes Gesicht, den Kopfkissenbezug und die Laken. Die anderen Verwundeten lagen still in ihren Betten und sahen zu, ohne ein Wort zu sagen. Ihre Neugier störte mich nicht, ich hatte mich in unserem kleinen Hauslazarett daran gewöhnt, daß man mich beobachtete.

Auch den ekelerregenden Geruch, der im Zimmer stand, vertrug ich gut, und das blutige Erbrochene zu entfernen, machte mir nichts aus, so als hätte mir die Schwesterntracht zugleich auch alle für diesen Beruf erforderlichen Tugenden verliehen.

Mittags aß ich im Krankenhaus. Die Mahlzeiten fanden im ehemaligen Speisesaal des Palais an einem langen Tisch statt, wo ich mit Behagen das gleiche Geschirr wie zu Hause wiederfand. Es war das offizielle Hofgeschirr: Die Teller waren aus weißem Porzellan, marineblau mit Goldstrich gerandet, und das Silber trug den Doppeladler.

Die Oberin stand, zusammen mit dem Leiter des Krankenhauses, Doktor Derewenko, der zu ihrer Rechten saß, der ganzen Tafel vor. Alle Krankenschwestern sowie die Patienten, die sich ohne fremde Hilfe bewegen konnten, waren anwesend. Das Essen war zwar nicht sehr reichlich, aber sorgfältig zubereitet. Ganz natürlich begannen Gespräche zwischen dem Personal und einigen Patienten. Die Atmosphäre war freundlich, fast familiär. Um mich ein wenig aus der Reserve zu locken, wurde zuerst über Vater, über den Gesundheitszustand der Mitglieder der kaiserlichen Familie und über meine Erfahrungen in unserem kleinen Hauslazarett gesprochen. Dann wurde das Thema gewechselt. Ich merkte, daß ich akzeptiert worden war und behandelt werden würde wie eine Krankenschwester unter vielen anderen.

»Mein liebes Mädchen, machen Sie sich darauf gefaßt, eine schlechte Nacht zu verbringen«, sagte mir die Oberin, als ich mich zur Nachtwache meldete. »Wir erwarten die Ankunft eines Lazarettzuges kurz vor Mitternacht. Wenn Schwerverletzte darunter sind, zögern Sie nicht und wecken Sie mich!«

Ich lächelte ihr zu und begann, den Medikamentenschrank aufzuräumen, gleichzeitig horchte ich, ob nicht Vater kam, denn ich wußte: jedesmal, wenn ich Nachtwache hatte, kam mich Vater besuchen. Gegen elf Uhr trat er durch die Tür zum Park herein, die ich absichtlich »vergaß« zu verschließen. Ich hörte, wie er näher kam: Er ging vorsichtig, um nicht mit seinen Stiefelsporen zu klirren. Wir verbrachten einen wunderschönen Augenblick, flüsterten uns Vertrauliches zu und naschten aus einer großen runden Dose voller Schokoladenplätzchen, die er immer mitbrachte, um mir über die Nachtwache zu helfen. An jenem Abend war Vater, wie üblich, bei mir zu Besuch gewesen. Doch kaum war er wieder weg, da hörte ich das Hupen der Krankenwagen. Der Pfleger rannte zum Eingang, die Oberin ebenso.

»Ich habe mich gar nicht erst hingelegt«, rief sie mir im Vorbeigehen zu.

Die Verwundeten waren diesmal nicht sehr zahlreich, und Doktor Muchin war dabei, die Dringlichkeitsfälle auszusortieren. Ich bemerkte bald einen Offizier, der sich von allen anderen stark unterschied. Er stand aufrecht, absolut gerade in einer makellosen Uniform. Das Georgskreuz glänzte an seinem Waffenrock. Ich kam auf ihn zu, und er begrüßte mich, fast als wären wir in Gesellschaft.

»Hauptmann Stepanow.«

»Wo sind Sie verletzt?«

»Keine Verwundung. Drohende Bauchfellentzündung. Kann ich ein Einzelzimmer haben? Meine Frau wird mich besuchen kommen. Die Offiziere meiner Einheit, des Jeriwanski-Regiments, die häufig im Kaiserin-Alexandra-Krankenhaus aufgenommen wurden, haben mir geraten, hierherzukommen, denn wie ich hörte, können die Ehefrauen im Palais untergebracht werden. Ist das richtig?«

»Völlig richtig«, antwortete ich.

Ich lächelte ihm mit der größtmöglichen Freundlichkeit zu, denn ich wußte natürlich, daß sich das Jeriwanski-Regiment in besonders ruhmreicher Weise ausgezeichnet hatte.

Bis der Hauptmann operiert werden konnte, wies mich die Oberin an, ihn ins Zimmer 12 zu legen.

»Schwester Botkin, ich vertraue ihn Ihnen an«, sagte sie. »Aber fürs erste kümmern Sie sich um den Kopfverletzten!«

Es handelte sich um einen jungen Mann, der auf einer Bahre hereingetragen worden war; er klagte ununterbrochen und rollte mit den Augen, denen die Schmerzen einen Ausdruck von Wahnsinn gaben. Die Schädeldecke war ihm von einem Granatsplitter weggeschossen worden, das Gehirn lag offen unter dem Verband.

Ich blieb den Rest der Nacht an seinem Bett sitzen und beobachtete ihn ständig, damit er sich nicht die Bandagen vom Kopf wegriß. Im Morgengrauen versank er in ein tiefes Koma. Steif, als wäre er schon nicht mehr von dieser Welt, hatte er keine Kraft mehr zum Stöhnen. Manchmal gingen seine Augenlider auf, aber sein Blick war leer.

Sanft nahm ich seine Hand in meine. Sie war warm. Ich suchte seinen Puls, als er sich plötzlich bewegte. Seine Augen sahen mich, er begann, einige völlig unverständliche Wörter zu stammeln und hielt sich mit dem kleinen Rest seiner Kräfte an meinem Arm fest.

Panik ergriff mich. Ich konnte mich losreißen; feige verließ ich meinen Patienten, rannte hinaus und klingelte die Oberin aus dem Schlaf. Als ich mit ihr zurückkam, war der arme Kerl schon tot.

Spät am Nachmittag kamen seine Eltern. Es waren sehr bescheidene Bauern, der Vater in seinem geflickten Tulup, die Mutter mit ihrem farblos gewordenen Tuch um den Kopf. Von Weinkrämpfen geschüttelt, hielten sie sich hartnäckig an den Ärzten fest, warfen sich vor ihnen auf den Boden, küßten ihre Füße, jammerten, beteten, flehten sie an . . . Sie wollten, daß man ihren Sohn rettete. Nichts konnte ihnen verständlich machen, daß er zu leben aufgehört hatte. Ihr Sohn war ihr ganzer Stolz gewesen, sie hatten ihr Leben lang hart geschuftet, damit er zu seinen Offizierstressen kommen konnte ... Ich versuchte, so gut ich konnte, sie wieder zu beruhigen. Selten war ich so erschüttert gewesen.

Zum Glück half mir eine gute Nachricht, diesen Tod zu ertragen. Eine der Krankenschwestern sollte uns verlassen und von Talia Abasa, Nellys älterer Schwester, ersetzt werden. Ich war begeistert, denn Talia würde mich mit ihrer ganzen Erfahrung unterstützen. Seit Kriegsbeginn gehörte sie zu den sogenannten »berittenen Krankenschwestern«. Als ausgezeichnete Reiterinnen galoppierten diese jungen Mädchen in vorderster Front unter feindlichem Feuer und leisteten am Ort die notwendige erste Hilfe.

An einem Samstagnachmittag kam Talia zu uns zu Besuch; sie war in Begleitung eines hochgewachsenen jungen Offiziers mit betont männlichem Auftreten in tadellos sitzender Fliegeruniform. Ich war sehr erstaunt, in ihm Georgi Besobrasow, Mischas Bruder wiederzuerkennen. Noch vor wenigen Monaten war Georgi regelmäßig Gast im Hause gewesen. Er war damals ein ziemlich farbloser junger Mann, der sich auf die Aufnahme ins Pagenkorps vorbereitete, und wir waren recht erstaunt gewesen, als wir erfuhren, daß er sich zum Geschwader seines Vetters, eines sehr berühmten Fliegers, gemeldet hatte. Seitdem hatten wir ihn nicht wiedergesehen, und nie hätte ich gewagt, Mischa nach ihm zu fragen. Wie reif hatte ihn doch der Krieg gemacht! Er sprach mit einer gewissen Autorität von seinen Luftaufklärungseinsätzen und erzählte, wie beeindruckt er war, als er sich zum ersten Mal ans Steuer seiner neuen viermotorigen Sikorski gesetzt hatte.

Eines Abends, während eines nächtlichen Besuchs bei mir im Krankenhaus, setzte sich Vater auf den Rand meiner Pritsche.

»Ich habe eine ganze Weile mit Georgi unter vier Augen gesprochen«, sagte er. »Er hatte weder von deiner Verlobung noch von dem Bruch mit Mischa eine Ahnung.«

Ich lächelte traurig: »Wie sollte er auch, da seine Familie uns nie als Verlobte betrachtet hat?«

»Er hat Mischas Handlungsweise sehr kritisiert«, fuhr Vater fort. »Nie hätte er einen solchen Leichtsinn, eine solche Treulosigkeit dir gegenüber erwartet. Er ist empört ...«

Vater hielt einen Augenblick inne. Dann fuhr er plötzlich mit ernster Stimme fort:

»Georgi hat um deine Hand angehalten. Er möchte dich heiraten, um die Familienehre zu retten.«

Ich war sprachlos, Georgi heiraten! Sollte ich weinen oder lachen? Auch erwachsen geworden, auch noch so gut und ungezwungen aussehend, würde Georgi nichts anderes als ein Kind in meinen Augen sein und bleiben ...

Juri litt immer noch an Rheuma, und Vater riet ihm, einen Monat zur Kur nach Ewpatorija auf die Krim zu gehen.

Als er wiederkam, hatte sich seine Gesundheit deutlich gebessert. Er konnte jetzt allein die Treppen hinaufgehen und kleine Spaziergänge mit Nelly unternehmen, die bald ein Kind zur Welt bringen sollte. Doch zog der Krieg nach wie vor eine endlose Kette von Trauerfällen nach sich. Gleb Kyrillin, der mir bei meinem ersten Bühnenauftritt damals in den Mantel helfen wollte, war in Gefangenschaft geraten, zwei seiner Brüder waren gefallen. Die Gardeinfanterie hatte riesige Verluste bei Opatow erlitten. Bei den Kaiserschützen waren neun Offiziere im Feld geblieben, darunter einer unserer Freunde, Nikolaj Tichmenew, sowie die beiden Brüder Oserow: Sergej, ein Page aus demselben Lehrgang wie seinerzeit Dimitri, und Alek, mit dem ich so oft Mazurka getanzt hatte ...

Anfang Dezember 1916 kam Vater eines Abends nach Hause in Begleitung eines Offiziers der Kaiserlichen Husaren, Graf Ignatjew, der Juri sprechen wollte.

»Der Zar hat mich soeben zum Militärattaché in Paris ernannt«, eröffnete er ihm, »und ich schlage Ihnen vor, werden Sie mein Stellvertreter.«

Vater blieb unbewegt, doch Juri hatte Schwierigkeiten, sein Erstaunen zu verbergen. Er war erst einundzwanzig Jahre alt, der Vorschlag des Grafen war um so schmeichelhafter.

»Ich danke Ihnen, Graf«, antwortete er, »aber Sie sehen mich etwas überrascht. Da meine Gesundheit besser geworden ist, bereite ich mich auf meine Rückkehr an die Front vor. Mir scheint, daß, angesichts der enormen Verluste, die wir erleiden müssen, mein Platz dort ist.«

»Ich begreife Ihre Gefühle«, drängte Ignatjew weiter, »aber Sie könnten dem Vaterland genauso intensiv dienen, indem Sie den Posten annehmen, den ich Ihnen angeboten habe. In der Armee bleiben Ihre Fähigkeiten unerkannt und ungenutzt. Ihre ganze Bildung wird Sie nicht daran hindern, im Gefecht zu fallen. Überlegen Sie und geben Sie mir morgen die Antwort.«

Bevor ich einschlief, stellte ich mir schmerzhafte Fragen. Wie war es möglich, daß Männer vom Rang eines Grafen Ignatjew einen Posten im Ausland annehmen konnten? Wie konnten Sie es wagen, jungen Offizieren vorzuschlagen, sich ihrer Pflicht zu entziehen und sich nicht mehr an vorderster Front zu schlagen? Am nächsten Morgen lehnte Juri endgültig ab. Vater machte keine Kommentare, aber ich ahnte, daß er sich im Innersten erleichtert fühlte. Doch als mein Bruder wieder an die Front zurück wollte, verbot es ihm Vater in aller Form. Sein Rheuma machte ihm noch viel zu schaffen, und er riskierte einen schlimmen Rückfall. Im übrigen fand auch gar kein Krieg mehr statt. Kälte und Schnee vereitelten jede größere militärische Operation. Die Truppen traten auf der Stelle, und die Zeitungen, immer wortkarger geworden, meldeten: »An der Front nichts Neues.«

Die russischen und alliierten Armeen bereiteten sich auf die große Frühjahrsoffensive 1917 vor, die Deutschlands Widerstand endgültig brechen sollte.

Ich verstand immer weniger, was in Rußland eigentlich geschah. Vater sprach nie über Politik, doch konfuse und widersprüchliche Gerüchte erregten das Krankenhaus und sogar uns zu Hause.

Siebzehn Millionen Mann standen unter Waffen, was eine Desorganisierung der Industrie, der Landwirtschaft, des Transports und der Versorgung zur Folge hatte. Die Preise stiegen ständig, das Warenangebot wurde knapper, und im Hintergrund rebellierte die öffentliche Meinung. Seit der Ermordung des Ministerpräsidenten Stolypin war kein wirklicher Staatsmann an seine Stelle getreten, und die Minister erwiesen sich als unfähig, mit der Situation fertigzuwerden. Während der Kaiser von seiner schweren Verantwortung als Oberster Befehlshaber voll in Anspruch genommen war, entfesselte die revolutionäre Propaganda, darin von den deutschen Geheimdiensten unterstützt, eine Kampagne gegen die Kaiserin und machte Alexandra Fjodorowna für alle Übel verantwortlich. Dabei spielte die Propaganda mal auf ihre deutsche Herkunft, mal auf ihre Beziehungen zu Rasputin oder auch auf ihren Einfluß auf die Regierung an. Die Duma war nicht mehr der Einheitsblock wie zu Beginn des Krieges, sondern eine Vielfalt der verschiedensten Tendenzen, wobei sich die Antimonarchisten unter unserem Verwandten Gutschkow und die Sozialrevolutionäre unter Rechtsanwalt Kerenski mit schärfster Kritik gegenseitig überboten und den geringsten Zwischenfall sofort riesig aufbauschten.

Die Erregung erreichte ihren Höhepunkt, als der Kaiser einen treuen Anhänger des »starez«, Protopopow, zum Innenminister ernannte, einen Mann, dessen hervorstechendste Eigenschaft sein entwickelter Sinn für Intrigen war ... Ein Führer der linken Liberalen, Miljukow, hielt vor der Duma eine Rede, in der er Stürmer, Protopopow und Rasputin offen beschuldigte, eine staatsfeindliche Clique zu bilden. Er konnte ungezählte Beispiele anführen und fragte nach jeder Behauptung mit deutlicher Betonung:

»Ist das Verrat oder Dummheit?«

Miljukow beendete seine Rede mit dem vernichtenden Satz:
»Wenn das Dummheit ist, gibt es zuviel davon, und es fällt schwer, daran zu glauben!«

Stürmers Ablösung und sein Ersatz durch Trepow, einem gemäßigten und ehrlichen Mann, vermochte die Geister nicht zu besänftigen. Trepow forderte sofort Protopopows Abberufung. Der Kaiser war einverstanden, doch die Kaiserin stellte sich energisch dagegen. So gab der Zar nach. In den Augen der Zarin war

Protopopow, für den Rasputin sich verbürgt hatte, der einzige wirklich vertrauenswürdige Minister in der Regierung.

Trepow schickte daraufhin einen Verwandten zum »starez« und ließ ihm einen großen Geldbetrag zukommen und eine hohe Rente auf Lebenszeit aussetzen, wenn er sich dafür nie wieder in Staatsgeschäfte einmischen würde. Rasputin beeilte sich, dieses Angebot der Zarin zu hinterbringen, und seine kategorische Ablehnung erhöhte noch das Vertrauen, das sie in ihn setzte. Trepow trat zurück, und an seine Stelle kam Fürst Galizyn.

Sogar nahe Verwandte des Kaiserpaares begannen, sich Sorgen zu machen. Einige Großfürsten hielten die Beschneidung des Einflusses der Kaiserin auf die Staatsgeschäfte für unerläßlich. Aber wie? Rasputin auszuschalten war genauso schwierig. Alle Berichte, die voll erdrückenden Beweismaterials über ihn an den Zaren gegangen waren, blieben folgenlos. Zwei Senioren unter den Großfürsten nahmen die Verantwortung auf sich, den Zaren vor der Gefahr zu warnen, die nunmehr dem gesamten Reich drohte.[1]

---

[1] Großfürst Alexander Michailowitsch stellte zunächst fest, daß »wir in einem der gefährlichsten Augenblicke in der Geschichte Rußlands leben, wo es darum geht, zu erfahren, ob es ein großes freies Land ist und fähig bleiben kann, sich unabhängig zu entwickeln«; er unterstrich, daß »Rußland ohne den Zaren nicht existieren kann« und empfahl ihm die Bildung einer Regierung »ehrlicher, liberaler und der Monarchie ergebener Persönlichkeiten«, die »einen Kopf, eine Vernunft und einen Willen darstellen« und nicht eine Handvoll »enger Spezialisten« sein sollten, die völlig voneinander getrennt ihre Berichte dem Zaren vorlegten. Eine solche Regierung sollte der Duma und dem ganzen Land ein Programm von Maßnahmen vorschlagen, das den Sieg gewährleisten und »die Reformen, die das Land erwartet«, näher bestimmen sollte. Der Großfürst warnte Nikolaus II. vor der ständig größer werdenden Kluft, die ihn vom Volk trenne – »Wenn ich Volk sage, meine ich diejenigen, die die Bedürfnisse des Volkes begreifen, und nicht jene, die sich als eine große Herde verstehen, bereit, dem erstbesten Individuum, der die Massen hinter sich zieht, zu folgen« – und vertrat die Ansicht, daß »das Volk seinen Zaren liebt, aber . . . eine Wiederherstellung der Ordnung im Inneren ohne Umwälzungen wünsche . . ., die eine vom Vertrauen der Nation getragene Regierung zu leisten hätte«.

Nikolaus lehnte es ab, sie anzuhören: Er betrachtete ihre Ansichten als deplaziert und von persönlicher Antipathie gegen die Kaiserin diktiert. Rußland stünde im Krieg und müsse seine ganze Kraft für den Sieg zusammennehmen.

Die Unzufriedenheit in den politischen Kreisen war auf ihrem Höhepunkt; bereits Ende 1916 war das Projekt einer provisorischen Regierung ins Auge gefaßt worden. Der liberale Fürst Lwow sollte sich an ihre Spitze stellen, seine Minister hatte er schon gewählt.

Ein Gendarmerieoffizier entdeckte die Verschwörung und erstattete einen detaillierten Bericht an die Staatspolizei. Protopopows Stellvertreter, ein General, nahm zwar davon Kenntnis, doch legte er diesen Bericht mit einem Vermerk wieder zu den Akten:

»Wir sind 1905 mit der Revolution fertiggeworden, wir werden es mit dieser ebenso schaffen!«

Am 17. Dezember 1916, nach seiner Rückkehr aus der abendlichen Halbsieben-Uhr-Visite im Palais, teilte uns Vater mit besorgter Miene mit:

»In Petrograd wird nur noch vom mysteriösen Verschwinden Rasputins geredet. Die Kaiserin ist sehr unruhig. Sie befürchtet eine Entführung oder gar eine Ermordung . . .«

Allmählich kam die Wahrheit heraus: Rasputin war in der Tat ermordet worden, und der Mord war unter so abscheulichen Bedingungen geschehen, daß die Phantasie der Bevölkerung ins Sieden geriet.

»Nur ein Muschik hat es geschafft, bis zum Zaren vorzudringen«, wurde im Volk geflüstert, »und auch ihn haben die Herren umgebracht!« Der »starez« war in der Tat von Fürst Jusupow, dem düsteren jungen Mann, den ich ganz kurz einmal auf der Krim gesehen hatte, in einen Hinterhalt gelockt worden. Hinzu kamen vier weitere Mörder: Großfürst Dimitri, ein Cousin des Zaren, der rechtsextremistische Duma-Abgeordnete Purischkjewitsch, Doktor Lazavert und Hauptmann Suchotin, unser Suchotin, der zum Glück nicht mehr zu Hause aufgetaucht war, seitdem Juri seine Prüfungen bestanden hatte!

Felix Jusupow hatte überhaupt keine Mühe aufwenden müssen, um Rasputin dazu zu bringen, bei ihm zu Abend zu essen. Seit langem schon brannte der »heilige Mann« darauf, Felix' entzükkende Gattin, die Fürstin Irina, eine Nichte des Zaren, persönlich kennenzulernen[2].

Rasputin begrüßte den Fürsten mit offenen Armen. Die Aussicht auf diesen·Abend freute ihn ganz besonders.

»Rasputin hatte ein mit Kornblumen besticktes, weißseidenes Hemd an«, schreibt Jusupow, »das von einer karminroten Schnur mit zwei großen Quasten umgürtet war. Die breiten, schwarzen Plüschhosen und die hohen Stiefel, die er trug, waren ganz neu. Auch das Kopf- und Barthaar war frisch gekämmt und mit besonderer Sorgfalt geglättet. Als er nahe an mich herantrat, schlug mir sogar der starke Duft von billiger Seife ins Gesicht. Offenbar hatte Rasputin an diesem Tage besonders viel Zeit darauf verwendet, sich fein zu machen. Jedenfalls hatte ich ihn vorher noch nie so sauber und ordentlich gesehen.«[3]

Jetzt verschwinden beide Männer in einer Limousine, die auf sie wartet. Eine Viertelstunde später schließt sich das hohe Gitter des Jusupowschen Adelspalais am Moika-Kai hinter ihnen.

Jusupow bringt seinen Gast sofort in den prachtvoll eingerichteten Salon im Souterrain des Hauses. Aus der ersten Etage dringen lustige Lieder zu ihnen herunter.

»Das ist meine Frau«, entschuldigt sich Felix. »Sie hat Besuch von einigen Freunden. Sie werden aber gleich gehen. Dann kommt sie hierher zu uns.«

In Wirklichkeit ist die Fürstin Irina auf der Krim, und Suchotin, Purischkjewitsch und Lazavert warten, neben einem auf volle Lautstärke eingestelltem Grammophon sitzend, im Arbeitskabinett des Fürsten auf die Lösung des Dramas.

---

[2] Irina Jusupowa, Felix' Frau, war die Tochter der Schwester Nikolaus' II., Großfürstin Xenia, die selbst mit einem Cousin des Kaisers, Großfürst Alexander, verheiratet war.

[3] Fürst Felix Jusupow, Rasputins Ende, Berlin 1928, S. 154–155.

Rasputin setzt sich an den Tisch, ißt drei Stück Schokoladenku-chen, die mit Zyankali präpariert sind, und trinkt dazu zwei Glas eines Madeira, der mit demselben Gift versetzt ist. Keine Reak-tion.

Sprachlos läßt Jusupow einen Augenblick seinen Gast allein, geht in sein Büro und erzählt seinen Freunden, das Gift wirke nicht.

»Bei der Dosis, die er hat schlucken müssen«, versichert ihm Lazavert, »ist er schon tot! Das ist nur noch eine Frage von Sekunden . . .«

Jusupow geht wieder herunter und bietet Rasputin erneut etwas vom vergifteten Madeira an. Er selbst fühlt, wie der Alkohol auf ihn wirkt, doch der »starez« bleibt nüchtern.

»Sing mir ein Lied!« bittet er Felix.

Der Fürst greift nach seiner Gitarre und beginnt, ein Zigeuner-lied zu singen. Immer noch nichts. Es ist drei Uhr morgens durch, und Felix geht wieder hinauf zu seinen Freunden. Es wird über-legt und beratschlagt. Felix Jusupow nimmt den Revolver des Großfürsten, versteckt ihn hinter seinem Rücken und geht wie-der zu seinem Gast hinunter.

Rasputin sitzt bewegungslos, er atmet aber sehr laut. Der Fürst geht auf ihn zu; daraufhin wird der »starez« plötzlich munter und verlangt zu trinken.

Jusupow ist völlig verwirrt. Niemand kann Zyankali widerstehen! Kein Mensch, kein Lebewesen . . . Der Teufel vielleicht? Er er-blickt ein Kruzifix, das auf einem Schrank funkelt. Er nähert sich ihm, nimmt es in die Hand und ruft Rasputin:

»Komm doch her, ich möchte dir ein wertvolles Stück zeigen.«

Der »starez« steht schwerfällig auf und greift nach dem Kruzifix, das ihm Felix entgegenhält. Er beginnt, es genauer zu betrachten, doch der Fürst ruft ihm vorwurfsvoll zu: »Du hast vergessen, dich zu bekreuzigen!«

In dem Augenblick, als Rasputin das Kreuzzeichen schlägt, schießt der Fürst. Der »starez« bricht auf dem Bärenfell zusam-men. Die vier Komplizen tauchen auf. Rasputin liegt auf dem Rücken, in seinem Gesicht zuckt es nervös, doch behauptet Doktor Lazavert, er sei tot, mausetot. Die Kugel sei in die Herzgegend eingedrungen.

Während die Leiche ausgezogen wird, bleiben Jusupow und Purischkjewitsch allein im Arbeitskabinett. Felix, ohne recht zu wissen warum, entschließt sich, wieder ins Speisezimmer hinunterzugehen. Dort geht er auf Rasputins Leiche zu, beugt sich über sie, und beginnt, sie stark zu schütteln.

Plötzlich sieht er, wie das linke Auge des Toten wieder aufgeht. Ein wenig später blicken ihn beide Augen intensiv an. Auf einmal springt Rasputin auf die Füße und wirft sich auf seinen Mörder.

»Seine Augen verdrehten sich und drohten sogar aus den Augenhöhlen herauszuspringen. Der ins Leben zurückgekehrte Rasputin wiederholte in heiserem Flüsterton unaufhörlich meinen Namen ... Es entspann sich ein fürchterliches Ringen zwischen uns ... Mit einer letzten, gewaltigen Anstrengung gelang es mir dennoch, mich loszureißen; ich war frei. Rasputin fiel röchelnd auf den Rücken, in einer Hand hielt er eine Epaulette von mir, die er mir im Kampfe entrissen hatte ... Ich rannte nach oben, um Purischkjewitsch zu Hilfe zu rufen ...«[4]

Der Duma-Abgeordnete stürzt herein, den Revolver in der Faust. Der »starez« versucht, den Ehrenhof im Laufschritt zu überqueren. Purischkjewitsch setzt ihm nach. Im Lauf schießt er zweimal, doch die Kugeln verfehlen ihr Ziel. Dann bleibt er stehen und zielt genau. Rasputin bricht bäuchlings im Schnee zusammen, die Arme nach vorn ausgestreckt.

Purischkjewitsch holt ihn wieder ein und zertrümmert ihm den Schädel mit Fußtritten ...

Vater kannte alle diese scheußlichen Details durch die Kaiserin, die ihm Protopopows Berichte zu lesen gab.

»Dieses Verbrechen«, meinte er eines Abends traurig zu uns, »ist das erste Signal der Anarchie.«

Ich wußte noch nicht, daß ein Bericht der Geheimpolizei vermerkte:

---

[4] Jusupow, a. a. O., S. 182–183.

»Deshalb verdienen Gerüchte, denen zufolge Rasputins Ermordung – jener ›ersten Schwalbe‹ des Terrors – weitere terroristische Aktionen folgen werden, die allergrößte Aufmerksamkeit.«[5]

Eines Abends nach dem Dienst beschloß ich, Fräulein Klaudia Bitner zu besuchen. Sie war sehr froh, mich wiederzusehen, und begann, mir alles, was sich im Alexander-Krankenhaus abspielte, wo sie Oberin war, ganz genau zu erzählen. Dabei flocht sie mehrmals den Namen eines gewissen Oberst Kobylinski ins Gespräch ein, was mich in despektierlicher Weise auf den Gedanken brachte, sie habe für ihn mehr übrig als schicklich war.

»Weißt du, was ich gleich morgen tun werde?« fragte sie urplötzlich. »Das wirst du nie erraten! Ich werde beten gehen und Kerzen auf dem Grab Kaiser Pauls I. anzünden.«

»Was zieht Sie denn derart dorthin?« wunderte ich mich. Ihr Gesicht wurde sehr ernst.

»Du kennst sein tragisches Ende, das infame Attentat, dem er zum Opfer gefallen ist! Nun hat eine Anzahl von Gläubigen die Beobachtung gemacht, daß Gebete, die ihm zum Angedenken verrichtet werden, besonders, wenn es neben seinem Grab in der Kirche der Peter-Pauls-Festung geschieht, in besonderer Weise erhört werden. Man hat sogar Fälle von spontaner Heilung festgestellt. Gott hat ihn eines furchtbaren Todes sterben lassen, hat aber aus ihm einen Heiligen gemacht! Nimm zum Beispiel Oberst Kobylinskis Verwundung! Sie war besonders schlimm, die Niere war angegriffen, und er hätte jeden Tag sterben können. Als er erfuhr, daß er verloren war, bat er mich, am Grabe Pauls I. beten zu gehen. Am nächsten Tag fühlte er sich schon besser, und heute ist er völlig außer Lebensgefahr. Er hat mich gebeten, morgen eine Kerze anzuzünden, um Kaiser Paul I. für diese Heilung zu danken.«

Ich war bestürzt. Daß ich nichts von Politik verstand, war nur normal, aber wohin kamen wir, wenn sogar hohe Offiziere anfingen, an solche Wunder zu glauben? . . .

---

[5] Alexander Block, op. cit., S. 36.

DRITTER TEIL

Die Revolution
(1917–1920)

XXII
Aufruhr in Petrograd

In den ersten Januartagen 1917 wurde ich krank. Ich hatte einen Patienten gepflegt, der an einer Angina erkrankt war, und infizierte mich natürlich dabei selbst. Ich lag in meinem schmalen eisernen Bett auf harter Matratze und flachem Kopfkissen und verbrachte in meinem Zimmer ganze Tage bei der Betrachtung eines Porträts meiner Mutter.

Am Tag der heiligen Tatjana war ich immer noch bettlägerig und kam erst langsam wieder zu Kräften. Wie viele Karten, wie viele Blumensträuße und Blumenkörbe hatte ich nicht aus dem Krankenhaus bekommen! Tief bewegt las ich immer wieder die Briefe, die mir die Verwundeten des Lazaretts im Katharinenpalais geschrieben hatten und die von allen Patienten, auch denjenigen, die ich nicht kannte, gemeinsam unterschrieben waren. Es rührte mich zu Tränen festzustellen, wie sehr sie trotz meiner jugendlichen Unerfahrenheit meine Präsenz schätzten.

Endlich konnte ich aufstehen und Besuche empfangen. Am Morgen des 24. Februar kam Tante Raha, um mit mir ein Schwätzchen zu halten.

Sie war von dem Klima wachsender Aufregung und Unzufriedenheit sehr beunruhigt, das sich in den letzten Tagen in Petrograd entwickelt hatte. Die unzureichenden Löhne, die Preistreiberei und die schlechte Versorgung drängten die Bevölkerung zum Aufruhr. Vor zwei Tagen war der Kaiser wieder zur »Stawka« zurückgekehrt; seitdem waren in den meisten Betrieben der Stadt Streiks ausgebrochen. Das Brot wurde Mangelware und Schlangen von mehreren hundert Metern Länge bildeten sich vor den Bäckereien. Rote Fahnen tauchten überall auf, Demonstranten zogen durch die Straßen und brüllten:

»Brot! Brot! Nieder mit dem Krieg! Nieder mit der Regierung!«
Die Polizei versuchte, mit Hilfe von in Aufstellung befindlichen Ersatzregimentern die Ordnung auf der Straße wiederherzustellen, aber die jungen Rekruten revoltierten vor dieser Aufgabe

und die Kosaken grüßten lachend die Massen in Aufruhr und hüteten sich vor jeder Intervention.

»Das ist unmöglich«, schrie ich empört, »das sind Lügen!« Tränen traten mir in die Augen. Ich weigerte mich zu glauben, daß unsere tapferen russischen Soldaten, die sich so heldenhaft an der Front geschlagen hatten, meutern wollten, obwohl der Krieg noch gar nicht beendet war und der Heimatboden immer noch vom Feind bedroht blieb...

Als Vater an jenem Abend vom Palais heimkam, bestätigte er uns die Richtigkeit dieser Gerüchte.

»Die Lage ist viel besorgniserregender als 1905«, meinte er unruhig. »Die revolutionären Organisationen haben die Abreise des Zaren abgewartet, der allein durch seine Präsenz den Aufruhr hätte wieder eindämmen können. Sein Prestige ist nach wie vor riesig groß. Ich bewundere den Mut der Kaiserin in diesem schlimmen Augenblick. Sie vermag die Ruhe zu bewahren, auch wenn ihr von überallher Unruhe entgegenschlägt.

Der junge Zarewitsch ist krank, er hat hohes Fieber, aber auch der Großfürstin Olga geht es nicht gut. Ich werde wohl ein paar Tage hintereinander im Palais bleiben müssen. Ich fürchte, daß die kaiserlichen Kinder alle die Röteln gekriegt haben.«

Mehrere Tage lang bekamen wir von Vater nur kurze telephonische Anrufe, die kaum ausreichten, um uns zu beruhigen, während die Nachrichten aus Petrograd immer alarmierender wurden. Unsere Angst wuchs von Stunde zu Stunde...

Der 27. Februar 1917, ein Montag, wird mir auf immer und ewig im Gedächtnis haften bleiben. Es war am Anfang des Nachmittags. Wir waren alle im Wohnzimmer bei unserem jungen Ehepaar versammelt. Gleb zeichnete wieder, wie üblich, sehr fleißig, und ich machte Konversation mit Tante Raha, vermied jedoch sorgfältig jedes politische Thema.

Eine Tür schlug zu und Nellys Schwester, Talia, kam ganz außer Atem ins Zimmer. Sie kam aus dem Lazarett im Katharinen-Palais.

»Petrograd ist in der Gewalt der Aufständischen!« eröffnete sie uns, als sie wieder zu Atem gekommen war. »Die Soldaten haben gemeutert, ihre Offiziere entwaffnet und andere, die ihnen Widerstand leisteten, umgebracht. Einer meiner Patienten hat einen panikartigen Anruf aus der Hauptstadt erhalten: Angeblich sind neun Offiziere des Wolynski-Regiments umgekommen. Sogar die Soldaten des Preobraschenski-Regiments haben gemeutert und sind zu den Arbeitern übergelaufen. Auf der Litejni-Brücke haben regierungstreue Truppen ihre Maschinengewehre in Anschlag gebracht, sie wurden jedoch überrannt!«

Schweigend hörten wir zu. Gleb saß mit offenem Mund, und in Tante Rahas Gesicht spiegelte sich Unruhe und Empörung wider. Ich blieb regungslos. Ich wußte, daß Talia die Wahrheit sagte, und doch wollte mir die Realität solcher Scheußlichkeiten einfach nicht in den Kopf. Es war schönes Wetter. Flecken eines fast frühlinghaften Sonnenlichts spiegelten sich im Schleiflack des Flügels wider und verteilten sich überall, auf dem großen Perserteppich und auf dem glacierten Chintz der Polsterbezüge.

Wenn wir nur endlich Nachrichten aus dem Palais bekämen! Plötzlich überkam mich ein Gefühl der Erleichterung. Vaters Schritte waren auf dem Treppenabsatz zu hören! Die Tür ging auf. Vater war da, er stand vor uns! Wir wollten ihn küssen, aber er gab uns ein Zeichen, ihm wegen der Infektionsgefahr nicht näher zu kommen. Allein schon seine Anwesenheit tröstete mich, seine massige Gestalt und sein ehrlicher Blick flößten mir Vertrauen ein. Vater würde uns beruhigen… Leider war das nicht der Fall.

»Wißt ihr, was geschieht?« fragte er uns ganz einfach.

Trotz seiner scheinbaren Ruhe fühlten wir, wie besorgt er war. Sein Gesicht war bleich, er sah matt aus. In wenigen Sätzen entwarf er uns ein Bild der Situation, die er dank Protopopows Berichten, die jeden Tag der Kaiserin vorgelegt wurden, selber genauestens kannte.

Seine Stimme klang plötzlich ernst:

»Um weitere Grausamkeiten zu vermeiden, wird der Kaiser möglicherweise genötigt werden, abzudanken.«

Wir waren vor grenzenlosem Erstaunen wie vom Blitz getroffen.

»Der Kaiser! Abdanken!«

Dann wäre wirklich alles aus. Die Revolution würde all das, was uns lieb und teuer war, in den Abgrund reißen: das Vaterland, die Gefallenen und alle übrigen Opfer des Krieges, den Zaren, seine Familie und alle, die, wie wir, bis zuletzt treu bleiben würden.

Ja, ich hatte recht gehört. Vater hatte gesagt, wir sollten mit dem Schlimmsten rechnen. Sein Platz war bei der Kaiserin und ihren kranken Kindern, er würde sie nicht verlassen können, solange der Zar in der »Stawka« weilte.

Sein Gesicht wurde noch ernster.

»Heute nachmittag«, sagte er mit verhaltener Stimme, »ist der Aufstand in Zarskoe Selo ausgebrochen. Packt augenblicklich eure Koffer, denn die Sadowaja-Straße wird das erste Ziel der Revolutionäre sein. Nehmt nur das unbedingt Notwendige. Talia soll versuchen, Juri und Nelly bei ihrer Mutter unterzubringen. Ich selbst nehme Gleb und Tatjana zu unserer Freundin, Frau Tewjaschow, mit.

»Ich habe nichts zu befürchten«, verkündete augenblicklich Tante Raha. »Ich bleibe mit dem Personal hier, um das Haus zu hüten.«

Die Nacht sank herab, und es schneite sehr stark, als wir bei Frau Tewjaschow ankamen. Unsere Freundin nahm uns mit großer Liebenswürdigkeit auf, Vater aber fuhr augenblicklich ins Palais zurück. Von weitem hörten wir Gewehrschießen.

Wir schliefen die ganze Nacht nicht. Der alte Hausdiener und sein Sohn gingen von Zeit zu Zeit hinaus und brachten uns Nachrichten von der Straße. Die Soldaten waren noch relativ ruhig, aber sie trieben sich überall herum und schossen zum Spaß in die Luft. Telephonisch versuchten die Petrograder Regimenter, sie zur Revolte aufzustacheln. Sie hatten angekündigt, daß sie noch am selben Abend mit Panzern und Munition nach Zarskoe Selo kommen würden, um das Palais einzunehmen. Man sprach von achttausend Mann.

Wir waren niedergeschlagen und zutiefst desorientiert. Die Straßen waren zwar voller Soldaten, aber das Palais selbst war noch nicht angegriffen worden. Die Aufständischen behaupteten, daß es so stark geschneit hatte, daß die Panzer auf halbem Weg wieder nach Petrograd zurückfahren mußten. Was die in Zarskoe Selo selbst stationierten Regimenter anbetraf, waren die Nachrichten bei weitem nicht so gut. Das 1. und das 2. Gardeschützen-regiment hatten sich vom Petrograder Appell verleiten lassen. Das 4. Regiment, das kaiserliche, hatte, von seinen Offizieren beschworen, lange dagegen Widerstand geleistet, schließlich war es auch auf die Straße gegangen.

An diesem Tag ging Gleb nicht zur Schule, und wir blieben beide am Fenster hängen. Das Schauspiel war unheimlich. Die Soldaten plünderten frenetisch Läden und Geschäfte und fingen immer da an, wo Wein und Wodka verkauft wurden. Seit Beginn des Krieges war der Wodka nicht mehr frei verkäuflich, und eine neue Kategorie von Staatsbürgern war in Rußland entstanden: die »politurnye«, die wegen ihrer immoderaten Vorliebe für Lackpolitur auf Alkoholbasis (»politura«) so genannt wurden; ein Gassenhauer empfahl sogar:

»Wanja, trink doch keinen Lack,
Willst du dein Geld am Samstag...«

Schon in den Anfangsstunden des Tages waren die Soldaten völlig betrunken. War es möglich, daß diese Männer dieselben waren, die wir vor wenigen Monaten noch bewundert hatten? Jetzt sahen sie wie eine Bande von Strauchdieben aus, zerlumpt, frech, bestialisch... Sie rannten wild umher, die einen mit Wein- oder Wodkaflaschen beladen, die anderen mit riesigen Stoffrollen oder mit Stiefeln und Schuhen gegen die Brust gepreßt, frisch aus den Kartons gerissen, die sie hinter sich fallen ließen. Sie hatten ihre Mützen mit vielen bunten Bändern umwickelt, die ihnen um den Kopf hingen und ihnen das Aussehen von Zirkuspferden verliehen.

In dieser unordentlichen Menschenmenge waren manchmal Frauen mit Kopftüchern zu sehen, die staunende Kinder an der Hand hielten. Laut hupend, versuchten sich Lastwagen voller betrunkener Militärs einen Weg hindurchzubahnen. Alle hielten Schilder mit zahlreichen Losungen hoch:

»Tod den Reichen! Uns die Macht!«

Von Zeit zu Zeit erschien eine Gans zwischen den Beinen der Menge und rannte wie verrückt auf ihren roten Beinen herum. Plötzlich erblickten wir die Kosaken von der persönlichen Eskorte seiner Majestät. Sie ritten vorbei, prächtig wie immer, doch an ihren Mützen, an ihren schmucken Uniformen und an den Mähnen ihrer Tiere sah man lauter Kokarden und rote Bänder! Sie ritten lächelnd vorbei und grüßten die bunt zusammengewürfelte Menge. Ich war empört. Die Kerle hatten wirklich den Strick verdient. Das grenzenlose Vertrauen und den ungewöhnlich großen Komfort, den sie im Dienst des Zaren genossen – wie konnten sie das alles an einem Tag vergessen haben!?

Am 2. März kam Vater zu Besuch. Auf den Straßen war es schon wesentlich ruhiger geworden. Verhandlungen zwischen Kaiser und Duma waren im Gange.
Vater erschien in seinem Generalsmantel mit den roten Aufschlägen und war mit seiner eigenen Hofequipage gekommen, mit dem Kutscher auf dem Bock in der mit dem Doppeladler bestickten Pelerine und dem Zweispitz auf dem Kopf. Das gab uns wieder etwas Mut. Das Leben im Palais verlief also doch wie eh und je.
Wir sollten bald anderer Meinung werden. Einige Minuten später stellten wir fest, daß Vaters Coupé die Neugier einer Gruppe bewaffneter Soldaten erregte, deren rote Bänder und finstere Mienen nichts Gutes verhießen.
Es klingelte an der Haustür. Frau Tewjaschow, furchtlos wie immer trotz ihres hohen Alters, öffnete selbst. Ein Offiziersanwärter, von mehreren schwerbewaffneten Soldaten begleitet, fragte sie in drohendem Ton:
»Ist General Botkin bei Ihnen?«
»Er ist Arzt«, antwortete Frau Tewjaschow, ohne sich einschüchtern zu lassen. »Er ist wegen meines erkrankten Bruders hier.«
»Das interessiert uns nicht!« erwiderte der Offiziersanwärter.
»Wir haben den Befehl, alle Generäle zu verhaften!«
Frau Tewjaschow hob die Stimme:
»Mich interessiert nicht, wen ihr verhaften sollt und warum ihr es

300

47. *Zar Nikolaus II. als Häftling 1917 in Zarskoe Selo*

48. *Die kaiserlichen Kinder nach überstandener Masernkrankheit mit rasierten Köpfen, März 1917 in Zarskoe Selo*

49. *Die Großfürstinnen und der Zarewitsch während ihrer Gefangenschaft, Sommer 1917 in Zarskoe Selo*

50. Die Stadt
Tobolsk, erste
Station des Exils
von Zar Niko-
laus II. in
Sibirien

51. Ankunft
der kaiserlichen
Familie in
Tobolsk

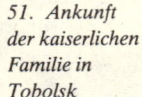

52. Gardisten
überreichen den
Gefangenen
Blumen, Okto-
ber 1917

53. Das »Haus der Freiheit« in Tobolsk, wo die kaiserliche Familie vom 13. August 1917 bis zum 12. April 1918 gefangengehalten wurde

54. Der Zarewitsch 1917 beim Bogenschießen im Hof des »Hauses der Freiheit«, beaufsichtigt von einem Gardisten

55. Das letzte Photo vom Zarewitsch, Januar 1918 in Tobolsk

56. Passierschein des Dr. Botkin in Tobolsk, März 1917, mit den Unterschriften der Kommissare

57. Text auf dem Passierschein für Dr. Botkin

ПРИЛОЖЕНІЕ 1.

Письма и факсимиле.

tun müßt. Ich bin die Witwe eines Generaladjutanten, und ich denke, zuallererst hättet ihr Haltung annehmen müssen; und nun dürft ihr mein Haus wieder verlassen!«

Die neuen Helden waren für revolutionäre Ruhmestaten noch schlecht trainiert. Sie zogen sich ohne weiteres wieder zurück.

Die Nachrichten, die Vater brachte, waren alles andere als beruhigend: Die Kaiserin war außer sich vor Sorge; sie wußte überhaupt nicht, was in der »Stawka« vor sich ging, und ihre Kinder mußten alle aus Krankheitsgründen das Bett hüten. Allein die Großfürstin Maria hielt noch durch; obwohl sie erst siebzehn Jahre alt war, fand sie Worte und Gesten, die ihre Mutter beruhigten.

Am Vorabend, erzählte uns Vater, hatten die Meuterer der Garnison von Zarskoe Selo beschlossen, das Palais anzugreifen, ohne auf die Verstärkung aus Petrograd zu warten. Die kaiserliche Residenz wurde von den Soldaten des vereinigten Infanterieregiments unter dem Befehl von General Ressin bewacht. Die Gardematrosen standen in vier Reihen; sie waren gut ausgebildet und schießbereit und sollten die Verteidigung verstärken.

Durch einen Telephonanruf von der Polizei war die Kaiserin gewarnt worden, daß die Meuterer bereits einen »gorodowoj« erschlagen hatten und nur noch fünfhundert Meter vom Parkeingang entfernt waren. Es war schon Nacht, und die Schüsse kamen von Sekunde zu Sekunde näher. Von der Vorstellung entsetzt, daß Blut zu ihrer Verteidigung vergossen werden könnte, war die Kaiserin in Begleitung der Großfürstin Maria bei der Eiseskälte hinausgekommen, um mit den Soldaten zu sprechen. Sie beschwor sie, ruhig Blut zu bewahren und erinnerte sie daran, daß sie das Leben des Zarewitsch in ihren Händen hielten.

Die Situation blieb lange unklar, es fanden immer weiter entfernt ein paar Scharmützel zwischen Rebellen und Verteidigern des Palais statt. Die Meuterer hatten aber feststellen müssen, daß das kaiserliche Domizil gut geschützt war, und hatten sich schließlich zurückgezogen.

»Von nun an sind wir in Gottes Hand«, sagte Vater und zog seinen Uniformmantel wieder an.

Er küßte uns und stieg ungerührt in seinen Wagen ein. Doch als der Kutscher die Peitsche schwang, sprang ein bewaffneter Soldat vor und verfolgte das Gespann bis zum Tor des Alexander-Palais.

Am nächsten Tag platzte die aus Petrograd vermeldete fürchterliche Neuigkeit wie eine Bombe:

»Der Kaiser hat zugunsten seines Bruders, des Großfürsten Michael, abgedankt; dieser wiederum hat auf den Thron verzichtet und die Macht einer Provisorischen Regierung übertragen.«

Am 4. März 1917 veröffentlichten alle Zeitungen die Abdankungserklärung Nikolaus´ II.

Unser Vater kommentierte dieses Ereignis wie folgt: [1]

»Anstatt zu verleumden und zu diffamieren, sollten sich unsere revolutionären Blätter besser von der Analyse der Situation leiten lassen, so wie sie in der republikanischen Presse eines freien Landes veröffentlicht wurde, nämlich im ›Journal des Débats‹ Nr. 77: ›Der Kaiser hat Rußland revolutionäre Unruhen erspart, deren Folgen nicht abzusehen gewesen wären... Das Manifest, in dem er auf die Macht verzichtet, ist das Zeugnis eines bewunderungswürdigen Edelmuts und einer ebenso großen Erhabenheit... In der Weise, wie er vom Thron steigt, erweist Nikolaus II. seinem Land einen letzten Dienst, den größten, den er ihm in der gegenwärtigen kritischen Lage erweisen konnte.‹«

Am 5. März besuchte uns Vater ein weiteres Mal. Diesmal aber war er mit einer Droschke gekommen und war vorsichtig genug gewesen, zu Hause vorbeizufahren, um sich erst in Zivil umzukleiden.

Im Palais erwartete man jeden Augenblick die Rückkehr des Kaisers. Der neue Befehlshaber der Petrograder Garnison, General Kornilow, hatte der Kaiserin bedeutet, daß sie sich im Areal des Alexander-Palais als gefangen zu betrachten habe; das gleiche gelte für ihre Kinder und alle Mitglieder der Suite, die an ihrer Seite zu bleiben wünschten. In bestimmtem Tonfall teilte uns Vater mit, daß für ihn ein Verlassen des Zaren und der Zarin

---

[1] In einem Brief an Juri

überhaupt nicht in Frage käme: Er würde eben ihr Los als Gefangener mit ihnen teilen.

Er verließ uns rasch; er hatte es eilig, bald wieder beim kleinen Zarewitsch zu sein. Mit schwerem Herzen sahen wir seine große, massige Gestalt wieder in die Droschke steigen.

Wann würden wir ihn wiedersehen? Und unter welchen Bedingungen?

Da Gleb wieder ins Gymnasium zurück mußte, holte er seine Bücher in der Sadowaja-Straße ab. Das Haus war nicht geplündert worden, und Wassili, immer noch lächelnd, zeigte sich nun stolz mit der roten Armbinde der Provisorischen Regierung.

»Wassili!« empörte sich Gleb, »wie kannst du so etwas tun?«

»Was wollen Sie«, erwiderte Wassili breit lachend. »Die Soldaten, die sind hergekommen. Ein Dutzend, alle bewaffnet... Dann haben sie mich verhört: ›Biste fürs Volk?‹ – ›Aber das Volk, das bin doch ich!‹ habe ich ihnen geantwortet. Daraufhin haben sie mich begeistert hochleben lassen, auf die Schulter geklopft, und so bin ich zu dieser Armbinde gekommen...«

Wassili strich geradezu zärtlich über den roten Stoff-Fetzen, ging aus dem Raum und warf, wie üblich, die Tür mit einem meisterhaften Fußtritt ins Schloß.

Gott sei Dank hatten wir unter den Soldaten doch noch einen Beschützer. Im Zivil war er Arbeiter, hieß Matwej und hatte Juri als Bursche gedient, als er krank von der Front zurückkam. Trotz seiner bolschewistischen Überzeugung hatte er uns liebgewonnen, was uns jetzt gut zustatten kam.

Von der Rückkehr des Kaisers erfuhren wir durch die Zeitungen. Er hatte bei der »Stawka« Zwischenhalt gemacht, ehe er in Begleitung von Fürst Dolgoruki ins Palais zurückkehrte. Mehr Einzelheiten wußten wir nicht, aber in der Presse wurde betont, daß ihn Kerenski persönlich gesprochen und die kaiserliche Residenz, die unversehens zu einem Gefängnis geworden war, selbst inspiziert hatte.

Endlich bekamen wir einen Brief von Vater. Leider war er sehr kurz und meldete uns lediglich, daß die Großfürstin Maria zum

Schluß doch noch die Röteln bekommen hatte. Dieser Quasi-Telegrammstil ließ uns annehmen, daß die Korrespondenz von den Wächtern kontrolliert wurde.

Wenn das Volk glaubte, seine Freiheit gewonnen zu haben – wir hatten die unsrige verloren!

Das Wetter war etwas milder geworden, und ich benutzte die Gelegenheit, um Nelly, die bald in die Wochen kommen mußte, zu besuchen.

»Weißt du die große Neuigkeit schon?« fragte sie mich gleich voller Freude. »Mein Bruder Dima ist aus der Marineschule gefeuert worden! Er hat etwas absolut Wunderbares getan: Eine rote Fahne war am Hauptmast des Schulseglers aufgezogen worden. Er ist hinaufgeklettert und hat sie zerrissen!«

Nelly war sehr stolz, und ich teilte ihre Bewunderung.

»Was wird Dima jetzt machen?« fragte ich.

»Er will zur Wilden Division übergehen! Du weißt doch, dieses Kavallerieregiment, das aus lauter Tscherkessen besteht, die so schön kämpfen können!«

Als ich wieder bei Frau Tewjaschow eintraf, fand ich ihren Enkel vor, Mika Uschakow, der eben von der Front zurück war: Die Provisorische Regierung hatte beschlossen, die vom Zaren und General Alexejew von langer Hand geplante Offensive später durchzuführen.

Die Tage vergingen, trübe. Ich spielte Klavier. Mika hörte mir Nachmittage lang zu, die Hände in den Hosentaschen, ohne ein Wort zu sagen. Gleb war fast immer abwesend; er verbrachte seine Zeit teils in der Schule, teils bei seinen Freunden Kasem-Bek.

Wenn ihr Enkel nicht da war, führte mich Frau Tewjaschow durch ihr ganzes Haus und zeigte mir alle Reichtümer, die hier aufgehäuft waren: Möbel, Porzellan, Gemälde, Juwelen... Jedesmal wiederholte sie:

»Das alles wird einmal Mika gehören, sobald er verheiratet ist!«

Anbetungswürdige Frau Tewjaschow! Ich erriet leicht, daß es ihr sehnlichster Wunsch war, mich mit Mika verheiratet zu sehen. Als Eheleute hätten wir mit dem ganzen Geld, das sie noch

besaß, flüchten, Rußland verlassen und uns im Ausland niederlassen können...
Aber wie hätte ich meinen Vater als Gefangenen im Alexander-Palais im Stich lassen können?

XXIII
Erstes Gefängnis

Vater stand hochaufgerichtet auf der anderen Seite des Gitters, am Eingang zum Alexander-Palais. Die Wache gab mir ein Zeichen näherzukommen. Wir traten in einen kleinen, ziemlich dunklen Raum, wo ein Offizier hinter einem einfachen Holztisch saß.

Er nahm an unserer Begegnung teil und machte uns deutlich, aber höflich klar, daß uns streng verboten war, anders als russisch zu sprechen. Wir begannen mit Nachrichten über unser beider Gesundheitszustand. Vater sah müde aus, aber wie üblich gestand er es nicht ein. Er wollte alles über den kleinen Jungen wissen, den Nelly gerade zur Welt gebracht hatte, und ich hatte Mühe, auf alle seine Fragen zu antworten. Von Zeit zu Zeit stand der Offizier auf, um mit jemand anderem in einem Nebenraum zu sprechen. In solchen Momenten schilderte Vater mir in raschem Flüstern die Haftbedingungen der kaiserlichen Familie. Vorläufig war keine Verlegung vorgesehen, die Gefangenen hatten im Alexander-Palais zu bleiben. Der erste Palastkommandant, Kotzebue, ein ehemaliger Offizier der kaiserlichen Garde, war immer sehr korrekt geblieben, war aber gerade von einem Freund Kerenskis, Korowitschenko, abgelöst worden, der die Gemeinheiten der Wache nur mühsam unter Kontrolle hielt. Dabei zeigten sich die Mitglieder des 4. Gardeschützenregiments immer von der besten Seite.

Der Offizier kam zurück und beendete meinen Besuch. Vater, stark bewegt, ließ mich wieder gehen und versprach, mir zu schreiben, wann ich wieder ins Palais kommen dürfe.

Melancholisch ging ich in die Wohnung zurück, in die wir gerade neu eingezogen waren. Fjodora, unsere Köchin, hatte sie uns besorgt, denn unser ganzes Hauspersonal hatte den Wunsch geäußert, in unserem Dienst bleiben zu wollen; ich meinerseits war froh, wieder mit Juri und dem Baby zusammenzuleben. Es war noch Tag, auf der Straße war es noch ruhig. Wenn die Nacht kam, würde es überall voll von Arbeitern und Soldaten sein, die alle Anzeichen fortgeschrittener Trunkenheit aufwiesen.

Lang war es her, als in Zarskoe Selo noch der Polizeidetektiv alle Individuen abweisen ließ, die zu schlecht gekleidet waren.

Für unser junges Dienstmädchen, Pascha, hatte ich eine gewisse Zuneigung gefaßt. Mit ihr verrichtete ich meine Andachtsübungen während der Karwoche. Auch Gleb nahm an der Kommunion teil. Juri dagegen blieb ständig bei Nelly zu Hause, die sich nur schwer von ihrem Wochenbett erholte.

Die Osternacht wurde eine der unheimlichsten Nächte, die ich je erlebt habe. Wir saßen gemeinsam, fast ohne ein Wort, um unser bescheidenes kaltes Abendbrot und dachten schweren Herzens an Vater. Bevor ich ins Bett ging, schob ich die Vorhänge zurück und betrachtete voller Bewunderung das Lichtermeer der brennenden Kerzen, die die Gläubigen nach der Mitternachtsmesse nach Hause brachten, um die ewige Lampe an der Hausikone neu anzuzünden.

Am nächsten Morgen lieferte ein Blumenhändler einen prachtvollen Rosenstrauß bei mir ab. Wer hatte ihn mir geschickt?

»Gefallen sie dir, die Blumen?« fragte Gleb einfach.

Ich begriff, daß sie von ihm waren. Mein Erstaunen darüber fand er wieder sehr lustig.

Doch die neuen Machthaber kümmerten sich nicht um das Osterfest. Sie hatten die feierliche Beisetzung der »Opfer der Revolution« beschlossen, die vor nunmehr einem Monat beim Aufruhr in Petrograd gefallen waren. Diese Beisetzung sollte nach einem Zeremoniell ablaufen, das einer großen revolutionären Feierstunde würdig war: mit roten Fahnen bedeckte Särge, weder Geistliche noch Gebete, nur Lieder, in denen die Großtaten der Opfer besungen werden sollten.

Doch zahlreiche Gefallene gehörten religiös gebundenen Familien an. Trotz der Wachsamkeit der Aufpasser oder wohl eher mit ihrer Komplizenschaft wurden die meisten Leichen gestohlen und diskret nach orthodoxem Ritus bestattet. Die Zahl der sterblichen Überreste war nun so gering geworden, daß die Zeremonie ins Lächerliche umzukippen drohte. Da kam jemand auf die Idee, klammheimlich die Leichenhallen der Petrograder Krankenhäuser zu überfallen und die Leichen namenloser Bettler ohne Familienangehörige zu stehlen, die für anatomische Experimente bereitgestellt waren.

Eine ähnliche Trauerfeier sollte in Zarskoe Selo stattfinden. Wir waren erschüttert, als wir erfuhren, daß sie auf der wundervollen Wiese vor dem Alexander-Palais stattfinden sollte, und zwar direkt unter den Fenstern des kaiserlichen Kabinetts. Diesmal waren die »Opfer des revolutionären Kampfes« nichts anderes als eine Bande von Soldaten, die man in einer Nacht, als es bitterkalt war und die Kerle entsprechend gesoffen hatten, in irgendeinem Souterrain erstickt aufgefunden hatte. Am Tag der Beisetzung hatten wir nur noch einen Wunsch: »Hoffentlich macht ihnen das Wetter einen Strich durch die Rechnung.« Und in der Tat, o Wunder, brach in dem Augenblick, als die Ehrenformation auf die Wiese zuschritt, ein wahrer Schneesturm über der Stadt aus, der die Gaffer in aller Eile vertrieb.

Als ich meinen Vater zum zweiten Mal sah, teilte er mir mit, daß auch die kaiserliche Familie erleichtert gewesen sei. Indem sie diese Trauerfeier organisierten, hatten sich die Revolutionäre von ihrem eigenen Wunschdenken mitreißen lassen: Wenn der Zar abgedankt hatte, so doch nur, um das Blut des russischen Volkes nicht vergießen zu müssen.

Anfang Mai 1917 ließ mich Vater wissen, daß ich ihn wieder im Palais besuchen könne.

Diesmal erfuhr ich von ihm eine wichtige Neuigkeit: Die kaiserliche Familie sollte den Winter nicht mehr in Zarskoe Selo verbringen. Doch der Zielort blieb unbekannt. Die von der Provisorischen Regierung mit England geführten Verhandlungen waren an der kategorischen Ablehnung der Briten gescheitert, das gestürzte Herrscherpaar aufzunehmen.[1]

---

[1] Die Briefe des russischen Botschafters in Portugal, Peter Botkin, an die Französische Regierung blieben ebenfalls unbeantwortet. Frankreich weigerte sich, Nikolaus II. aufzunehmen.

Vater sagte mir auch, daß es nun eile, das Haus in der Sadowaja-Straße von allem, was uns persönlich gehörte, leerzuräumen und das Ganze an einem sicheren Ort zu verwahren. Da die Gudowitschs große Ländereien besaßen, schlug Vater vor, sie zu bitten, die Umzugskisten, die Möbel und das Klavier bei ihnen zu deponieren.

Der Palastkommandant sei wieder ein anderer geworden, teilte mir Vater mit. Jetzt sei es ein aus dem aktiven Dienst ausgeschiedener, schwerverwundeter Gardeoffizier, Oberst Kobylinski, ein ziemlich bärbeißiger Mann, doch zugleich bemüht, die Existenz der Gefangenen so erträglich wie möglich zu gestalten.

»Ich denke, es wäre gut, wenn er die kaiserliche Familie ins Exil begleiten würde«, sagte Vater noch.

»Ich jedenfalls gehe überall hin mit, wo du hingehst«, antwortete ich ihm.

Vater versuchte, schwach und doch tröstlich zu lächeln.

Kobylinski... Der Name kam mir bekannt vor... Plötzlich wußte ich es wieder:

Das war jener Schwerverwundete, von dem Fräulein Bitner mir erzählt hatte, derjenige, für den sie am Grabe Kaiser Pauls I. gebetet hatte!

Als ich aus dem Palais kam, ging ich stracks zu meiner alten Freundin. Wie immer war sie die Freundlichkeit in Person.

»Ja, das ist er«, bestätigte sie sofort. »Dieser Mann ist schon bemerkenswert, aber er hat eine schwere Aufgabe vor sich. Er steht zwischen zwei Feuern. Die Majestäten verachten ihn, weil er ihr Kerkermeister geworden ist, nachdem er einem berühmten Regiment angehört hatte. Aus demselben Grund verdächtigt ihn die Regierung, vor allem die Soldaten.«

Sie fuhr fort:

»Weißt du, daß Anna Wyrubowa das Palais verlassen hat? Auch sie hatte die Röteln bekommen; als sie wieder gesund war, hat Kerenski das Urteil deines Vaters erfragt. Er wollte wissen, ob ihr Gesundheitszustand ihr erlauben würde, nach Hause zu gehen. Dein Vater hat ja gesagt, so mußte sie die Kaiserin verlassen.«

Wir erfuhren später, daß Kerenski sein Wort nicht gehalten hatte. Er ließ Anna Wyrubowa vielmehr unter greulichen Umständen in die Peter-Paul-Festung werfen. Sie wurde erst sechs Monate später nach unzähligen Verhören und allen erdenklichen Schikanen wieder entlassen. Sie mußte sogar ein Jungfräulichkeitsattest beibringen, um zu beweisen, daß sie nicht die Geliebte Rasputins gewesen war. Nach ihrer Haftentlassung fand sie Aufnahme in einer Familie armer Leute, die sie damals mit Hilfe der Kaiserin unterstützt hatte. Später durfte sie nach Finnland, dann nach Schweden übersiedeln, wo sie in Ruhe ihr Leben beendete. Ohne es zu wollen und zu wissen, hatte ihr Vater das Leben gerettet ...

»Wenn die kaiserliche Familie Zarskoe Selo verlassen muß«, sagte ich zu Fräulein Bitner, »wird Vater mitgehen, und ich werde ihn begleiten, koste es, was es wolle. Könnte Oberst Kobylinski ein gutes Wort für mich einlegen?«

Fräulein Bitner nickte:

»Auch ich, meine kleine Tanja, werde weggehen, wohin auch immer! Ich werde diesen armen Oberst Kobylinski doch nicht allein lassen!«

Dann packte sie mich an den Schultern und schüttelte mich wie einen Pflaumenbaum. Das war ihre spezielle Art, Zuneigung zu zeigen.

»Und deine Brüder?« fragte sie weiter.

»Ich weiß nicht«, antwortete ich. »Ich glaube kaum, daß Juri uns wird begleiten können. Er hat ein kleines Kind, und seiner Frau geht es nicht besonders gut. Aber Gleb wird bestimmt mitkommen.«

Fräulein Bitner wurde ernst:

»Dein Vater hat sich an Kerenski gewandt und hat ihn gebeten, die gesamte kaiserliche Familie ab sofort auf die Krim nach Liwadia zu verlegen. Kerenski hat glatt abgelehnt und behauptet, unterwegs seien Anschläge zu befürchten.«

Ich sagte nichts dazu, doch konnte ich mir vorstellen, daß die Behörden eher einen Befreiungsversuch befürchteten, und zwar mit Hilfe der Bevölkerung, denn die Autorität der Provisorischen

Regierung blieb sehr umstritten, und monarchisch gesinnte Offiziere machten kein Hehl daraus, daß ohne Zar das Land ins Chaos und in die Anarchie steuere.[2]

Ich mußte an die undankbare Arbeit herangehen, unser geliebtes Haus in der Sadowaja-Straße von allem zu räumen, was uns gehörte.

Die Sachen auszusortieren und sie einzupacken, hielt mich jeden Nachmittag nahezu zwei Monate lang beschäftigt. Es war sehr traurig und sehr mühsam. Allein im Schmutz, mit einem Kopftuch und einer Schürze angetan, sah ich die Gegenstände der glücklichen Jahre wieder, die wir in diesen Wänden gemeinsam verbracht hatten.

In der Erwartung einer baldigen Abreise füllte ich für Vater und für mich eine große Reisetruhe und einen Koffer mit verschiedenen persönlichen Gegenständen und ließ beide im Keller bei Frau Tewajschow unterstellen.

Ich kam immer rechtzeitig zum Abendessen nach Hause, um noch am Familienleben teilnehmen zu können.

Die Nachrichten von der Front, die uns die Zeitungen vermittelten, brachten uns nicht den geringsten Trost. Die Armee lief praktisch auseinander. Die Soldaten- und Arbeitersowjets respektierten immer weniger die Autorität der Provisorischen Regierung. Im ganzen Land waren die Bauern dazu übergegangen, die großen Gutswirtschaften zu plündern und die Bewohner zu drangsalieren.

---

[2] Der Dichter Alexander Block, der die Arbeit einer von der Provisorischen Regierung eingesetzten Kommission zur Erforschung der Gründe für den Sturz der Monarchie abschließend zusammenfaßte, beendet seinen Bericht mit folgendem Gesuch der Offiziere einer berittenen Abteilung an den Kaiser Nikolaus II. nach seiner Abdankung: »...nur, Kaiserliche Majestät, verstattet uns, mit der heißen Bitte Unseren von Gott gegebenen Zaren anzuflehen: Verlaßt uns nicht, Majestät! Nehmet uns nicht den durch Gesetz verordneten Erben des Russischen Thrones!... Nur mit dem ihm von Gott gesandten Zaren kann Rußland groß und wehrhaft und stark sein, wird es Frieden, Wohlstand und Glück erringen.« (Alexander Block, op.cit. S. 144/45)

Auch wir blieben nicht verschont. Eines Abends, als ich von der Sadowaja-Straße nach Hause kam, teilte mir Pascha mit:

»Da ist ein Brief für Sie, ich habe ihn auf Ihren Schreibtisch gelegt.«

Sowohl der Umschlag als auch die Aufschrift kamen mir verdächtig vor. Der Text aber stürzte mich in namenlose Angst. Es handelte sich um einen anonymen Brief:

»Ihr Bruder, Gleb Botkin, organisiert zusammen mit seinem Freund Max von Hellens eine monarchistische Bewegung zugunsten von General Mannerheim. Wenn Ihnen das Leben Ihres Bruders lieb ist, befestigen Sie heute nacht ein Paket mit der Summe von zweitausend Rubeln genau gegenüber Ihrer Wohnung an das Gitter der Kathedrale. Falls Sie der Meinung sein sollten, dieser Bitte besser nicht nachzukommen, werden Sie und Ihr Bruder sofort als gefährliche Monarchisten und Konterrevolutionäre bei den Soldaten- und Arbeitersowjets denunziert.«

In dieser Nacht sollte Gleb bei Kasem-Beks übernachten. Ich beschloß, den Brief Juri besser nicht zu zeigen: Er wäre in der Lage gewesen, auf die Straße zu gehen und einen Skandal zu entfesseln, der uns noch mehr als diese angebliche Denunziation geschadet hätte.

Übrigens mußte der Brief von jemandem verfaßt worden sein, der von Juris Existenz nichts wußte, sonst wäre auch er bedroht worden. Es war wahrscheinlich das Werk eines Gymnasiasten, der die freundschaftlichen Beziehungen zwischen Gleb und Max von Hellens gut kannte, dem Sohn eines Obersten aus dem kaiserlichen Schützenkorps, der finnischer Herkunft war und in der Tat mit Mannerheim in Verbindung stand. Damit sollte mein Bruder für seine gelegentliche Arroganz oder für seine oft verletzenden Witze erschreckt und bestraft werden.

Ich hatte kein Geld mehr und Juri auch nicht. Seit der Festsetzung unseres Vaters ging es uns finanziell ausgesprochen schlecht, und es konnte von der Zahlung eines Lösegeldes, wieviel auch immer, überhaupt keine Rede sein. Doch beschloß ich, die ganze Nacht wachzubleiben und hinter den Vorhängen im Salon das Gitter der Kathedrale im Auge zu behalten.

Ich bin sicher, nicht eine Sekunde geschlafen zu haben. Die Straße blieb vollkommen leer. Als bei Tagesanbruch die ersten Fußgänger auftauchten, ging ich müde und voller Sorge in mein Zimmer zurück. Gleb kam zum Abendessen, und als wir allein waren, gab ich ihm den Brief zu lesen. Er schien von dem Inhalt nicht sonderlich erschreckt zu sein.

»Daß Mannerheim die Absicht hat, einen Durchschlupf zu finden, ist schon richtig«, meinte er einfach. »Leider gehöre ich nicht zu ihm. Das muß ein Racheakt von einem meiner Klassenkameraden sein...«

»Welikaja beskrownaja«: Großartig und ohne Blutvergießen. So wollte Kerenski seine Revolution haben, großartig und großzügig. Doch die Ereignisse beherrschte er nicht annähernd so gut wie seine Zunge.

In Kronstadt meuchelten die Matrosen ihre Offiziere. Sie erschlugen sie und begossen sie mit Benzin, um sie anschließend anzuzünden. Manchmal machten sie sich nicht einmal die Mühe, sie zu erschießen, und warfen sie lebend in ein Massengrab. An der Front gingen unsere Truppen ständig weiter zurück. Die Soldaten »fraternisierten« mit dem Feind oder verließen einfach ihre Einheit, um nach Hause zu gehen und an der Plünderung des Großgrundbesitzes teilzunehmen. In Petrograd drangen sie in die Paläste, rissen die Vorhänge ab und zerstörten Möbel und Parkette. Vandalismus breitete sich aus.

Wir erfuhren auch, daß ein gewisser Lenin in Petrograd aufgetaucht sei. Man munkelte, er sei ein sehr gefährlicher Bolschewik, der seit langem in der Schweiz im Exil gelebt habe und den die Deutschen in einem verplombten Eisenbahnwagen nach Hause geschickt hätten. Er richtete sich im Palais der Primaballerina Kschessinskaja ein und begann, vom Balkon herab große Reden zu halten. Sein Ziel war klar: Alles, was die Zaren aufgebaut hatten, zu zerstören, die Einstellung aller militärischen Operationen zu erreichen und alle Macht den Soldaten- und Arbeitersowjets zu übertragen. Selbstverständlich würden dabei alle Übergriffe straflos bleiben.

Die Menge hörte zu. Die Deserteure freuten sich. Indes reagierte die Provisorische Regierung überhaupt nicht. Niemand glaubte, daß Lenin jemals an die Macht kommen würde.

Das Wetter war milder geworden, und Nelly, die noch sehr schwach war, bekam eine ernsthafte Erkältung. Wir riefen einen Arzt aus Zarskoe Selo zur Behandlung, doch konnte er die Krankheit nicht stoppen. Nach einer Woche intensiver Behandlung stellte er eine komplizierte Lungenentzündung fest, der wir nicht gewachsen waren. Nellys Mutter wohnte zwar mit uns zusammen, aber da sie ihre Dienerschaft um sich zu haben gewöhnt war, war sie uns keine praktische Hilfe.

Gelegentlich konnte uns Vater aus dem Palais anrufen, und beim erstbesten Anruf schilderte Juri die ganze Situation. Am selben Abend war er bei uns zu Hause: Oberst Kobylinski hatte ihm erlaubt, das Palais zu verlassen.

Trotz unserer Angst um Nelly war die Freude riesig, Vater wieder bei uns zu haben. Sofort bestätigte er die Diagnose seines Kollegen und begann mit der Behandlung.

Er bat mich, Talias Platz im Krankenhaus einzunehmen, wo sie seit Januar schon fehlte. Er fand es besser, wenn sie zu Hause blieb, um ihm zur Hand zu gehen, denn sie hatte wesentlich mehr Erfahrung als ich.

Ich wurde von der Oberin sehr herzlich begrüßt, fand jedoch meine ehemaligen Patienten nicht wieder. Ich war völlig verdutzt: Das Krankenhaus war so gut wie leer. Fraternisierte man an der Front so sehr, daß es überhaupt keine Verwundeten mehr gab?

Ich kehrte früher von der Arbeit heim und fand mich jeden Abend nach dem Essen bei der ganzen Familie im großen Arbeitszimmer wieder ein, das als Schlafraum für Vater umgeändert worden war. Vater erzählte uns in allen Einzelheiten alles, was sich seit dem Tag unserer Trennung zugetragen hatte.

Am Tag nach der denkwürdigen Nacht, als die Meuterer das Palais umschlossen hatten, hatte die Kaiserin aus dem Mund ihrer Bedienten die Abdankung des Kaisers erfahren. Zunächst wollte sie es nicht glauben, doch Großfürst Paul, ein Onkel des Zaren und Vater jenes jungen Großfürsten Dimitri, der an Rasputins Ermordung teilgenommen hatte, kam zu ihr und bestätigte die Nachricht.

Die Verzweiflung der Herrscherin war unbeschreiblich; es gelang ihr, vor ihren Töchtern Haltung zu bewahren, denen sie persönlich die Abdankung mitteilte, doch überließ sie Gilliard, es dem Zarewitsch zu sagen.

Einige Stunden später kam General Kornilow ins Palais. Als Sprecher der Provisorischen Regierung bedeutete er Ihrer Majestät, daß sie sich zusammen mit ihren Kindern, dem Kaiser und jenen Würdenträgern des Hofes, die bei der kaiserlichen Familie zu verbleiben wünschten, als im Arrestzustand befindlich betrachten möge. Alle anderen hätten das Palais zu verlassen.

Von der »Stawka« aus, wo er den Besuch seiner Mutter, der Kaiserinwitwe Maria erwartete, telegraphierte der Kaiser an seine Gemahlin, daß er in Kürze nach Zarskoe Selo zurückkehren würde.

Er traf hier am 9. März 1917 kurz vor Mittag ein. Oberst Kobylinski erwartete ihn am Bahnhof. Mehrere Mitglieder der Suite befanden sich im kaiserlichen Zug. Kaum waren sie ausgestiegen, schützten sie irgendwelche fadenscheinigen Gründe vor, um sich rasch zu entfernen. Offensichtlich wollten sie dem Schicksal, das dem Kaiser bevorstand, unter allen Umständen entfliehen.

Im Palais selbst hatten die meisten Bedienten bereits ihren Posten verlassen. Sogar der Matrose Derewenko war verschwunden und überließ den Zarewitsch Nagornys Obhut, der seine Pflicht treu und gewissenhaft bis zum Tode erfüllte. Auch Pater Alexander Wassiliew, der beim Herrscherpaar in hohem Ansehen stand und sogar gelegentlich Rasputins Anwesenheit beim Gottesdienst tolerierte, weigerte sich, eine Messe für die Kaiserin zu zelebrieren.

Vater war vom Verhalten dieser Personen zutiefst angeekelt, die von heute auf morgen alles vergessen hatten, was sie dem Kaiser oder seiner Gemahlin verdankten. Allein Fürst Wassili Dolgoruki, der Hofmarschall, kehrte mit dem Zaren ins Palais zurück.

Als er die von Soldaten voll besetzte Treppe hinaufging, grüßte Nikolaus II. wie üblich militärisch und legte die Hand an den Mützenschirm. Kein einziger Wachsoldat grüßte zurück.

Das Leben der Gefangenen nahm langsam Form an. Die Kinder erholten sich von den Röteln, der Zarewitsch war wieder ausgelassen und verspielt und tollte mit seinem Hund wie in besseren Tagen.

Die vier Großfürstinnen hatten zusammen ein Zimmer bezogen. Olga und Maria, die zerbrechlichsten, schliefen in richtigen Betten. Tatjana und Anastasia teilten sich ein großes Sofa. Manchmal blieb Tatjana abends länger im Arbeitskabinett des Kaisers, der ihr laut vorlas. Wenn sie wieder zu ihren Schwestern zurückkehrte, sagte sie ihnen:

»Ich war allein mit Vater, es war schön, so mit ihm zusammen.«

Damit keine Verzögerung in der Schulbildung der Kinder eintrat, organisierte die Kaiserin eine Art Unterricht. Gilliard gab weiterhin Französisch. Die Kaiserin übernahm das Fach Religion und die Baronin Buxhöwden Englisch. Der Kaiser gab dem Zarewitsch Unterricht in Geschichte und Geographie, Doktor Derewenko in Naturwissenschaften und Vater in russischer Literatur.

Er begann, seinem jungen Schüler Gedichte von Lermontow beizubringen, und der junge Alexej fand bald leidenschaftlich Gefallen an den eleganten, leichten, manchmal bitteren Versen dieses Dichters, der mit achtundzwanzig Jahren den Tod im Duell gefunden hatte.

Nikolaus II. war ein guter Sportler, und die totale physische Untätigkeit machte ihm schwer zu schaffen. Er bekam von Kobylinski die Genehmigung, einen kleinen Gemüsegarten anzulegen. Er ging mit Schaufel und Spaten derart eifrig um, daß die Wachen ihn verdutzt und bewundernd zugleich anschauten. Eines Tages hörte mein Vater einen Wachsoldaten flüstern:

»Der kann ja vielleicht schuften! Wenn man ihm nur ein kleines Grundstück schenken würde, würde er bald wieder ganz Rußland besitzen...«

XXIV
Abschied von der Vergangenheit

»Das sind keine Soldaten mehr, sondern Lumpen und Feiglinge!«

Wassiliew hatte einen Fronturlaub dazu benutzt, um uns in unserer neuen Wohnung zu besuchen. Doch anstatt uns, wie früher, die Heldentaten seiner famosen »16. Sturmabteilung« zu erzählen, schimpfte er über die Rückgrat- und Disziplinlosigkeit seiner Männer. Seine Gesichtszüge verrieten Erschöpfung, seine Augen waren ohne Leben, er schien völlig demoralisiert zu sein und versuchte es gar nicht erst zu verbergen.

»Ich kann überhaupt keinen Angriff mehr befehlen, ich weiß nicht, ob meine Leute hinterherfolgen«, klagte er. »Man muß sich umgekehrt hinter seine Männer stellen und sie antreiben, ihnen drohen wie einer Herde Rindviecher. Wie soll man unter solchen Bedingungen noch siegen?!«

Seit einiger Zeit gingen Gerüchte um, Kerenski wolle die Fronttruppen inspizieren und sie dazu bewegen, wieder zum Angriff überzugehen. Schon hatte General Russki versucht, die Soldatensowjets zu »bitten«, die von General Alexejew mit Hilfe des Zaren zum Frühjahr 1917 vorbereitete Offensive doch durchzuführen. Dennoch hatten die Bitten des Generals trotz der Materiallieferungen durch die Alliierten die Truppen nicht bewegen können. Die Situation der Provisorischen Regierung wurde kritisch.

Die Soldaten- und Arbeitersowjets bekamen immer größere Bedeutung. Es wurde gestohlen, es wurde bestochen, es wurden ganze Konvois geplündert. Die Provisorische Regierung brauchte Geld und hatte die Vereinigten Staaten um eine Anleihe gebeten. Wilson hatte antworten lassen, zuerst müsse man sich auf militärischem Gebiet wieder anstrengen; solange die russischen Truppen weiterhin mit dem Feind »fraternisierten«, sei an eine Finanzhilfe nicht zu denken.

Nie hatten wir Wassiliew so pessimistisch gesehen. Vater konnte seiner Logik auch nicht folgen und glaubte noch an den Patriotismus der russischen Soldaten.

»Sie werden sich wieder fangen«, sagte er. »Nie wird sich die Armee mit der Ehrlosigkeit und der Demütigung der Geschlagenen abfinden.«

Wassiliew hörte ihm völlig illusionslos zu.

»Sie haben den Kopf verloren!« wiederholte er. »Ich erkenne sie nicht mehr. Sie lassen ihren niedrigsten Instinkten freien Lauf. Zu so etwas wie Stolz sind sie nicht mehr fähig.«

Der Nachmittag war schon fast vorbei, und ich stand auf, um mich zu verabschieden, denn ich mußte mit dem Umzug aus der Sadowaja-Straße fertig werden. Wassiliew legte seine Hand auf meinen Arm, so als hätte er mich zurückhalten wollen. Seine Stimme zitterte leicht, und er schien tief bewegt zu sein.

»Liebes Tantchen«, sagte er, »ich habe keine große Lust, Ihnen beim Umzug zu helfen, aber ich werde mich von Ihnen dort verabschieden. Ein letztes Mal möchte ich dieses gastfreundliche Haus wiedersehen, wo wir uns alle zusammen so wohl gefühlt haben. Morgen ganz früh fahre ich zu unserer glorreichen Armee zurück, die sicherlich bei den flammenden Ansprachen des Herrn Kerenski ihren ganzen Mut wiederfinden wird!«

Wassiliew fand mich später in einem der oberen Zimmer, als ich dabei war, Dimitris Schreibtisch aufzuräumen, den niemand seit seinem Tod angerührt hatte. Ich hatte gerade in einer Schublade Marinotschka wiederentdeckt. Inmitten von Kisten, leeren Schränken, offenen Kommoden und zusammengerückten Möbeln drückte ich dieses Überbleibsel aus einer glücklichen Zeit fest an mein Herz. Ich hatte den Eindruck, es aus einem Schiffbruch gerettet zu haben, bei dem unsere gesamte Vergangenheit unaufhaltsam unterging.

Ich führte Wassiliew ins blaue Zimmer, das noch nicht ausgeräumt war. Es war das Zimmer im Haus, das am wenigsten unheimlich anmutete, und doch schwebte etwas Niederdrückendes in der Luft, das mir in der Brust wehtat. Die Möbel waren nicht mehr ganz an ihrem alten Platz, die Gemälde schienen schief zu hängen, überall drang Staub ein, und dieser alte vertraute Ort sah so aus, als wäre er seit Jahren schon verwaist.

Wir setzten uns auf die große Couch. Wassiliew blickte stumm um sich, als wolle er sich dieses Zimmer, das früher oft von seinen martialischen Gesprächen mit Konstantin Melnik widerhallte, auf ewig ins Gedächtnis einprägen. Nach langer Zeit nahm er meine Hände und küßte sie, eine nach der anderen.

»Nun, liebes Tantchen, auf Wiedersehen.«

Wassiliew konnte sich gar nicht entschließen zu gehen. Er folgte mir in Juris und Nellys Salon und sah, wie ich sorgfältig Bücher und Photographien einpackte. Ich fühlte mich leicht verlegen, denn er schien etwas von mir zu erwarten, doch wußte ich nicht, wie ich reagieren sollte.

»Liebes Tantchen, was werden Sie tun, wenn Ihr Vater mit der kaiserlichen Familie ins Exil geht?«

»Ich werde ihm folgen, sobald ich weiß, wo er ist und wie ich dort hinkommen kann.«

»Nun dann, auf Wiedersehen.«

Wassiliew nahm wieder meine Hände in die seinen und bedeckte sie mit Küssen.

»Aber wir haben uns schon verabschiedet!« sagte ich erstaunt.

In seinem Blick lag Melancholie und zugleich ein Vorwurf. Wassiliew ließ meine Hände los und ging auf die Tür zur Treppe zu. Als gute Gastgeberin ging ich aus Freundschaft und Höflichkeit mit. Er schien so durcheinander zu sein...

Als er über die Schwelle gehen wollte, ließ er die Türklinke los und drehte sich zu mir um. Die Augen standen ihm voller Tränen. Er kniete vor mir nieder und drückte sein Gesicht gegen mein Kleid.

»Pech für mich. Das ist meine Schuld, ohne Zweifel!«

Armer Wassiliew! Er liebte mich also, doch ich empfand für ihn nur Freundschaft. Ich konnte ihn nicht anlügen, er schien mir so viel älter als ich! Ich wollte meine Hand auf seine Schulter legen, doch plötzlich stand er auf.

»Nein, das nicht! Leben sie wohl.«

Ohne sich umzudrehen, rannte er aus dem Zimmer und polterte die Treppe hinunter. Ich hörte, wie er die Haustür hinter sich zuschlug.

Die Zeit der Liebe und der Sorglosigkeit war wohl endgültig vorbei.

Nach einigen schwungvollen patriotischen Ansprachen eröffnete Kerenski seine berühmte Offensive. Es gab wohl zuerst ein paar spektakuläre Erfolge, doch die Deutschen verstärkten sofort ihre Stellungen, wild entschlossen, die Vorteile um jeden Preis zu nutzen, die ihnen eine Revolution, die sie nach Kräften unterstützt hatten, nun verschaffte.

Dann waren plötzlich Kerenskis große Reden vergessen. Vor dem deutschen Organisationstalent konnte die Disziplinlosigkeit unserer Truppen nur zu einem Desaster führen. Die Desertionen nahmen wieder zu, die Soldaten kritisierten die Befehle oder weigerten sich gar, zum Angriff anzutreten.

Konstantin Melnik schrieb uns, er treibe seine Männer an die Front, indem er sie mit einer Pionierschaufel auf den Kopf und in den Rücken schlage.

Eines Tages, bei einem Erkundungseinsatz, erblickte er einen völlig nackten Leichnam, der im Stacheldraht hängengeblieben war. Er kam näher und erkannte mit Grausen, daß es Wassiliew war.

War unser Freund durch eine deutsche oder durch eine russische Kugel getötet worden? Wer hatte die Leiche gefleddert? In dieser Zeit wandten sich Deserteure und Meuterer gegen ihre eigenen Offiziere und schlugen sie bei günstiger Gelegenheit tot.[1] An der Front war jetzt alles möglich.

Als Nelly endgültig außer Gefahr war, beschloß Vater, seinen Platz bei der kaiserlichen Familie im Palais wieder einzunehmen.

---

[1] Wassiliews Neffe ist Alex Wassilieff, der einzige französische Admiral russischer Herkunft.

Er telephonierte mit Kobylinski, doch dieser antwortete, er brauche nun Kerenskis persönliche Genehmigung.

Einige Tage später rief Kerenski meinen Vater zu sich in sein Büro. Das Gespräch fand in eisiger Atmosphäre statt; der Chef der Provisorischen Regierung war von der Idee einer Verschwörung besessen, er befürchtete, daß zarentreue Offiziere die kaiserliche Familie entführen und eine konterrevolutionäre Bewegung ins Leben rufen könnten.

»Ich denke, das Beste wäre, die kaiserliche Familie auf ihre Domäne bei Massandra auf der Krim bringen zu lassen«, schlug Vater erneut vor. »Das Klima wäre für ihrer aller Gesundheit von großem Vorteil.«

Doch die Gesundheit der kaiserlichen Familie war offensichtlich Kerenskis geringste Sorge. Er unterbrach Vater:

»Nein, nicht die Krim! Ich habe eine Stadt in Zentralsibirien dafür bestimmt. Vorläufig kann ich ihnen ihren Namen nicht verraten, doch empfehle ich ihnen, warme Kleidung mitzunehmen: Der Winter ist in dieser Gegend außerordentlich streng. Sie fahren in ca. vierzehn Tagen ab.«

Vater zog mit seinem Gepäck am 30. Juli wieder ins Palais ein.

Zu Hause wurde das Geld langsam sehr knapp. Zum Glück hatte ich in der Sadowaja-Straße noch ein paar Banknoten in einer Schublade in Vaters Schreibtisch gefunden. Das würde uns helfen, eine Zeitlang durchzuhalten, aber dann?

Gleb hatte beschlossen, aufs Land in der Nähe von Kasan zu den Kasem-Beks zu fahren. Er hatte gerade so viel übrig, um die Reise bestreiten zu können, aber das schien ihn nicht weiter zu kümmern. Er wollte von da aus in jene sibirische Stadt weiterziehen, die Kerenski hoffentlich einmal nennen würde. Juri wiederum wollte mit Nelly und seiner Familie in den Kaukasus, und ich sollte, gegen Kost und Logis, im Katharinenpalais wohnen und auf Vaters Anweisungen warten.

Trotz der beängstigenden Ereignisse und unserer finanziellen Knappheit bemühten wir uns, klaren Kopf zu behalten. Onkel Sascha dagegen blieb weiterhin ebenso dynamisch wie unberechenbar. Er rief uns einmal aus Petrograd derart geheimnisvoll an, daß wir völlig ratlos wurden. Er wollte Juri sprechen, und zwar nur ihn und in aller Eile. Doch sollte mein Bruder nicht zu ihm in die Wohnung kommen: Onkel Sascha verabredete sich mit ihm in einer sehr belebten Straße, ziemlich weit vom Bahnhof entfernt.

»Wenn ich die Hände gekreuzt im Rücken habe«, hatte Onkel Sascha hinzugefügt, »soll Juri so tun, als hätte er mich nicht gesehen, und weitergehen.«

Als Juri am Treffpunkt war, hätte er den ehemaligen Marineoffizier fast nicht erkannt; Sascha hatte sich als Landstreicher kostümiert und ging schleppenden Schrittes die Straße auf und ab, tief gebeugt und auf einen dicken Knüppel gestützt, nach Art der russischen Bettler. Er hatte die Hände nicht im Rücken gekreuzt, so daß Juri ihn ohne besondere Vorsicht ansprach. Onkel Saschas Maskerade fand er ausgesprochen erheiternd, und er tat so, als suche er ein paar Kopeken in seiner Tasche. Doch den Scherz fand Onkel Sascha so gut nun auch wieder nicht.

»Laß den Quatsch, Juri, die Lage ist ernst! Alle Spione, die ich einsperren ließ, sind von der Provisorischen Regierung wieder auf freien Fuß gesetzt worden. Fortan ist unser aller Leben in Gefahr. Diese Typen haben nur Rache im Sinn.«

»Unter dieser Verkleidung riskierst du wahrlich nichts«, antwortete Juri. »Arme Leute kommen heutzutage ganz groß heraus.«

»Du hast gut lachen! Wenn ihr euch nicht vorseht, wird euch euer Leichtsinn noch das Leben kosten. Ich bringe meine ganze Familie auf die Krim. Ich habe dort ein kleines Haus gemietet, irgendwo in den Bergen. Wenn mich die Bolschewiken je verhaften wollen, werde ich sie mit Gewehrschüssen empfangen und bis zum letzten ausrotten. Deine Tante Maria wird mir dabei helfen. Sie kann auch gut schießen.«

Onkel Sascha schaute verstohlen um sich. Plötzlich stürzte er sich auf Juri, packte ihn an die Kehle und schüttelte ihn mit aller Gewalt.

»Das ist ein Geheimnis«, zischte er. »Wenn du es je weitersagst, erwürge ich dich, ich warne dich.«

Juri befreite sich wieder, so gut es ging.

»Ein Bettler, der einen Offizier auf offener Straße erwürgt, riskiert zur Zeit nicht sehr viel. Du nutzt das aus!«

Onkel Sascha beruhigte sich schließlich und zog aus seinem Mantel ein kleines, sorgfältig eingewickeltes Päckchen.

»Von deiner Tante Jelena ... Sie hat mich beauftragt, dir das für deine Familie zu übergeben. Und nun auf Wiedersehen und Gottes Segen!«

Als er wieder zu Hause war, öffnete Juri Tante Jelenas Geschenk: Es enthielt ein kleines Bündel Aktien aus der Bank, deren Direktor Onkel Kasyzin war. Jeder von uns bekam 35 000 Rubel. Das Geld war wirklich willkommen!

Kerenski ernannte Kobylinski zum Militärbefehlshaber der drei Kompanien, die die Bewachung des Zaren übernehmen sollten, das heißt, der sogenannten »Abteilung zur besonderen Verwendung«, die aus dem 1., 2. und 4. Gardeschützenregiment gebildet worden war. Zum Zivilbevollmächtigten der Provisorischen Regierung bei der kaiserlichen Familie wurde ein Kommissar namens Makarow ernannt.

Die Personen, die den Kaiser ins Exil begleiten sollten, waren die Ehrendame Gräfin Anastasia Hendrikova, die Vorleserin Katharina Schneider, der Hofmarschall Fürst Wassili Dolgoruki, der Leibarzt des Zaren, also mein Vater, und der Erzieher des Zarewitsch, Pierre Gilliard. Doktor Derewenko und die Baronin Buxhöwden bekamen die Erlaubnis, später zu den Exulanten zu stoßen.

Kerenski bat den Zaren, noch jemand zu seiner persönlichen Begleitung zu benennen. Nikolaus II. schlug eine ganze Liste von Generälen aus seiner Umgebung vor. Als sie jedoch vom Wunsch des Kaisers informiert wurden, wollte keiner dem Herrscher nach Sibirien folgen. Zuletzt erwähnte der Zar den Namen General Tatischtschews, der ohne Zögern akzeptierte.

Vor dem Krieg war General Tatischtschew kaiserlich-russischer Militärattaché in Deutschland gewesen. 1914 zum Flügeladjutanten des Zaren ernannt, residierte er jedoch nicht im Palais und galt nicht einmal als hofnahe Persönlichkeit.

Die Abfahrt sollte in der Nacht vom 31. Juli zum 1. August 1917 stattfinden.

Spät am Abend erschien Kerenski in den Gemächern des Zaren.

»Alle müssen sich bereithalten«, ließ er verlautbaren, »spätestens um ein Uhr in der Frühe muß auch das gesamte Gepäck zusammengetragen werden.«

Der Chef der Provisorischen Regierung war besorgt und fieberhaft erregt. Von der Angst eines Komplotts getrieben, verbrachte er seine Zeit am Telephon, gab Befehle, widerrief sie, kontrollierte persönlich jede Einzelheit.

Im großen Salon lag der kleine Zarewitsch auf einem Sofa und schlief ganz fest. Die Zeit verstrich, aber es kam keine Anweisung: drei Uhr, vier Uhr früh ... Das Warten war schwer zu ertragen. Die Kaiserin und die Großfürstinnen weinten leise vor Angst und Müdigkeit, unfähig, die Traurigkeit, die sie ergriffen hatte, zu unterdrücken.

Vater ging mit Beruhigungstropfen und einem Glas Wasser von der einen zur anderen und versuchte, sie mit freundlichen Worten aufzumuntern. Der Zar behielt, wie üblich, eine exemplarische Ruhe. Dann verlor Kerenski die Geduld: Die Eisenbahner diskutierten endlos die Befehle der Provisorischen Regierung und ließen sich sehr bitten, ehe sie einen Zug im Bahnhof bereitstellten.

Als der Himmel langsam heller wurde und ein unheimliches Licht in den von den Abfahrtsvorbereitungen völlig in Unordnung geratenen Salon drang, gab Kerenski endlich den Befehl, die Automobile vorfahren zu lassen, mit denen die kaiserliche Familie und ihre Suite zum Bahnhof gebracht werden sollten.

Der traurige Konvoi fuhr mit großer Geschwindigkeit durch die stillen Straßen von Zarskoe Selo und kam ohne Schwierigkeiten am Zug an. Kerenski überwachte zwar persönlich das Einsteigen der Exulanten in die Eisenbahnabteile, weigerte sich jedoch, den Namen des Zielortes preiszugeben.

Erst in Sibirien, genau in Tjumen, erfuhr die kaiserliche Familie nach viertägiger Reise, daß sie ins Städtchen Tobolsk verbracht werden sollte. Die Reisenden stiegen von der Eisenbahn auf ein

Schiff namens »Rus« um, mit dem sie den Irtysch stromabwärts bis zum Endziel der Reise weiterfuhren.

Das Schiff fuhr am Dorf Pokrowskoe vorbei, wo sich nahe dem Strom ein imposantes, zweistöckiges Haus erhob, das architektonisch an eine Bauern-»Isba« erinnerte. Es war Rasputins Geburtshaus. Die kaiserliche Familie stieg an Deck, um es so lange wie möglich zu betrachten. Niemand sagte ein Wort.

Als das Schiff angekommen war, begab sich Oberst Kobylinski in Begleitung eines Offiziers ins ehemalige Domizil des Gouverneurs, wo die Majestäten mit den Kindern und einem Teil des Personals, das sie von Zarskoe Selo aus begleitet hatte, untergebracht werden sollten. Die wichtigsten Mitglieder der Suite dagegen sollten in einem großen Haus gegenüber logieren, das einem reichen Tobolsker Kaufmann namens Kornilow gehörte, der aber die Stadt schon verlassen hatte. Kobylinski stellte fest, daß die Umbauten in beiden Häusern nicht beendet waren, so daß die kaiserliche Familie zusammen mit der Suite und dem Personal zwei Wochen an Bord des Schiffes verbringen mußte. Zum Glück war das Wetter angenehm, und alle Passagiere gingen an Land, um sich die Beine zu vertreten oder im Sand zu sitzen, wo sie sich von einer noch freundlichen, doch schon blassen Herbstsonne wärmen ließen.

Die Umbauarbeiten gingen ziemlich langsam vonstatten. Die meisten russischen Bauarbeiter standen unter Waffen, und diejenigen, die übriggeblieben waren, erwiesen sich als weitgehend unfähig. Oberst Kobylinski beschloß daher, auf deutsche Kriegsgefangene aus den sibirischen Lagern zurückzugreifen. In wenigen Tagen wurden die Maler-, Tischler-, Klempner- und Elektrizitätsarbeiten einwandfrei erledigt. Das fehlende Mobiliar wurde von privat gekauft – in Tobolsk gab es kein Einrichtungsgeschäft –, wobei Vater bald Besitzer von zwei Flügeln wurde: der eine war für die Großfürstinnen, der andere für mich bestimmt.

Als alles bereit war, begaben sich die Gefangenen zu Fuß vom Kai zu ihrer neuen Behausung. Durch Gerüchte informiert, standen die Einwohner in kleinen Gruppen am Straßenrand und schwiegen resigniert.

Als er über die Schwelle gehen sollte, hob der Kaiser den Kopf und las die Inschrift, die über dem Eingang stand. Das Haus des Gouverneurs war umgetauft worden. Es hieß jetzt: »Haus der Freiheit«.

XXV
Abfahrt nach Sibirien

»Wie wollen Sie denn umziehen?« fragte mich Wassili ratlos.
Das Umräumen in der Sadowaja-Straße war beendet. Ich
brauchte nur noch unsere Möbel in einem der Häuser des Grafen
Gudowitsch unterstellen zu lassen. Das war nicht ganz einfach,
denn seit der Revolution war das Dienstleistungsgewerbe völlig
desorganisiert. Zum Glück war uns unser guter Wassili zu Hilfe
geeilt.
»Ich habe keine Ahnung, Wassili. Gib mir einen guten Rat.« –
»Sich nach Umzugsspezialisten im Augenblick umzusehen, ist
wie die berühmte Nadel im Heuhaufen finden zu wollen, besonders bei Leuten wie Ihnen. Sie riskieren, daß Ihnen alles gestohlen wird. Warten Sie, ich werde Fjodor fragen.«
So erfuhr ich, daß der Hofkutscher, der Vater seit zehn Jahren
umhergefahren hatte, Fjodor hieß.
Einige Tage später sah ich, wie eine ganze Schar kräftiger Männer, die einen noch ziemlich jung, die anderen schon um die
Fünfzig, zu mir ins Haus wollten. Sie trugen alle die kaiserliche
Livree: eine kurze schwarze Jacke, Reithosen mit Stiefeln und
eine schwarze, rot gesäumte Mütze...
Sie hatten mehrere großrädrige Karren mitgebracht, vor die jene
prachtvollen Hofpferde gespannt worden waren, die noch vor
wenigen Monaten elegante Kaleschen zogen.
Meine große Sorge war der Flügel: Wie sollte man ihn vom
ersten Stock herunterschaffen? Meine Unruhe entlockte Fjodor
ein Lächeln. Im Nu hatten die Männer den Flügel bis auf die
Terrasse geschoben, dann banden sie dicke Seile daran und ließen ihn mit unendlicher Vorsicht an der Balustrade bis in den
Garten herunter.
»Wie Sie sehen, Fräulein, ist er unbeschädigt. Wenn die Zeiten
ruhiger geworden sind, werden Sie wie in alten Zeiten darauf
spielen...«

Als ich mein Klavier auf einem Karren fest verzurrt erblickte, wurde mir bei Fjodors freundlich gemeinten Worten »Wie in alten Zeiten« weh ums Herz.

Das Haus war jetzt leer. Ich ging noch einmal überall durch, um zu überprüfen, daß wirklich nichts vergessen worden war. Ich versuchte, an nichts zu denken, um meiner eigenen Nostalgie nicht zum Opfer zu fallen. Die Fensterläden waren zu, ebenso die Türen ... Auf der Freitreppe wartete Wassili auf mich.

»Was schulde ich Fjodor und seinen Freunden für den Umzug?«

»Sie haben mir schon von vornherein gesagt«, erwiderte Wassili mit breitem Lächeln, »daß sie kein Geld annehmen würden. Seine Exzellenz hat ihre Familien schon so oft umsonst behandelt...«

Ich verfolgte mit den Augen Fjodors Karren mit meinem Klavier, das hinten inmitten von aufgestapelten Möbeln hin- und herrutschte. Auch Wassili schaute leicht verlegen hin. Er brach als erster das Schweigen:

»Fräulein, Sie dürfen nicht länger bleiben ... Jetzt ist alles vorbei ...«

Zwei Tage später erschien ich mit meinem gesamten Gepäck im Katharinenpalais. Die Oberin empfing mich mit mütterlicher Fürsorglichkeit.

»Liebes Mädchen, im ersten Stock ist ein Bett frei, aber Sie müßten dann Ihr Zimmer mit Schwester Grott und Schwester Fomenko teilen. Im zweiten Stock ist ein Einzelraum mit Badezimmer frei, die Krankenschwestern wollen ihn nicht, weil er zu den ehemaligen Gemächern von weiland Kaiser Paul gehörte. Sie haben Angst, daß er sie als Gespenst heimsucht.«

Ich entschied mich für Kaiser Pauls Gespenst. Das Zimmer war geräumig und mit sicherem Geschmack eingerichtet. Das Fenster schaute zum Park hinaus, und über die Baumwipfel hinweg ahnte ich unser ehemaliges Haus in der Sadowaja-Straße, das wir nun ohne Aussicht auf Wiederkehr verlassen hatten. Wir hatten kein Zuhause mehr, die Mitglieder unserer Familie waren in allen Ecken Rußlands zerstreut, und ich hatte das Gefühl, daß die Welt, in der ich lebte, aus den Fugen geraten war.

In Petrograd zeigte die Bevölkerung ihre feindselige Einstellung zur Provisorischen Regierung immer deutlicher. Lenin hielt eine Rede nach der anderen und rief die Soldaten- und Arbeitersowjets zur Machtergreifung auf. Die verhaltene Unzufriedenheit, die ganz Petrograd ergriffen hatte, konnte jeden Augenblick in blutige Demonstrationen umschlagen.

Ich hätte gern meinen Kummer mit einer regelmäßigen und nützlichen Tätigkeit zum Schweigen gebracht, aber über die Hälfte der Betten war unbelegt, und die Ärzte sprachen schon davon, das Krankenhaus wieder zu schließen.

»Leutnant Azen wird für einige Tage wieder hierherkommen.«
Bei dieser Ankündigung erhellte sich Schwester Grotts Gesicht. Oft hatte sie mir von diesem lettischen Soldaten erzählt und seinen außergewöhnlichen Mut im Gefecht und seine Fähigkeit, Schmerzen zu ertragen, über den grünen Klee gelobt.

Als er am Tisch erschien, stellte die Oberin ihn mir sofort mit einer kleinen Handbewegung vor:
»Leutnant Azen. Schwester Botkin.«
Ich wandte mich um zu dem Unbekannten, doch das Lächeln gefror mir im Gesicht. Unzweifelhaft war Leutnant Azen ein schöner Mann: Groß, schlank, erriet man unter dem leichten himmelblauen Morgenrock einen athletischen, für den Kampf gut durchtrainierten Körper. Seine scharfen, jedoch nicht häßlichen Gesichtszüge strahlten deutlich männliche Anziehungskraft aus. Doch konnte ich mich einer ablehnenden Reaktion nicht erwehren: Ich fühlte, daß dieser Mann schamlos und grausam sein mußte.
Nach Beendigung der Mahlzeit verließ er den Tisch und nahm ein dickes Buch mit. Die Oberin, die ihn ebenfalls sehr zu bewundern schien, sprach ihn darauf an:
»Nun, Leutnant Azen, wollen Sie immer noch Ihr Studium fortsetzen?«
Zu meiner Information fügte sie hinzu:
»Der Leutnant bereitet sich im Selbststudium auf eine Chemieingenieurprüfung vor . . .«

Ich ließ ein höfliches »Aha« vernehmen, worauf Azen mit starkem lettischen Akzent erwiderte: »Das muß ich wohl. Ich habe eigentlich nicht Berufssoldat werden wollen.«

Und mit betonter Verachtung wiederholte er das Wort »Berufssoldat«, als gäbe es nichts Verabscheuungswürdigeres als das.

Einige Tage später, beim Eintritt ins Zimmer eines ebenfalls aus Lettland gebürtigen, frisch operierten Patienten, sah ich, wie Leutnant Azen, auf dem Bett sitzend, seine Pfeife schmauchte.

»Herr Leutnant«, sagte ich so ruhig, wie es mir noch möglich war, »Sie wissen ohne Zweifel, daß Rauchen im Zimmer eines frisch Operierten streng verboten ist.«

Ohne seine Pfeife aus dem Mund zu nehmen, schaute mir Azen gerade in die Augen und blies kleine Rauchwölkchen an die Decke. Lächelnd und so langsam wie nur möglich zog er sich, die Pfeife nach wie vor im Mund, zurück. Entnervt verließ ich ebenfalls das Zimmer.

Nach diesem Zwischenfall schaute mir Leutnant Azen, wenn wir uns in den Gängen des Krankenhauses trafen, immer gerade in die Augen, gab sich jedoch keine Mühe, mich zu grüßen.

»Hier ist ein Soldat, der nach Ihnen fragt«, rief mir eine Krankenschwester durch meine Zimmertür hindurch zu.

Es war annähernd neun Uhr abends, das Krankenhaus war so gut wie leer. Mir krampfte sich das Herz in der Brust vor lauter Furcht zusammen. In dieser Zeit waren einfache Soldaten nicht gerade vertrauenswürdig; von der revolutionären Propaganda ermutigt, machten sie sich einen Spaß daraus, Familien aus dem Adel oder aus der hohen Militärhierarchie zu drangsalieren.

Während ich die Treppe herunterging und sah, wer unten stand, verschwand meine Furcht und machte einem wohltuenden Gefühl des Trostes Platz. Dima, Nellys Bruder, wartete auf mich im Flur des ersten Stockes. Ruhig und entschlossen lief er auf und ab. Als er mich sah, erschien ein reizendes Lächeln auf seinem Gesicht.

»Ich bin froh, dich zu sehen, Tanjetschka. Unsere ›Wilde Division‹ hat ihr Standquartier unweit von hier aufgeschlagen. Wenn ich kann, fahre ich immer auf einen Sprung nach Petrograd. Ich werde wiederkommen. In der Zwischenzeit hast du hier eine Telephonnummer, wo du mich im Notfall erreichen kannst.«

»Danke, Dima, tausend Dank. Du mußt wissen: Ich habe einen Brief von Vater bekommen, der irgendwo unterwegs in Sibirien aufgegeben wurde. Ich weiß aber immer noch nicht, wann ich zu ihm darf.«

»Versprich mir, nicht abzufahren, ohne mich zu verständigen. Ich werde versuchen, dich zum Bahnhof zu begleiten. Heute kann ich nicht länger bleiben. Auf Wiedersehen.«

Dima kannte ich bisher nur von den begeisterten Erzählungen seiner Schwester her, doch er kam mir von vornherein sympathisch vor. Mitten in dieser wirren Zeit waren seine Besonnenheit und seine Fröhlichkeit sehr erfreulich. Sein kurzer Besuch hatte mir wieder Mut gemacht: Die Zukunft erschien mir nicht mehr so düster wie bisher in diesem einsamen Zimmer, wo ich stundenlang auf Schlaf warten mußte.

Am selben Abend klopfte es wieder an der Krankenhaustür.

Ich hatte Wache: Kaum hatte ich aufgemacht, stürzte eine junge Frau im langen schwarzen Mantel in meine Arme.

Es war Margarita Chitrowo, eine Freundin der Familie, deren Bruder mit Dimitri beim Pagenkorps gewesen war. Sie hatte mit den Großfürstinnen als Krankenschwester gearbeitet und nährte seitdem eine unerschöpfliche Bewunderung für die kaiserliche Familie.

»Wissen Sie, daß sie alle in Tobolsk sind?« begann sie unvermittelt.

»Ja, das hat mir Vater geschrieben.«

»Da muß ich so schnell wie möglich hin! Ich kenne Pilger, die nach Tobolsk gehen, um vor den Reliquien des heiligen Bischofs Johannes zu beten. Ich werde mich ihnen anschließen, um bei der Gelegenheit die kaiserliche Familie zu besuchen. Geben Sie mir einen Brief für Ihren Vater, das wird ihm Freude machen.«

Margarita Chitrowo schien den Ernst der Lage nicht ganz zu begreifen. Sie war aufgeregt wie ein kleines Kind, das Verschwörer spielt.

»Ich würde an Ihrer Stelle da nicht hingehen«, riet ich ihr. »Sie gehören nicht zu denjenigen, die benannt worden sind, um der kaiserlichen Familie zu folgen. Ihr Auftauchen könnte für alle Beteiligten Unannehmlichkeiten hervorrufen.«

»Aber nicht im geringsten! Warum sollte ich verdächtig sein? Sie werden sehen, alles wird gut gehen.«

Zwei Wochen später bekam ich im Krankenhaus eine offene Postkarte von Margarita, die mich das Schlimmste befürchten ließ: »Die Bevölkerung ist voll auf unserer Seite. Der Erfolg unserer Vorbereitungen ist gewährleistet. Rita.« Margarita glaubte wirklich, in einer Verschwörung zur Befreiung der kaiserlichen Familie mitzumachen! Und sie schrieb es sogar schwarz auf weiß auf einer Postkarte! So viel Ahnungslosigkeit, so viel Infantilität machte mich krank!

Ein Brief von Vater setzte mich über das Ende der Geschichte ins Bild.

In Tobolsk hatte Rita zufällig Nastinka Hendrikova getroffen, die gerade vom »Haus der Freiheit« kam. Nastinka begrüßte sie herzlich, nahm sie mit auf ihr Zimmer und informierte Vater von ihrer Ankunft. Einige Minuten später stürmte Oberst Kobylinski ins Haus Kornilow und gab sofort den Befehl, Rita zu verhaften. Augenblicklich wurden sowohl Nastinkas Sachen als auch die meines Vaters streng durchsucht, doch fanden sich natürlich keinerlei Hinweise auf eine Verschwörung. Rita wurde von Kobylinski unter Eskorte wieder nach Petrograd zurückbeordert, wo sie sofort im Gefängnis landete.

Ritas verrücktes Unternehmen hatte jedoch unmittelbare Folgen für das Leben der Gefangenen. Kommissar Makarow, der der kaiserlichen Familie gegenüber immer sehr zuvorkommend gewesen war, wurde von den Soldaten der Sonderabteilung als Schwächling angesehen. Ein Bericht gelangte an Kerenski, der Makarow sofort zurückberief und ihn von zwei neuen, wesentlich weniger einsichtsvollen Kommissaren ersetzen ließ.

Als mir einige Tage später ein Pfleger Besuch ankündigte, glaubte ich mich im Zusammenhang mit Ritas Postkarte ebenfalls verdächtigt. Doch der Mann, der mich am Eingang erwartete, sah so korrekt aus, sein Gesicht war derart sympathisch, daß meine Verwirrung sofort wieder verschwand.

»Makarow«, stellte sich der Mann mit einem Händedruck vor, »ehemaliger Kommissar bei der kaiserlichen Familie.«

Vater hatte mir alle Bemühungen erzählt, die Makarow unternommen hatte, um das Los der Gefangenen zu erleichtern. Als ich ihn vor mir sah, bedauerte ich seine Abberufung bitter. Dieser Mann hatte nichts von einem Revolutionär an sich: Er war wohlerzogen, seriös und sogar freundschaftlich. Er teilte mir mit, er besuche mich auf Bitten meines Vaters, der sich sehr viel Sorgen um mich mache, gab mir nützliche Ratschläge für meine Abreise und warnte mich vorsorglich vor der Eintönigkeit und der Strenge des sibirischen Winters.

»Nehmen Sie warme Kleider mit«, betonte er immer wieder. »Auch Bücher und irgendwelche vertrauten Gegenstände, die ihr Zimmer angenehmer gestalten sollen: Photos, Tischdeckchen, kleine Gemälde … Dort gibt es nichts, und der Winter ist endlos.«

Im Zusammenhang mit meiner Übersiedlung nach Tobolsk vertraute mir Makarow eine mündliche Mitteilung meines Vaters an: Nastinka Hendrikovas ehemalige Lehrerin, die in Zarskoe Selo lebe, habe den Wunsch geäußert, mit mir mitzufahren, um das Exil ihres Zöglings zu teilen. Der ältere Bruder der Ehrendame, Graf Peter Hendrikov, sollte die Reise organisieren und Fahrkarten besorgen.

Als er sich von mir verabschiedete, flüsterte mir Makarow zu: »Sagen Sie bitte in Tobolsk, daß ich immer für den Dienst der kaiserlichen Familie zur Verfügung stehen und alles in meiner Macht Befindliche tun werde, um ihr zu helfen.«

Rußland durchlebte wirklich seltsame Zeiten: Dieser so hilfsbereite Mann war immerhin Mitglied der Sozialrevolutionären Partei …

Um sich der Agitation durch die Sowjets zu entziehen, die in Petrograd immer stärker zunahm, suchte Kerenski gelegentlich Zuflucht in Zarskoe Selo, wo er sich ins Katharinenpalais zurückzog. Die Gemächer des Kaisers Alexander II., die er bezogen hatte, grenzten an einen reizvollen Garten, hinter dem wiederum der Garten unseres Krankenhauses lag. Ich sah ihn oft allein mitten unter Blumen auf einer Bank sitzen. Es war ein kleiner, schmächtiger Mann mit banalem Gesicht, und ich konnte mir nur schwerlich vorstellen, daß er das Schicksal Rußlands und der kaiserlichen Familie in der Hand hielt.

Nach Makarows Besuch begann ich zu packen, und im Krankenhaus machte die Nachricht von meiner baldigen Abfahrt die Runde. Unser bester Pfleger, ein sehr sympathischer Mensch, hielt mich einmal auf dem Flur an, und leise begann er, mich flehentlich zu bitten, ich möge ihn doch nach Tobolsk mitnehmen, damit er dem Zaren bis zum Ende seines Lebens dienen könne. Es war für mich überaus rührend, doch meine Ankunft im Exil zusammen mit einem Unbekannten hätte ohne Zweifel Komplikationen, womöglich schlimmer noch als die von Rita verursachten, nach sich gezogen.

Die Verzweiflung dieses Mannes tat weh. Bei Pascha, unserer jungen Aufwartefrau, war es noch schlimmer. Sie bat mich, nach Sibirien mitkommen zu dürfen. Wie dem Pfleger erklärte ich ihr, daß es nicht ginge, woraufhin sie in Tränen ausbrach.

»Ich flehe Sie an, nehmen Sie mich mit. Nehmen Sie mich mit ... Ich bin so allein, seitdem Sie im Krankenhaus wohnen. Ich habe keine Familie, niemand ...«

Vergebens beschrieb ich ihr alle Unbilden des Lebens, das uns in Tobolsk erwartete. Pascha wollte nichts hören und weinte unaufhörlich. Verzweifelt und unter Tränen verabschiedete ich mich von ihr. Seitdem hat niemand mehr je ein Lebenszeichen von ihr bekommen.

Mein Abschied von Frau Tewjaschow wurde auch sehr traurig. Sie weigerte sich, Petrograd zu verlassen, und zwar aus Gründen, die sie mir nicht erklären wollte. Sie hatte doch Geld und hätte, wie viele Familien schon, ins Ausland flüchten oder in den Süden reisen können, wohin die revolutionäre Agitation offenbar noch nicht vorgedrungen war.

Beim Verlassen von Frau Tewjaschows Haus, das sehr nahe an

den Kasernen stand, hörte ich den beharrlichen Schritt gestiefelter Soldaten hinter mir.

Ich war in Schwesterntracht, und Freunde hatten mir gesagt, daß ich mit meinem weißen Schleier den Großfürstinnen sehr ähnlich sähe. Hatte man mich mit einer von ihnen verwechselt? Ich beschleunigte den Gang, ohne mich umzudrehen, doch hinter mir beschleunigte sich auch der Stiefelschlag, und ich begriff, daß ich dieser Verfolgung nicht entkommen würde. Plötzlich hörte ich eine Stimme, die hinter mir rief:

»Fräulein, ich bin es doch, Matwej!«

Erleichtert und froh über diese Begegnung blieb ich stehen, denn trotz seiner bolschewistischen Überzeugung hatte ich diesem Soldaten immer vertraut.

»Stimmt es, daß Sie nach Sibirien fahren?«

Wo hatte er das nur erfahren können?

»Ja, Matwej, das stimmt. Ich fahre bald ab.«

»Dann grüßen Sie Ihren Vater schön von mir (Nun brauchte er nicht mehr »Seine Exzellenz« zu sagen). Ich schreibe Ihnen. An welche Adresse?«

Ohne an die Gefahr dieser Angabe zu denken, sagte ich:

»Haus Kornilow, Tobolsk.«

»So habe ich es auch in meiner Einheit gehört. Ich habe ein paar Kumpel, die dort stationiert sind. Nun, gute Reise, Fräulein!«

Er lächelte mich freundlich an und grüßte militärisch. Ich fragte mich nicht ohne Furcht, warum wohl Soldaten im Haus Kornilow stationiert waren. Welches Leben erwartete mich in Tobolsk?

Nastinka Hendrikovas Gouvernante, die mich während unserer Reise schützend begleiten sollte, hieß Wiktorina mit Vornamen, doch jeder in der Familie nannte sie Wikotschka.

Als ich sie zum ersten Mal sah, begriff ich schnell, daß sie mir eher zur Last als zur Hilfe gereichen würde. Vor mir saß eine winzige alte Dame mit weißen, zu einem Knoten sorgfältig zusammengezogenen Haaren. Ihr Gesicht war so mild, ihr Blick so arglos, daß es nicht schwerfiel, sich vorzustellen, wie sie ihr ganzes Leben in der Familie Hendrikov bei der Erziehung der Kinder ohne jeden Kontakt mit der harten Realität von Welt und

Leben verbracht hatte. Sie war im Besitz aller für unserer Fahrt erforderlichen Dokumente, hatte aber keine Nachricht von Graf Hendrikov, der uns die Platzkarten für die Eisenbahn besorgen wollte.

Im Augenblick war das nicht allzu schlimm, denn wichtige Ereignisse standen bevor, die uns ohnehin zwangen, unsere Abfahrt zu verschieben: Von der Schwäche der Provisorischen Regierung angewidert, hatte der neue Oberste Befehlshaber, General Kornilow, beschlossen, Truppen gegen Petrograd in Marsch zu setzen, und der geplante Einsatz der berühmten »Wilden Division« unter General Krymow rief Panik in der Hauptstadt hervor.

Die Oberin zitierte mich in ihr Büro.

»Mein liebes Mädchen, Sie haben heute Nachtwache. Ich hoffe, daß alles gutgehen wird. Die ›Wilde Division‹ steht ganz nahe bei der Stadt. Ich fürchte sie nicht, denn ich kenne ihre Disziplin. Was ich befürchte, ist die Reaktion der Bolschewiken angesichts der Kosaken. Um sich zu rächen, werden sie alle möglichen Plündereien versuchen. Wenn Sie das geringste verdächtige Geräusch hören, wecken Sie mich. Ich werde Sie ablösen, und Sie können sich dann in Ihrem Zimmer einsperren . . .«

Die Aussicht, mit zerlumpten und blutrünstigen Bolschewiken konfrontiert zu werden, war schrecklich, und ich verbrachte eine entsetzliche Nacht. Ich schaute einmal in Richtung Treppenvorplatz, einmal in Richtung Parkalleen in die Dunkelheit hinaus, doch vermochte ich nicht, meine Furcht zu bezähmen. Das geringste Geräusch in der Nacht – das Getrappel eines Pferdes, das Rollen eines Wagens – ließ mich erzittern. Endlich wurde der Himmel allmählich heller, und meine Nachtängste verschwanden. Wenn jetzt Gefahr auf mich zukam, stand ich nicht mehr allein.

Im Laufe des Vormittags erreichten uns Nachrichten, die ich für katastrophal hielt. Kornilow hatte die Provisorische Regierung nicht gestürzt, und General Krymow hatte Selbstmord verübt.

Als mich Dima Abasa im Krankenhaus in der Uniform der »Wilden Division« besuchte, wagte ich es nicht, ihm in bezug auf die »Affäre Kornilow« Fragen zu stellen. Ich gab ihm die

Adresse von Tante Rahas Freunden in Petrograd, bei denen ich in Erwartung der Fahrkarten nach Sibirien unterkommen sollte. Der Abschied vom Krankenhaus war traurig. Zu Tränen gerührt, begleiteten mich die Oberin und Schwester Grott bis zum Parkeingang. Tante Raha holte mich ab und nahm eine Droschke, die uns bis zum Bahnhof brachte.

Als wir durch die Sadowaja-Straße fuhren, bemerkten wir, daß das Haus bewohnt war. Es hingen keine Vorhänge mehr an den Fenstern – oft nahmen sie die Soldaten herunter und schenkten sie ihren Frauen. Trotz des schönen Wetters und der frühen Tageszeit brannte die große Lampe in Vaters Arbeitskabinett, und ein Mensch in einem Khaki-Hemd saß an seinem Schreibtisch...

Angewidert schloß ich die Augen.

Nachdem Kornilows Putsch einmal gescheitert war, nahm ich an, daß der Graf Hendrikov sich bald melden und die Fahrkarten mitbringen würde. Doch einige Tage vergingen ohne das geringste Lebenzeichen seinerseits. Voller Sorge riskierte ich einen Anruf bei ihm. Seine Antwort klang eher verlegen. Endlich begriff ich, daß er es nicht geschafft hatte, Fahrkarten erster Klasse nach Tjumen zu bekommen. Seiner Meinung nach waren die Züge überlastet; zahllose Deserteure versuchten, in ihre Dörfer zurückzugelangen und nahmen die besten Eisenbahnwagen im Sturm.

»Nun, was raten Sie mir, Graf?«

»Ich weiß wirklich nicht. Warten Sie noch etwas, haben Sie Geduld.«

Dieses Gespräch stürzte mich in höchste Verzweiflung. In letzter Instanz rief ich Dima Abasa an, der mir sofort zu Hilfe kam.

»Ich denke, ich kann das in Ordnung bringen«, meinte er mit der üblichen Selbstsicherheit zu mir. »Einer unserer ehemaligen Hausdiener, ein braver Kerl, hat jetzt eine Stelle bei der Eisenbahnverwaltung. Durch ihn werden wir todsicher die Fahrkarten bekommen.«

Ein paar Tage später brachte mir Dima zwei Fahrkarten erster Klasse nach Tjumen. Die Abfahrt sollte am übernächsten Tag stattfinden.

»Wie du siehst«, sagte er, »Beziehungen sind alles heutzutage!«
Dimas Lächeln tröstete mich. Seine natürliche Ungezwungenheit
wirkte Wunder inmitten der revolutionären Wirrnisse. Nichts
schien ihn zu erstaunen, er nahm die Ereignisse so wie sie kamen,
selbstsicher, ruhig und fast spielerisch.

»Jetzt aber«, empfahl er mir, »sage der Dame, die dich begleitet,
daß sie im Bahnhof vor dem Schalter auf uns warten soll. Ich
werde selbst eure werten Personen ins Abteil bringen und aufpassen, daß niemand dazukommt.«

Im Bahnhof nahm Dima unser Gepäck und riet Tante Raha,
die Abfahrt des Zuges nicht abzuwarten. Inmitten einer aufgeregt hin- und herlaufenden Menschenmenge hätten ihre
Eleganz und ihr herrschaftliches Gebaren Aufsehen erregen
und einen Zwischenfall provozieren können. Wikotschka dagegen war so winzig und so unauffällig, daß man sie für eine alte
Großmutter halten würde, die ihre beiden Enkelkinder auf die
Reise begleitet.

Dima bahnte sich mühelos einen Weg durch die Menge. Seine
Uniform der »Wilden Division«, sein martialisches Aussehen
verschafften ihm sofort Respekt.

Wir fanden ohne Schwierigkeiten den Wagen und das Abteil, in
dem unsere Plätze reserviert waren. Dima ließ uns am Fenster
Platz nehmen, setzte sich selber an die Tür zum Gang und legte
Füße und Säbel auf die gegenüberliegende Sitzbank, um den
Eingang zu versperren. Jedesmal, wenn ein Soldat Anstalten
machte hereinzukommen, warf ihm Dima einen furchterregen-
den Blick zu, der ihn sofort von weiteren Versuchen abbrachte.
Als der Bahnhofsvorsteher das Signal zur Abfahrt gab, gab uns
Dima in aller Ruhe die Hand, und im letzten Augenblick sprang
er vom bereits fahrenden Zug ab.

Damals hätte niemand, auch unter den verwegensten Revolutionären, je riskiert, es mit einem Reiter der »Wilden Division«
aufzunehmen: Über Dimas Auftreten wurde wahrscheinlich von
Mund zu Ohr weitergeflüstert, denn bis Tjumen wagte kein
Mensch, uns zu stören.

338

Einmal in der Stadt, bekamen wir allerdings die größten Schwierigkeiten, ein Schiff nach Tobolsk ausfindig zu machen. Schließlich, und in Übereinstimmung mit Wikotschka, beschloß ich, an Bord eines zweifelhaften, abenteuerlich wieder flottgemachten Kahns unter dem Kommando eines rotbäckigen Schiffers zu gehen, der alle Merkmale des vollkommenen Wodkaliebhabers aufwies. Die Passagiere sahen genauso mitleiderregend wie das Gefährt aus: Kirgisen, sibirische Bauern, langhaarige Studenten, hauptsächlich nach ihren schwarzen, flecken- und staubübersäten Anzügen zu urteilen, offenbar Predigerschüler.

Am 14. September 1917 kamen wir in Tobolsk an. Ein feiner Regen ließ die Stadt hinter einem grauen Schleier verschwinden.

Mit den übrigen Passagieren stellten wir uns an, um Funktionären unsere Passierscheine vorzuweisen. Nach einer höchst mißtrauischen Durchsicht unserer Papiere meinte der Polizeioffizier in einem Ton, der offensichtlich keine Widerrede zuließ:

»Ihre Papiere sind nicht in Ordnung. Sie dürfen die Stadt nicht betreten.«

Ich zeigte ihm daraufhin den Brief, den Makarow an die Adresse seines Nachfolgers, Pankratow, geschrieben hatte.

»Einen Kommissar dieses Namens kenne ich nicht«, schloß der Funktionär ziemlich unfreundlich und reichte mir den Brief zurück.

»Aber ich muß unter allen Umständen in Tobolsk einreisen«, fuhr ich fort. »Wenn Sie mich als verdächtig betrachten, nehmen Sie mich in Haft und führen Sie mich unter Eskorte zu Oberst Kobylinski!«

Die Polizisten schauten mich erstaunt an. Das war wohl das erste Mal in ihrem Leben, daß ihnen jemand spontan vorschlug, sich verhaften zu lassen! Zum Glück schien ihnen der Name Oberst Kobylinskis etwas zu bedeuten.

»Warum nicht, wenn eine Wache gerade zur Verfügung steht... He du da, Antip, du hast wohl nichts zu tun? Nimm dein Gewehr und begleite die Bürgerin. Welche Adresse?« fragte er noch und drehte sich zu mir um.

»Haus Kornilow. Ich glaube, es ist in der Straße der Freiheit.«

»Antip, kennst du die Straße der Freiheit?«

»Na klar«, antwortete der Soldat bärbeißig und schulterte sein Gewehr.

Wikotschka, die mich fassungslos in Begleitung eines Bewaffneten weggehen sah, gab ich den guten Rat, sich bei dem Regen unterzustellen und bis zu meiner Rückkehr auf das Gepäck aufzupassen.

Das Zentrum der Stadt befand sich auf einem kleinen Hügel oberhalb des Hafens. Ich hatte Schwierigkeiten, mit dem Soldaten, der sehr schnell marschierte, Schritt zu halten. Die Straßen waren nicht gepflastert, und mit jedem Schritt drohte ich in dem Straßenschlamm auszurutschen. Mehrfach blieb ich stehen und fragte den Soldaten, ob es nicht irgendwo ein Postamt oder einen Laden gäbe, wo ich telephonieren könnte. Schließlich erklärte er mir ärgerlich, alles sei geschlossen, denn heute sei Feiertag.

»Die Kreuzeserhebung. Wissen Sie Bescheid?« fragte er spöttisch.

Im kaiserlichen Rußland waren an Sonn- und kirchlichen Feiertagen alle Geschäfte geschlossen. Das Städtchen Tobolsk, irgendwo im weiten Sibirien, behielt trotz der Revolution die Tradition bei.

Es war nicht kalt, und der Regen hörte schließlich auch auf. Endlich kamen wir auf eine etwas breitere und weniger schlammige Straße.

»Das ist die Straße der Freiheit«, meinte mein Begleiter und wandte sich zu mir um. »Dieses weiße Haus ist das ›Haus der Freiheit‹. Da wollen Sie hin?«

Hätte ich »ja« geantwortet, hätte mich dieses etwas beschränkte Soldatengemüt direkt zum Kaiser geführt! Doch fiel mir Rita Chitrowos unglückliches Abenteuer ein, und ich antwortete sofort:

»Nein, ich suche das Haus Kornilow.«

»Vielleicht ist es das hier. Schauen Sie mal selbst.«

Ich rannte zum Eingang und stand plötzlich Nastinka Hendrikova gegenüber, die in Hut und Mantel offensichtlich weggehen wollte. Heilfroh, endlich jemanden zu treffen, den ich kannte, stürzte ich auf die Ehrendame der Kaiserin los. Doch zu meiner Verblüffung sprang sie zurück.

»Zurück, gehen Sie zurück!«

»Aber wo ist mein Vater?« fragte ich fassungslos.

»Er ist da, er ist schon da! Gehen Sie die Treppe hinauf und den Gang lang. Aber ich bitte Sie, sagen Sie kein Wort mehr!«

Die Ehrendame der Kaiserin machte einen Bogen um mich und verschwand durch die Tür zur Straße hinaus. Sie hatte offenbar angenommen, daß ich, wie Rita, ohne Genehmigung hierhergekommen sei.

Zum Glück erblickte ich einen Obersten, an dem ich mich wie an einem Rettungsanker festhielt. Es war Kobylinski, der sich an diesem Morgen zufällig im Hause Kornilow aufhielt. Aufmerksam hörte er sich meinen etwas zusammenhanglos erzählten Reisebericht an.

»Ich begleite Sie zum Hafen«, unterbrach er mich schließlich. »Mit diesem Dokument werden die Polizisten euch beide sofort durchlassen.«

Aus der Mappe unter seinem Arm nahm er ein großformatiges Blatt, auf dem ich lesen konnte: »Führen Sie die Befehle des Inhabers dieses Ausweises, Oberst Kobylinski, so aus, als wären sie meine eigenen. Unterzeichnet: Alexander Kerenski.«

»Ich danke Ihnen von ganzem Herzen«, stotterte ich. »Aber wo ist mein Vater?«

»Das hier ist die Tür zu seinem Zimmer. Ich warte auf Sie.«

Ich trat in ein ziemlich schlecht beleuchtetes Zimmer. Keine Spur von Vater. Doch durch eine Tür neben der Bettstatt hörte ich das Geräusch einer leerlaufenden Badewanne.

»Ich bin da«, schrie ich. »Ich gehe zum Hafen mit Kobylinski.«

Vaters Stimme antwortete:

»Du, endlich! Geh schnell, ich komme nach!«

Vater holte uns unterwegs ein. Kobylinskis Papier wirkte wie ein Talisman. In weniger als fünf Minuten war die Sache erledigt.

Es war das erste Mal, daß ich Kobylinski sah. Er war kein schöner Mann, aber sein intelligentes Gesicht, sein ehrlicher, gerader Blick flößten mir sofort Sympathie ein.

Vater vertraute mir an, er habe sich meinetwegen sehr viel Sorgen gemacht. Eine Familie, die zur Zeit der Kornilow-Affäre von Petrograd nach Tobolsk geflohen war, hatte ihm die Situation in der Hauptstadt in sehr düsteren Farben geschildert. Ihn wiederum fand ich blaß und sehr abgemagert, aber meine Anwesenheit schien ihm Trost zu bringen.

Die kaiserliche Familie war, zusammen mit Gilliard und einigen Dienern, im »Haus der Freiheit« untergebracht. An Ort und Stelle vor dem Haus war ein hoher Bretterzaun errichtet worden, um den Raum, wo die Gefangenen spazierengingen, vor neugierigen Blicken abzuschirmen.

Gegenüber, im Hause Kornilow, waren die Souterrainräume von Soldaten der Sonderabteilung belegt. Im etwas überhöhten Erdgeschoß befanden sich die Küche, der Versammlungssaal des Soldatensowjets, der Eßsaal der Offiziere, das Zimmer meines Vaters, das eines Offiziers namens Sima und das der Kommissare Pankratow und Nikolski.

Im ersten Stock wohnten Fräulein Schneider, die Gräfin Hendrikova, General Tatischtschew, Fürst Dolgoruki, der Englischlehrer Gibbs und die Putzfrauen. Doktor Derewenko, seine Frau und sein Sohn bewohnten zwei kleine Räume über dem Zimmer Nikolskis, die zur Hintertreppe hinausgingen.

Vater trat mir sein großes und schönes, vierfenstriges Zimmer ab und übersiedelte ins Nachbarzimmer, wo er für Gleb, den wir jeden Augenblick erwarteten, ein zusätzliches Bett aufstellen ließ.

Der Flügel thronte mitten im Zimmer, und zur Ergänzung meines Mobiliars kaufte Vater einen Schrank und einen Waschtisch mit einem Pedal. Als ich mich endgültig eingerichtet hatte, nahm mich Vater an die Hand und führte mich bis zum Fenster.

»Dieses Zimmer schaut zum Hof hinaus, in dem die kaiserliche Familie ihren Spaziergang macht«, sagte er mir.

Pochenden Herzens trat ich noch näher ans Fenster und lupfte ein wenig den Vorhang.

Immer am Zaun entlang, der den Hof von der Straße trennte, lief der Kaiser mit gleichmäßigen und schnellen Schritten. Rechts und links von ihm gingen seine beiden älteren Töchter in grauen Regenmänteln und kleinen Mützen aus rot-blauer Angorawolle. Ein wenig weiter weg unterhielten sich die jüngeren Großfürstinnen mit den Wachsoldaten.

Ich hatte die Menschen, die mir teuer waren, wiedergefunden ...

XXVI
Das Exil

Als die Kaiserin von meiner Ankunft in Tobolsk erfuhr, schlug sie Vater vor, mich öfter ins »Haus der Freiheit« einzuladen. Die Sache war nicht einfach, es bedurfte einer amtlichen Erlaubnis und eines plausiblen Grundes.

Vater wandte sich an Kobylinski und gab als Vorwand meinen Wunsch an, bei Gilliard Französischunterricht zu nehmen. Kobylinski erwiderte, er hätte kein Recht, Dritte bei der kaiserlichen Familie einzuführen; allein die Kommissare hätten die Macht, eine derartige Abweichung von der allgemeinen Haftordnung zuzulassen.

Vater wiederholte also seine Bitte bei Pankratow. Der neue Kommissar war ein Mann um die Fünfzig. Er trug das dunkelbraune Haar lang, und ein üppiger Bart verdeckte die Hälfte seines Gesichts. Mit seinen eingefallenen Wangen und seiner leicht hakenförmigen Nase sah er fast einem alten Raben ähnlich, hätten seine Augen nicht so gutmütig dreingeblickt.

Pankratow hatte in seiner Jugend wegen seiner politischen Überzeugung viel leiden müssen. Im Alter von neunzehn Jahren hatte er einen Gendarmen erschlagen, der einen jungen Revolutionär, den Pankratow bei sich versteckt hielt, verhaften wollte. Er wurde zu fünfzehn Jahren Haft in der Festung Schlüsselburg verurteilt, anschließend nach Sibirien in die Gegend von Jakutsk verbannt, wo der Winter so streng ist, daß das Thermometer manchmal auf minus siebzig Grad fällt.

Pankratow blieb zwölf Jahre dort, und dort lernte er auch Nikolski kennen, der nur sieben Jahre Verbannung zu verbüßen hatte. Nikolski, der zweite Kommissar bei der kaiserlichen Familie, war ein fanatischer Sozialrevolutionär. Er dachte nur daran, seine Überzeugungen weiter zu propagieren und in die Tat umzusetzen. Vom Äußeren her strahlte er Brutalität aus; was mich besonders beeindruckte, waren sein überaus kräftiges Gebiß und seine riesigen Pranken, die einem die Knochen zu zermalmen schienen, wenn er uns täglich guten Morgen wünschte.

Als Vater Pankratow bat, mich ins »Haus der Freiheit« einzulassen, damit ich zusammen mit den Großfürstinnen Französisch lernen könnte, wurde ihm geantwortet, eine solche Entscheidung sei ohne Beratung durch den Sowjet der Sonderabteilung nicht zu fällen.

Der Sowjet beriet einen ganzen Nachmittag lang, und nach einer lebhaften Einrede von Nikolski verwarf er meine Bitte, erlaubte dagegen Gilliard, uns einmal die Woche zu besuchen.

Ich empfand diese Entscheidung als Schikane, doch die Kaiserin tröstete mich, indem sie mir einen Stuhl, ein kleines mit gelber Seide bezogenes Sofa und zwei Kissen zukommen ließ, die sie eigenhändig bestickt hatte.

Am ersten Sonntag darauf besuchte ich Fräulein Bitner, die sich in der Wohnung Kobylinskis eingerichtet hatte. Ihre Liaison war somit quasi amtlich, und niemand hatte in diesen bewegten Zeiten etwas dagegen. Sie war als Krankenschwester der Sonderabteilung nach Tobolsk zugelassen worden und war ständig in Tracht, obwohl, wie es schien, niemand ihre guten Dienste in Anspruch nahm. Lehrerin von Beruf, hatte Fräulein Bitner den Vorschlag gemacht, dem Zarewitsch Unterricht zu geben. Die Kaiserin hatte angenommen, und das Kind war froh, mit einem so lustigen Menschen zusammenzuarbeiten, dessen Lebensfreude die Monotonie seiner Gefangenschaft ein wenig aufhellte.

Kurz nach mir kam auch Gleb in Tobolsk an. Er war stark abgemagert, und sein fieberhafter Blick verlieh ihm ein seltsames, fast beunruhigendes Aussehen. Er erklärte uns, ihm sei das wenige Geld, das ihm verblieben war, unterwegs gestohlen worden, so daß er mehrere Tage ohne Essen geblieben war.

Er breitete sich mit seinen Büchern, seinen Zeichenmappen und seinen Malkästen in Vaters Zimmer aus. Dieses erzwungene Exil schien ihn nicht sonderlich zu stören, doch klagte er bitter über das ewige Hin und Her, das ihn in seiner Arbeit störte. Das Zimmer, das Vater mit ihm teilte, war ein Durchgangszimmer, das die Soldaten pausenlos benutzen mußten.

Unser Leben im Exil nahm langsam Form an. Frühmorgens stand Vater als erster auf und begab sich zur Kaiserin, ehe er zusammen mit den Großfürstinnen sein Frühstück einnahm. Ebenso wie die Ehrendame der Kaiserin, Nastinka Hendrikova, teilte er die Mahlzeiten der kaiserlichen Familie. Gleb und ich sahen ihn nur selten, doch bemühte er sich immer, gegen Ende des Nachmittags ein Stündchen mit uns zu verbringen.

Dreimal am Tage brachte uns ein Hofdiener etwas zu essen. Die Speisen wurden in der Offiziersküche der Sonderabteilung zubereitet, und Vater zahlte auch dafür. Doch muß sich unser Menü von dem der Offiziere unterschieden haben, denn die Portionen waren so knapp bemessen, daß Pankratow uns bald Mehlgutscheine zukommen ließ, um sie ein wenig aufzubessern.

Die Tage vergingen langsam, monoton und freudlos. Gleb und ich setzten uns für gewöhnlich in Vaters Zimmer, ich las ihm laut vor, während er zeichnete. Mit großer Sorgfalt malte er ganze Alben, die Vater unter seinem Militärmantel versteckt ins »Haus der Freiheit« schmuggelte, um den jungen Zarewitsch ein wenig zu zerstreuen. Oft gingen Nikolski oder ein Soldat der Sonderabteilung mit schweren Stiefeln durch das Zimmer. In naiver Weise nahmen wir an, daß wir die Wachen für uns einnehmen könnten, wenn wir in diesem wenig gemütlichen Zimmer verblieben, wo unsere Bewacher jederzeit unsere Tätigkeit kontrollieren konnten.

Regelmäßig kam Gilliard zum Französischunterricht zu uns, und der gelegentliche Besuch von Tatischtschew oder Dolgoruki durchbrach unsere Einsamkeit. Wir unterhielten uns über Politik und versuchten, die Gerüchte, die bis zu uns gelangten, zu interpretieren, doch wenn Nikolskis schwerer Schritt im Flur zu hören war, wechselten wir das Thema.

Oft konnte ich den Anblick der Soldaten einfach nicht mehr ertragen und zog mich in mein Zimmer zurück, um Klavier zu spielen oder Briefe zu schreiben. Aus lauter Langeweile begann ich sogar, einen Roman zu schreiben; darin war von der Krim, von warmen, duftenden Sommerabenden, vom Wohlgeruch der Rosen und vom Leben schicksalsvergessener junger Leute die

346

Rede. Dabei vergaß ich selbst für einen kurzen Augenblick mein neues Leben als Exulantin und seine Härte.

Doch ich brauchte nur ans Fenster zu gehen, und schon schwand die Illusion. Im Hof des »Hauses der Freiheit« spazierte der Kaiser ziellos unter Aufsicht der Wache herum. Ihm war Holzhacken erlaubt worden, und er handhabte das Werkzeug mit einer Leidenschaft, die mich faszinierte. Die Großfürstinnen machten es ihm gelegentlich nach, und Maria Nikolajewna ließ mit großen Axthieben Holzspäne um sich fliegen.

Manchmal kam auch die Kaiserin auf den Balkon heraus, um die wenigen sonnigen Momente des Tages auszukosten. Sie war stark abgemagert, ihr Gesicht war schmaler geworden, und ihr aschblondes, nunmehr weiß meliertes Haar hatte jeden Glanz verloren.

Aufgrund einer Anregung von Nikolski beschloß der Soldatensowjet, alle unsere Aktivitäten, auch die geringste, genauestens zu kontrollieren. Zwischen Simas Zimmer, unseren beiden Räumen und dem Versammlungssaal der Sowjets waren die Wände so dünn, daß wir von uns aus fast jede Diskussion mithörten. Ich hatte sogar den Eindruck, den schleichenden Gestank nach Schweiß und Schmutz, der jedem Mann der Sonderabteilung anhaftete, langsam selbst in die Nase zu bekommen.

So konnten wir, gewissermaßen gegen unseren Willen, die Entwicklung einer wahren Staatsaffäre verfolgen, jedenfalls von der Wichtigkeit her, die ihr der Sowjet beigemessen hatte:

Makarow, der die traurigen Provisorien in der Einrichtung der kaiserlichen Familie bemerkt hatte, sandte mit Kerenskis Erlaubnis mehrere Kisten mit Teppichen und Vorhängen aus dem Alexanderpalais sowie einige Gegenstände, die die Räume der Kaiserin und ihrer Töchter ein wenig angenehmer gestalten sollten. Als rücksichtsvolle Aufmerksamkeit schickte er auch eine Kiste mit den erlesensten französischen Weinen mit. Diese Weinkiste entfachte einen wahren Sturm inmitten des Soldatensowjets, der mehrere Tage hintereinander tagte, um über dieses gravierende Problem zu befinden.

Die Soldaten sahen sich einem schicksalhaftem Dilemma antiken

Ausmaßes gegenüber: Einerseits wollten sie diesen Wein mitnichten der kaiserlichen Familie zukommen lassen, andererseits fanden sie es ehrenrührig, selbst »Zarenwein« zu trinken.

Vergebens erklärte ihnen Sima, der Wein würde wohl verwahrt und in kleinen Mengen verabreicht werden; ebenso vergebens bewies ihnen Doktor Derewenko, daß er im Krankheitsfalle den Wein als kleinen Trostschluck für die Soldaten verschreiben könnte: Der Sowjet beschloß, daß die Flaschen niemandem zugute kommen sollten, und die Kiste wurde feierlich im Fluß versenkt.

Die Zeit der großen bolschewistischen Exzesse war offenbar noch nicht gekommen...

Das Leben für die Mitglieder der Suite war vom Sowjet genau reglementiert worden, nur die Ärzte, gemäß dem Status, der für sie schon in Zarskoe Selo eingeführt worden war, genossen eine relative Freiheit: Vater und Doktor Derewenko hatten die Erlaubnis bekommen, die Bevölkerung von Tobolsk ärztlich zu versorgen; sie gingen also frei ein und aus.

Vater ging mit Leidenschaft an diese Aufgabe heran, und von zwei bis drei Uhr nachmittags waren die Gänge des Hauses Kornilow übervoll. Vater hielt in der Offiziersmesse Sprechstunde für seine Patienten, meist Bauern oder kleine Geschäftsleute, dann verschwand er bis zum Abendessen in der Stadt und machte Hausbesuche bei anderen Patienten, die bettlägerig waren. Er ließ kein Haus, auch das bescheidenste oder entfernteste, aus und ließ auch nicht davon ab, als der Winter sehr kalt geworden war. Tobolsk lag unter einer dicken Schneedecke, und einige Wege, die an tiefen, durch Schneeverwehungen nivellierten Gräben vorbeiführten, waren gefährlich geworden. Eines Abends mußte Vater eine solche Straße benutzen, um zu einem Patienten zu gelangen; dabei stellte er verblüfft fest, daß bei den Hausnummern die geraden auf die ungeraden folgten. Seine Verblüffung nahm noch zu, als er, vor dem Haus Nr. 12 angekommen, erfahren mußte, daß sein Patient in einem anderen Haus Nr. 12 auf der anderen Seite des Grabens wohnte. Vater hatte keine andere Wahl, als mit seinen Stiefeln mühsam durch den hohen Schnee zu

58. Haus Kornilow, Aufenthaltsort der Suite der kaiserlichen Familie in Tobolsk

59. Letztes Photo von Dr. Botkin, mit Tochter Tatjana und Sohn Gleb 1918 im Exil in Tobolsk

60. Die Suite der kaiserlichen Familie in Tobolsk. Von links nach rechts: Frl. Schneider, General Tatischt-schew, Pierre Gilliard, Gräfin Hendrikova, General Prinz Dolgoruki. März 1917

61. Haus Ipatjew
in Jekaterinburg.
Dort wurde die kai-
serliche Familie
ermordet

62. Der innere
Zaun, der das Haus
Ipatjew umgab

63. Terrasse des
Hauses Ipatjew,
vom Garten her
gesehen

64. Der äußere
Zaun, der um das
»Haus mit besonde-
rer Bestimmung«
errichtet war

65. Speisezimmer der kaiserlichen Familie im Haus Ipatjew, wo Dr. Botkin seine letzten Nächte verbrachte

66. Zimmer der Großfürstinnen im Hause Ipatjew. Sie schliefen dort auch, und zwar auf dem Fußboden

67. Der Hof, den die Opfer durchschreiten mußten

68. Fenster des Kellerraums, in dem der Mord stattfand

69. Der Raum, in dem die kaiserliche Familie ermordet wurde, Ostwand

70. Westwand des Raumes

71. Der Brunnenschacht der »Vier Brüder«. Hier wurden die Leichname des Zaren, seiner Kinder und Diener verbrannt

stapfen, die viel zu leicht für diese Jahreszeit waren und ihm nur wenig Schutz boten.

Die Soldaten der Sowjets hatten den neuen Reiz der Freiheit entdeckt und nahmen sie in jedem noch so kurzen Augenblick überaus ernst. Das Palavern unter ihnen war endlos, blieb jedoch von der revolutionären Propaganda relativ unbelastet. Einige Schützen beklagten sich im Gegenteil über Nikolski, dem sie vorwarfen, in den Versammlungen durch seine Eingriffe und sein ideologisches Gerede Verwirrung zu stiften.

Dagegen nahm der Sowjet der Sonderabteilung seine Befugnisse sehr genau wahr: Die Spaziergangsregelung für die Mitglieder der Suite wurde zum Anlaß einer denkwürdigen Debatte. Die Soldaten befürchteten, daß der Ausgang ausgenutzt werden könnte, um Kontakte zur Außenwelt zu knüpfen mit dem Ziel, die Flucht der kaiserlichen Familie vorzubereiten. Der Sowjet beschloß also, den Ausgang der Nicht-Ärzte auf zwei Stunden pro Woche und unter bewaffneter Bewachung zu beschränken.

»Ihr könnt eigentlich gegenüber den Bürgern Gilliard und Gibbs solche Methoden nicht anwenden. Es sind Ausländer, die aus freien Stücken ins Exil gegangen sind«, bemerkte Kobylinski, der an allen Versammlungen der Sowjets teilnahm.

Unser Sowjet legte zum Glück großen Wert auf die Meinung fremder Länder, und einer der am häufigsten durch die Wände zu hörenden Sätze lautete:

»Genossen, vergeßt nicht, daß ganz Europa auf uns schaut!«

Um ihrem Prestige in den Augen der Nationen Europas keinen Abbruch zu tun, beschlossen die Mitglieder unseres sympathischen Sowjets, Gilliard und Gibbs eine Stunde in der Woche völlig frei spazierengehen zu lassen.

»Ihr seid gerechtigkeitsliebende Männer, Genossen«, fuhr Kobylinski fort. »Findet ihr nicht, daß den einen etwas zu verweigern, was anderen gestattet wird, zutiefst ungerecht wäre?«

Die ganze Suite durfte ab sofort eine Stunde in Freiheit verbringen.

Dann wurde über das ernste Problem mit den Kindern debattiert. Damit waren Gleb und ich gemeint. Nach tagelangen Diskussionen bekamen auch wir die Erlaubnis, ohne jede Aufsicht so oft wegzugehen, wie es uns beliebte.

Für mich war das die Gelegenheit, Tobolsk und seine Reize zu entdecken.

Die Stadt Tobolsk ist auf einen Hügel oberhalb des Stroms gebaut. Die engen, krummen Straßen verliefen anscheinend ohne jeden Plan. Da ich die Einwohner nicht ansprechen durfte und so etwas wie ein Stadtplan nicht existierte, hatte ich alle Mühe der Welt, mich zurechtzufinden.

Als ich mich das erste Mal ins Abenteuer durch die Straßen der Stadt stürzte, entschloß ich mich, mich am Turm der nächstgelegenen Kirche zu orientieren, die, im Gegensatz zu den von dikken goldenen oder tiefblauen zwiebelförmigen Kuppeln überwölbten Kirchen in Moskau oder Petrograd, ganz weiß war und hohe konische, blaß-grüne Glockentürme hatte, die sich gegen den Schneehimmel abhoben.

Nach einer ganzen Weile unterwegs hielt ich es für besser, zurückzukehren. Wie vorgesehen, fand ich zwar die Kirche wieder, doch zu meiner größten Verblüffung vermochte ich die »Straße der Freiheit« nicht wiederzuerkennen. Ich machte mich wieder auf den Weg und stieß nach kurzer Zeit wieder auf dieselbe Kirche, doch wieder von lauter unbekannten Straßen umringt. Nach einer halben Stunde Fußmarsch begann ich, den Grund meiner Verirrung zu ahnen: In Tobolsk waren alle Kirchen architektonisch haargenau gleich! Später erfuhr ich sogar, daß es vierundzwanzig davon bei einer Bevölkerung von zwanzigtausend Einwohnern gab!

Die Straßen ihrerseits trugen bedeutungsvolle Namen – Die Große Nasse Straße, die Kleine Nasse Straße – und waren überdies überaus schlammig. Um diesem Nachteil abzuhelfen, waren die Straße der Freiheit und einige Hauptstraßen im Zentrum mit einem überhöhten Bohlendamm belegt, wie es früher auch auf den Bahnsteigen in den Eisenbahnstationen der Fall war. Seit der Revolution gab es keine Straßenreinigung mehr: Die Bohlen verfaulten im Regen und Schnee, und einmal beobachtete ich, wie ein Pferd einbrach. Mehrere Männer mußten heran, um es wieder aus dem Loch zu ziehen: Das arme Tier hatte sich beim Sturz ein Bein gebrochen.

Nachts waren die Straßen nie beleuchtet. Man hörte lediglich das unheimliche Geheul der »Laiki«-Hunde, das die uralte Angst des in der Einsamkeit der unendlichen Steppen Sibiriens verlorenen Menschen in mir weckte.

Ich glaube, daß wir, Gleb und ich, während unserer Spaziergänge nie heimlich überwacht wurden. Die Versuchung war groß, eine Verschwörung zu organisieren, um der kaiserlichen Familie zur Flucht zu verhelfen. Doch wie sollten wir das, siebzehn und neunzehn Jahre alt, in einer im tiefsten Sibirien verlorenen Stadt ohne Freunde und ohne Geld wohl anstellen?

Wir lebten fast vollständig von der Außenwelt abgeschnitten. Zeitungen kamen nicht bis nach Tobolsk, doch von Zeit zu Zeit rannten Knaben durch die Stadt und schrien mit kreischender Stimme:

»Telegramme, sehr wichtige Telegramme!«

Dabei hielten sie ganze Bündel von ockergelben Papierblättern hoch, auf denen die »neuesten Nachrichten« aus dem laufenden Monat oder noch älter, wegen der Zensur meist auch unwichtiger Natur, zu lesen waren. Wir wußten rein gar nichts von der Oktoberrevolution, und erst gegen Ende November 1917 bekamen wir vage und ungenaue Nachrichten über den Sturz der Provisorischen Regierung durch die Bolschewiken.

Der Soldatensowjet verhärtete seine Haltung und stellte manchmal offen die Autorität der von Kerenski ernannten Kommissare in Frage. Allein – und dies ist nur für diejenigen, die Rußland nicht kennen, ein Paradox – die Offiziere behielten einen gewissen Einfluß auf den Sowjet, und oft hörte ich durch die Wand, wie unser Nachbar, Sima, Offizier im 1. Schützenregiment, zur Friedfertigkeit und Mäßigung mahnte. In den Versammlungen des Sowjets vollbrachte Kobylinski wahre Wunder und verlor auch angesichts der schlimmsten Beleidigungen nie sein kühles Blut; so bemühte er sich, den Gefangenen Demütigungen und Übergriffe zu ersparen. Von unseren Zimmern aus, wo wir alles mithörten, erschauerten wir, Gleb und ich, beim Gedanken an die fürchterliche Gefahr, die diese Männer darstellten, sollten sie einmal nicht mehr dem mäßigenden Einfluß ihrer Vorgesetzten unterliegen.

Zum Glück war das Postwesen noch nicht völlig desorganisiert, und aus den Briefen, die uns von Zeit zu Zeit erreichten, zogen wir viel Trost. Jeden zweiten Tag schrieb ich an Juri, er tat dasselbe. Nur wenige Briefe kamen überhaupt an, doch so bekamen wir zumindest einige Nachrichten von seinem Leben im Kaukasus.

Gegen Ende November 1917 erlebten wir eine große Überraschung: Vater bekam einen Brief von Konstantin Melnik, der in Krasnojarsk, also in Sibirien, stationiert war! Von allen ehemaligen Freunden war er der einzige, der sich nun unweit von uns befand. Er schrieb uns, daß er als Angehöriger einer sibirischen Einheit bei der Beschaffung von Passierscheinen hierher, für diesen Landesteil, keine Schwierigkeiten gehabt hatte. Ohne weitere Einzelheiten teilte er uns mit, er arbeite jetzt als Transportarbeiter und lade Güterwaggons ab.

Ein anderer Arbeiter schrieb an Vater: Matwej, Juris ehemaliger Bursche. Nie schrieb er über sich oder über Politik, doch fragte er stets nach unserem Wohlbefinden. Um seinen Glauben an den Bolschewismus entsprechend zu unterstreichen, redete er Vater nie mit seinem Titel an, sondern nannte ihn immer »lieber Alter«.

Unser lieber Wassili schrieb uns aus seinem Heimatdorf, wo er Zuflucht gefunden hatte, zwei lange, bewegende Briefe. Mit ungeschickten, aber ausdrucksvollen und rührenden Sätzen teilte er uns seine Trauer angesichts der Umwälzungen, die über Rußland gekommen seien, mit und schloß mit diesen Worten:

»Das sage ich jedem hier: Ohne den Zaren können wir nicht bestehen bleiben.«

Bald bekamen wir keine Nachrichten mehr von ihm. Armer Wassili!

»Ich bin das Volk«, hatte er zwar gesagt, aber ehrlich und aufrichtig wie er war, hat er wahrscheinlich nicht lange in dieser Flut des Hasses überlebt.

Bis Ende Dezember 1917 blieb die Temperatur bei minus zehn Grad, was für diese Gegend Sibiriens recht wenig war. Der Schnee fiel immer reichlicher, und wir warteten auf das Weihnachtsfest inmitten des Exils.

Vater erzählte uns, daß die Kaiserin und die Großfürstinnen jetzt ihre ganze Zeit mit der Herstellung von Geschenken verbrachten, und zwar nicht nur für die Suite und die Dienerschaft, die aus Zarskoe Selo mitgekommen waren, sondern auch für diejenigen, die hier am Platze eingestellt worden waren, sowie für Oberst Kobylinski, Fräulein Bitner, die beiden Kommissare, die Offiziere der Abteilung und für die Soldaten, die am Weihnachtsabend und am Weihnachtstag Dienst haben würden.

Die Kaiserin und ihre Töchter waren für Nadelarbeiten sehr talentiert, sie hatten sich aber viel vorgenommen, denn sie wollten jedermann zufriedenstellen.

Pankratow hatte den Ankauf eines Weihnachtsbaumes genehmigt, und Makarow hatte aus Petrograd den nötigen Weihnachtsbaumschmuck geschickt. Ausnahmsweise hatte der Sowjet die Teilnahme der kaiserlichen Familie an der Mitternachtsmesse in einer Tobolsker Kirche zusammen mit der Suite und den Dienern zugelassen.

Einige Tage vor Weihnachten beschlossen die Großfürstinnen, Pankratow zu bitten, er möge uns, Gleb und mir, erlauben, die Feiertage mit ihnen im Familienkreis zu verbringen. Zu ihrer größten Überraschung lehnte Pankratow rundweg ab; die Großfürstin Maria versuchte es zwar weiter, doch blieb der Kommissar unbeugsam.

»Ich habe Befehl, keinerlei Besuch zuzulassen«, erklärte er. »Eine Ausnahme würde die Ausführung dieses Befehls nur noch schwerer machen...«

Nach Pankratows Ablehnung schickte die Kaiserin einen Diener, um einen Baum für uns einzukaufen. Ihre Majestät ließ uns auch das Nötige zukommen, um den Baum zu schmücken, und der Zar stellte sogar selber kleine Kerzen her, die er aus von der Kirche gekauften Kerzen herausschnitt.

Nach dem Abendgottesdienst verließ uns Vater, um zur kaiserlichen Familie hinüberzugehen. Der gesamte Sowjet war ins »Haus der Freiheit« geladen worden: die Kommissare, Sima, die Köche und die Soldaten ...

Gleb und ich blieben allein im großen leeren Haus. Wir zündeten die Kerzen am Baum an, und Gleb vertiefte sich in seine Zeichnungen. Das erdrückende Schweigen, das auf dem Haus lastete, trieb mir die Tränen in die Augen. Eine Welle der Angst brach über mich herein: Was würde in diesem Sturm aus Rußland werden? Was würde unser aller Los sein?

Übereinstimmend beschlossen wir, die Kerzen zu löschen und sie bei Vaters Rückkehr wieder anzuzünden.

Es war schon ziemlich spät, etwa elf Uhr abends, als die Haustür zugeschlagen wurde. Wir hörten Schritte, erst auf der Treppe, dann im Flur: Nikolski trat als erster ein. Laut polternd ging er rasch durch unser Zimmer, sagte jedoch kein Wort. Vater folgte ihm, mit Geschenken beladen.

Olga und Tatjana Nikolajewna hatten für mich zwei hübsche Wäschetaschen bestickt, Maria hatte mir ein selbst hergestelltes Reisebesteck zugedacht. Die Kaiserin hatte sich von einem Schmuckstück getrennt, einer goldenen, mit einem kleinen Diamanten besetzten Berlocke. Gleb bekam eine von Anastasia bestickte Brieftasche und ein Buch, das die Kaiserin mit einer entzückenden kleinen Zeichnung auf dem Schutzblatt versehen hatte.

Im Augenblick der Bescherung war der Kaiser an den Gabentisch gekommen und hatte aus seinen persönlichen Gegenständen eine sehr hübsch verzierte China-Vase genommen und sie Vater geschenkt.

In rührender Aufmerksamkeit hatte die kaiserliche Familie niemanden vergessen, nicht einmal den letzten Wachsoldaten vom Dienst.

Nachmittags, nach der Weihnachtsliturgie, war eine Gruppe Soldaten geräuschvoll in das Zimmer unseres Nachbarn, Sima, eingetreten. Sie sprachen laut und schienen überaus erbost zu sein.

»Dieser Diakon ist einfach unverschämt!« ereiferte sich ein Soldat mit schriller Stimme.

354

»Inmitten einer Revolution ein Te Deum zu singen!« fügte ein zweiter hinzu.

»Und noch dazu extra für die kaiserlichen Hoheiten!«

Aus all den Flüchen und Verwünschungen, deren Sinn ich zumeist nicht kannte, entnahm ich nach längerer Zeit den Grund für diesen schweren Ärger. Die kaiserliche Familie hatte die Erlaubnis bekommen, in der dem »Haus der Freiheit« am nächsten gelegenen Tobolsker Kirche an der Messe teilzunehmen. Gegen Ende der Liturgie hatte der Diakon, wie in den schönsten Tagen der Monarchie, mit dem Te Deum »Lang lebe der Zar« angesetzt!

Dieses rituelle Gebet hatte den Zorn der Wache erregt.

Die Mitglieder des Soldatensowjets traten sofort zusammen. Sie betrachteten dieses Te Deum als eine persönliche, gegen ihre revolutionären Überzeugungen gerichtete Provokation und beschlossen, der kaiserlichen Familie künftig den Kirchgang zu untersagen. Von nun an durften Gottesdienste nur noch im »Haus der Freiheit« stattfinden.

Vater war von diesem Zwischenfall sehr beunruhigt. Er verdächtigte den Priester, das Te Deum absichtlich veranlaßt zu haben, um die Lage der Gefangenen zu erschweren. Er hatte Angst, daß der Zar, anstatt den Offizianten als einen agent provocateur zu betrachten, ihn vielmehr für einen aufrichtigen und treuen Freund halten würde.

Seit Beginn des Jahres 1918 benahmen sich die Wachen immer arroganter gegenüber ihren Gefangenen. Kobylinski hatte die größte Mühe, sie noch im Zaum zu halten, um so mehr, als die Soldaten immer noch auf ihren Sold warteten. Die Kälte wurde immer härter, und unser Mut sank zusammen mit dem Thermometer. Was sollte aus uns werden, wenn die Bolschewiken ihre Macht auf das ganze russische Territorium erweitern sollten? Von seinen Einwohnern wurde Sibirien immer als ein besonderer Teil Rußlands betrachtet, und seine Randlage würde den Machtantritt der Sowjets in diesem abgelegenen Teil des Reiches sicherlich verzögern. Dennoch waren die Nachrichten, die aus

Petrograd und Moskau bis zu uns gelangten, außerordentlich alarmierend.

Von der Oberin des Krankenhauses im Katharinenpalais hatte ich einen Brief bekommen. Sie beschrieb mir darin das Versorgungschaos in Petrograd, wo Hungersnot herrschte, aber auch die unerbittlichen Repressionen der Außerordentlichen Kommission, das heißt der Tscheka, die die Bolschewiken zur Aufspürung und Liquidierung der »Konterrevolutionäre« ins Leben gerufen hatten. Aufgrund glaubwürdiger Informationen beschuldigte meine liebe Oberin die Tschekisten, offen zu foltern, um Schuldbekenntnisse zu erpressen. Sie fügte hinzu, daß ehemalige lettische Patienten aus dem Krankenhaus ihr den Namen eines der schlimmsten unter den Tschekisten verraten hätten: Leutnant Azen! Diese Mitteilung ließ mich erschauern, und mehrere Nächte hintereinander hatte ich Alpträume: Ich sah, wie Azen, die Hände und Kleider voll Blut, mit einer grausamen Falte im Mundwinkel, seinen Blick auf mich heftete.

Als ich Vater den Brief der Oberin vorgelesen hatte, schlug er vor, die Mehrrationen an Mehl, die wir, Gleb und ich, dank Pankratows Großzügigkeit bekamen, zur Linderung der Hungersnot bei unseren Freunden in Petrograd zu verwenden. Alle vierzehn Tage bekamen wir ungefähr acht Pfund Mehl, die ich nach endlosem Schlangestehen inmitten von kirgisischen und kalmückischen Bauern mühsam nach Hause schleppte. Das war das erste Mal, daß ich etwas tragen mußte – sogar meine Schulbücher hatte sonst unsere Aufwartefrau getragen –, und diese vier armseligen Kilogramm schienen mir Tonnen zu wiegen.

Die Dankesbriefe, die ich bekam, ließen mich das Ausmaß der Not derer ermessen, die in der Stadt geblieben waren, und im Vergleich dazu kam mir unser Los fast beneidenswert vor.

Frau Tewjaschow schrieb:

»Deinen kleinen Mehlsack drückte ich fest an mein Herz und weinte vor Freude.«

Tante Weras Brief rührte mich besonders. Unsere Tante hatte erlebt, wie ihr Haus von den Sowjets beschlagnahmt worden war, und hatte allen ihren revolutionären Überzeugungen entsagt.

»Jetzt merke ich«, schrieb sie, »daß ihr, die Kinder, recht hattet, nicht ich mit meinen Illusionen.«

Bald würde ganz Rußland zu diesem Schluß kommen.

Eines schönen Morgens sahen wir, wie statt der arg gefürchteten Bolschewiken die Ehrendame der Kaiserin, Isa Buxhöwden, ankam. Sie hatte ihre Reise nach Tobolsk verschieben müssen, da sie die ganze Zeit krank gewesen war.

Diese Verspätung kam dem Soldatensowjet verdächtig vor, der ihr prompt den Zugang zur kaiserlichen Familie verwehrte. Dann trat er zusammen, um über ihr weiteres Schicksal zu befinden. Das Palaver dauerte zwei ganze Tage, und in dieser Zeit langweilte sich Isa Buxhöwden im Hause Kornilow.

Am zweiten Tag machte ein von Nikolski geschickt ausgenutzter Zwischenfall ihre Hoffnungen, bei der kaiserlichen Familie zu leben, zunichte. Als sie noch in Zarskoe Selo war, hatte sich Isa einen Wintermantel aus hellgrauem Stoff mit dickem Kragen und Pelzfutter bestellt, der dem Nastinka Hendrikovas ganz ähnlich sah.

Die Wachen verwechselten die beiden Ehrendamen und berichteten dem Sowjet, Isa habe sich ohne Erlaubnis zum Zaren begeben.

Empört beschloß der Sowjet, der Baronin Buxhöwden den Zugang zur kaiserlichen Familie endgültig zu versagen und verbot ihr sogar, im Hause Kornilow zu wohnen.

Unser Unterricht mit Gilliard war hochinteressant. Wir hatten lange Gespräche in Französisch miteinander, und da niemand in unserer Umgebung diese Sprache verstand, konnten wir uns sehr frei unterhalten.

Gilliard war über die Untätigkeit der Monarchisten erbost.

»Diese Fahrlässigkeit – ich finde kein anderes Wort dafür –«, meinte er, »ist wirklich typisch russisch. Ich kann mir nicht vorstellen, daß in meinem Land so etwas in dieser Art passieren könnte. Bei uns, und seit langem schon, wäre jeder Relaiskutscher, jeder Postmeister durch einen Offizier ersetzt worden. Ihre Majestät die Kaiserin hat durchblicken lassen, daß sich in der Nähe eine monarchistische Organisation aus dreihundert Offizieren konstituiert hat. Ich frage mich, von wem sie diese Information wohl hat?«

»Ich nehme an, von diesem Priester, der das Te Deum am Ende der Weihnachtsmesse hat singen lassen«, sagte Gleb.

»Ja«, stimmte Gilliard zu, »dieser Priester hat versucht, das Vertrauen der kaiserlichen Familie etwas zu auffällig zu gewinnen. Und dennoch: Nach diesem tragischen Zwischenfall muß er von den Soldaten fast umgebracht worden sein, so daß der Erzbischof Hermogen von Tobolsk ihn in einem Kloster versteckt hält. Es ist zum Verzweifeln, wenn man sieht, wie die Situation versandet. Oberst Kobylinski ist auf unserer Seite, das ist offensichtlich, ebenso einige Soldaten, unter anderem die des 4. Schützenregiments, die nicht vergessen, daß sie den Ehrennamen ›Schützen der kaiserlichen Familie‹ tragen. Das 1. Regiment ist nicht so treu, aber nur das 2. ist offen feindselig und stark von revolutionären Ideen umgetrieben.«

Gilliard wurde nachdenklich.

»Solange sie uns aus Moskau kein neues Wachkommando auf den Hals schicken«, sagte er, »könnten die Gefangenen flüchten. In einem Monat ist es dazu wahrscheinlich zu spät. Wie man hört, sind die Bolschewiken dabei, das ganze Land in die Hände zu bekommen ...«

»Hörst du sie?« fragte mich Gleb und rückte an die Wand. »Da schreien sie wieder.«

In der Tat war der Sowjet mitten in einer Sitzung. Im Tohuwabohu der Diskussion hörten wir immer wieder das Wort »Schulterstücke«. Dieses Autoritätssymbol war in den Augen der Soldaten unerträglich geworden.

Am nächsten Morgen verkündete der Sowjet feierlich seinen Entschluß: Offiziere und Soldaten durften ab sofort keine Schulterstücke mehr an der Uniform tragen.

Oberst Kobylinski übermittelte diesen Entschluß dem Zaren und seiner Suite. Der Zar war empört und weigerte sich, dieser neuen Forderung nachzukommen. Fürst Dolgoruki war seiner Meinung. General Tatischtschew und Vater dagegen kannten die Schwierigkeiten, die Kobylinski täglich zu meistern hatte: Sie machten dem Kaiser die Bedrohung klar, die in einem Fall von Gehorsamsverweigerung auf ihrer aller Sicherheit lasten würde, und baten ihn inständig, dem Willen des Sowjets nachzukommen.

Schließlich fand der Zar eine Lösung, indem er eine Kosakenuniform anlegte, bei der das Tragen von Schulterstücken freigestellt war. Dolgoruki nahm die seinen ab. Tatischtschew trug ohnehin immer Zivil.

Vater behielt seine Schulterstücke und ging sogar weiterhin in seinem Generalsmantel ein und aus. Als ein Soldat ihn darauf ansprach, erwiderte er:

»Ich bin kein Soldat, ich bin Arzt.«

XXVII
Die Rote Armee

Ab Mitte Januar schneite es sehr stark, dann fiel das Thermometer unter minus fünfundzwanzig Grad.

Auf dem Hof begannen die Kaiserkinder mit der Errichtung eines Berges aus Eis. Die Soldaten des 4. Regimentes, die »Schützen der kaiserlichen Familie«, halfen ihnen, Schnee in Schubkarren zu transportieren. Fürst Dolgoruki und Gilliard brachten etwa dreißig Eimer Wasser, die sie über den kleinen Berg gossen, dann glätteten sie die Oberfläche mit einem Spaten.

Am nächsten Morgen machten die Großfürstinnen am Hang tolle Rutschpartien mit Schlitten, die der Kaiser und Gilliard gebastelt hatten. Es folgten erbitterte Schneeballschlachten, und der Kampf endete, indem sich die Kombattanten in einem allgemeinen Geschiebe gegenseitig in den Schnee rollten.

Wenn es nachmittags zu kalt war, spielten die Gefangenen Dame in der Wachstube, solange das 4. Regiment Dienst hatte.

Während der Zar und der Zarewitsch spielten, unterhielten sich die Großfürstinnen, insbesondere Maria und Anastasia, mit den Soldaten, stellten ihnen Fragen über ihr Heimatdorf, ihre Familie und über die Kämpfe, an denen sie während des Krieges teilgenommen hatten. Es waren zumeist Unteroffiziere, die mit dem Georgskreuz ausgezeichnet worden waren und die, Nikolskis Propaganda und der Oktoberrevolution zum Trotz, dem Kaiser und seinen Kindern zutiefst ergeben blieben.

Gleb und ich lebten weiter zu zweit und sahen Vater nur zwei oder drei Stunden am Tag, nach seinen Hausbesuchen bei den Kranken in der Stadt, die immer kräftezehrender wurden, je länger der Winter dauerte.

In unseren Zimmern konnte man sich kaum aufwärmen. Im Hause Kornilow wohnten nur Soldaten des 1. und 2. Schützenregiments: Sie waren schlecht gesonnen, auch uns gegenüber, und kümmerten sich nicht im geringsten um unser Wohlergehen.

Der Soldat, der den Auftrag hatte, den großen, die ganze Etage heizenden Kachelofen zu beschicken, war ein Militär neuester Prägung: kein schlechter Kerl, doch ohne Haltung, mit einer riesigen Pelzmütze, die er ständig aufbehielt. Er hatte seinen Vornamen französisch verfremdet und wollte nun »Georges« genannt werden: Das, fand er, klänge revolutionär. Doch bald russifizierten alle diese Namensform und nannten ihn Schorschik. Vater, der ihn zuweilen wegen eines Schnupfens oder einer Bronchitis behandelte, duzte ihn und nannte ihn bei seinem Vornamen. Wenn der Mann hereinkam, durch unser Zimmer ging und dabei mit seiner Mütze, seiner flachsblonden Haarsträhne, die ihm dauernd in die Augen fiel, und seinen abgetragenen Filzstiefeln vorüberschlurfte, rief ihm Vater zu:
»Hör zu, Schorschik! Ich möchte fast meinen, hier ist es richtig kalt. Wie wär's, wenn du ein wenig heizen würdest?«
»Nun, warum nicht! Das läßt sich machen«, erwiderte er gutmütig.
Dann hatten wir es drei oder vier Tage lang leidlich warm in unseren Zimmern.
Ende Januar 1918 erfuhren wir durch Telegramme, die auf der Straße verkauft wurden, daß ein Waffenstillstand zwischen der bolschewistischen Regierung, Österreich-Ungarn, Deutschland und Bulgarien vereinbart worden sei.
Bestimmte Jahrgänge des Heeres wurden demobilisiert, und das 4. Schützenregiment, das fast ausschließlich aus kriegsgedienten Soldaten bestand, wurde vollständig ersetzt. So verlor der Zar seine der kaiserlichen Familie ergebenen Schützen und mit ihnen wahrscheinlich auch die letzte Chance, den Bolschewiken zu entkommen.
Die Soldaten kamen, jeder einzeln, um sich von der kaiserlichen Familie zu verabschieden. Der Kaiser empfing sie, dann stieg er auf den »Eisberg«, um ihnen beim Abrücken zuzusehen.

»Gleb, schau hin! Der ›Eisberg‹ ist verschwunden.«
»Das kann nicht sein! Er kann doch nicht in einer einzigen Nacht geschmolzen sein! Hast du die Sitzung des Sowjets gestern mitge-

hört? Jedesmal, wenn sie zusammentreten, ist ein Unglück in der Luft. Ich werde mich bei Sima erkundigen.«

Gleb traute sich, von Zeit zu Zeit Sima anzusprechen. Er ging zwar nie zu ihm ins Zimmer, um dort nicht mit Soldaten zusammenzustoßen, aber er paßte ihn an der Tür ab, und Sima antwortete ihm freundlich.

Gleb wartete, bis Sima wegging, und stahl sich in den Flur. Ein paar Minuten später kam er wutentbrannt zurück: »Was habe ich dir gesagt? Die Soldaten sind abends hierhergekommen, damit niemand sie sieht, und haben den ›Eisberg‹ zerstört! Der Kaiser hat Kobylinski nach den Gründen dafür gefragt. Er hat geantwortet, gewisse Mitglieder des Sowjets hätten es als unangemessen empfunden, daß der Kaiser auf den ›Eisberg‹ gestiegen sei, um sich vom 4. Regiment zu verabschieden. Als Vorwand gaben sie an, man hätte einen Anschlag auf ihn ausüben können, denn er war in der Zeit von außen her sichtbar.«

Gleb war außer sich.

»Sie ertragen kein Zeichen der Treue! Wenn die Einwohner hier am ›Haus der Freiheit‹ vorübergehen, knien sie im Schnee und schlagen das Kreuz. Dafür rächt sich der Sowjet jetzt.«

Die Entwicklung der Lage macht Pankratow und Nikolski immer besorgter. Sie hatten Angst, von links überrollt und zu Opfern einer Revolution zu werden, die sie so heiß herbeigesehnt hatten. Trotz ihrer flammenden Reden, der endlosen Palaver, die wir während der Versammlung des Sowjets von unserem Zimmer aus mithörten, und der obligatorischen Russisch-Stunden, die sie den Schützen erteilten, wurden sie von den Soldaten am 27. Januar 1918 fortgejagt. Sie waren von der Provisorischen Regierung ernannt worden, und diese existierte jetzt nicht mehr: Mit einer gewissen Logik hatte der Sowjet beschlossen, daß es für ihre Anwesenheit keinen Grund mehr gab. Allein Kobylinski behielt, wegen seines Dienstgrades und aufgrund wahrer Kunststücke an Tapferkeit und Geschicklichkeit, einen Anschein von Autorität über die Truppe. Ein Abgesandter des Sowjets wurde nach Moskau beordert, um von den Bolschewiken Kommissare zu erbitten, die die Linie des neuen Regimes besser vertraten.

Pankratow verließ uns, ohne sich zu verabschieden, doch Nikolski erschien plötzlich in unserem Zimmer. Er trug eine riesige langhaarige Pelzmütze und einen Koffer. Er kam näher, um uns die Hand zu geben, und warf ein:

»Nie hätte ich gedacht, daß ich diese Stadt noch vor Ihnen verlassen würde!«

Zum ersten Mal traute sich Gleb, ihn anzureden:

»Was werden Sie jetzt tun?«

»Das wissen wir nicht. Wir brauchen ein abgeschiedenes Eckchen, wo wir unsere beleidigten Gefühle vor Wind und Wetter schützen können . . . «

Mit diesem Satz aus einem Stück von Gribojedow bewies Nikolski, daß er von der russischen Literatur mehr verstand als von der Kunst der Politik.

Um die unerträgliche Monotonie der tristen und endlosen Winterabende (die Nacht kam bereits gegen drei Uhr nachmittags!) zu durchbrechen, kamen die beiden Erzieher, Gibbs und Gilliard, auf die Idee, kleine Schauspiele aufzuführen, jedes in ihrer jeweiligen Muttersprache.

Außer der Kaiserin nahm jedermann daran teil. Der Zar selbst inszenierte ein Stück in russisch, in dem er die Hauptrolle spielte, und zwar die berühmte Komödie von Tschechow, »Der Bär«.

Vater weigerte sich immer zu spielen und schützte seine Hausbesuche bei den Patienten in der Stadt vor.

»Außerdem muß ja einer die Rolle des Zuschauers spielen, nicht wahr?« fügte er beschwichtigend hinzu.

Eines Abends, kurz vor dem Essen, kam Alexej Nikolajewitsch auf ihn zu.

»Jewgeni Sergejewitsch«, sagte der Zarewitsch sehr ernst, »ich möchte Sie sprechen.«

Er nahm Vater am Arm und ging mit ihm im großen Saal auf und ab.

»Ich habe eine große Bitte an Sie. Sie müßten unbedingt an einer unserer künftigen Aufführungen teilnehmen, denn darin kommt ein älterer Arzt vor. Für Sie dürfte das ganz leicht sein. Tun Sie es für mich, bitte.«

Vater hatte nicht den Mut abzulehnen, doch machten ihm die Umstände einen Strich durch die Rechnung, so daß er seinem kleinen Patienten diese letzte Freude nicht mehr machen konnte.

Am 10. Februar 1918 kam das erste konkrete Anzeichen der Existenz einer bolschewistischen Zentralregierung bis nach Tobolsk: Ein Telegramm, in dem der kaiserlichen Familie das Recht verweigert wurde, weiterhin auf Staatskosten zu leben. Nun wurde ein Betrag von sechshundert Rubeln pro Person aus dem persönlichen Vermögen der Romanows zur Verfügung gestellt, wobei die Bezahlung der Dienerschaft in dieser Summe nicht eingeschlossen war.

Die Gefangenen mußten ihren Lebensstandard, der schon recht bescheiden war, noch stärker einschränken. Von der Vorstellung ausgehend, daß alle Menschen in Rußland nunmehr Sowjets, also »Räte«, wählten, bat der Kaiser die beiden Generäle sowie Gilliard, einen Sparhaushalt aufzustellen, denn die Bewilligung der sechshundert Rubel war völlig theoretisch: Das Geld, das die kaiserliche Familie nach Tobolsk mitgenommen hatte, ging zur Neige, und alle anderen Vermögenswerte blieben in Petrograd blockiert.

»Der Sowjet des Kaisers« befand, daß die einzig mögliche Lösung darin bestand, einen Teil der Dienerschaft zu entlassen. Die Majestäten waren von diesem Beschluß sehr betroffen, und sie bestimmten, daß ein Teil der Summe, die ihnen übrigblieb, den Entlassenen zufallen sollte, damit sie etwas zum Leben hatten, ehe sie eine neue Arbeit fanden.

Nun mußten sich die Gefangenen selbst Einschränkungen auferlegen. Einige sehr teure Lebensmittel, darunter Butter, Zucker und Kaffee, wurden gestrichen. Sofort begannen Händler, Privatleute, ja sogar die Nonnen aus einem Kloster in der Nähe von Tobolsk, Lebensmittelpakete zu schicken, doch es war schwierig, sie bis zu ihren Empfängern durchzuschleusen, denn die Wachen wurden immer mißtrauischer und arroganter. Die Lebensmittel kamen eher schlecht als recht, irgendwie, in kleinen Mengen, in den Taschen und unter dem Mantel meines Vaters, Doktor Derewenkos und manchmal Kobylinskis an. Nur die Nonnen, die zum Singen während der Messe zugelassen waren, hatten Gelegenheit, größere Lebensmittelmengen unter ihren bauschigen Gewändern einzuschmuggeln.

Unter den Einwohnern von Tobolsk, die auf diese Weise ihre Anhänglichkeit dem Zaren gegenüber bewiesen, befand sich eine reiche Kaufmannsfamilie, die jede Gelegenheit nutzte, um dem Kaiser Lebensmittel zukommen zu lassen.

Ihr Sohn kam häufiger zu uns, jedesmal schwer bepackt. Es war ein sehr junger, aber derart grotesk aussehender Offizier, daß Gleb, wenn er ihn sah, seine Heiterkeit nur schwer unterdrücken konnte. Sein Gesicht war von hartnäckigen Pickeln übersät und von einem blonden und krausen Schopf gekrönt, den er immer wie ein Bauer in Sonntagslaune kämmte. Sehr selbstsicher erklärte mir der junge Mann wiederholt und gestikulierend, er sei das Haupt einer bedeutenden monarchistischen Organisation.

»Ich bin gerade dabei, eine Verschwörung zu organisieren mit dem Ziel, die kaiserliche Familie zu befreien«, erklärte er mir einmal und flüsterte dabei wie ein Geheimbündler. Ich konnte nicht umhin, ihm meine Zweifel in bezug auf den Erfolg eines solchen Unternehmens darzulegen.

»Wie, Tatjana Jewgejewna, Sie glauben mir also nicht!« rief er aus und fuchtelte mit den Armen wie eine Windmühle. »Niemand hat bisher an meinem Organisationstalent gezweifelt. So wie ich vor Ihnen stehe, bin ich der geborene Organisator!«

Diese Angebereien erschienen mir so komisch, daß ich ihn bald den »Organisator« nannte; wenn alle Tobolsker Monarchisten vom selben Kaliber waren, hatten wir nur wenig Grund, noch etwas von der Außenwelt zu erwarten.

Nach den Nachrichten zu urteilen, die wir aus Petrograd und Moskau bekamen, gewannen wir den Eindruck, daß Rußland allmählich im Chaos versank.

Der Friede von Brest-Litwosk war unterzeichnet worden. In Wahrheit handelte es sich um eine echte Kapitulation der bolschewistischen Regierung vor dem Feind: Rußland hatte sehr wohl den Krieg verloren und seine Verbündeten verraten.

Vater erzählte uns von der Niedergeschlagenheit der Majestäten. Als man dem Kaiser die Nachricht überbrachte, sagte er mit kaum hörbarer Stimme:

»Mein Gott, was haben sie aus unserem geliebten Rußland gemacht?« Fürst Dolgoruki ließ durchblicken, die Deutschen hätten die Auslieferung des Kaisers und seiner Familie – gesund und unversehrt – verlangt. Doch dieses Ansinnen rief bei den Majestäten nur Empörung hervor. Der Kaiser betrachtete diesen Vorschlag als eine Beleidigung, und die Kaiserin hatte hinzugefügt: »Besser in Rußland zu sterben, als von den Deutschen gerettet zu werden.«

Welches Schicksal würde die kaiserliche Familie ereilen? Niemand traute sich, diese Frage zu erörtern, doch ging sie uns nicht aus dem Sinn.

Am 13. März 1918, einem schönen sonnigen Tag, der den Frühling einleitete, fuhren Schlitten mit lautem Hufschlag und schrillen Glöckchen in voller Geschwindigkeit unsere Straße herunter. In jedem davon saßen Soldaten mit roten Kokarden an ihren Pelzmützen. Das war die Rote-Armee-Abteilung, deren Ankunft wir so befürchtet hatten.

Etwas früher als sonst kam Vater in Begleitung des »Organisators« nach Hause. Nachdem er zwei gefrorene, nahezu einen Meter lange Fische auf unseren Kaminsims gelegt hatte (es waren sogenannte »Nawaga«, die sehr beliebt und eigentlich für die kaiserliche Familie bestimmt waren), nahm uns der »Organisator« beiseite und erzählte uns auch von der Ankunft einer Abteilung der Roten Armee.

»Macht euch aber keine Sorgen. Diese Abteilung kommt aus der Stadt Omsk und wird von einem jungen Offizier namens Degtjarew kommandiert, der aus Tobolsk gebürtig ist. Es ist ein Angehöriger der Familie des ehemaligen Gouverneurs und einer meiner Freunde.«

Der »Organisator« war sehr erregt und ging ständig hin und her. Mit einer ungeschickten Bewegung fegte er einen der »Nawaga« herunter, der sofort entzweibrach.

»Sie werden sehen«, fuhr er keuchend fort, »es sind alles getarnte Monarchisten! Wenn mein Freund an der Spitze ist, haben wir gewonnen! Mit Hilfe meiner Organisation, mit lauter Offizieren und ehemaligen Frontsoldaten, wird alles wie geschmiert gehen.«

»Sind Sie sich Ihrer Sache wirklich sicher?« fragte Gleb etwas skeptisch. »Seit zwei Tagen ist ein bolschewistischer Kommissar hier am Platze. Er heißt Dutzmann und wurde zum Kommissar für die kaiserliche Familie ernannt.«

»Ich sage Ihnen, wir haben es geschafft«, erwiderte der »Organisator« und plusterte sich auf. »Das einzig Unangenehme ist, daß der Stellvertreter meines Freundes, Demjanow, für seine revolutionären Überzeugungen bekannt ist. Wir werden ihn uns im passenden Moment vom Halse schaffen. Machen Sie sich keine Gedanken.«

Abends teilte die Kaiserin, die durch ihre Diener von der Ankunft der Roten Armee erfahren hatte, meinem Vater im Vertrauen mit, daß in Tjumen, unweit von Tobolsk, dreihundert Offiziere bereitstünden, um den Zaren zu befreien. Das schien die Angaben des »Organisators« zu bestätigen, doch wollte sie nicht preisgeben, von wem sie diese Information hatte.

Einige Tage verstrichen ohne nennenswerte Zwischenfälle. Die Bolschewiken zeigten keinerlei Feindseligkeiten gegenüber der kaiserlichen Familie und schienen eher damit befaßt zu sein, die Stadt mit einem Netz revolutionärer Institutionen zu überziehen. Dutzmann, der behauptete, Kommissar für die Stadt Omsk zu sein, hatte Pankratows Platz bei den Gefangenen eingenommen. Der Tobolsker Stadtsowjet wurde völlig neu besetzt, und ein ehemaliger Matrose, Pawel Chochrjakow wurde anstelle von Nikolski an dessen Spitze ernannt. Die Abteilung benahm sich diszipliniert, nahm keinerlei Durchsuchungen vor, und einer der Kommandeure, Degtjarew, war tatsächlich in Tobolsk für seine monarchistischen Überzeugungen bekannt. Wir schöpften wieder Hoffnung.

Eines Abends, Vater war schon zu Hause, nahmen wir eine ungewöhnliche Unruhe im Hause und auf der Straße wahr. Trotz vorgerückter Stunde trat unser Soldatensowjet zusammen.

Er tagte diesmal nicht lange. Der Beschluß wurde offenbar einstimmig gefaßt. Bald hörten wir, wie die Schützen die Treppen hinunterrasten. Gleb sah auf dem Korridor, wie Sima, die Arme voller Gewehre, aus seinem Zimmer trat.

Durch einen Spalt in den Gardinen sahen wir, wie Sima die Gewehre an die Schützen verteilte, die im »Haus der Freiheit« in Stellung gingen. Dann kamen in aller Eile Droschken an, voll mit Soldaten beladen, die wahrscheinlich in der Stadt Ausgang hatten.

Am nächsten Morgen, nach seinem Besuch bei der Kaiserin, erklärte mir Vater, daß die kaiserliche Familie die Nacht nicht geschlafen hatte. Die Rote-Armee-Abteilung mit Demjanow an der Spitze hatte eine Durchsuchung vornehmen wollen. Unser Soldatensowjet hatte sich dagegen ausgesprochen. Die Diskussion hatte die ganze Nacht gedauert. Auf Befehl von Kobylinski waren schwerbewaffnete Schützen und Maschinengewehre rund ums Haus postiert worden, um jeden Eindringling abzuwehren, so daß Demjanow nur bis in den Hof gekommen war.

Am nächsten Tag nahm Dutzmann, der Kommissar, die Situation wieder in die Hand. Er erklärte, die Rote Armee habe lediglich die Wach- und Verteidigungsbereitschaft testen wollen. Den Soldaten gegenüber zeigte er seine Vollmachten, die ihm das Recht gaben, innerhalb von vierundzwanzig Stunden und ohne Gerichtsurteil jeden erschießen zu lassen, der sich seinen Befehlen widersetzen sollte: Im Gegensatz zu Kerenski setzten die Bolschewiken nicht auf Reden, um die Sowjets zu beeinflussen . . .

Dann teilte Dutzmann mit, nun würde er selber beide Häuser durchsuchen. Diesmal hatten die Schützen nichts einzuwenden.

Als unser Zimmer an der Reihe war, blieb Dutzmann an der Schwelle stehen, musterte uns, Gleb und mich, nur kurz und zog sich wortlos wieder zurück. Es war ein Lette, der denjenigen sehr ähnlich sah, die ich im Krankenhaus kennengelernt hatte: Blond, helle, von schweren Lidern beschattete Augen mit ausdruckslosem Blick, ziemlich regelmäßige Gesichtszüge. In seiner marineblauen Uniform nach der Art, wie Flieger sie trugen, sah er sogar fast elegant aus.

Ungefähr zur gleichen Zeit bekam Vater einen Brief von Konstantin Melnik. Der ehemalige sibirische Schützenleutnant teilte uns mit, daß er nicht habe schreiben können, weil er krank gewesen sei. Er hoffe, Krasnojarsk zu verlassen und in Tobolsk zu uns zu stoßen, sobald die Flüsse wieder schiffbar seien.

»Ich glaube nicht an diese Krankheit«, meinte Vater zu mir. »Ihm ist wahrscheinlich etwas Schlimmes zugestoßen. Immerhin, wenn er schreiben kann, heißt das, er ist frei. Doch die Flußschiffahrt fängt frühestens in zwei Monaten wieder an, und ich frage mich, ob wir noch hier sein werden.«

Vater schien wesentlich besorgter als sonst zu sein. Er schaute mich eine ganze Weile an, ohne ein Wort zu sagen, dann fuhr er fort, langsam und jedes Wort betonend:

»Sollte ich dem Kaiser an einen neuen Bestimmungsort folgen, so daß du hier bleiben müßtest, bitte ich dich, auf jeden Fall Konstantin Melnik zu heiraten. Er ist ein außergewöhnlicher Mensch. Wenn ich von dir getrennt werde, wäre ich ruhiger, wüßte ich dich unter seiner Obhut.«

Offensichtlich von bestimmten Gedankengängen verstört, hatte Vater den Blick von mir abgewandt. Den Brief Melniks drehte er in seinen Händen.

Ich fiel aus allen Wolken. Melnik heiraten! Ich sah ihn als einen intelligenten Bekannten an, sicherlich Vater gegenüber verpflichtet, doch an mich hatte er nie das geringste zärtliche Wort gerichtet . . .

»Melnik ist überhaupt nicht in mich verliebt und ist es nie gewesen«, versuchte ich einzuwenden.

»Ich denke doch«, erwiderte Vater und räusperte sich mühsam. »Er hat von dir in sehr schmeichelhafter Weise gesprochen. Ich bin sicher, daß er sehr an dir hängt. Ich verlange kein Versprechen von dir, doch wenn er dich heiraten will, lehne nicht ab, nimm ihn zum Mann.«

Vaters Blick war so voller Traurigkeit, daß mich plötzlich eine unheimliche Vorahnung befiel. Er redete wie jemand, der an der Schwelle zum Tode steht . . .

Brief Doktor Botkins an seinen Bruder Peter in Lissabon[1]

Tobolsk, den 12. Dezember 1917:

»Mein lieber Bruder und Freund,

Angesichts der Umstände sind meine Gedanken und meine Hände wie gelähmt. Du wirst einsehen, daß es schwer ist, etwas zu unternehmen, was keine Chance auf Erfolg hat. Das soll dir mein Schweigen verständlich machen, trotz meines brennenden Wunsches, mit dir zu kommunizieren . . . Doch heute, am Todestag unseres Vaters, kann ich dem Wunsch nicht mehr widerstehen, mit dir zu sprechen. Ohne jedoch die geringste Hoffnung zu nähren, diese Zeilen könnten eines Tages bis zu dir gelangen . . .

Wir sind hier wie in der Arche Noah während der Sintflut. Wenn unser Schiff nicht zerschlagen und von den Fluten verschlungen wird, wenn es durch Zufall der allgemeinen Zerstörung entkommen und unter einem Felsen so lange Schutz finden kann, bis dieser Weltensturm zu Ende ist, dann werden wir erst mit dem allgemeinen Chaos zurechtkommen und in dem, was uns passiert ist, mehr oder weniger wieder klarsehen.

Werde ich diesen Tag noch erleben? Wer könnte das sagen? Was wissen wir davon? Ich werde diesen Brief der Post anvertrauen, ihn in den Postkasten vor meinem Haus werfen, mit dem Gefühl eines Schiffbrüchigen, der eine Flasche mit seinem letzten Gruß an die Heimat und an seine Nächsten ins Meer wirft. Wer ertrinkt, weiß nicht, ob diese Flasche je aus dem Meer gefischt wird und ob die Botschaft darin je diejenigen erreichen wird, denen sie gilt; er kann nicht damit rechnen, dennoch tut er es, weil er das geistige Bedürfnis hat, sich im letzten Moment seines Lebens den Seinen mitzuteilen; er weiß aber, daß das der einzig ihm verbleibende Weg ist, auf dem der Schrei aus der Seele sein Ziel zu erreichen vermag . . .

Bis Petrograd wird dieser Brief wahrscheinlich, wie die meisten, die wir schreiben, dank der Aufopferung unserer Postbeamten

---

[1] Dieser Brief wurde erst im März 1918 zu Ende geschrieben und kam im Juli 1919, also ein Jahr nach Botkins Tod, in Portugal an.

normal ankommen; danach jedoch ist er wie die Flasche des Schiffbrüchigen auf den Wellen einer stürmischen See . . .

Trotz der Briefe einiger in Petrograd verbliebener Freunde, trotz der Zeitungen, die uns zuweilen von dort erreichen, trotz der Telegramme, die wir zu lesen kriegen, bekommen wir doch kein klares Bild der Lage in der ehemaligen Hautpstadt des ehemaligen russischen Reiches. Die Zeitungen bringen tendenziöse, nicht stimmige und zudem völlig überholte Berichte, unsere Freunde halten sich ihrerseits selbstverständlich außerhalb des gegenwärtigen politischen Geschehens und sind kaum besser informiert als wir; die Telegramme sind unklar und häufig widersprüchlich. Inzwischen überstürzen sich die Ereignisse mit rasender Geschwindigkeit, wie bei einem Schneesturm.

Was am Tag, an dem es in Petrograd gedruckt wird, wahr erscheinen mag, wird dementiert oder erneut bestätigt oder zwischenzeitlich abgeändert, und so weiter. Es geschieht Unglaubliches. Ich begreife wohl, daß es für dich peinlich sein muß, von weitem die Todeszuckungen zu beobachten, die dem endgültigen Sterben unseres Vaterlandes vorangehen, doch bin ich froh, daß du nicht hier bist, ich freue mich, dich in deinem sicheren Nest in Lissabon zu wissen und daß du in Verhältnissen lebst, von denen wir, die armen hier verbliebenen Söhne Rußlands, nicht einmal träumen können.

Unsere Seelen sind so zermartert, daß sie manchmal aufhören zu reagieren. Nichts erstaunt uns mehr, nichts kann uns noch trauriger machen. Wir sehen wie geprügelte Hunde aus, unterwürfig, gehorsam und zu allem, auch zum Schlimmsten, bereit. Man könnte meinen, eine Apathie, eine Art von Neurasthenie habe uns in diesen Zustand der Ermattung, der bloß kontemplativen Gleichgültigkeit geführt.

Gleichgültigkeit! Begreifst du, wie teuer wir für diese scheinbare Gleichgültigkeit zahlen müssen? Welche Einübung, welche Leistung an Geduld, Kaltblütigkeit, Selbstbeherrschung, Standhaftigkeit und Resignation müssen wir hier alle aufbringen, zu der noch unser Generalpardon hinzukommt . . .

Ganz zu Beginn des Krieges, als ich bereits zwei meiner Söhne geopfert hatte, verstand ich, daß ich in diesem Leben keine Ruhe mehr finden würde, doch hatte man noch Hoffnungen, und was für welche! Jetzt bleibt nur noch eine, die Hoffnung auf Gottes große Barmherzigkeit. Wir leben in einem permanenten Angstzustand. Wo sie sich auch befinden mögen, ist man immer um seine Angehörigen, seine Freunde in Sorge; aber wenn sie sich in diesem Land befinden, sind sie wirklich in Gefahr, in großer Gefahr . . . Die Tatsache, daß sie aus jeder politischen Aktivität heraus sind, nimmt sie davon nicht aus . . . Ich wurde im Leben verwöhnt, mir wurde so viel Sympathie bekundet, so daß ich zum Schluß eine Unmenge von Freunden besaß; nun blutet mir das Herz ihretwegen, die da leiden und ihr Leben aufs Spiel setzen. Zumindest ist hier, Gott sei gelobt, alles still und friedlich. Seit fünf Monaten leben wir unter dem Segen des Herrn. Ich habe das Glück, zwei Räume mit meiner Tochter Tanja und meinem Sohn Gleb zu teilen. Die Zimmer sind im Winter ziemlich kalt, doch hat es den Kindern nichts ausgemacht. Die Kinder sind erst seit September hier. Solange ich allein war, fühlte ich mich sehr unglücklich. Ich wußte nicht, wohin ich ging und was mich erwartete, war sogar verpflichtet, eine eventuelle Abreise geheimzuhalten, da konnte ich natürlich meine Tochter nicht mit mir nehmen, mußte mich von ihr trennen und sie allein in Zarskoe Selo zurücklassen . . .

Tobolsk, den 20. März/2. April 1918

Sieh, lieber Bruder, wieviel Zeit seit Beginn dieses Briefes vergangen ist . . . Wenn ich Zeit gehabt hätte, alles, was ich für dich schon zu Papier gebracht hatte, wieder durchzulesen, hätte ich diesen Brief schon längst abgeschickt, doch hatte ich hierzu weder die Zeit noch die Kraft.

Ich verbringe ganze Tage damit, Krankenbesuche zu machen, denn ich verweigere niemandem meine Hilfe. Nur, ich kann sie nicht daheim empfangen, denn, wie schon gesagt, wir leben zu dritt in zwei Zimmern. Meines teile ich mit meinem Sohn. Die Arbeit als Arzt gefällt mir leidenschaftlich gut, sie packt mich um so mehr, als ich das volle Vertrauen der hiesigen Bevölkerung genieße; diese Menschen sind sympathisch, einfach und sehr herzlich. Diese Arbeit gibt mir auch die Kraft, die notwendig ist, um die Prüfungen, die man für uns bestimmt hat, zu ertragen. Die Sintflut hält weiter an. Doch manchmal hat man den Eindruck, als würde die Arche Noah standhalten . . .

Ich umarme dich, mein lieber guter Freund, dich und deine liebe Fanny. Wir küssen euch alle drei zusammen sehr lieb und von ganzem Herzen.

Gott möge euch schützen und segnen.

Dein dich zärtlich liebender Bruder,

Jewgeni.

P.S.: Wir haben schon Frühling, einen herrlichen Frühling. Ich stehe vor offenem Fenster, man kann tagsüber sogar ohne Mantel ausgehen.«

XXVIII
Der Tschekist

Wie befürchtet, erwies sich die vom »Organisator« eingefädelte Verschwörung als eine armselige Chimäre: die Rote-Armee-Abteilung zeigte keinerlei konterrevolutionäre Anwandlungen, und wenn Degtjarew in seinen jungen Jahren Monarchist gewesen war, so hatte er es gründlich vergessen.

Kobylinski hatte seinerseits die größten Schwierigkeiten, unter unseren Bewachern ein Mindestmaß an Disziplin aufrechtzuerhalten.

Die Soldaten verloren immer mehr den Anstand, verweigerten den Gehorsam, verließen ihren Wachposten, um in ihren warmen Stuben endlose Damepartien zu spielen.

Eines Abends veranstalteten sie in einem Souterrain des Hauses Kornilow ein riesiges Saufgelage, das mich nicht schlafen ließ. Ich hörte Gesang, Geschrei, Stiefelschlagen und von Zeit zu Zeit das dumpfe, klatschende Geräusch eines Körpers, der, stockbesoffen, einfach umfiel. Manchmal, mitten im Gebrüll, knallten Gewehrschüsse, die aus den Fenstern abgefeuert wurden. Weder Sima noch Kommissar Dutzmann, die beide in unserem Flur wohnten, rührten sich. Wahrscheinlich fürchteten sie sich vor der Wut der Betrunkenen.

Völlig entnervt suchte Kobylinski den Kaiser auf und bat ihn um seine Ablösung: Sima oder Malyschew sollten ihn ersetzen. Letzterer, ein Schützenoffizier aus Tobolsk, hatte sich gegenüber den Gefangenen auffallend human erwiesen. Doch hatte der Kaiser völlig begriffen, mit welchen Problemen Kobylinski seit der Ankunft der Roten Armee konfrontiert war, wenn es darum ging, unter den Wachmannschaften Ordnung herzustellen.

»Herr Oberst«, sagte er zu ihm und legte ihm die Hände auf die Schultern, »Sie sind meine beste Stütze. Bitte, bleiben Sie.«

Kobylinski blieb.

Der zweite Kommissar, der Nikolski bei der kaiserlichen Familie ersetzen sollte, kam zum Schluß doch noch an.

Er hieß Pawel Matwejew. Von unangenehmem Äußeren sah er, vom Typ her Mongole, so grausam aus, daß es einem kalt den Rücken herunterlief. Man munkelte, er sei in Anerkennung seines revolutionären Eifers von Lenin persönlich zum Offizier befördert worden.

Entgegen unseren Befürchtungen zeigte er keinerlei Feindseligkeit gegenüber den Gefangenen. Bei seiner Ankunft in Tobolsk fand er sich bei den Lehrern des Gymnasiums ein, um seine Bildung zu vervollkommnen, und durch die halboffene Tür seines Zimmers konnte ich auf dem Tisch ganze Bücherstöße und einen Globus erblicken.

In seiner ersten Anordnung verfügte er die Zusammenlegung der gesamten Suite mit der kaiserlichen Familie in einem Haus, das heißt, die Generale Tatischtschew und Dolgoruki, der Englischlehrer Sidney Gibbs, Nastinka Hendrikova und Fräulein Schneider zusammen mit zwei Kammerzofen.

Das »Haus der Freiheit« war jedoch nicht geräumig genug, um all diese Leute unterzubringen. Es mußten Trennwände zusätzlich gezogen werden, und beide Generäle mußten ein und dasselbe Zimmer teilen, was ihren Angewohnheiten als eingefleischten Junggesellen hart zuwiderlief. Gibbs seinerseits weigerte sich in aller Form umzuziehen, solange er nicht über ein eigenes Zimmer verfügte. Er bekam schließlich, was er wollte: Nur für ihn als britischen Untertan wurde zusätzlich ein Holzanbau direkt am Haupthaus errichtet.

Matwejew teilte uns mit, daß ein dritter Kommissar aus Moskau eintreffen würde, um einen Sonderauftrag auszuführen, der streng geheim bleiben mußte. Vater erwartete nichts Gutes von seiner Ankunft, und wir waren schon sehr verängstigt, als ein neues Drama unser Leben noch zusätzlich belastete. Ende März bekam Alexej Nikolajewitsch wieder einen schlimmen Hämophilieanfall.

Beim Spielen auf einer improvisierten Schaukel – ein einfaches Holzbrett über einem Baumstamm – hatte der Zarewitsch das Gleichgewicht verloren und war so unglücklich gestürzt, daß ein schlimmer Bluterguß die Folge war.

Bis dahin hatte der Zarewitsch die Prüfungen des Exils recht gut ertragen und sich über den plötzlichen Wandel in seinem Leben nie beklagt. Oft hatte ich ihn von meinem Fenster beim Spiel im palisadenumstandenen Hof beobachtet, fröhlich lachend, wie alle Kinder der Welt, glücklich, sich auszutoben.

Sein Rückfall ereilte uns im denkbar ungünstigsten Augenblick: Der kleine Zarewitsch war jetzt an beiden Beinen gelähmt und somit nicht transportfähig. Von nun an war jede Hoffnung, den Zaren und seine Familie doch noch entkommen zu lassen, vergeblich.

Der von Moskau entsandte Kommissar kam in Tobolsk am 9. April 1918 an.

Er kam schon am Tag darauf ins Haus der Gefangenen, später auch bei uns vorbei.

Er hieß Jakowlew. Es war ein gutaussehender Mann, mit den feinen Gesichtszügen eines Intellektuellen. Seine Manieren verrieten Diskretion und Höflichkeit, doch sein Gesicht war undurchdringlich und ließ in keiner Weise auf seine Absichten schließen. Seltsamerweise trug er zu Hause eine Matrosenjacke, zum Ausgehen jedoch zog er eine Infanterieuniform an: einen dicken »tulup« mit der traditionellen Pelzmütze.

Als Vater abends vom »Haus der Freiheit« heimkam, sah ich sofort an seinem verstörten Gesichtsausdruck, daß er eine schlimme Nachricht für uns hatte.

Mit tonloser Stimme teilte er uns mit:

»Jakowlew hat mich gefragt, ob der Zarewitsch transportfähig ist . . . Ich glaube, er hat den Auftrag, den Zaren von hier wegzubringen.«

Am nächsten Tag, dem 11. April, verzichtete Vater auf seine Krankenbesuche in der Stadt. Der Soldatensowjet der Sonderabteilung tagte seit dem frühen Morgen in Anwesenheit von Jakowlew, Kobylinski, Matwejew und Degtjarew, und die Debatte war stürmisch. Seit dem 1. April war eine ziemlich starke Abteilung der Roten Garde aus Jekaterinburg eingetroffen, und ihr Kommandeur, Saslawski, stiftete Unruhe unter den Schützen. Wie versteinert hörten wir uns sein Geschrei an:

»Die Gefangenen werden ausbrechen!« brüllte Saslawski. »Die Laufgräben für ihre Flucht sind schon gegraben! Sie müssen im Tobolsker Gefängnis eingesperrt werden!«

»Sie stiften hier nur Verwirrung!« empörte sich Degtjarew. »Es sind alles falsche Gerüchte!«

Der Ton wurde schrill, Jakowlew versuchte, die Geister zu besänftigen, und setzte sich für Abwarten und Ruhebewahren ein. Saslawski hatte zum Schluß alle Mitglieder des Sowjets gegen sich und mußte unter Buh-Rufen aus dem Saal.

Am selben Abend noch berief Jakowlew wieder den Schützensowjet ein, diesmal jedoch in Kobylinskis Abwesenheit. Er zeigte die Sonderaufträge, mit denen er betraut war und die ihm die Aufgabe zuwiesen, die kaiserliche Familie nach Moskau zu verlegen. Stark beeindruckt, erhob der Sowjet keinerlei Einwände.

Am 12. April, um 14 Uhr, erbat Jakowlew eine Audienz beim Kaiser:

»Ich muß Ihnen sagen, daß ich als außerordentlicher Gesandter von der Zentralkommission aus Moskau geschickt worden bin, um die ganze kaiserliche Familie von hier fortzubringen. Aber da Alexej krank ist, habe ich einen zweiten Auftrag erhalten, und zwar, allein mit Ihnen abzureisen.«

Der Kaiser antwortete: »Ich werde nicht abreisen.«

»Ich bitte Sie, nicht abzulehnen«, fuhr Jakowlew fort. »Ich muß die gegebenen Aufträge ausführen. Wenn Sie sich weigern, zu reisen, muß ich entweder Gewalt anwenden oder auf meine Mission verzichten. Vielleicht schickt man Ihnen dann an meiner Stelle jemanden, der weniger menschlich denkt als ich. Sie dürfen beruhigt sein, ich bürge mit meinem Kopf für Ihr Leben. Wenn Sie nicht allein reisen wollen, können Sie die Reisegefährten, die Ihnen belieben, aussuchen.«[1]

Am Nachmittag packte Vater sorgenvoll ein paar Medikamente, ein wenig Wäsche und Toilettensachen in eine Reisetasche zusammen.

---

[1] Sokolow, a. a. O., S. 76

»Ich muß zur kaiserlichen Familie zurück«, sagte er uns.

Er küßte uns und gab uns seinen Segen.

Kaum war er draußen, stürzte ich ans Fenster und sah, wie er vorsichtig über die schlammige Straße ging und jede Pfütze dabei sorgfältig vermied.

Am 12. April gegen 7 Uhr abends kam Fräulein Bitner überstürzt zu uns herein. Sie war außer Atem und schien völlig durcheinander zu sein.

»Ich bin gekommen, um euch unter dem Siegel der größten Geheimhaltung zu sagen, daß Jakowlew heute nacht Nikolaj Alexandrowitsch und Alexandra Fjodorowna wegbringen wird. Der Sowjet hat verlangt, daß acht Soldaten und Matwejew mitgehen sollen. Euer Vater begleitet sie zusammen mit Fürst Dolgoruki. Wenn ihr ihm noch zusätzlich Sachen mit auf die Reise geben wollt, macht einen Koffer fertig, Oberst Kobylinski wird einen Soldaten vorbeischicken, der ihn abholt.«

Wir bedankten uns wärmstens bei Fräulein Bitner und packten in aller Eile einige Sachen zusammen. Kurz danach brachte uns Nagorny, der Matrose im persönlichen Dienst des Zarewitsch, einen Abschiedsbrief von unserem Vater. Das offene Gesicht dieses blonden Riesen mit dem ehrlichen Blick gab uns etwas Trost mitten in diesem entfesselten Sturm. Er kündigte uns an, er würde in einer halben Stunde wieder vorbeikommen und die Antwort abholen.

Vaters Brief war kurz, doch voller Zärtlichkeit. Er fragte uns, ob wir, sollte die Reise für ihn ins Ausland gehen, später nachkommen möchten.

Ich antwortete, ich sei bereit, ihm überall auf der Welt zu folgen, doch ließ Gleb seinen Wunsch anklingen, in Rußland zu bleiben: Zu diesem Zeitpunkt begann er, ernsthaft an einen Eintritt in einen geistlichen Orden zu denken.

Als Nagorny mit unserer Antwort wieder weg war und ein Soldat den Koffer für Vater mitgenommen hatte, blieb ich allein mit Gleb im Zimmer. Unsere Trauer war so groß, daß wir nicht einmal zu sprechen vermochten.

Der Befehl zur Abfahrt verstörte die Kaiserin vollständig:
»Die Kaiserin«, sagte Gilliard später aus, »befand sich mit Tatjana in ihrem Boudoir. Sie war so verstört, wie ich sie noch nie
gesehen habe, nicht einmal in Spala während der Krankheit von
Alexej, und auch nicht, als sie die Abdankung des Kaisers erfuhr.
Sie konnte nicht eine Minute Ruhe finden. Mit gerungenen Händen ging sie auf und ab.
›Der Kaiser geht fort‹, sagte sie. ›In der Nacht will man ihn allein
fortbringen. Das darf nicht geschehen. In einem solchen Augenblick kann ich ihn nicht verlassen . . . Man kämpft zu zweien
besser. Zu zweien erträgt man besser ein Martyrium. Aber ich
kann Alexej auch nicht verlassen! Er ist zu krank, er braucht
mich. Was wird ohne mich aus ihm werden?‹
Sie, die sonst kaum fünf Minuten stehen konnte, lief im Zimmer
hin und her. Wieder sagte sie: ›Er darf nicht abreisen . . . Wenn
ein Wunder nötig ist, wird auch eines geschehen.‹ Alle schwiegen
ergriffen, und dann sagte Tatjana: ›Aber Mama, für den Fall, daß
kein Hindernis Papas Reise verzögert, muß man doch etwas
beschließen.‹ Die Kaiserin antwortete eine Weile nicht . . . Sie litt
grausam . . . Ich erinnere mich genau an die Worte, die sie dann
aussprach: ›Zum ersten Mal in meinem Leben weiß ich nicht, wie
ich handeln soll. Bis jetzt hat mir Gott immer den Weg gezeigt.
Heute aber erhalte ich kein Zeichen von ihm.‹ Plötzlich rief sie:
›Mein Entschluß ist gefaßt! Meine Pflicht ist, mit ihm zu
reisen!‹ . . .[2]
Als Vater den Majestäten seinen Entschluß mitteilte, ihnen ins
neue Exil zu folgen, hielt sich der Kaiser nicht mehr zurück und
spontan einer Bewegung tiefen Mitgefühls folgend, nahm er Vaters Hand:
»Aber Ihre Kinder werden allein zurückbleiben! Was wird aus
ihnen?«
Er wußte, daß wir niemanden mehr zu unserem Schutz in dieser
gottverlassenen sibirischen Stadt hatten, die nunmehr in den
Händen der Bolschewiken lag.

---

[2] Sokolow, a. a. O., S. 78–79.

»Majestät«, hatte Vater geantwortet, »meine Pflicht Ihnen gegenüber kommt zuallererst.«

Als alle Entscheidungen getroffen waren, versammelte sich die kaiserliche Familie und ihre Suite zum abendlichen Tee. Die Großfürstin Maria, die schon in den unheimlichen Revolutionsnächten ihren Mut unter Beweis gestellt hatte, war ausgewählt worden, ihre Eltern zu begleiten. Olga Nikolajewna, gesundheitlich nicht auf der Höhe, und Tatjana Nikolajewna blieben in Tobolsk zurück, um mit Anastasia, die immer noch, trotz ihrer siebzehn Jahre, als Kind galt, auf den kranken Zarewitsch aufzupassen. Außer Vater gingen mit den Majestäten mit: General Dolgoruki, die Diener Tschemodurow und Sjednjew sowie die Kammerzofe Anna Demidowa.

Der Kaiser war, wie üblich, völlig ruhig und zeigte sich äußerst liebenswürdig seiner Umgebung gegenüber. Die Kaiserin beherrschte ihren Schmerz und trug einen resignierten und doch fast heiteren Gesichtsausdruck zur Schau. Die Großfürstinnen hatten verweinte Augen.

Gegen Mitternacht nahmen die Majestäten und die Großfürstin Maria Abschied von der ganzen Dienerschaft. Die Kaiserin umarmte die Frauen, der Kaiser die Männer. Fast alle weinten, dann begaben sich die Gefangenen in das Zimmer des Zarewitsch zum letzten Abschiedskuß. Das Kind schlief und wurde nicht geweckt.

Die ganze Nacht blieb ich unbeweglich am Fenster stehen und beobachtete das Haus gegenüber.

Gegen 2 Uhr nachts kamen die Kutscher allmählich zusammen. Schatten huschten um die Gespanne, berittene Soldaten sprengten im Hof hin und her, wahrscheinlich Angehörige von Jakowlews Eskorte.

Der Tag brach an. Hinter der Palisade sah ich jetzt deutlich die »Tarantasse«, jene großrädrigen, ungefederten Reisewagen, die, mit Pferden schon bespannt, warteten. Kobylinski überwachte die Operation. Berittene Soldaten, dann Wachmannschaften traten auf der Straße vor dem Haus zusammen. Auf ein Zeichen von Jakowlew nahmen die Kutscher vor der Freitreppe Aufstellung, während die Wachen und die Bedienten nach den Anweisungen des alten kaiserlichen Kammerdieners Tschemodurow das Gepäck aufluden.

Vater trat als erster auf den Hof. Statt des üblichen Pelzmantels trug er einen kurzen »tulup«, der Fürst Dolgoruki gehörte.

Gegen fünf Uhr früh erschienen die Majestäten, die Großfürstinnen, die Suite und die Dienerschaft auf der Freitreppe. Die Sonne schien schon hell, und der Tag versprach, wunderschön zu werden.

Jeder stieg in den »Tarantas« ein, den ihm Jakowlew anwies. Der Zug setzte sich langsam in Bewegung, fuhr durch das Tor hinaus auf die Straße und an unserem Haus, genau unter meinem Fenster vorbei.

Im ersten Wagen befanden sich Jakowlew und der Kaiser. Beide Männer unterhielten sich in aller Ruhe. Der Zar trug denselben Anzug wie bei seinen Spaziergängen im Hof, eine Mütze und einen schlichten Stoffmantel.

Im folgenden Wagen erkannte ich die Kaiserin und die Großfürstin Maria, die sich, kälteempfindlich wie sie waren, in Vaters weiten Pelzmantel eingerollt hatten.

Dann kam der »Tarantas« mit Vater und Fürst Dolgoruki. Als er an meinem Fenster vorbeifuhr, sah mich Vater. Er nahm die Mütze ab und schlug mehrfach das Kreuzzeichen in meine Richtung.

Der ganze Zug wurde von Berittenen der Roten Armee, alle mit Gewehren bewaffnet, eskortiert.

Als der letzte Wagen verschwunden war, wandte ich meinen Blick zum Haus gegenüber. Dort, auf den letzten Stufen der Freitreppe, standen die drei Großfürstinnen unbeweglich in ihren weiten grauen Kleidern. Sie schauten noch eine Weile in die Richtung der Wagenkolonne, die eben verschwunden war, dann kehrten sie langsam, eine nach der anderen, wieder ins Haus zurück . . .

XXIX
Das Urteil des Schicksals

Nach der Abfahrt des Wagenzuges legte ich mich aufs Bett, ohne mich auszuziehen; im Haus Kornilow war es ruhig. Draußen hatten die Vögel schon zu zwitschern aufgehört, die Zeit schien stillzustehen, wie festgefroren im gleichmäßigen Morgenlicht.

Ich fand keinen Schlaf. Jedes Mal, wenn ich die Augen schloß, sah ich vor meinen Augen Bilder aus dieser langen, unheimlichen Nacht vorbeiziehen: das Gesicht meines Vaters und seine letzte Segensgeste; das etwas müde Lächeln des Kaisers, der dem Redefluß des Tschekisten höflich zuhörte, der von Trauer verschleierte Blick der Kaiserin, die schon in Gott weiß welche schweigsame Ewigkeit hineinschaute.

Sobald ich den Mut hatte aufzustehen, machte ich mein Fenster weit auf und setzte mich auf den Sims, um mich von der Sonne bescheinen zu lassen. In diesem Monat April strahlte der Frühling richtig warm, und die Luft war von ausnehmender Reinheit; Gleb setzte sich neben mich. Von dunklen Vorahnungen geplagt, zog ich die Einsamkeit vor und überließ ihm den Platz.

Es war kein Feiertag, und Passanten waren in diesem Viertel rar, so daß Gleb den jungen, völlig zerlumpten Bauern bald bemerkte, der auf der Straße hin- und herging und verstohlen in unsere Richtung blickte.

Plötzlich hörte er, wie er leise gerufen wurde:

»Glebuschka!«

Gleb dachte, er träume: allein Vater und einige nahe Freunde nannten ihn mit dieser Koseform. Und doch hatte ihn dieser armselige Bauer so gerufen! Er entfernte sich einige Meter, doch kam er wieder zurück und blieb genau unter unserem Fenster stehen.

»Glebuschka, laß mich herein, bitte!«

Gleb fuhr zusammen. Diesmal hatte er die Stimme erkannt: Das war Nikolaj Sedow, ein junger Offizier der Krim-Kosaken, der damals seinen gesamten Genesungsurlaub bei uns im Haus in Zarskoe Selo verbracht hatte. Gleb vergewisserte sich, daß kein Soldat im Flur stand, und ließ ihn über die Dienstbotentreppe sofort in unser Zimmer herein.

Welche Verwandlung! Der elegante, brillante, verführerische Hauptmann Sedow trug nun lange, unsaubere Haare, die ihm in Stirn und Nacken fielen. Er war mit einer Drillich-Hose, Filzstiefeln und einer scheußlichen, völlig verschmutzten wattierten Jacke bekleidet, die er direkt auf der nackten Haut trug.

»Wie finden Sie mich?« fragte er.

Wir konnten nicht antworten, und Sedow fuhr sogleich fort:

»Ich bin im Geheimauftrag hier. Ich komme aus Tjumen. Ich habe den Weg zu Fuß zurückgelegt, und unterwegs bin ich dem Konvoi mit dem Kaiser begegnet. Die Großfürstin Maria hat mich im Vorübergehen wiedererkannt. Wir hatten gerade so viel Zeit, uns gegenseitig anzulächeln.«

»Aber was wollen Sie tun?« fragte Gleb leicht besorgt.

»Loyale Offiziere haben überall in der Gegend als Arbeiter eine Anstellung gefunden und sind bereit zu intervenieren. Sie stehen unter dem Befehl eines gewissen Solowiow. Er wird durch einen Vertrauensmann genauestens über alles unterrichtet, was in Tobolsk vor sich geht, und zwar durch einen Priester, der in seiner Kirche ›Lang lebe der Kaiser‹ singen ließ.«

Gleb wurde schrecklich blaß.

»Welche Informationen hat euch dieser Mann gegeben?«

»Er hat uns gewarnt, daß Kobylinski sowie die Wachmannschaften aus dem 4. Regiment alle Verräter sind.«

»Ihr seid total verrückt!« antwortete Gleb mit veränderter Stimme. »Dieser Priester arbeitet für die Roten. Er hat euch belogen! Er und kein anderer wiegte die Kaiserin in der trügerischen Hoffnung, es gäbe in Tjumen eine monarchistische Organisation!«

»Was erzählst du da?«

Sedow schien seinerseits durch Glebs offensichtliche Ehrlichkeit stark erschüttert.

»Euer Solowiow ist ein Gauner! Wer ist es?«

»Rasputins Schwager natürlich. Er hat seine Tochter, Matrjona, geheiratet.«

Gleb wurde immer ärgerlicher:

»Wie konntet ihr Rasputins Schwager Vertrauen schenken!«

In wenigen Worten erklärte er, wie die Lage wirklich war. Sedow schien völlig verwirrt zu sein: Auf einmal waren alle seine Hoffnungen durch Verrat zunichte gemacht worden!

»Trenne dich von diesem Solowiow«, sagte Gleb anschließend. »Er kann dich in ein Abenteuer hineinziehen, aus dem du nicht lebend wieder herauskommst. Jetzt mußt du wieder weg. Das Haus ist nicht sicher, man könnte uns hier überraschen.«

Sedow nickte als Zeichen, daß er verstanden hatte. Seine riesige Enttäuschung tat uns in der Seele weh. Ohne ein Wort rannte er die Treppe hinunter und verschwand.

Zwei Tage vor Ostern teilte mir Fräulein Bitner mit, Kobylinski habe ein Telegramm von Jakowlew erhalten:

Der Kaiser und seine Suite befänden sich in Jekaterinburg; Jakowlew habe seine Vollmachten dem bolschewistischen Deputiertensowjet, dem sogenannten Sowdep der Stadt, wieder zurückgegeben.

Warum hatte Jakowlew seinen Posten aufgegeben? Warum war die Reise schon in Jekaterinburg beendet? Rätsel über Rätsel. Sogar Kobylinski begriff die Lage nicht mehr. Doch eine Tatsache war gewiß: Der Zar und seine Familie waren nach wie vor in den Händen der Bolschewiken.

Zwei Tage später erhielten wir endlich einen Brief von Vater. Über seinen Aufenthalt in Jekaterinburg verriet er uns nur sehr spärliche Einzelheiten, denn die Post wurde kontrolliert. Er erklärte uns, dem Kaiser habe man ein großes Haus in der Stadt, das Haus Ipatjew, als Residenz zugewiesen. Die Gefangenen dürften darin nur drei Räume bewohnen. Die Majestäten und die Großfürstin Maria bewohnten das größte Zimmer. Daneben wohne die Kammerfrau Demidowa, er selbst schlafe im Eßzimmer auf dem Boden neben den Dienern Tschemodurow und Sjednjew.

Das Haus sei von einer so hohen doppelten Palisade umgeben, daß man von außen lediglich das große Kreuz auf dem Turm einer nahe gelegenen Kirche erblicken könne.

Die Mahlzeiten nähmen sie alle gemeinsam ein, und am Ostersonntag hätten Nonnen aus einem Kloster in der Stadt die traditionelle »Paßcha« sowie Eier mitgebracht. An der Mitternachtsmesse hätten sie jedoch nicht teilnehmen dürfen.

Den Wortlaut dieses Briefes teilte ich der Großfürstin Olga über Fräulein Bitner mit. Am gleichen Tag noch antwortete sie mir durch eine kurze Botschaft:

Sonntag, den 29. April 1918

»Vielen Dank, liebe Tanja, für die guten Nachrichten.

Auch wir haben einen Brief, datiert vom 23., erhalten. Doch enthält er keinerlei Einzelheiten. Maria schreibt, Ihr Vater verbringe einen Teil seiner Nächte beim Schreiben. Einmal soll er sogar in der Badewanne eingeschlafen sein! So geht es also zu, Gott sei Dank dafür.

Wir alle, wir grüßen Sie, und auch Gleb. Ich umarme Sie zärtlich und danke Ihnen nochmals. Olga R.«

Am nächsten Tag kehrte der Kommissar Matwejew mit den acht Soldaten nach Tobolsk zurück, die den Kaiser bis Jekaterinburg begleitet hatten. Sein Reisebericht ließ uns Schlimmes befürchten:

»Jakowlew hatte vor der Abreise nach Tjumen seinen Adjutanten, Awdejew, dorthin vorausgeschickt mit dem Auftrag, einen Zug bereitzustellen, um sofort weiterreisen zu können. Bis Tjumen wurde die Reise fieberhaft beschleunigt. Als sie am 14. abends dort ankamen, ging es gleich in Richtung Jekaterinburg weiter. Aber kurz vor dem Ziel hörte man, woher weiß man nicht, daß man sie dort nicht durchlassen würde. Jetzt fuhr Jakowlew in höchster Geschwindigkeit nach Tjumen zurück und schlug die Richtung nach Omsk ein. Auf der letzten Station vor Omsk, in Kulomsino, wurde der Zug von bewaffneten Rotgardisten angehalten. Jakowlew erfuhr nun, daß man ihn in Jekaterinburg für vogelfrei erklärt hatte, weil er versucht habe, den Kaiser ins Ausland zu bringen. Er ließ die Lokomotive ankoppeln, fuhr nach Omsk und telephonierte mit Moskau, mit dem Ergebnis, daß ihm befohlen wurde, sich nach Jekaterinburg zu begeben. Der Zug wurde nun dorthin dirigiert. Aber kaum lief er in Jekaterinburg ein, als Rotgardisten ihn umgaben . . . «[1]

Die Jekaterinburger Garnison verlangte die Auslieferung der Reisenden. Kommissar Matwejew und seine acht Mann aus der Schützenkompanie weigerten sich, Folge zu leisten, und drohten, jeden zu erschießen, der sich dem Reisezug nähern würde. Das Warten dauerte vier Tage.

Zum Schluß begriff Matwejew, daß es unmöglich war, den Jekaterinburger Bolschewisten mit acht Mann zu widerstehen, und ergab sich.

»Die Soldaten des Tobolsker Detachements waren bereits entwaffnet und in einen Keller gesperrt worden. Der Kaiser, die Kaiserin und die Großfürstin Maria waren mit Botkin, Tschemodurow, Sjednjew, der Demidowa und Dolgoruki in das Haus Ipatjew gebracht worden. Dolgoruki wurde von dort fortgeführt und ins Gefängnis geworfen. Die eingesperrten Soldaten des Tobolsker Detachements wurden nach einigen Tagen wieder freigelassen.«[2]

Wenig später erhielt ich einen zweiten Brief von Vater. Es war sein letzter Brief. Mit verschleierten Ausdrücken ließ er mich verstehen, daß er sich in einer verzweifelten Situation befände. Er beklagte sich über die Art, wie die Wachmannschaften den Kaiser behandelten, und beschrieb die Übergriffe, die er sich gefallen lassen mußte, wenn er eine Verbesserung der Haftbedingungen erreichen wollte. Er beendete seinen Brief mit folgenden schlimmen Worten, die seiner Einstellung eigentlich überhaupt nicht entsprachen:

»Ich habe meine Illusionen über die Güte und Loyalität des russischen Volkes verloren.«

---

[1] Sokolow, a. a. O., S. 84–85.
[2] Sokolow, a. a. O., S. 85.

Im Hause Kornilow nahmen die Dinge eine immer seltsamere Wendung.

In allen durch die Abreise der Suite freigewordenen Zimmern quartierten sich Letten aus einer Abteilung der Roten Armee ein, die kurz zuvor nach Jakowlew eingerückt war und Chochrjakow, dem Kommissar für die Stadt Tobolsk, zur Verfügung gestellt wurde. Diese Soldaten sahen verwahrlost aus, waren meistens auch betrunken, und ihre Zuchthäusler-Mienen machten mir Angst. Die einzigen einigermaßen anständigen Menschen in unserer Umgebung waren unser Nachbar Sima und der Kommissar Matwejew, der nie mit uns sprach.

Oft hörte ich nächtens die Rotgardisten in den Gängen randalieren. Ich verging fast vor Angst, denn sie wußten genau, wo ich war und daß ich allein stand. Dennoch wagte niemand, in mein Zimmer einzudringen. Wahrscheinlich war Matwejews Anwesenheit für sie noch ein Hemmnis.

Von Zeit zu Zeit sprach Gleb mit dem Stadtkommissar, Chochrjakow, der im ersten Stock wohnte. Es war ein ehemaliger Seemann, eine gute Haut im Grunde, doch von erstaunlicher Ignoranz. Sein Hauptfehler war seine Trunksucht, der er sich gründlich und bei jeder Gelegenheit hingab. Für uns war das wiederum von Vorteil, denn war er einmal betrunken, so löste sich seine Zunge, und er konnte, ohne es zu wollen, uns wichtige Geheimnisse verraten. Eines Abends nach dem Essen, das wir nach wie vor zu Hause einnahmen und von Tante Jelenas Restgeld bezahlten, flog die Tür krachend auf, und ein Soldat, den wir nie zuvor gesehen hatten, erschien plötzlich in unserem Zimmer. Halbtot vor Angst, ging Gleb dennoch auf ihn zu.

»Wohnt hier Kommissar Chochrjakow?« fragte er.

»Hier im Haus schon«, stammelte mein Bruder, »aber im ersten Stock.« Der Soldat schien verärgert.

»Ich werde ihm doch nicht ewig nachlaufen! Ich lasse euch das hier, gebt es ihm später«, sagte er und drückte Gleb eine dicke Ledermappe in die Hand. »Das sind hochwichtige Dokumente. Er hat sie nach der Sowjetsitzung in Tobolsk vergessen. Wenn er etwas getrunken hat, vergißt er alles. Ich habe es eilig . . . «

Der Rotgardist machte auf dem Absatz kehrt und schlug beim Hinausgehen die Tür laut hinter sich zu. Wir waren wie erschlagen. Gleb lachte nervös auf:

»Das ist ja wunderbar«, brachte er hervor. »Wir werden als gefährliche Häftlinge betrachtet, und dieser Kerl vertraut mir Papiere von höchster Wichtigkeit an! Dieses Volk hat wirklich keine Ahnung! Ich werde trotzdem zu Chochrjakow hinaufgehen und ihm seine kostbaren Dokumente übergeben.«

Ich war nicht sehr erbaut davon, daß Gleb in die Räume, wo Chochrjakow und seine Saufkumpane wohnten, vordringen wollte. Doch zum Glück kam er rasch wieder zurück.

»Ich habe geklopft, und er hat aufgemacht«, erzählte er. »Natürlich war er total betrunken. Er war in Begleitung von zwei halbnackten Weibern, die ebenfalls im Suff krakeelten. Ich habe ihm die Mappe ohne ein Wort ausgehändigt. Es waren offensichtlich wichtige Dokumente, denn Chochrjakow schien plötzlich nüchtern zu sein und hat mir seinen wärmsten Dank ausgesprochen.«

Am nächsten Tag begegnete Gleb Chochrjakow auf der Treppe und stellte ihm einige Fragen. Sofort danach kam er in mein Zimmer und sah sehr besorgt aus:

»Diesmal war er nicht betrunken«, sagte er. »Er hat mir anvertraut, daß die Großfürstinnen und der Zarewitsch auch zu den Majestäten verlegt werden sollen. Angeblich sollen alle Mitglieder der Suite ins Gefängnis kommen!«

Trotz der beunruhigenden Gegenwart der Wachmannschaften beschlossen wir auf diese Nachricht hin, das Haus Kornilow keinen einzigen Augenblick mehr zu verlassen. Ich hegte die Hoffnung, mit den Großfürstinnen abreisen und meinen Vater wiedersehen zu können. Kobylinski hatte mir zugesichert, daß er auch fahren und mich mitnehmen würde.

Gleb seinerseits hatte beschlossen, ins kleine Tobolsker Kloster einzutreten, da er sich mit dem Erzbischof Hermogen befreundet hatte.

Am Ende der Osterwoche, am 4. Mai 1918, wurde Oberst Kobylinski abberufen, seine Einheit aufgelöst, und das »Haus der Freiheit« kam unter die Befehlsgewalt des lettischen Abteilungschefs Rodionow, der sich das Kommando mit Chochrjakow teilte, obwohl er für Moskau sogar dessen unmittelbarer Vorgesetzter war.

Rodionow war eine beunruhigende Erscheinung mit eiskalten Manieren, die eine abgrundtiefe Grausamkeit verrieten. Er sprach wenig, aber völlig korrekt. Aufgrund seiner gutsitzenden Kleidung und seiner etwas steifen Art schätzten wir ihn als ehemaligen Offizier ein, doch als rachsüchtig und unbarmherzig.

»Rodionow benahm sich gegen uns grob. In herrischem Tone verbot er der Großfürstin Olga, daß sie nachts ihre Tür abschloß, und er drohte, diese einzuschlagen. Er durchsuchte Nagorny und wurde eines Tages sehr heftig gegen ihn, weil er in seiner Tasche ein Briefchen von Kolja Derewenko an Alexej gefunden hatte. Glaubte er, daß jemand dem Zarewitsch ergeben war, so begann er, ihn zu quälen. Besonders legte er es darauf an, die Großfürstinnen durch Unverschämtheit zu ärgern. Die Nonnen, die zum Gottesdienst kamen, durchsuchte er, neben den Priester stellte er einen Rotgardisten.«[3]

Kurz nach dem Einrücken der lettischen Abteilung ins »Haus der Freiheit« bekamen wir Besuch von Fräulein Bitner.

»Liebe Kinder, ihr müßt dieses Haus so schnell wie möglich verlassen. Dieser neue Kommissar ist eine grausame Bestie, Oberst Kobylinski ist jetzt krank und kann nichts mehr für euch tun.«

»Das verstehen wir sehr gut«, erwiderten wir voller Sorge, »aber wir wissen nicht wohin. In Tobolsk gibt es kein Hotel.«

»Ich habe Zimmer besorgt«, eröffnete uns Fräulein Bitner, »bei Kollegen aus dem hiesigen Gymnasium, aber nur kurzfristig. Geht noch heute zu diesen Leuten, stellt euch dort vor und zieht spätestens morgen um.«

Am nächsten Tag waren wir mit unserem Umzug noch nicht ganz fertig, als Fräulein Bitner, ganz außer Atem, zu uns hinaufkam.

»Die Soldaten nehmen die kaiserlichen Kinder übermorgen mit«, teilte sie mir besorgt mit. »Kobylinski ist völlig erschöpft

---

[3] Sokolow, a. a. O., S. 129.

und viel zu krank, um mitzufahren. Es wäre besser, wenn du
selbst zu Rodionow gingest und fragtest, ob du mitfahren darfst.
Aber ich bin gar nicht sicher, daß er dich mitnehmen wird.«
Am nächsten Tag entschloß ich mich, zusammen mit Gleb den
Kommissar Rodionow aufzusuchen.
Wir begaben uns zum Haus der Gefangenen. Unter den Fenstern
des Erdgeschosses standen die Frau und die Tochter des Kochs
Charitonow, die einen Abschiedsbesuch machten, da er mit den
Großfürstinnen nach Jektarinburg fahren sollte.
Plötzlich tauchte Rodionow auf und rief mit drohender Stimme:
»Unter den Fenstern herumzulungern ist verboten! Wenn Sie
noch länger bleiben, lasse ich Sie auf der Stelle erschießen!«
Die armen Frauen wichen in Panik zurück. Der Augenblick war
nicht gerade günstig, doch trat ich auf den Kommissar zu und
erklärte ihm mit wenigen Worten meinen Wunsch, mit den
Großfürstinnen mitzufahren, um wieder mit meinem Vater zu-
sammen zu sein. Als er mich erblickte, änderte sich Rodionows
Haltung vollkommen.
Mit einem leichten Lächeln um den Mund betrachtete er mich:
»Aber warum wollen Sie denn wegfahren? Die Haft der Gefan-
genen wird sich vermutlich über Jahre erstrecken. Sie sind jung
und haben noch ein verheißungsvolles Leben vor sich.«
»Ich möchte bei meinem Vater sein, auch wenn ich mein ganzes
Leben in Jekaterinburg bleiben muß.«
Rodionow schaute mich weiterhin unangenehm intensiv an.
»Nach Jekaterinburg kann ich Sie mitnehmen, wenn Sie es wirk-
lich wollen«, sagte er endlich. »Doch die Häftlinge werden Sie
nicht zu Gesicht bekommen.«
Allein in dieser unbekannten Stadt im Ural zu bleiben, hatte
keinen Sinn. So gab ich auf und besiegelte somit das Urteil des
Schicksals, das beschlossen hatte, mich am Leben zu lassen.

Am 7. Mai 1918 brachte das Schiff »Rus« die kaiserlichen Kinder bis nach Tjumen, von wo sie mit dem Zug nach Jekaterinburg
weiterfahren sollten.
Sie wurden von zwei Ehrendamen begleitet, Gräfin Hendrikova

und der Baronin Buxhöwden, ferner von Fräulein Schneider, Fräulein Teglewa, den Lehrern Gilliard und Gibbs, dem ehemaligen Matrosen Klementi Nagorny, dem Koch Iwan Charitonow, den Dienern Alexej Trupp und Wolkow und schließlich vom Küchenjungen Leonid Sjednjew.

»Rodionow benahm sich gemein. So schloß er die Kabine, in der sich Alexej mit Nagorny befand, von außen ab. Alle anderen Kabinen, besonders die der Großfürstinnen, aber, durften auf seinen Befehl nicht zugeriegelt werden.«[4]

Ich hatte nicht das Glück, sie alle abfahren zu sehen: Rodionow hatte der Bevölkerung streng verboten, zur Anlegestelle zu kommen. Ich habe mein Leben lang bedauert, diesem Befehl gehorcht zu haben, denn eine große Menschenmenge war doch in den Hafen eingedrungen und hatte die Großfürstinnen auf dem Deck des Motorschiffs ganz nahe sehen können.

»Am 9. Mai morgens kamen die kaiserlichen Kinder nach Tjumen. Bevor sie weiterreisen konnten, hatten sie einen Aufenthalt von einigen Stunden . . . Die Ankunft in Jekaterinburg fand am 10. Mai um 2 Uhr morgens statt. Die ganze Nacht fuhren dann die Wagen auf den Geleisen hin und her. Erst um 9 Uhr hielten sie zwischen den beiden Bahnhöfen Jekaterinburgs. Von dort aus wurden die kaiserlichen Kinder in Droschken nach dem Hause Ipatjew gebracht.«[5]

---

[4] Sokolow, a. a. O., S. 129
[5] Sokolow, a. a. O., S. 129–130

XXX
Der rote Terror

Allmählich errichteten die Abteilungen der Roten Armee, die aus Jekaterinburg und Omsk gekommen waren, in der friedlichen Stadt Tobolsk ein Terrorregime. Alle Häuser wurden systematisch durchsucht, und wir mußten alles verschwinden lassen, was uns hätte kompromittieren können. Unsere persönlichen Papiere, Vaters Briefe und mein bisheriges Tagebuch waren zwar in Flammen aufgegangen, aber die Souvenirs aus dem Haus, in dem der Kaiser in Gefangenschaft gewesen war, zu vernichten, brachte ich nicht übers Herz. Trotz aller Vorsichtsmaßnahmen lebten wir nicht mehr ruhig: Allein die Tatsache, daß wir im Hause Kornilow gewohnt hatten, reichte aus, um uns in den Augen der Bolschewiken verdächtig zu machen.

Eines Morgens wurde ich brutal geweckt.

»Zieh dich schnell an«, rief Gleb und schüttelte mich rücksichtslos wach. »An der Tür klingelt's. Das ist bestimmt eine Durchsuchung!«

Mit pochendem Herzen sah ich Gleb aus dem Zimmer gehen und hörte, wie er die Eingangstür öffnete. Doch meine Sorge dauerte nicht lange.

»Konstantin, endlich!« rief mein Bruder beruhigt aus.

Mein Gott, es war Melnik! Sofort zog ich meinen Morgenrock an und rannte ins Vestibül, wo sich unser Freund seines Mantels entledigte. Gleb hängte sich bei ihm ein, umarmte ihn mit Begeisterung. Mitten in unserer abgrundtiefen Not bedeutete die wärmende, freundschaftliche Gegenwart des ehemaligen sibirischen Schützenleutnants für uns einen unendlichen Trost. Er hatte sich nicht verändert. Hochgewachsen, mit eindrucksvollem Bart, schien er den winzigen Hauseingang vollkommen auszufüllen. Sein scharfer Blick heftete sich mal auf mich, mal auf Gleb, indessen erzählte er uns, wie es ihm gelungen war, bis zu uns hierher zu kommen.

Von seinen Soldaten geschätzt, war es Melnik ohne allzu große Schwierigkeiten gelungen, der »Offiziershatz« zu entkommen, die die Soldatensowjets nach der Oktoberrevolution an der Front veranstaltet hatten. Er verzichtete darauf, zu seiner Familie in die Ukraine zurückzukehren, und fuhr nach Sibirien, um der kaiserlichen Familie zu Hilfe zu kommen, oder zumindest, es zu versuchen. Bis Krasnojarsk war die Fahrt ohne nennenswerte Zwischenfälle verlaufen. Er war in dieser Stadt so lange geblieben, bis er neue Papiere hatte, und hatte sich mit Abladen von Eisenbahnwaggons über Wasser gehalten. Weder die Kälte noch die harte Arbeit hatten seine robuste Gesundheit anzugreifen vermocht. Er wollte gerade nach Tobolsk abreisen, als er als ehemaliger Offizier denunziert wurde und ins Gefängnis kam.

Die Haftbedingungen waren besonders schwer, und viele Gefangene, weniger widerstandsfähig als er, starben vor Kälte oder Erschöpfung inmitten der allgemeinen Gleichgültigkeit.

Eines Abends fiel einem Kommissar beim Zellenrundgang sein Name auf.

»Welcher von euch heißt Melnik?«

Konstantin stand von seiner Pritsche auf.

»Bist du Ukrainer? Kennst du unsere Sprache?«

Melnik antwortete direkt in Ukrainisch, spielte den dummen Bauern und beschrieb in lyrischen Ausdrücken seine Unterdrükkung durch die Herrschaft. Er hatte gewonnen! Der Kommissar, heilfroh, in diesem gottverlassenen Sibirien einen vom Schicksal geschlagenen Landsmann anzutreffen, ließ ihn auf der Stelle wieder frei. Melnik machte sich sofort auf den Weg zu uns.

Als praktisch veranlagter Mann entnahm Melnik seinen Kleidertaschen ein Pfund Butter und zwei riesige Laibe Rundbrot, die lange frisch und schmackhaft blieben. Ich setzte Wasser auf, um Tee zu kochen, und während wir uns dieses Frühstück schmecken ließen – seit Monaten hatten wir keine Butter mehr gegessen! – fühlten wir, daß unser Schicksal eine Wende erfahren hatte.

Trotz all dieser Ereignisse führte Gleb sein intensiv religiöses Leben weiter fort. Er ging regelmäßig in die Oberstadt und suchte die Kathedrale auf, wo er sogar zum Unterdiakon ordiniert worden war.[1] Der Erzbischof Hermogen protegierte ihn persönlich und machte uns den Vorschlag, uns bei der Suche nach einer neuen Wohnung behilflich zu sein. Er schrieb an den Tobolsker Staatsanwalt, der sich einverstanden erklärte, uns in seinem Haus drei Zimmer zu vermieten.

Unsere Barschaft, die wir von Tante Jelena mitbekommen hatten, ging zur Neige, wir mußten Arbeit suchen. Nach vielem Hin und Her sollte Gleb mehrmals in der Woche bei jüngeren Schülern Nachhilfeunterricht geben, ich gab ein paar Klavier- und Französischstunden bei Schülern von Fräulein Bitner. Unser Verdienst war recht mager, und wir hatten gerade das Allernotwendigste zum Leben.

Aber das war uns gleichgültig, so sehr waren wir um Vater in Sorge. Von ihm hatten wir nicht die geringste Nachricht.

Der Terror nahm zu. Die ersten Opfer der Roten Garden waren bestimmte Mitglieder der Geistlichkeit, die in ihren Augen der Treue zum Zarenhaus verdächtig waren. Priester wurden ins Gefängnis geworfen, man stellte ihnen ihre baldige Exekution in Aussicht, doch zuerst griffen die Bolschewiken den Erzbischof Hermogen an. Der Kirchenfürst wurde von Kommissar Dutzmann, unserem ehemaligen Nachbarn im Hause Kornilow, zum Tode verurteilt. Seine Henker schleppten ihn ans Flußufer, folterten und verstümmelten ihn in grausiger Weise. Während des Martyriums betete der Erzbischof unaufhörlich. Er wurde schließlich bei den Haaren gepackt und so lange ins Wasser getaucht, bis er ohnmächtig wurde. Dann wurde sein Körper mit Steinen beschwert und in den Fluß geworfen.

Das Haus, in dem wir wohnten, wurde von den Durchsuchungen auch nicht ausgenommen. Eines Morgens kam ein Trupp Soldaten mit umgehängten Gewehren in den Hof und klopfte an die Küchentür.

»Ist hier das Haus des Staatsanwalts Karjakin?« fragte einer der

---

[1] In der orthodoxen Kirche nimmt der Unterdiakon wichtige liturgische Ämter wahr, ist jedoch nicht Mitglied des Klerus.

Rotgardisten unsere Aufwärterin, die mehr tot als lebendig war. Sie antwortete mit ja, und die Soldaten traten über die Schwelle. Sie begannen, methodisch jedes Zimmer im Haus zu durchsuchen, rissen die Betten auf, warfen den Inhalt der Schränke auf den Boden und öffneten sämtliche Koffer und Truhen.

Dann klopften sie an die Tür unserer kleinen Wohnung. Melnik öffnete sie weit und blieb breitschultrig auf der Schwelle zwischen den Türpfosten stehen, so daß niemand hereinkonnte, ohne ihn beiseite zu schieben. Er stand in voller Größe da, mit drohender, unheimlicher Miene. Ich hielt mich ein paar Schritte hinter ihm. Der Rotgardist, der bei uns geklopft hatte, während seine Kameraden noch in anderen Zimmern beim Wühlen waren, war ein eher schmächtiger Sibirier, aber er war bewaffnet.

»Durchsuchung!« ließ er sich unsicher vernehmen und hob den Kopf, um Melnik anzuschauen.

»Zeig mir den Durchsuchungsbefehl«, erwiderte Melnik im Befehlston.

Der Soldat kramte einen zerknüllten Zettel aus der Tasche, und gehorsam wies er ihn vor.

»Kannst du lesen?« fragte Melnik und hielt dem Soldaten das Dokument vor die Augen. »Euer Durchsuchungsbefehl gilt für die Familie Karjakin. Ihr seid hier bei den Botkins. Ihr seid also verkehrt.«

Der kleine, schmächtige Soldat schien von Melniks Selbstsicherheit recht beeindruckt zu sein. Er wandte sich an seine Kameraden und rief ihnen zu:

»Hier braucht ihr nicht zu suchen. Dieser Teil des Hauses wird nicht von der Familie Karjakin bewohnt.«

An diesem Tag blieben wir unbehelligt, doch wußten wir, daß es nur ein kurzer Aufschub war und daß unsere Zeit bald gekommen sein würde. Wir irrten uns nicht. Gegen Ende Juni gaben die Bolschewiken den Befehl aus, in allen Häusern der Stadt Durchsuchungen vorzunehmen und alle Offiziere, die dabei geschnappt werden sollten, sofort erschießen zu lassen. Dennoch wollte Melnik nicht flüchten. Er vertraute seiner Kraft und seinem Geschick.

»Wenn ich mich jedesmal vor den Roten hätte verstecken müssen«, behauptete er vor Gleb, der ihm voller Bewunderung zuhörte, »als sie drohten, Offiziere umzubringen, hätte ich nur selten das Tageslicht gesehen. Außerdem habe ich keine Wahl: Ich kann euch nicht allein lassen.«

Wir verbrachten eine sehr schlechte Nacht. Am nächsten Morgen schien die warme Sonne des sibirischen Sommers schon geraume Zeit, als Geräusche wie von einer großen Menschenmenge uns aus dem Bett springen ließen. Gleb machte das Fenster auf, um nachzusehen.

Mehrere Menschen gestikulierten und diskutierten intensiv unweit vom Haus entfernt.

»Was ist los?« fragte Gleb einen Mann, der sich etwas abseits hielt.

»Die Weiße Armee und die Tschechische Legion haben Omsk eingenommen und marschieren auf Tobolsk!«

Eine andere Stimme fügte hinzu:

»Die Roten haben alle Boote beschlagnahmt und das Weite gesucht. Hier könnt ihr die letzten sehen, wie sie abhauen! Die Weißen müssen ziemlich zahlreich sein.«

In der Tat stürmten mehrere Männer durch die Straße und gaben ihren Pferden ordentlich die Sporen. Sie trugen schwarze Lederjacken, wie die meisten bolschewistischen Kommissare der damaligen Zeit.

Stille kam über die Stadt. Nach stundenlangem bangen Warten sahen wir auf dem Strom die Einheiten der Weißen Armee ankommen. Der Kommandeur bat alle Offiziere in der Stadt, sich seinen Truppen anzuschließen, um die Abteilungen der Roten Armee zu verfolgen. Am gleichen Abend noch verließ uns Melnik und stellte sich den Weißen zur Verfügung.

Zwei Tage später brachte uns ein sehr junger Soldat eine Botschaft von Konstantin, in dem er eine Vorrichtung erbat, die gegen Mückenstiche schützen sollte. In aller Eile fabrizierte ich eine improvisierte Maske aus feinem Musselin, die ich noch mit einem Mützenschirm aus Karton versah. Das Ganze übergab ich dem jungen Soldaten.

Melnik blieb nicht lange fort. Der Kommandeur der Weißen war der Meinung, daß Melniks Erfahrung als Offizier besser der Verteidigung von Tobolsk zugute kommen sollte, als daß er im Rang eines einfachen Soldaten auf dem Strom Jagd auf die Rotgardisten machte.

Melnik erklärte uns, daß es gelungen sei, die Flüchtenden wieder einzuholen, doch habe kein Gefecht stattfinden können, weil Mücken in dichten Wolken über die Boote hergefallen seien. Auf beiden Seiten konnte niemand sein Gewehr oder sein MG bedienen, weil Millionen und Abermillionen von Insekten Lauf und Schloß der Waffen völlig verstopften, in die Gesichter stachen, in die Augen, Ohren, Nasen und unter die Kleidung eindrangen.

Die Weißen setzten ihren Vormarsch fort. Verstärkungen auf dem Landweg nahmen Tjumen am 6. Juli wieder ein. Fünf Tage später war auch Jekaterinburg wieder befreit.

Voller Angst versuchten wir, Reisende aus den Kampfgebieten abzupassen, in der Hoffnung, von ihnen ein paar Nachrichten über das Los der kaiserlichen Familie und meines Vaters zu bekommen.

Als die Weißen in Jekaterinburg einmarschierten, fanden sie das Haus Ipatjew leer. Die kaiserliche Familie, mein Vater und die meisten Mitglieder der Suite waren verschwunden.

Vielleicht waren sie wieder weiter, in Gebiete unter bolschewistischer Herrschaft verlegt worden? Vielleicht hatte man sie den Bitten der Alliierten und, wie man munkelte, sogar denen der Deutschen entsprechend, ins Ausland entlassen?

Die wenigen Vertrauten, die in der Stadt verblieben waren, wurden befreit und durften wieder nach Tobolsk zurück. Der Kammerdiener Tschemodurow traf als erster ein. Die Weißen hatten ihn in der Sanitätsabteilung des Gefängnisses wiedergefunden, wo die Roten ihn bei ihrer heillosen Flucht einfach vergessen hatten. Wir bestürmten ihn mit Fragen, doch leider wußte er über das Los der kaiserlichen Familie nichts zu berichten, da er kurz nach Eintreffen der kaiserlichen Kinder ins Gefängniskrankenhaus überführt worden war. Das Bild, das er von den Lebensverhältnissen der Gefangenen entwarf, war sehr düster:

»Diese Leute machen vor nichts halt. Die Wachsoldaten betranken sich den ganzen lieben Tag. Sie waren ausnehmend grob und brutal, besonders gegenüber den Großfürstinnen!«

Dann kamen Isa Buxhöwden und Gilliard. Auch sie wußten nichts. Sie berichteten lediglich, daß Nastinka Hendrikova, Fräulein Schneider, General Tatischtschew, Kammerdiener Wolkow und Dolgoruki ins Gefängnis geworfen worden waren.

Ich versuchte, die Hoffnung nicht fahren zu lassen, aber es war nicht leicht! Bevor ich schlafen ging, kniete ich wie üblich nieder und sagte mein Abendgebet. Ich betete für meinen Vater und für die kaiserliche Familie. Aber mein Kopf blieb dabei leer, ich fand die Worte nicht, als würde die Bewegung meiner Seele an einer undurchdringlichen Mauer zerschellen.

Ich hatte den Eindruck, daß meine Gebete nie erhört werden würden, daß meine Worte umsonst, sinnlos, lächerlich waren.

Ich verstand nicht.

Ich wußte nicht, daß sie alle schon tot waren.

Mit Ungeduld erwartete ich die Rückkehr von Doktor Derewenko, der in Jekaterinburg geblieben war. Schließlich konnte ich meiner Furcht nicht mehr Herr werden und suchte seine Gattin auf. Es war eine dicke Matrone, die in erster Linie ihr eigenes Los zu beklagen schien.

»Sie wollen Nachrichten aus Jekaterinburg?« sagte sie zu mir. »Mein Mann weiß nicht viel darüber. Er war nicht Mitglied der Suite und lebte auch nicht im Hause Ipatjew. Hier ist sein jüngster Brief. Lesen Sie nicht den Anfang, der geht Sie nichts an. Fangen Sie hier an.«

Sie legten ihren dicken Finger auf eine Zeile der zweiten Seite, und ich las diesen schrecklichen Satz:

»Botkin ist sicherlich umgebracht worden, er und die Dienerschaft. Ich hoffe, daß der Kaiser und seine Familie wohlauf sind.«

Frau Derewenko schaute mich wortlos an. Ich war wie erschlagen; ich versuchte zu reagieren, Haltung zu bewahren, doch es ging fast über meine Kräfte. Innerlich wiederholte ich ständig:

»Dieses Weib ist ein Ungeheuer, ihr Mann genauso. Sie finden Gefallen daran, grundlose, abscheuliche Nachrichten zu verbreiten. Ich darf ihnen nicht glauben. Das ist nicht wahr. Vater lebt noch!«

Die Weißen behaupteten ihre Positionen in ganz Sibirien. Schon hatten sie den Ural hinter sich und näherten sich der Wolga. In Omsk war eine Weiße Regierung von Admiral Koltschak, einem bemerkenswerten Mann, dessen Tapferkeit weithin bekannt war, eingesetzt worden. Vertreter fremder Regierungen, unter anderem der französischen und der britischen, waren bei ihm eingetroffen. Wir schöpften wieder Hoffnung: Bald würden die Roten Streitkräfte endgültig vernichtet werden.

Da wir immer noch keine Nachricht von Vater hatten, fuhr Gleb nach Jekaterinburg, um an Ort und Stelle etwas vollständigere Auskünfte zu bekommen. Bei seiner Rückkehr erklärte er mir, er habe nichts in Erfahrung bringen können, dort wisse auch niemand etwas. Etwas jedoch war gewiß: Im Hause Ipatjew war ein Verbrechen geschehen, denn Offiziere der Weißen Armee hatten in einem Souterrain-Zimmer zahlreiche Einschüsse sowie Blutflecken entdeckt.

Ich sträubte mich, die Wahrheit anzuerkennen: Vater war am Leben. Zusammen mit dem Kaiser und seinen Kindern war er weiter, irgendwohin verschleppt worden . . .

XXXI
Der Bürgerkrieg

Die Frage des nackten Überlebens wurde immer drängender: Arbeit mußte gefunden werden. Erneut suchte ich Fräulein Bitner auf, die in den Stürmen der Revolution wirklich unser Schutzengel geworden war.

»Ich glaube, für dich läßt sich etwas machen«, sagte sie. »Ich bin sicher, daß du in den unteren Gymnasialklassen Französisch unterrichten kannst . . . «

Ich fühlte mich zu jeder Arbeit imstande, nur nicht zum Kochen, denn ich hatte es nie gelernt.

»Ich bin als Lehrerin in den höheren Klassen zugelassen«, fuhr sie fort. »Heutzutage müssen alle Ernennungen durch Abstimmung bestätigt werden. Ich werde dich für die unteren Klassen vorschlagen, wir werden sehen, ob es klappt.«

Meine Zulassung als Lehrerin für die unteren Klassen ging bei einer Gegenstimme glatt durch.

Mit großer Begeisterung stürzte ich mich in meine neue Aufgabe, die mich von meiner inneren Unruhe ein wenig ablenkte. Das Tobolsker Gymnasium nahm Schüler aus mehreren Städten der Umgebung auf. Einige Internatsschüler kamen aus dem Norden auf rentierbespannten Schlitten, denn in diesen Gebieten fiel Schnee schon im August. Mein Umgang mit den Schülern wurde bald recht freundschaftlich. Mein Aufwachsen in Zarskoe Selo, mein Aufenthalt im Hause Kornilow brachten mir die Sympathien vieler junger Mädchen ein, die größer und wahrscheinlich auch erfahrener waren als ich. Ich hatte, wie es hieß, leidenschaftliche Bewunderinnen, die die Pausen benutzten, um in die Garderobe zu rennen und meinen Mantel oder meinen Hut abzuküssen. Eine meiner Schülerinnen, Lisa Budischew, schlug mir sogar vor, bei ihr zu Hause zu wohnen.

Die Budischews waren eine der »kultiviertesten« Familien von Tobolsk. Sie hatten zu Hause ein Badezimmer, Waschbecken in den Räumen, Klappfenster, durch die im Winter ein Mindestmaß an Lüftung möglich war, während nach sibirischer Art alle Ritzen im Fensterbereich mit Kitt abgedichtet wurden sowie einen ausgezeichneten Flügel. Der Vater, Pawel Nikolajewitsch, war Direktor des Einwanderungsamtes, das kurz nach dem russisch-japanischen Krieg von der russischen Regierung eingerichtet worden war und den Einwohnern Zentralrußlands, die sich zur Auswanderung nach Sibirien entschlossen, große Anreize bot.

Bei unseren Gastgebern wurden die Speisen auf sibirische Art zubereitet und aufgetragen. Um halb neun wurde gefrühstückt, gegen Mittag ein Tee mit »Piroschki« serviert, nach der Arbeit im Freien (in Sibirien fällt die Nacht gegen drei Uhr nachmittags ein!) das eigentliche Mittagessen mit Suppe um halb drei eingenommen und die letzte Mahlzeit – das Abendessen – gegen sieben serviert: wieder Tee und weißes Kuchenbrot, davor einige leichte Gerichte, wie zum Beispiel jene sibirischen, mit gesalzenem Quark überbackenen, oder, was uns noch komischer vorkam, mit Kartoffelbrei bestrichenen Weizenfladen oder auch geraspelte Möhren mit frischer Butter. An Sonn- und Feiertagen roch ganz Tobolsk nach appetitlich warmen, frisch in Öl gebackenen und mit Kalbfleisch und harten Eiern gefüllten »Piroschki«.

Für meine Begriffe hatte unser Einzug bei den Budischews nur drei Nachteile: die Köchin, den Hund und den Hahn.

Als ich das erste Mal bei ihnen zu Abend aß, bemerkte ich, wie eine Art Landstreicherin auf Frau Budischew zuging und ihr ein paar Worte ins Ohr flüsterte. Diese Frau sah wirklich merkwürdig aus: Ihren aufgedunsenen und hochroten Kopf umgab eine meterweit riechende Wodka-Aura, und in jedem Nasenloch dieses seltsamen Wesens stak ein Büschel Petersilie, wie man das früher in der Auslage einer Metzgerei bei garnierten Spanferkeln beobachten konnte.

Ihre Stirn umwand ein aus einem zweifelhaften Küchentuch hergestellter Turban, und ihr Kleid sah nach einem alten Kartoffelsack aus, um den sie sich einen schmutzigen Lappen als Schürze gebunden hatte.

Daß dieses Weib stinkbesoffen war, schien die üppige Hausherrin nicht im mindesten zu stören. Doch verlor sie die Geduld, nachdem sie sich das stark alkoholisierte Geflüster eine Weile angehört hatte.

»Hör zu, Timofewna«, sagte sie und wandte sich der Landstreicherin zu, »wenn du in einem solchen Zustand bist, bleib gefälligst in der Küche!«

»Ich? In welchem Zustand? Glauben Sie, ich bin besoffen? Nicht im geringsten, keinen Tropfen habe ich getrunken. Ich wollte Sie nur fragen, ob ich für morgen einen ›Borschtsch‹ oder lieber eine Kohlsuppe machen soll!«

»Mach, was du willst. Aber wenn du nicht getrunken hast, was sollen diese Petersilienbüschel in deiner Nase?«

»Die sind zum wieder Nüchternwerden«, antwortete die Schlampe ohne jeden Sinn für Logik.

Majestätisch entfernte sie sich mit ihren riesigen, mit abgelatschten Filzstiefeln beschuhten Füßen einherschlurfend.

»Gib nicht auf sie acht«, sagte Frau Budischew. »Das ist unsere Köchin Timofewna. Sie ist fast immer betrunken, aber ehrlich, außerdem kocht sie gut.«

Der Hund war schon wesentlich sympathischer als die Köchin, er hieß Karl. Es war ein großer schöner Jagdhund, doch viel zu behaart, um in einer Wohnung gehalten werden zu können.

Trotz seines dicken Felles war Karl besonders kälteempfindlich; wenn frühmorgens die großen Kachelöfen offengehalten wurden und die Asche noch warm war, stieg er da hinein und schlief. Wenn die Asche wieder erkaltet war, legte er sich wärmesuchend in eines der Betten, nachdem er sich lange ausgeschüttelt hatte.

Der Hahn kam später. Timofewna hatte ihn lebend gekauft und wollte ihn als Weihnachtsbraten mästen. Mit Zustimmung der Hausherrin hatte sie eine Art Hühnerstall im Klosett improvisiert. Jedes Mal, wenn ich selbst hinmußte, mußte ich höllisch aufpassen, damit das Vieh nicht entwischte. Es war groß und stark und schaute mich immer außerordentlich zornig an. Manchmal stieß der Hahn völlig grundlos ein erschütterndes »Kikeriki« aus und schlug mit den Flügeln wie wahnsinnig um sich. Offenbar machte ihn die Gefangenschaft allmählich verrückt. So erwartete ich Weihnachten besonders ungeduldig, um von diesem bösartigen Geflügel endlich befreit zu werden.

Gelächter und fröhliche Zurufe! Zum ersten Mal seit den unheimlichen Tagen im Hause Kornilow nahm ich einen solchen Ausdruck von Frohsinn wieder wahr.

Rasch begab ich mich in Melniks und Glebs gemeinsames Zimmer, um die Ursache dieses ungewöhnlichen Trubels festzustellen. Das Bild, das sich mir bot, versetzte mich in maßloses Staunen: Gleb und Nikolaj Sedow rollten eine riesenhafte Wassermelone über den Tisch hin und her und imitierten dabei das Grunzen eines Schweines.

Anstelle einer Begrüßung rief mir Sedow zu:

»Ich muß einige Tage in Tobolsk bleiben. Sehen Sie, ich habe Ihnen ein kleines Schwein gekauft!«

Es war tatsächlich Sedow, diesmal mit ordentlichem Haar und sauber gekleidet: Er trug eine khakifarbene Uniformjacke mit Schulterstücken und Offiziersstiefeln. So elegant wie früher war er zwar nicht mehr, doch seine Lebensfreude, seine Begeisterung taten mir gut.

Wie aufregend auch, ihn wiederzusehen! Seit seinem Auftauchen als Bauer damals hatten wir nichts mehr von ihm gehört. Vom Lärm angezogen, kam Melnik bald selber hinzu. Beide Männer gaben sich alsbald irgendeiner leidenschaftlichen Diskussion hin.

Nach unserer Warnung in bezug auf Solowiow hatte Sedow mit Kobylinski Verbindung aufgenommen und sich auf die Suche nach der kaiserlichen Familie gemacht. Seine Nachforschungen führten ihn bis zu einem Gasthaus in der Nähe von Jekaterinburg, wo ihm eine als Bauern verkleidete Gruppe von Männern über den Weg lief. Ihre Kleider waren brandneu und aus hochwertigem Stoff geschnitten; ihre Haartracht war einwandfrei, ihre Fingernägel waren sauber, und ihre Sprache klang vornehm. Meilenweit im voraus merkte jeder, daß er es mit Gardeoffizieren zu tun hatte. Sedow blieb vorsorglich abseits und spielte weiterhin den dreckigen und zerlumpten Bauern. Das war gut, denn die Verschwörer wurden alsbald entlarvt und ins Gefängnis gesteckt.

Die Informationen, die er bekommen hatte, führten Sedow weiter bis nach Petrograd, wo ein ehemaliger Bekannter ihn bei der Tscheka denunzierte. Er wurde dem berüchtigten Folterspezialisten Uritzki vorgeführt.

»Da ich ohnehin nichts mehr zu verlieren hatte«, lachte Sedow und zog lange an seiner Zigarre, »habe ich den Verrückten gemimt. Ich rollte die Augen, und mit zuckendem Mund warf ich plötzlich eine Zuckerdose, die gerade auf dem Tisch stand, Uritzki an den Kopf. »Das ist ein gemeingefährlicher Irrer, den ihr mir angeschleppt habt«, brüllte er. »Glaubt ihr, ich beschäftige mich mit solchen Typen? Raus mit ihm, sofort!«

Sedow fand sich auf der Straße wieder, in Freiheit. Ohne zu zögern machte er sich wieder auf nach Sibirien und arbeitete unterwegs mal da, mal dort bei Bauern als Tagelöhner.

»Überall«, erzählte er, »beobachtete ich ihr Verhalten, um selbst nicht aufzufallen. Ich war oft von ihren Gebräuchen überrascht. In einer reichen Bauernfamilie zum Beispiel aß ich mit den anderen zusammen an einem Tisch. Am Sonntag wurde ein richtiger Butterballen, in Papier eingewickelt, auf den Tisch gebracht. Feierlich wickelte der Familienvater die Butter aus dem fettigen Papier aus, dann nahm er etwas Butter auf die Fingerspitze und strich sie sich wie Pomade in die Haare! Die Söhne machten es ihm nach, dann war ich dran. Folgsam imitierte ich sie und strich mir sorgfältig die ranzigen Butterreste in die Haare.«

Leider wurde Sedow ein weiteres Mal denunziert. Er durfte sich nicht mehr in den Dörfern sehen lassen und suchte Schutz in den Wäldern, wo er sich von Eicheln und Wurzeln ernährte.

»Wie ein Wildschwein«, lachte er. »Stellen Sie sich vor, meine Drillichhose war so zerschlissen, daß sie mir in Fetzen um den Leib hing! Ich hatte nur noch mein Bauernhemd an. Zum Glück war es so lang, daß ich nicht allzu unanständig wirkte ... «

Lange irrte Sedow durch die Wälder und überquerte das flache Land nur bei Nacht. Eines Abends überfiel ihn eine Bande berittener Weißgardisten am Ausgang eines Waldes.

»Weiß oder rot? Wenn du ein Roter bist, bist du gleich mausetot!«

Selbstverständlich schwor Sedow bei allen Göttern, daß er ein Weißer sei. Sie brachten ihn zu ihrem Kommandeur, der ihm wie ein ehemaliger Offizier vorkam.

»Du bist also ein Weißer! Offizier?«

»Jawohl, Kavallerie.«

»Schön und gut, das läßt sich leicht feststellen. Bis dahin ins Loch mit ihm!«

Sedow wurde in einem Schuppen ohne Licht, ohne Essen und Trinken gefangengehalten. Erschöpft schlief er ein. Mitten in der Nacht weckten ihn Ratten, die ihm über die nackten Beine liefen. »Wenn Ratten hier sind«, sagte er sich, »ist wahrscheinlich auch etwas zu Essen in der Nähe«, und begann, auf allen Vieren den Boden abzusuchen. Im halbverfaulten Stroh entdeckte er schließlich ein paar harte Brotbrocken, die er gierig verschlang. Bald war er, trotz der Nagetiere, die ihr Unwesen weitertrieben, wieder fest eingeschlafen.

Beim Morgengrauen ging die Tür auf. Der Kommandeur stand da, alle seine schwerbewaffneten Männer und die gesattelten Pferde um ihn versammelt.

»Als weißer Kavallerieoffizier wirst du uns zeigen, was du kannst!«

Sedow hatte seit Tagen nichts Vernünftiges gegessen und immer noch keine Hose an. Zusätzlich mit einem Glas Wodka im Magen fühlte er sich nicht besonders wohl, doch gelang es ihm, im Sattel zu bleiben und mit den anderen mitzureiten. Er begriff schnell, daß man ihn zu einer »Strafexpedition« in ein rotes Dorf mitgenommen hatte. Der Kommandeur bat ihn, mit ihm zurückzubleiben und die Männer ruhig machen zu lassen.

Als sie im Dorf ankamen, bemerkte Sedow mit Grauen, daß etwa zehn Männer nackt an Pfähle gebunden waren. Die »weißen Partisanen« schlugen sie mit ihren »Nagaiki« immer stärker auf den Bauch, bis die Eingeweide auf den Boden hingen. Lächelnd ermutigte sie ihr Anführer: »Los, noch etwas!«

Er wandte sich Sedow zu.

»Diese Hunde kriegen doch nur das, was sie verdient haben! Das freut einen doch im Herzen, oder?«

»Natürlich, Kommandant!«

Sedow stimmte zu, weil er keine andere Wahl hatte.

Sonst hätte er sich sehr schnell mit den Gemarterten an einem Pfahl wiedergefunden.

Auf dem Heimweg ritt ihnen ein Kavallerist entgegen und meldete sich beim Kommandeur.

»Wir haben uns geirrt!« schrie er. »Das rote Dorf ist weiter weg! Morgen müssen wir hin.«

Alle Soldaten, der Kommandeur zuerst, brüllten vor Lachen. In der Nacht gelang Sedow die Flucht.

»Das stimmt«, meinte Melnik nachdenklich, »solche Übergriffe sind entsetzlich. Natürlich sind es bloß Banditen, außerhalb jeder Kontrolle. Sie reiten den Weißen Truppen weit voraus, aber ihre Verbrechen schaden unserer Sache.«

Trotz des weißen Vormarsches blieb eine Gegenoffensive der Roten immer zu befürchten, und der Tobolsker Garnisonskommandant, ein alter Oberst, beauftragte Melnik mit der Organisation der Stadtverteidigung.

Da die meisten weißen Soldaten an vorderster Front standen, mußte Melnik an Freiwillige unter den Schülern aus den Oberklassen des Gymnasiums und des geistlichen Seminars appellieren. Die Jungen waren begeisterungsfähig, aber ohne jede Kampferfahrung. Melnik übernahm das Kommando der Einheit, besorgte Waffen, und mit der ihm eigenen Energie begann er mit Training und Ausbildung.

Nach dem Abendessen kehrte Melnik zu seinen jungen Rekruten zurück, die er im Gymnasiumsgebäude zusammentrommelte. Gleb seinerseits nahm den Weg ins Kloster, und ich blieb mit Sedow allein, der mich häufig ans Klavier bat.

Während ich spielte, blieb Sedow neben mir stehen. Wenn ich aufschaute, begegnete ich seinem leuchtenden und sehr zärtlichen, manchmal etwas traurigen Blick. Gegen meinen eigenen Willen verwirrte mich der Charme seines Gesichts, die Anmut seiner Bewegungen. In solchen Augenblicken sprach er kaum; in seinen Augen stand ein Ausdruck schmerzlicher Anbetung, der mir weh tat.

Manchmal wartete er, bis Melnik und Gleb zum abendlichen Tee zurückkehrten. Melnik erzählte vom Tag. Er hatte eine Vorliebe für einen jungen neunzehnjährigen Arbeiter gefaßt, der im Vorjahr wegen Mordes vor Gericht gestanden hatte. Nach einigen Monaten Haft war er wegen seines jugendlichen Alters unter der Auflage entlassen worden, vorzeitig einzurücken und in der Armee zu dienen. Melnik hatte sofort an seinem Eifer und seiner Klugheit Gefallen gefunden.

»Aus ihm mache ich noch einen Scharfschützen«, sagte er.

»Wenn er schon einen Mord hinter sich hat, hat er sicherlich ganz gute Anlagen«, bemerkte Sedow nicht ohne einen Anflug von Sarkasmus.

Eines Tages, Ende September, fand ich bei meiner Rückkehr aus der Schule Melnik allein im Zimmer beim Ausfüllen von Formularen vor.

Ich hatte noch nicht einmal meinen Mantel abgelegt, da stand er schon neben mir.

»Würden Sie mir erlauben, mit Ihnen einen Rundgang durch die Stadt zu machen?«

Ich war ziemlich erstaunt, denn normalerweise ging er nie mit mir aus, andererseits hatte ich überhaupt keinen Grund abzulehnen.

Wir gingen zunächst zum einzigen Platz in der Stadt. Seit dem Krieg war er nicht mehr gepflegt worden und war voll Unkraut und welkem Laub. Im grauen Licht dieses endenden Herbstnachmittags sah er unheimlich aus. Der Boden war mit den Schalen jener rosaroten Rüben übersät, die man in Sibirien wie Äpfel ißt, wobei man die Haut jedoch wieder ausspuckt.

»Das sieht ja ekelhaft aus«, fand ich. »Gehen wir lieber zum Fluß.«

Melnik folgte mir durch die fast menschenleeren Straßen, die zum Irtysch führten. Unterwegs redete er unaufhörlich auf mich ein, sprach von meiner Zukunft, von der Langeweile in dieser kleinen Stadt und von seiner Hoffnung, bald von hier wegzugehen.

»Gleb möchte bald für immer ins Kloster eintreten«, argumentierte er. »Sie werden möglicherweise mit einem Mann zusammenleben, der nicht Ihrem sozialen Rang entspricht. Möglicherweise werden Sie aber doch an ihm hängen . . . «

In naiver Weise warnte er mich vor sich selbst, wagte sich jedoch nicht selbst zu benennen. Seine Rede war umständlich und ungeschickt.

Wir saßen auf dem hohen Ufer, und ich schaute wortlos in das tiefe Wasser des Stromes; auf der anderen Seite verschwand das rostrote Herbstlaub der Wälder im abendlichen Nebel.

Melniks Gerede langweilte mich. Es klang, fand ich, unnatürlich und war ohne Spontaneität. Einen Augenblick lang dachte ich an Sedow, der durch seine Manieren, seine Kultiviertheit unserer Familie wesentlich näherstand, ich dachte an seinen Charme und seine Jugendlichkeit. Dann fiel mir ein, daß Vater mich gebeten hatte, Melnik zu heiraten.

Ihm zu gehorchen, war meine Pflicht.

Da legte ich meine Hand auf seinen Mantelärmel und fiel ihm ins Wort:

»Ich verstehe sehr gut, was Sie mir zu sagen versuchen; ich habe meine Wahl getroffen. Wenn Sie mich heiraten wollen, bin ich einverstanden.«

Wir gaben uns einen ersten, sehr freundschaftlichen Kuß.

Drei Tage nach unserer Hochzeit, kurz vor dem abendlichen Tee, klopfte der Hausdiener der Budischews heftig an unsere Tür. Zwei Knaben in Gymnasiastenuniform und mit umgehängtem Gewehr wollten sofort Melnik sprechen.

»Herr Leutnant«, erklärten sie und unterbrachen sich dauernd gegenseitig, »kommen Sie schnell zum Gefängnis. Eine Meuterei ist ausgebrochen! Die Häftlinge haben das Hauptportal eingedrückt, die Wachen entwaffnet und strömen in die Stadt aus! Jefrem schickt uns, damit Sie Bescheid wissen.«

Jefrem war Melniks junger Schützling, der in seiner Abwesenheit das Kommando hatte.

»Gehen Sie schnell zum Gefängnis zurück, und eröffnen Sie das Feuer!« befahl Melnik. »Ich komme sofort nach.«

Schon war er in seinen Mantel gefahren und rief Gleb zu:

»Rasch! Meine Pistolen und meine Handgranaten!«
Er band seinen Säbel um, befestigte Handgranaten an seinem
Koppel, steckte zwei Revolver in seine Taschen und küßte mich
noch auf der Schwelle, ehe er die Treppen hinunterrannte und
rief:
»Ich melde mich noch telephonisch!«
Wir blieben im Haus zurück, von einer unbeschreiblichen Angst
ergriffen. Wir wußten, daß im Gefängnis dreitausend Häftlinge
einsaßen, alles Rotarmisten, die durch den Vormarsch der Weißen in Gefangenschaft geraten waren. Um die Stadt zu verteidigen, verfügte Melnik nur über knapp hundert junge Burschen,
die kaum mit einer Waffe umgehen konnten.
Wir versammelten uns im Salon, und Frau Budischew ließ den
abendlichen Tee auftragen. Plötzlich Stimmengewirr auf der
Straße, die sonst zu dieser Zeit völlig verwaist war. Wir löschten
die Lampen und schauten hinaus: zwei oder drei Soldaten rannten weg und stießen dabei wilde Schreie aus. Hatte das Massaker
unter den Einwohnern von Tobolsk schon angefangen? Hatten
Melnik und seine Männer dem Ansturm widerstehen können?
Mit Meuterern mußte man auf das Schlimmste gefaßt sein. Doch
verklang das Geschrei in der Nacht.
Eine Stunde ging vorüber, dann eine weitere. Immer noch nichts.
Die Straße war wieder vollkommen leer und ruhig. Endlich,
gegen halb elf klingelte das Telephon. Das konnte nur Melnik
sein.
»Tatjana, bist du's?« hörte ich die ruhige Stimme meines Mannes. »Es ist alles vorbei. Wir haben sie wieder eingesperrt. Ihr
könnt in Ruhe schlafen.«

Als Melnik an Ort und Stelle angekommen war, war unter den
jungen Rekruten bereits Panik ausgebrochen. Die Häftlinge liefen scharenweise aus den Gefängnistoren heraus. Sie hatten
kaum Waffen, außer den wenigen, die sie den Wachen abgenommen hatten, doch schossen sie unaufhörlich.
Sofort gab Melnik seinen Männern den Befehl, sich in zwei
Reihen aufzustellen, um die Meuterer mit dichtem Feuer zu

belegen. Dann rannte er auf das Gefängnis zu und warf eine Handgranate in den Hof. Der Hof war voller Meuterer, die gerade ihren Kameraden folgen wollten. Die Wirkung der Handgranate war verheerend, und minutenlang wagte niemand, aus dem Tor zu treten. Konstantin gab daraufhin den Befehl, auf alle, die bereits entwichen waren, das Feuer zu eröffnen. Scharf schießen, lautete das Kommando, denn die Munition wurde langsam knapp, doch Konstantin war ein ausgezeichneter Schütze und Jefrem unterstützte ihn mit bemerkenswerter Kaltblütigkeit.

Nach dem ersten Augenblick der Panik hatten die Häftlinge wieder Mut geschöpft und begannen wieder aus dem Hof zu strömen. Konstantin und seine Männer liefen Gefahr, einfach überrannt zu werden. Daraufhin warf Melnik eine zweite Handgranate und stürmte mit seiner Abteilung das Gefängnistor. Die Flüchtenden zogen sich in ihre Zellen zurück, um nicht massakriert zu werden.

Die Tobolsker Garnison hatte ihrerseits die Flucht ergriffen, und erst bei Tagesanbruch tauchte der Stadtkommandant, der sich bei Beginn der Meuterei in Richtung auf den Strom zurückgezogen hatte, in der Ortschaft wieder auf.

Ohne es zu wissen, waren wir vor einem Gemetzel bewahrt geblieben.

XXXII
Die Transsibirische Eisenbahn

Den Mann, den ich geheiratet hatte, kannte ich eigentlich nicht. Konstantin Melnik war verschlossen, sprach wenig und gab noch weniger von sich preis. Ich brauchte mehrere Abende in der Intimität, um zu erfahren, wo er herkam, und vor allem, wer er wirklich war.

Wir hatten immer angenommen, er stamme aus jener Bauernschaft, deren sozialen Aufstieg damals Ministerpräsident Stolypin begünstigen wollte, und ich war sehr erstaunt, von ihm zu hören, daß er im Alter von vier Jahren im wesentlichen die Gänse hütete. Seine Eltern waren einfache Muschiks, was sie nicht daran hinderte, sehr reich zu sein, wahrscheinlich reicher als wir. Von seinem Urgroßvater her stammte Konstantin von jenen Saporoger Kosaken ab, deren stürmisches Leben mich damals, als ich in der Stille meines Zimmers in Zarskoe Selo »Taras Bulba« las, noch träumen ließ.

Die Melniks hatten ihr Land in der Nähe der österreichischen Grenze im Gouvernement Wolhynien, man brauchte sechs Tagesritte, um nur einmal herumzukommen. Überall waren Seen und Teiche – über neunzig, wie mein Mann mir erzählte –, überall standen Mühlen: Ihnen verdanken die Melniks wahrscheinlich ihren Familiennamen.

Mit fünf Jahren wurde Konstantin beigebracht, wie man sich auf dem Rücken eines Pferdes hält, damit er zusammen mit seinen älteren Brüdern das Vieh auf der Weide hüten konnte. Als er sieben war, wurde er mit anderen Knaben seines Alters beim Küster eines ziemlich weit abgelegenen Dorfes in Pflege gegeben, um dort ein Mindestmaß an Erziehung zu bekommen. Die Hausordnung dieses etwas absonderlichen Pensionats gefiel meinem künftigen Ehemann nicht: Schon am ersten Abend wurde ihm und den anderen Schülern je eine armselige Strohmatte zugewiesen, die direkt auf dem Boden hinter der Eingangstür aufgereiht waren. Konstantin wartete, bis alle eingeschlafen waren und flüchtete allein in die Nacht. Ihm machten die paar Dutzend Werst zu Fuß bis zum heimatlichen Bauernhaus gar nichts aus.

Niemand war ihm deshalb böse, und die Frau eines seiner älteren Brüder, eine Lehrerin, beschloß, den Jungen zu sich zu nehmen, um ihn auf die Aufnahmeprüfung ins Kiewer Gymnasium vorzubereiten. Im Alter von neunzehn Jahren belegte Konstantin die Naturwissenschaftliche Fakultät und hatte überhaupt keine Schwierigkeiten, in die besseren Kreise der städtischen Gesellschaft aufgenommen zu werden.

Bei Kriegsbeginn meldete er sich freiwillig als einfacher Soldat bei einem Dragonerregiment.

Wie es dann weitergegangen war, wußte ich . . .

Nachdem er Tobolsk vor einem Gemetzel gerettet hatte, begab sich mein Mann nach Omsk, wo er von Admiral Koltschak empfangen wurde.

Das neue russische Staats- und Regierungsoberhaupt ernannte ihn zum Präsidenten des Kriegsgerichtshofes, vor dem sich die Häftlinge, die den Ausbruch aus dem Tobolsker Gefängnis versucht hatten, verantworten sollten. Außerdem sollte Melnik mit der Leitung der Spionageabwehr betraut werden. Dies war ein wichtiges und gefährliches Amt zugleich. Bescheiden war nur das Gehalt, unser Haupteinkommen blieb nach wie vor mein Honorar als Lehrerin am Gymnasium.

Der Kriegsgerichtshof tagte drei Wochen; als Konstantin wieder nach Hause kam, wollte ich es sofort wissen:

»Zum Tode verurteilt, alle zusammen, oder?«

»Keineswegs«, antwortete er ruhig. »Warum glaubtest du, daß ich sie alle zum Tode verurteilen würde? Ich habe schon Menschen mit den eigenen Händen umgebracht, aber nur, weil ich wußte, daß sie, würden sie entkommen, jeden, der ihnen über den Weg liefe, ob Frau oder Kind, ermorden würden.«

Er seufzte tief, ehe er fortfuhr: »Weißt du, wie viel Mann wir in dieser blutigen Nacht umgebracht haben? Zweihundert . . . Meine Leute haben zweihundert Leichen im Gefängnishof ge-

zählt. Ich habe die Handgranaten geworfen . . . Ich habe pausenlos geschossen . . . eine scheußliche Arbeit. Ich hoffe, ich werde
sie nie wieder erledigen müssen. Wenn ich daran denke, daß die
Rädelsführer Stabsoffiziere waren . . . «
Konstantin unterbrach sich einen Augenblick, doch bald redete
er weiter, als spräche er zu sich:
»Diejenigen, die wir verhaftet haben, waren keine Offiziere. Die
meisten waren noch sehr junge Soldaten, die in die Reihen der
Roten Armee gepreßt wurden, um den Vormarsch der Weißen
zu stoppen. Ich habe drei Wochen mit ihnen diskutiert und habe
ihre totale Ignoranz in politischen Dingen festgestellt. Wie sollte
ich jetzt das Herz haben, eine Handvoll Bauern zum Tode zu
verurteilen? Sie sollten hinter Schloß und Riegel bleiben, weiter
nichts!«
Später mußte mein Mann die Verhaftung einiger Individuen
verfügen, die durch Verteilung von Flugblättern und Broschüren
bolschewistische Propaganda betrieben hatten. Jefrem brachte
die Beschuldigten in unsere Wohnung bei Budischews, die Ver-
höre fanden in unserem Wohnzimmer statt. Alles ging friedlich
zu, ohne Schläge oder sonstige Brutalitäten. Meistenteils
brauchte Konstantin nicht einmal lauter zu werden. Die eisige
Kälte seines Blickes reichte aus, um die Angeklagten erstarren zu
lassen.
Viel eher war es jedoch Jefrem, der mir das Blut in den Adern
gerinnen ließ, als die Bolschewiken.

»Tatjana, Sie müssen unbedingt kommen«, rief mir Fräulei Bitner zu, der ich im Gymnasium im Gang begegnet war. »Es sieht
so aus, als wären Nastinka Hendrikova und Fräulein Schneider
von den Kommunisten ermordet worden!«
Ich dachte keine Sekunde nach und ließ meine Schüler stehen.
Fräulein Bitner, stark erschüttert, erklärte mir, was ihr Wolkow,
der Kammerdiener der Kaiserin, der eben in Tobolsk eingetroffen war, sogleich erzählt hatte.
Wie wir es schon von Gilliard wußten, waren Fürst Dolgoruki,
General Tatischtschew, die Gräfin Hendrikova, Fräulein Schnei-

der und der Diener Wolkow bei ihrer Ankunft in Jekaterinburg nicht ins Haus Ipatjew zugelassen worden, sondern kamen gleich ins Gefängnis. Als die Weiße Armee vor der Stadt stand, verlegten die Kommunisten alle Gefangenen mit Ausnahme der Generale nach Perm.

Sie verblieben dort zwei Monate und mußten ein Verhör nach dem anderen über sich ergehen lassen. Eines Morgens, Ende August 1918, wurde ihnen mitgeteilt, daß sie wieder weiter verlegt werden sollten, daß ihnen aber ein langer Marsch zu Fuß bevorstünde. Zehn Personen etwa, lediglich von zwei bewaffneten Rotgardisten begleitet, traten in Zweierreihen aus dem Gefängnistor, die Frauen an der Spitze. Die kleine Gruppe durchquerte die Stadt und gelangte auf die Landstraße, ehe sie an einen Waldsaum kam.

Schlagartig begriff Wolkow, was geschehen würde. Sie sollten erschossen werden! Da er der letzte in der Kolonne war, beschloß er, sein Glück zu versuchen, und setzte alles auf eine Karte.

Er begann, langsamer zu werden, während die Gruppe einen unbefestigten Weg entlangging. Er nutzte einen Moment der Ablenkung bei den Rotgardisten aus, tat so, als stolpere er, sprang plötzlich in einen Busch hinein, stand sofort wieder auf und lief um sein Leben. Die Soldaten schossen auf ihn, doch kein Geschoß traf Wolkow in seinem verzweifelten Lauf.

Einige Minute später vernahm er eine Reihe von Gewehrschüssen. Das Massaker hatte begonnen. Ein gellender Schrei voller Verzweiflung drang bis in den dichten Wald hinein. Wolkow blieb im Laufen stehen und bekreuzigte sich.

Er hatte Nastinka Hendrikovas Stimme erkannt.

Wieder einmal versenkte ich mich ins Gebet. Wieder einmal hatte ich das seltsame Gefühl, daß es unnütz war, doch nahm ich alle meine Kraft zusammen, um die Ahnungen, die mich befielen, zurückzudrängen. Nein, nicht Vater! Nicht der Kaiser! Und der kleine Zarewitsch, die Großfürstinnen nicht, deren helles Lächeln vor meinem geistigen Auge stand!

Als Gleb die furchtbare Nachricht erfuhr, beschloß er, ins mönchische Leben einzutreten und sich endgültig ins Kloster zurückzuziehen. Ich war wie erschlagen. Ich versuchte, ihn zu überreden, doch noch ein wenig zu warten. Der Sieg der Weißen Armee würde bald endgültig sein. Alles würde wieder wie früher sein, und Vater würde seinen Platz unter uns wieder einnehmen. Alle wieder vereinigt, würden wir unser herzliches Familienleben führen, und er würde einen solchen Entschluß dann bitter bereuen. Es nützte nichts. In letzter Instanz und um weitere Argumente verlegen, wandte ich mich an meinen Mann:

»Tue irgend etwas, um Gleb daran zu hindern, einen solchen Unsinn zu begehen! Dieses Kloster ist entsetzlich, und die Mönche sehen alle wie Strauchdiebe aus. Sprich mit Gleb, auf dich wird er hören.«

»Laß ihn tun, was er will«, erwiderte Konstantin. »Wie du sehr richtig sagtest, dieses Kloster ist entsetzlich. Sei unbesorgt, dort wird Gleb nicht lange bleiben. Dein kleiner Bruder hat keine Ahnung von den Schwierigkeiten dieses Lebens, und im Innern seiner selbst versuchte er auch gar nicht, sie kennenzulernen. Er wird sehr schnell zu uns zurückkehren, ehe er noch sein Gelübde ablegt.«

Konstantin hatte sich nicht geirrt. Keine drei Tage nach seinem Weggang kehrte Gleb wieder heim. Er erzählte uns, der Abt habe von ihm eine schriftliche Erklärung seiner Loyalität gegenüber der gegenwärtigen Regierung in Sibirien mit Admiral Koltschak an der Spitze verlangt. Als Monarchist hatte Gleb abgelehnt, und man hatte ihm bedeutet, daß er unter diesen Bedingungen niemals Mitglied der Klostergemeinschaft werden könne. Diese Erklärung kam uns reichlich seltsam vor, doch taten wir so, als nähmen wir sie ernst. Ein paar Tage später erfuhren wir, daß sich im Kloster ein Skandal ereignet hatte. Es war ein Mönch ermordet worden. Die Untersuchung zeigte, daß es sich um ein Verbrechen im Affekt handelte. Der Mörder – ein anderer Mönch – war der »Liebhaber« des Opfers!

Mein Mann hatte recht: Von den Schwierigkeiten des Lebens hatten wir keine Ahnung . . .

»Ein Brief! Ein Brief von Sedow!« rief Gleb und drückte ihn mir in die Hand.

Ich riß sofort den Umschlag auf und begann, laut vorzulesen.

Sedow teilte uns mit, er sei nun in Wladiwostok. Unterwegs hatte er sich in Omsk erkundigt, wie er wieder zu seinem Krimkosakenregiment kommen könne, das in General Denikins Weißer Armee in Südrußland kämpfte. Er wurde nach Wladiwostok beordert, einer Hafenstadt, in der ein Stellvertreter Admiral Koltschaks, General Chorwat, das Kommando hatte. In seinem Büro hatte Sedow einen jungen Offizier kennengelernt, der ihm erklärt hatte:

»Wenn Sie sich schnellstens nach Südrußland einschiffen wollen, wenden Sie sich an Oberst Botkin. Er kennt alle unsere Generäle und arbeitet mit den Engländern zusammen.«

»Welcher Oberst Botkin?« fragte Sedow, der nicht alle Mitglieder unserer Familie kannte.

»Es gibt nur einen«, antwortete ihm der Offizier. »Der Bruder des kaiserlichen Leibarztes.«

So tauchte der liebe Onkel Vikar in unserem eintönigen sibirischen Leben wieder auf.

»Schreiben Sie ihm sofort«, riet uns Sedow. »Ihr Onkel hat hervorragende Beziehungen und ist bestens geeignet, euch zu helfen.«

Gleb schrieb ihm sofort einen Brief, ich tat das gleiche. Wir warfen unsere Briefe in zwei verschiedene Postkästen ein. Sollte einer verlorengehen, würde der andere möglicherweise doch ankommen.

Die militärische Lage verbesserte sich von Tag zu Tag. Trotz des schwierigen Winters war die sibirische Weiße Armee, die in der Hauptsache aus Freiwilligen-Regimentern bestand, immer noch auf dem Vormarsch. Sie war über den Ural vorgestoßen und näherte sich der Wolga.

In dieser Region war das Klima nicht so streng wie in Sibirien, es gab auch mehrere Eisenbahnlinien, das alles erleichterte die militärischen Operationen. In aller Munde waren die Waffentaten der tschechischen Bataillone unter einem ihrer Generäle, Gajda; aber auch von einem Russen, Stepanow, war die Rede. Das war jener Stepanow, den ich im Lazarett des Katharinenpalais selber gepflegt hatte!

Die Nachricht schlug wie eine Bombe ein: Stepanow hatte eben Kasan erobert! Kasan . . . In diese Stadt hatte noch vor der Abdankung Nikolaus' II. die Staatsbank den persönlichen Schatz der Zaren evakuieren lassen. Von nun an war die heilige Stadt an der Wolga und das Geld der Zaren in den Händen der Weißen. In unseren Händen!

Am 20. März 1919 bekamen wir endlich die Nachricht, auf die wir so sehr gewartet hatten. General Iwanow-Rinow, Militärsbefehlshaber in Wladiwostok, bat meinen Mann, sich ihm zur Verfügung zu stellen. Onkel Vikars Name tauchte zwar nirgends auf, doch wir wußten, daß dieser Befehl das Ergebnis seiner Bemühungen darstellte.

Im Passierschein wurden vier Personen genannt: Leutnant Melnik, seine Ehefrau, geborene Botkin, deren Bruder, Gleb Botkin, sowie Wolkow. Warum Wolkow? Wir wußten es nicht, doch war das Dokument völlig amtlich.

Die Reise war nicht einfach. Wir sollten auf Schlitten bei einer Temperatur von fünfzehn bis zwanzig Grad unter Null bis nach Omsk kommen. Wir durften uns also nicht mit unnützem Gepäck belasten, und ich verkaufte alles, was ich losschlagen konnte, einschließlich meiner Lieblingsbücher.

Die Budischews liehen uns warme Pelzmäntel, und an einem schönen März-Morgen machten wir uns auf den Weg. Zusammen mit Konstantin nahm ich im ersten Schlitten, dem geräumigsten, Platz, während Gleb und Wolkow in den zweiten einstiegen.

Omsk lag mehr als dreihundert Werst entfernt, das bedeutete annähernd drei Tagesreisen. Die Tatsache, daß der Kammerdiener der Kaiserin zu uns gestoßen war, hatte mir Mut und Hoffnung wiedergegeben. Ich sagte mir, daß Wladiwostok nur eine Etappe sein würde. Vater und die kaiserliche Familie warteten wahrscheinlich schon irgendwo im Ausland auf uns . . .

Nicht ein Baum. Nicht ein Strauch. Nur die endlose Eiswüste.

Schnee, Schnee und nochmals Schnee, soweit das Auge reichte, von einer höllischen, dunklen Malvenfarbe unter der weiten, sternenbesäten Himmelskuppel, glänzend weiß unter der eisigen morgendlichen Sonne.

Nach mehreren Stunden unterwegs hielten wir ein paar Minuten in einer einfachen Isba, die als Poststation diente, um die Pferde zu wechseln, ein paar sibirische »Pelmeni« zu essen und heißen Tee zu trinken. Kaum saßen wir wieder auf unseren Plätzen, da wandte sich der Kutscher an uns:

»Bald werden wir tauchen müssen! Bis heute abend wird es dreimal passieren. Halten Sie sich bloß fest. Vor allen Dingen, Herr Offizier, vergessen Sie nicht, das kleine Frauchen ganz festzuhalten!«

»Was nennen Sie denn ›tauchen‹?« fragte Konstantin.

»Wir müssen Flüsse überqueren«, erklärte der Mann. »Brücken gibt es nicht, und von einem Ufer zum anderen liegt der Schnee meterdick auf dem Eis. Da muß man die Pferde mit voller Geschwindigkeit hineinjagen, damit man nicht auf Grund bleibt.«

Er setzte sich knapp auf den Rand seines Sitzes, um noch rechtzeitig abspringen zu können, wenn der Schlitten umkippen sollte, und mit aller Kraft peitschte er die Pferde, die unter wildem Glöckchengeklingel losrasten.

»Wir sind gleich da«, brüllte er. »Festhalten!«

Die Troika jagte in wahnwitzigem Tempo den Abhang hinunter und kam im selben Tempo auf der anderen Seite wieder herauf.

Auf dieser Reise sind wir gut ein dutzendmal so »getaucht«. Wenn der Flußgraben nicht allzu breit war, hatte man, beim »Wiederauftauchen«, den Rücken der Pferde senkrecht vor sich stehen. Das war ein seltsamer Anblick, doch im Grunde fand ich ihn eher lustig.

Für meine Begriffe fingen die Reiseschwierigkeiten erst bei Anbruch der Dunkelheit an. Die meisten Poststationen waren verwahrlost und übel beleumdet; unsere Kutscher zogen es vor, bei reichen Bauern anzuklopfen, wenn wir übernachten wollten. Doch nicht alle waren damit einverstanden: Immerhin waren wir, zusammen mit den beiden Kutschern, zu sechst unterwegs.

Wenn wir endlich gastfreundliche Menschen gefunden hatten, konnten sie uns häufig, auch beim besten Willen, keine Zimmer geben. Konstantin war so klug gewesen, sein Feldbett mitzunehmen, und ich kuschelte mich, so gut es ging, bei ihm ein. Wir waren zwar beide mager, trotzdem war es mit dem Platz recht knapp! Wolkow, Gleb und die Kutscher suchten sich in der Scheune eine Schlafstätte.

Wir dachten sowieso nur ans Schlafen, und kaum lagen wir, schliefen wir ein, noch ganz benommen vom raschen Gleiten der Schlitten.

Am Morgen des vierten Tages waren wir in Omsk. Wir begaben uns sofort zum Amtssitz der Französischen Mission, wo Gilliard auf uns wartete.

Mein Mann ließ uns bei ihm und begab sich zum Stab von Admiral Koltschak. Er kam entzückt wieder zurück: In dem Nachmittagszug nach Tschita, wo wir in Richtung Wladiwostok nochmals umsteigen mußten, war ein ganzer Eisenbahnwagen für uns alle reserviert.

Doch war die Enttäuschung groß, als wir am Bahnhof eintrafen. Unser Zug war ein gewöhnlicher Güterzug, der manchmal als Truppen-, manchmal als Kohletransport eingesetzt wurde. Mitten in unserem Viehwagen stand ein kleiner Holzofen, und breite Bettgestelle waren, vermutlich für den Fall eines Truppentransports, an den Seiten aufgestellt worden. Alles war mit einer dicken, klebrigen schwarzen Staubschicht bedeckt. Um ins Innere zu gelangen, waren echte Akrobatenstücke nötig, denn ein Trittbrett gab es nicht. Ebensowenig wie Wasser oder eine Toilette.

Konstantin und Wolkow legten unser Gepäck auf eines der unteren Bettgestelle, schlafen sollten wir eine Etage höher.

Leider waren wir liebenswürdige Menschen, denn obwohl der Wagen für uns reserviert worden war, hatten wir nicht das Herz, andere Reisende, die uns um Platz baten, zurückzuweisen. Bald hatten wir einen betagten Oberst und seine Frau, zwei weitere Ehepaare mit zwei großen Kindern und schließlich einen jungen Mann an Bord, der neben Wolkow Platz nahm.

Die Reise sollte zwölf Tage dauern. Unsere Weggenossen waren nicht sehr anspruchsvoll, im Gegenteil: Die Frau des Obersten lieh uns sogar ihren Wasserkessel und ihre Tassen, denn außer Zahnputzgläsern hatten wir keinerlei Geschirr bei uns.

Sobald der Zug irgendwo in einen Bahnhof einlief, mußte man schnellstens hinaus, um Proviant und Wasser zu organisieren. Auch seine Rechte mußte man energisch verteidigen, denn die Züge verkehrten nur spärlich, und die Eisenbahnwagen wurden jedesmal regelrecht gestürmt.

»Nehmen Sie bitte meine arme Mama mit!« jammerte ein schon älterer Bauer und krallte sich in Melniks Pelzmantel fest.

»Wo ist sie denn, deine Mama?« fragte mein Mann. »Wo soll sie denn hin?«

»Hier ist sie, hier ist sie, die Mama . . . Nehmen Sie sie mit, Herr Offizier, ich flehe Sie an!«

Der Bauer schob ein Bündel alter verschmutzter Decken in Konstantins Arme, aus dem ein zahnloser Schrumpfkopf mit zwei kleinen, völlig ausdruckslosen Augen herausragte.

»Nee, nee, deine Mama nehme ich nicht mit«, rief Konstantin. »Kümmere du dich um sie und nimm einen anderen Zug!«

Und sehr schnell hatte er die Tür des Viehwagens zugeschoben.

»Hast du das gesehen!« fragte er mich. »Sie war schon halb tot, und nun wollte er sie in den Zug verfrachten, um dem Ärger mit dem Todesfall und den Formalitäten für die Beerdigung aus dem Weg zu gehen!«

Ich nehme an, daß die Militärbehörden in Tomsk Melnik noch rechtzeitig gewarnt hatten. Hochgewachsen und mit energischer Miene ging er auf dem Bahnsteig auf und ab und wurde stets für den militärischen Konvoiführer gehalten.

Im Gebiet, durch das wir fahren sollten, wimmelte es von roten Partisanen. Von nun an sollte unser Zug langsamer fahren, voraus fuhr ein Panzerzug voller Soldaten. Die Roten kannten kein Erbarmen. Auf Skiern kamen sie aus den Wäldern, überfielen Dörfer und Bahnhöfe, montierten die Geleise ab und griffen die Züge an.

Sofort nahm Melnik die Verteidigung des Konvois in die Hand. Er ging in jeden Wagen, zählte alle kampffähigen Männer, vor allem die Offiziere, stellte jeden an seinen Posten und gab ihm einen Auftrag, falls es zum Kampf kommen sollte.

Der Zug setzte sich wieder in Bewegung, und ich schaute ununterbrochen durch eine Lücke zwischen zwei Wagenplanken. Das, was ich sah, ließ mich vor Entsetzen erstarren: An jedem Telegraphenmast entlang der Eisenbahnlinie baumelte die Leiche eines Mannes an einem langen Strick. Am Ärmel der Gehenkten prangte noch eine rote Armbinde.

Ich schloß die Augen. Russen mußten nun andere Russen henken! Es gibt nichts Grausameres als einen Bürgerkrieg.

Die Gehenkten und der Panzerzug hatten einen ausreichend starken Eindruck hinterlassen: Die Roten ließen sich nicht sehen, und wir kamen ohne Verzögerung in Tschita an.

Die Gegend war sicher, sie stand unter der Kontrolle Semenows, eines gefürchteten Kosakenatamans, dessen Herrschaft sich fast über die gesamte Mandschurei erstreckte.

Wir stiegen um und reisten diesmal in Abteilen zweiter Klasse, da konnten wir uns endlich waschen und ausruhen. Wir hatten April. Die Luft war mild, fast frühlingshaft, es fehlte nur wenig, und wir hätten fast das Gefühl gehabt, glücklich zu sein.

Kaum waren wir in Wladiwostok angekommen, nahmen wir die erstbeste Droschke und fuhren zu Onkel Vikar.

Mit nur schwer unterdrückbarer Emotion sah ich dem Wiedersehen mit einem Familienmitglied entgegen, das Zeuge unseres glücklichen Lebens gewesen war, und so stieg ich, von meinen drei Begleitern gefolgt, die Stufen zur Eingangstür eines bescheidenen Holzhauses hinauf. Die Tür ging auf, und Vikar stand vor mir. Er hatte seine Dragoneruniform gegen Zivilkleidung getauscht. Er sah alt aus, seine Gesichtszüge waren zerfurcht, seine Miene drückte Schmerz und Verletztheit aus.

»Meine Kinder«, stammelte er. »Kommt, kommt schnell rein . . .«

Wir traten in ein kleines Zimmer ein, das wohl als Eßraum diente.

»Endlich sehe ich euch mit eigenen Augen«, sagte er und ergriff Glebs und mein Handgelenk. »Es ist gut, euch hier zu haben, ihr Armen, ihr Lieben . . . Glaubt mir, ich werde mein Möglichstes tun, um euch, so gut es geht, den Vater zu ersetzen . . . «

Ich fuhr auf.

»Ist etwas mit Vater passiert? Wo ist er?«

Onkel schaute mich völlig entgeistert an.

»Du weißt es also nicht!«

Ich ahnte das Schlimmste und schrie fast auf:

»Was weiß ich nicht?«

Was dann geschah, läßt sich in meinem Gedächtnis nicht ganz rekonstruieren. Ich weiß nur, daß ich nicht geweint habe, daß ich es weder Gleb noch Konstantin übel genommen habe, daß sie mir über acht Monate lang die schreckliche Wahrheit verheimlicht hatten. Nicht eine Einzelheit des Gemetzels wurde mir erspart: Der Zar, gegen Mitternacht geweckt: der langsame Marsch durch die Gänge und über den Hof des Hauses Ipatjew; mein Vater, der dem Kaiser vorschlug, den Zarewitsch zu tragen, und ihn dabei zum letzten Mal in seinem Leben »Majestät« nannte; das unheimliche Zimmer im Erdgeschoß; Nikolaus II., der zusammen mit Alexej mitten im Zimmer auf dem Boden saß, mein Vater, der hinter beiden stand; das Gespräch mit Jurowski: »Wir müssen euch erschießen – Wie bitte? So ist es!« . . . Und die Schüsse . . . Und das Jammern der Frauen . . . Und die Bajonettstiche, um den Verletzten den Gnadenstoß zu versetzen . . . Das alles hörte ich mir tränenlos an.

»Hier werde ich für deinen Mann eine gute Stellung finden«, sprach Vikar weiter. »Ich werde euch in dem Zug unterbringen, den General Chorwat vorläufig selbst bewohnt . . . Selbstverständlich könnt ihr alle Mahlzeiten hier zu Hause einnehmen . . . «

Vikar redete und redete. Ich hörte ihm kaum zu. Ich erinnere mich nur an die schreckliche Lähmung, die mich befiel. Diese entsetzliche Last . . . Es war so, als wäre ein riesiger Felsen auf mich gefallen. Ich rang nach Luft, wie paralysiert. Unfähig zu reagieren, hatte ich nicht einmal die Kraft zu weinen.

Ich brach erst später in Schluchzen aus, als ich mich allein mit meinem Mann, im Zuge General Chorwats unbequem untergebracht, wiederfand. Ich habe dann so geweint, daß Konstantin mich zur Vernunft rufen mußte. Dann habe ich aufgehört und meine Not in mich, ganz tief hinein vergraben. Ich bin sie nie wieder losgeworden. Sie blieb mir treu, Jahr um Jahr, tief in mir verankert, bis ich mich an sie gewöhnt hatte. Und sie ist heute noch da . . .

Ich konnte diese Schreckensvisionen nicht aus meinem Kopf vertreiben. Ich sah Vater, wie er sich vor den Kaiser stellte, und, von einer Kugel ins Herz getroffen, wie ein Baum umfiel . . . Ich hörte Anna Demidowas Geschrei, wie sie durch das Zimmer rannte und sich mit einem Kissen zu schützen versuchte: »Nein, nicht mich, bitte nicht mich, nein!« Ich stellte mir Anastasias Schmerzen vor, als die Tschekisten mit ihren Bajonetten immer wieder auf sie einstießen: Sie war so alt wie ich . . . Ich sah, wie die Großfürstinnen noch einen letzten Blick miteinander tauschten, ich sah die zarte Gestalt des Zarewitsch, als er mit einem Revolverschuß getötet wurde . . . Nein, es war zu schrecklich, ich erlebte ihren Tod viel schlimmer, als wenn ich selbst dabei gewesen wäre . . .

Warum war ich nicht mit meinen Lieben gestorben? Ich hatte nur noch ein Verlangen. Es ergriff von mir Besitz, herrisch und quälend zugleich: Ich wollte zu ihnen! Mit ihnen im Tod vereint sein! Trotz meines tiefen Glaubens dachte ich nur noch an Selbstmord.

Dann geschah das Wunder. Ich stellte fest, daß ich ein Kind erwartete. Ich durfte nicht mehr an mich allein denken. Ich mußte leben.

Vater hatte es mich gelehrt: Selber leben, um Leben weiterzugeben . . .

XXXIII
Letztes Requiem

Alle ausländischen Militärmissionen hatten in Wladiwostok
Quartier bezogen: Die Engländer, Amerikaner, Japaner, Franzosen, Polen, Italiener, Jugoslawen, Tschechen standen neben
Chinesen, die schon lange am Pazifischen Ozean seßhaft waren
und deren ungezählte Dschunken in der Bucht sanft im Wasser
hin- und herschaukelten. Bei soviel Nationalitäten, soviel Uniformen, die man auf der Straße sah, hatte ich oft den Eindruck, in
einer internationalen Hafenstadt zu sein.
Langsam nahm unser Leben wieder Gestalt an. Wir hatten eine
kleine Wohnung ausfindig gemacht, und da wir nicht viel Geld
hatten, hatte ich wieder mit Unterricht begonnen. Meine Schüler
waren diesmal japanische Offiziere. Am Anfang hatte ich nur
einen einzigen: Hauptmann Tsutsida. Doch bald bat er mich, zu
seinem Stab mitzukommen, um einer ganzen Gruppe von Offizieren Russisch-Unterricht zu geben. Gleb war Zensor für Auslandspost im Zentralpostamt geworden. Konstantin leitete, im
Rahmen seiner Aufgabe, bolschewistische Umtriebe aufzuspüren, das russische Offiziersgefängnis.
Eines Tages kehrte er sehr besorgt nach Hause:
»Solowiow ist hier«, teilte er mir mit.
»Das ist entsetzlich! Was wirst du tun?«
»Ich werde ihn einsperren! Ich bin überzeugt, daß er die Flucht
des Zaren damals vereitelt hat. Indem er Rasputins Tochter
heiratete und sich an die Spitze einer angeblichen monarchistischen Verschwörung setzte, hat er alle Kaisertreuen angezogen
wie das Licht die Motten, um sie danach besser zu neutralisieren.
Ich muß beweisen, daß er ein Agent der Tscheka ist . . . «
Wenig später führte Melnik eine Durchsuchung bei Rasputins
Schwager durch. Es wurden Unmengen kompromittierender Dokumente gefunden, und der Mann kam ins Gefängnis. Leider
konnte Konstantin ihn nicht ewig festhalten. Er mußte abgeurteilt werden, und in Wladiwostok hatten die Militärbehörden

keine zivilen Befugnisse. Die ausländischen Missionen ihrerseits würden niemals eine derart heikle Sache übernehmen wollen.

Melnik hatte daraufhin einen Einfall, der uns die Lösung des Problems zu sein schien. Er schickte Solowiow unter starker Bewachung nach Tschita zum Ataman Semenow in der Überzeugung, das Oberhaupt der Kosaken würde mit einem Verräter nicht lange fackeln und ihn gebührend bestrafen. Niemand vermutete jedoch, daß auch der schreckliche Ataman seine Schwächen hatte. Eine davon hieß Mascha, sie sang in einem Kabarett und war die beste Freundin von Rasputins Tochter Maria Solowiow.

Dem Agenten der Tscheka, der alle Versuche, den Zaren zu befreien, vereitelt hatte, gelang es also, sein Leben zu retten . . .

Im November 1919 mußte ich mit meinem Unterricht bei den Japanern aufhören. Nach Meinung des Arztes sollte das Kind Anfang Januar zur Welt kommen, und ich konnte die langen Strecken mit der Straßenbahn nicht mehr bewältigen.

Doch unsere Situation erlaubte es mir auch nicht, gänzlich auf Arbeit und Erwerb zu verzichten; so nahm ich eine Stelle als Sekretärin bei der britischen Militärmission an. Ich war genötigt, zu Fuß zur Mission zu gehen, und die Kälte war entsetzlich: Minus dreißig Grad, manchmal fünfunddreißig! Auf den Straßen wurde nicht gestreut, und die Bürgersteige waren richtige Eispisten. Ein schrecklicher, vom Pazifik her wehender Sturm fegte den Schnee zuhauf und verschlug einem den Atem.

Mein Arzt irrte sich: Bereits am 20. Dezember gegen Mittag brachte ich mein erstes Kind zur Welt. Es war ein gesundes kleines Mädchen. Sein Vater bestand auf dem Namen Tatjana.

Wenn mein Mann abends zur Wachablösung ins Gefängnis mußte, gab er dem Baby einen Kuß, dann steckte er einen geladenen Revolver unter das Kopfkissen.

»Wenn sich ein Unbekannter meldet, schieß als erste!« ermahnte er mich. »Hab keine Hemmung und töte ihn!«

Es war im Jahr 1919. Ich war gerade zwanzig Jahre alt.

Die rote Bedrohung kam täglich näher trotz des heldenhaften Kampfes, den General Kapell und seine sechzehnjährigen Soldaten gegen sie führten. Seit November schon war Omsk von den Bolschewiken wieder besetzt. Admiral Koltschak, seine Regierung und der Reichsschatz hatten in einem Sonderzug die Stadt verlassen. Am 15. Januar 1920 kamen sie in Irkutsk an, doch waren die Roten schon vor ihnen in die Stadt eingerückt. Der Admiral und sein Ministerpräsident wurden augenblicklich verhaftet. Am 7. Februar 1920 wurden sie ohne Prozeß erschossen.

»Hörst du? Maschinengewehre . . . «
Melnik war mit einem Sprung aufgestanden.
»Lauf du zu Onkel Vikar und frage ihn, was los ist«, wies er meinen Bruder an.
Eine knappe Viertelstunde später war Gleb wieder zurück.
»Die Roten sind schon in der Stadt und fangen an, weiße Offiziere zu verhaften!« sagte er. »Wir müssen sofort zu unserem Onkel. Er steht unter britischem Schutz, bei ihm wird uns niemand verhaften können.«
Melnik zog sich Zivilkleidung an, und wir rannten zu Onkel Vikar hinüber. Nach dem Mittagessen beschloß Konstantin, in unsere Wohnung zurückzukehren, um ein paar Sachen mitzunehmen. Eine Stunde später war er zurück, und sein Bericht stürzte uns in die größten Sorgen.
Er hatte kaum mit dem Einpacken einiger Habseligkeiten begonnen, da hörte er plötzlich schwere Tritte auf dem eisharten Boden. Durch ein offenes Seitenfenster erblickte er mehrere bewaffnete Soldaten mit roten Armbinden. Als sie an der Haustür klingelten, fragten sie laut, ob jemand Leutnant Melnik gesehen habe. Unser Haus hatte zwei Eingänge, und Melnik, der von Glück sagen konnte, hatte all das Gepäck stehen lassen und war über den Hof geflüchtet.
Mein Onkel beschloß, daß meine Tochter und ich bei ihm bleiben sollten. Gleb und Konstantin dagegen sollten beim britischen Hochkommissar, Hodgson, übernachten. Dort waren sie in Sicherheit, jedenfalls vorläufig.

Die Roten nahmen sich die Frechheit heraus, zweimal bei Onkel Vikar das Haus zu durchsuchen und gaben immer das gleiche Motiv an:

»Wir suchen Leutnant Melnik!«

Während sie alle Zimmer durchwühlten, blieb ich in einer Ecke mit meinem Baby auf dem Schoß, das Schlimmste befürchtend, aber jedesmal gingen sie wieder, wie sie gekommen waren.

Onkel Vikar hatte große Angst um mich, und eines Abends sprach er davon vor Mrs. Hodgson. Einer der Hausdiener hörte zu. Es war Schurawski, ein ehemaliger Hofbediener, der den Zaren und meinen Vater immer hochgeschätzt hatte.

Als Onkel Vikar wieder auf den Gang hinausging, trat Schurawski an ihn heran:

»Entschuldigen Sie, Herr Oberst«, sagte er, »aber ich habe eben mitgehört, wie Sie von Ihrer Nichte sprachen. Wenn sie es annehmen will, können wir sie in unserem Zimmer unterbringen.«

»Aber Schurawski, Sie haben doch selbst eine große Familie«, erwiderte mein Onkel.

Der brave Mann lächelte.

»So groß nun auch wieder nicht. Zwei Töchter und ein Junge. Ich werde bei einem Freund schlafen, meine Frau wird den Jungen in ihr Bett nehmen, so daß ein Bett für Ihre Nichte und ihre kleine Tochter freibleibt. Bei uns wird sie in Sicherheit sein. Die Roten durchsuchen hier nicht . . . «

Ich nahm mit großer Dankbarkeit das Angebot des ehemaligen kaiserlichen Bedienten an, und heute noch kann ich nicht ohne Rührung an diese rücksichtsvollen und gütigen Menschen denken. Sie bewahrten meine kleine Tochter vor dem sicheren Tod: In meiner Unerfahrenheit hatte ich nicht bemerkt, daß ich keine Milch mehr hatte. Mein Baby wurde immer magerer, und ohne Frau Schurawski wäre jede Rettung zu spät gekommen.

Die Schurawskis lehnten jede Geldzuwendung strikt ab. Saß ich noch am Tisch, wenn Schurawski von der Arbeit nach Hause kam, gab er mir immer einen respektvollen Handkuß und setzte sich anschließend abseits auf einen Schemel.

Trotz Prüfungen ändert man seine Erziehung nicht ohne weiteres, und heute noch spüre ich Gewissensbisse, daß ich ihn niemals aufgefordert habe, neben mir am Tisch Platz zu nehmen . . .

»Du hast gute Beziehungen zu den Japanern«, meinte eines Tages Onkel Vikar zu mir. »Ich weiß aus sicherer Quelle, daß sie ganze Familien und viele Offiziere evakuiert haben. Geh zu ihnen und versuche, sie davon zu überzeugen, daß sie etwas für euch tun sollen . . . «

Ohne große Begeisterung begab ich mich zur japanischen Militärkommission. Zu der Zeit, als ich Hauptmann Tsutsida noch Russisch-Unterricht gab, hatte er mich selbst einmal um einen Dienst gebeten:

»Wir wissen, daß Ihr Onkel ausgezeichnete Beziehungen zu den Engländern sowie zu gewissen russischen Generalen unterhält. Wir wissen überdies, daß er viele Leute empfängt. Könnten Sie uns gelegentlich erzählen, was am Tisch so alles gesagt wird?«

Natürlich hatte ich nichts dergleichen getan. Der Hauptmann empfing mich sehr freundlich, doch als ich ihm den Zweck meines Besuches erklärte, erwiderte er und lächelte mich dabei weiterhin charmant an:

»In der Tat, die Japaner helfen den Weißen Russen sehr. Aber nur denjenigen, die seinerzeit für uns gearbeitet haben . . . «

Ich bedachte Hauptmann Tsutsida mit einem ebenso charmanten Lächeln und zog mich wortlos wieder zurück.

Als ich durch den langen Korridor im Gebäude der japanischen Mission ging, bemerkte ich hinter den verglasten Türen eines großen Salons zahlreiche russische Offiziere, die traurig und ratlos im Raum hin- und hergingen. Plötzlich sah mich einer von ihnen und stürzte an die Tür: Es war der junge Leutnant, der meinem Mann bei Solowiows Verhaftung geholfen hatte. Mit flehender Miene begann er zu gestikulieren und mir unverständliche Fragen zu stellen, auf die ich keine Antwort hatte. Er versuchte, die Tür aufzubekommen, doch sie war zugesperrt. Viele Offiziere kamen ihm zu Hilfe und rüttelten, hinter der Glasscheibe zusammengepreßt, an der Türklinke, doch ohne Erfolg. Ich fühlte mich zutiefst gedemütigt, russische Offiziere wie

Raubtiere im Käfig eingesperrt zu sehen. Beim Gedanken, auch mein Mann hätte diesen demütigenden Arrest über sich ergehen lassen müssen, freute ich mich über meinen Mißerfolg und sah es lieber, daß er jeden Tag von neuem das Versteck wechseln mußte.

Ich setzte meine Bemühungen fort: noch einmal bei den Japanern, dann bei den Franzosen, schließlich bei den Italienern. Überall stieß ich auf die gleiche freundliche Ablehnung: Niemand wollte uns aus Sibirien wegbringen.

Eines Abends saß ich allein bei Schurawski im Zimmer, als Gleb zur Tür hereinkam. Er legte sich auf mein Bett und teilte mir völlig ruhig mit:

»Ich verlasse heute nacht Wladiwostok nach Japan auf einer kleinen japanischen Jacht, zusammen mit den Kazem-Beks. Ich lasse alle meine Sachen hier zurück und nehme nur ein paar Erinnerungsstücke mit.«

Ich war sehr betroffen, doch versuchte ich, mir nichts davon anmerken zu lassen. Gleb stand auf. Ich glaube, wir haben uns nicht einmal einen Kuß gegeben.

Uns reichte ein langer Abschiedsblick. Wir wußten noch nicht, daß wir uns nie wiedersehen würden.

Die Kontrolle der Roten Armee wurde ständig drückender, und wir wußten nicht mehr, an wen wir uns noch wenden könnten, als einer unserer Freunde, Bulygin, einen Vorschlag machte:

»Habt ihr schon an die Jugoslawen gedacht? Sie sind gerade dabei, Kroaten und Slowenen zu repatriieren. Eines der Schiffe legt im Juni ab und ist schon voll. In der jugoslawischen Mission habe ich jedoch gehört, daß es ein zweites im Juli geben soll . . . «

Die Jugoslawen empfingen Onkel Vikar mit offenen Armen.

»Es wäre uns eine große Ehre, die Abreise der Tochter Doktor Botkins, der an der Seite des Zaren in den Tod gegangen ist, zu ermöglichen«, bekräftigte der Oberst und Missionschef. »So werden wir unsere Dankesschuld gegenüber ihrem Großvater, dem berühmten Professor Botkin, begleichen können, der während des slawischen Befreiungskrieges 1877 Alexander II. begleitete und Serbiens Rotes Kreuz gegründet hat . . . Wußten Sie, daß bei uns der Name Botkin unvergessen ist?«

Eine Woche später war alles unter Dach und Fach. Mein Mann war im Besitz gültiger, hervorragend gefälschter Papiere. Demnach war er lediglich ein einfacher slowenischer Soldat, der mit seiner Frau und seinem Kind in die Heimat repatriiert werden mußte.

Die Stunde der allerletzten Vorbereitungen hatte geschlagen. Onkel Vikar schenkte ich das goldene, mit einem saphirbesetzten Verschluß versehene Zigarrettenetui, das Vater vom Fürsten Alexander von Oldenburg in Anerkennung der fünfundzwanzig Jahre bekommen hatte, die er im Dienst des Roten Kreuzes gestanden hatte. Vikars Frau schenkte ich das hübsche Armband, das mir Mischa Besobrasow als Pfand seiner Liebe damals um das Handgelenk gestreift hatte.

Es war kein Abschiednehmen für immer: ich glaubte, sie alle einmal wiederzusehen . . .

Die Macht der Roten wurde von Tag zu Tag stärker, und die letzten ausländischen Missionen bereiteten sich vor, Wladiwostok zu verlassen. Die Hausdurchsuchungen rissen nicht mehr ab, und ich zitterte vor Angst, meinen Mann denunziert und verhaftet zu sehen, da die Freiheit so nahe schien. Konstantin besuchte mich nur im Morgengrauen, den Rest des Tages und die ganze Nacht blieb er verschwunden und ließ mich mit meiner Angst allein.

Anfang Juli schien die Stadt in Fiebertrance zu stehen. Diejenigen, die, so wie wir, die Chance hatten, sich einzuschiffen, trafen eiligst ihre letzten Vorbereitungen vor der Abfahrt, aber es war eine kleine Minderheit. Alle anderen, die bis zum bitteren Ende dem Zaren treu ergeben blieben, waren in Wladiwostok wie in einem Netz gefangen. Für sie nahte das Ende, doch nichts war noch wichtig außer ihrer Verbundenheit mit der Sache, für die sie sich so eingesetzt hatten: die russische Monarchie.

Der zweite Jahrestag der Ermordung des Kaisers wurde mit einer Inbrunst und einer Andacht ohnegleichen begangen. Trotz der roten Schraubzwinge, die immer enger gezogen wurde, trotz der

Spitzel, die Namen und Vatersnamen aufschrieben, war die Kathedrale zum Brechen voll. Wir waren nicht bis ins Innere vorgedrungen, sondern standen während der ganzen Zeremonie in glühender Hitze in der Nähe der Kirchentore. Ganz Wladiwostok war hier versammelt, vor allem die jungen Kämpfer der Armee General Kapells. In dichten Reihen standen sie stramm in ihrer abgenutzten, doch einwandfrei sauberen und gebügelten Uniform, aufmerksam, mit schmerzlich gespannten Jungengesichtern. Vor diesen jungen, vom Leiden gezeichneten Burschen, die in dem Augenblick, da alles verloren war, den Mut hatten, ihre Ergebenheit für den Zaren und ihre Verachtung für ihre Henker so zu bezeugen, schämte ich mich, mein Leben retten zu können, ich schämte mich, Rußland gesund und wohlbehalten verlassen zu dürfen. Alle standen völlig unbewegt, die Andacht war ergreifend. Beim letzten Gebet für die Seelenruhe der Verstorbenen beugten alle, die im Gotteshaus standen, die Knie . . .

Am 7. Juli 1920 gingen wir an Bord der »Himalaya«, eines von der jugoslawischen Mission gecharterten englischen Handelsschiffes. Trotz der Kontrolle der Rotarmisten im Hafen, trotz ihres Mißtrauens angesichts unserer Papiere und unserer schwachen Serbisch-Kenntnisse schafften wir es, an Bord zu gelangen. Auf der Brücke stand Konstantin stramm aufrecht neben mir. Er kniff die Augen zusammen und schaute in die Ferne. Auf seinem Gesicht stand ein qualvoller Ausdruck des Schmerzes.

Ich fühlte mit ihm in seiner Zerrissenheit, aber mit ihm teilen konnte ich sie nicht. Ich war im Gegenteil unbändig glücklich, dieses sterbende Land, dieses Rußland zu verlassen, das mir so wehgetan und alle meine Lieben umgebracht hatte . . . Meine Heimat gab es schon nicht mehr, sie hatte sich selbst den Tod gegeben, und dieses Land, das ich nun verließ, war nicht mehr mein Land: Rußland, mein Rußland, war für immer verschwunden . . .

Das Wetter war schlecht geworden: schwere, bleigraue, von einem gewaltigen Wind getriebene Wolken stürmten über den Hafen. Hinter mir erhob sich, tränenerstickt, eine Frauenstimme. Allmählich wurde sie sicherer, klarer und stieg im Sturm hinauf:

Die Wolken stehen am Himmel zuhauf
Und vom Meer steigt ein grauer Nebel
Sag mir, unser braver Ataman,
In welchem Traum bist du versunken?

Bedrückt fühlte ich, wie eine seltsame Bitterkeit mich langsam beschlich. Dieses Lied trug die Trauer einer ganzen Welt, es war das Symbol für das Sterben meines Landes:
Auf einer Bahre aus Schwertern und Gewehren
Liegt in seinem Blut ein Räuber mit zerschmettertem Kopf.
Die Stimme kippte um, brach ab und setzte fast psalmodisch wieder ein:

Leb wohl, leb wohl, du junger Räuber
Mit dem zerschmetterten Kopf

Rußland, mein erschlagenes Rußland sollte ich nie wiedersehen.

Nachwort

Während unserer halben Weltumrundung waren die ersten Nachrichten, die uns erreichten, Nachrichten von Juri. Hong Kong . . . Singapur . . . Colombo . . . Aden . . . Die Reise dauerte vierzig Tage unter recht angenehmen Bedingungen.

Als wir in Port-Saïd, der letzten Etappe vor Dubrovnik, landeten, beschloß ich, mit meiner Tochter an Bord zu bleiben, während Konstantin an Land ging. Tatjana schlief in der Kabine, und ich befand mich auf Deck neben der Tür, als ich plötzlich Stimmengewirr hörte.

Ein eher abgerissen ausschauender Araber versuchte, einem Matrosen etwas zu erklären, der ihm nicht zuhörte und in Englisch schimpfte. Der Araber ließ sich nicht abweisen. Ohne genau zu wissen warum, entschloß ich mich, näher an die beiden Männer heranzugehen.

»Was wollen Sie eigentlich?« fragte ich den Araber.

Der Mann hielt mir einen Zettel entgegen, der offensichtlich aus einem Notizbüchlein gerissen worden und auf dem ein langer, mit Bleistift geschriebener Satz zu lesen war. Ich schaute genauer hin, und mitten in diesem Geschreibsel sprang mir ein Wort ins Auge: »Botkin«.

Völlig verblüfft erkannte ich Juris Schrift wieder. In Englisch und wahrscheinlich auch in aller Eile hatte er hingekritzelt: »An Bord des Schiffes ›Himalaya‹ befindet sich Frau Melnik mit ihrem Mann und ihrem Kind. Sagen Sie Frau Melnik, daß ihr Bruder, Herr Botkin, sie auf dem Kai erwartet.«

»Aber das ist für mich bestimmt!« rief ich erschüttert.

Der Araber begriff, daß die Botschaft ihren Empfänger erreicht hatte, schenkte mir sein schönstes zahnloses Lächeln und erklärte mir in einem fürchterlichen Jargon, daß er einen kleinen Kahn habe, und nun möge ich ihm folgen.

Als ich in der Schaluppe saß, sah ich Juri schon von weitem, wie er jedes ankommende Boot genau beobachtete. Nelly schien ganz klein und verschwand im Schatten seiner hochgewachsenen

Gestalt. Wie soll ich meine Empfindungen beschreiben, als mich mein Bruder in seine Arme nahm und an seine Brust drückte? Wir konnten nicht sprechen, so groß war unsere Erschütterung. Juri und Nelly hatten auch schwere Zeiten hinter sich. Als sie nach ihrer Flucht aus Rußland in Ägypten angekommen waren, wurden sie von den Behörden in Zelten mitten im Wüstensand untergebracht. Mängel in der Hygiene und in der Ernährung machten sich bitter bemerkbar, und nachts hörten sie das Gebell umherstreunender Schakale. Juri versuchte, Onkel Peter ausfindig zu machen, der wohl das einzige Mitglied der Familie war, das noch halbwegs normal in Europa lebte. Dank Onkel Peters Hilfe hatte Juri nun eine Stelle beim ehemaligen russischen Konsulat in Kairo, das sich jetzt mit dem Los der Emigranten beschäftigte.

Einige von uns waren also noch am Leben! Es war also nicht wirklich alles verloren, und die Hoffnung, miteinander zu korrespondieren, brachte uns sozusagen wieder zusammen und tröstete uns über eine erneute und unvermeidliche Trennung hinweg . . .

Wir kamen schließlich in Dubrovnik an, wo die jugoslawische Armee uns in einem außer Dienst gestellten Militärfort unterbrachte. Bevor er Arbeit in Frankreich in einem Werk in der Dauphiné fand, führte Konstantin das harte Leben eines Adria-Fischers; wir überlebten eher schlecht als recht, aber wir bekamen Nachrichten von fast allen früheren Bekannten. Die arme Frau Tewjaschow hatte in einem Leningrader Gefängnis einen schrecklichen Tod erdulden müssen. Sie war als Witwe eines Generals verhaftet worden, und zwar durch die Denunziation ihres Hausdieners, jenes ehrwürdigen Greises, den jedermann für treu und ergeben gehalten und der uns in Zarskoe Selo über die Entwicklung der Revolution auf dem laufenden gehalten hatte . . . Die Kasizyn, Onkel Sascha, Tante Maria und Marianna waren, zusammen mit der großen Emigrantenwelle, auch geflüchtet und lebten ruhig in Italien. Die Petrowo-Solowowo waren in Belgien. Tante Raha war bis nach Amerika gekommen, doch hatte sie vor, sich endgültig in Nizza niederzulassen. Meine Mutter ihrerseits lebte in Berlin.

Heute sind sie, die über die ganze Welt verstreut wurden, alle längst gestorben: Gleb in Amerika, wo er von Japan aus schließlich gestrandet war, Tante Raha, Onkel Sascha und Marianna in Italien, Onkel Vikar in der Mandschurei, meine Mutter in Deutschland in der Hungerzeit unmittelbar nach dem Zusammenbruch des Dritten Reichs, Kasizyns in einem Altersheim im Pariser 14. Arrondissement. Der Zweite Weltkrieg, mehr als der Erste, wurde Juri zum Verhängnis: Als Zwangsarbeiter nach Deutschland deportiert, wurde er von den Nazis ermordet.

Mein langer Lebensweg ist auch bald zu Ende. Meine Ehe mit Konstantin Melnik hat die harten Bedingungen des Exils nicht überlebt. Die Verzweiflung, unsere Heimat nie wiederzusehen, hat an unserer Lebenskraft ebenso genagt wie das Elendsdasein einfacher eingewanderter Arbeiter, für die ein schlichter Holztisch oder ein Paar Schuhe noch ganz andere Schätze darstellen als die Juwelen, die mir Vater damals in Zarskoe Selo zum Geschenk machte. Mit Gottes Hilfe ist es mir dennoch gelungen, in Nizza allein meine Kinder großzuziehen, und mein Sohn, Konstantin Melnik, der den Namen seines Vaters fortführt, ist sogar Berater eines Premierministers unter General De Gaulle geworden. Als Verleger hat er, trotz seiner Aversion gegen meine Sicht des alten kaiserlichen Rußland, die Veröffentlichung dieses Buches überwacht. Unter meinen zehn Enkelkindern zähle ich die Direktorin einer Pariser Kosmetikfabrik, Mediziner, Studenten der Politik- oder der Staatswissenschaft. So hat das Leben über den Tod triumphiert, und die westliche Demokratie hat ihre erdrückende Überlegenheit gegenüber der blutigen bolschewistischen Utopie unter Beweis gestellt.

In meiner kleinen Stube in Fontenay-aux-Roses, ganz nahe beim Russischen Friedhof von Sainte-Geneviève-des-Bois, wo ich bald neben anderen Weggenossen aus dem kaiserlichen Rußland ruhen werde, bekomme ich manchmal von meinen Urenkeln Besuch und wundere mich über ihre Spiele, die offenbar vom Fernsehen oder vom Fußballruhm der »Grünen« aus Saint-Etienne inspiriert sind. Einige haben blonde Haare, schmale Augen und slawisch klingende Vornamen. Wenn ich sehe, wie sie unter meinen Ikonen umhertollen, mit einem Schlager von Serge Lama auf den Lippen oder einer Zeichnung von Goldorak in der Hand, meine ich oft, Gleb und seine Aquarelle mit den Hofwürdenträgen seiner Majestät Nikolaus' II., Kaisers aller Reußen, wiederzusehen; ich höre Juri, der »Das Leben für den Zaren« schmettert, und Dimitris leuchtende Erscheinung in der prächtigen Uniform der Kammerpagen steht mir vor Augen. Was kann es Gemeinsames zwischen diesen Jungen und ihren entfernten Ahnen überhaupt noch geben? Was werden sie erfahren über den Opfergang ihres Ururgroßvaters, jenes Doktor Botkin, für den der Hippokratische Eid, die Zuneigung zum bluterkranken Zarewitsch und die Treue zu seinem Kaiser mehr bedeuteten als das eigene Leben? Werden sie sich an die Waffentaten Konstantin Melniks im Ersten Weltkrieg gegen die Deutschen erinnern oder noch wissen, wie der erdverbundene Instinkt in ihm von vornherein Abscheu vor der Oktoberrevolution und der kommunistischen Unterdrückung hervorrief?

Für die »vierte Generation« unserer großen russischen Diaspora habe ich dieses Buch geschrieben.

Genealogische Hinweise

Die Dynastie der Romanows

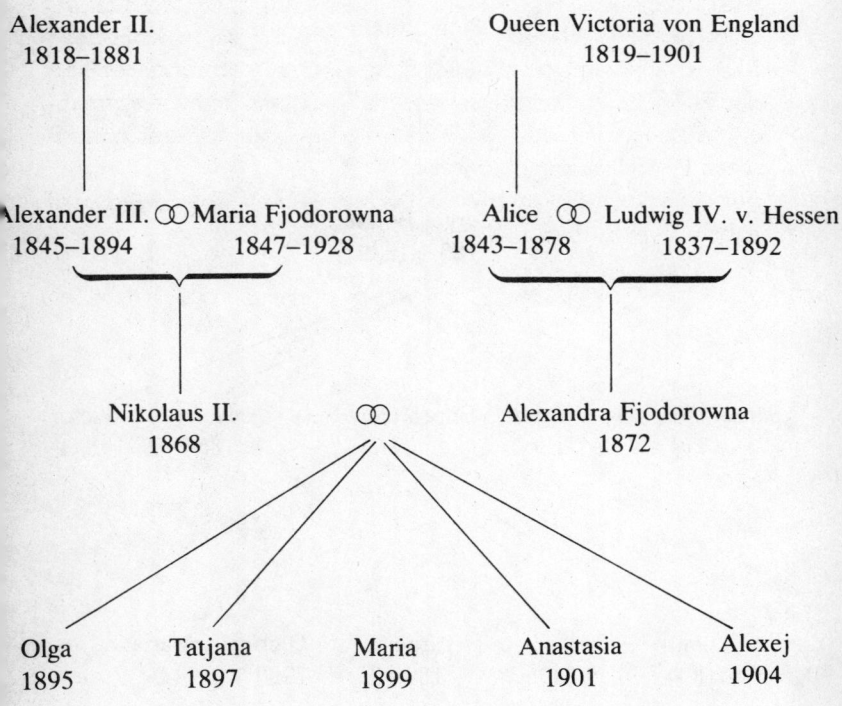

Alexander II.
1818–1881

Queen Victoria von England
1819–1901

Alexander III. ⚭ Maria Fjodorowna
1845–1894   1847–1928

Alice ⚭ Ludwig IV. v. Hessen
1843–1878   1837–1892

Nikolaus II.
1868

⚭

Alexandra Fjodorowna
1872

Olga
1895

Tatjana
1897

Maria
1899

Anastasia
1901

Alexej
1904

Genealogische Hinweise

Die Familie Botkin

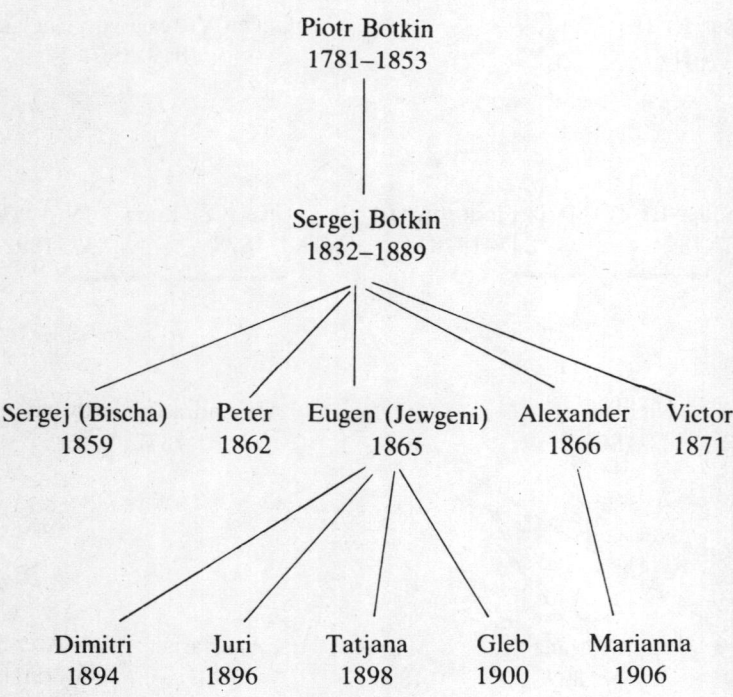

Piotr Botkin
1781–1853

Sergej Botkin
1832–1889

Sergej (Bischa) 1859   Peter 1862   Eugen (Jewgeni) 1865   Alexander 1866   Victor 1871

Dimitri 1894   Juri 1896   Tatjana 1898   Gleb 1900   Marianna 1906